本书由浙江省哲学社会科学重点研究基地

浙江省丝绸与时尚文化研究中心资助

"丝绸与时尚文化"系列丛书

主编：陈改玲

丝绸文化研究书目
与优秀论文选编

吴晓骏　张赞梅　陈健　编著

中国社会科学出版社

图书在版编目(CIP)数据

丝绸文化研究书目与优秀论文选编／吴晓骏，张赞梅，陈健编著．—北京：中国社会科学出版社，2018.7

ISBN 978 – 7 – 5203 – 2250 – 8

Ⅰ.①丝… Ⅱ.①吴…②张…③陈… Ⅲ.①丝绸—文化史—专题目录—中国②丝绸—文化史—中国—文集 Ⅳ.①Z88：TS14 – 092②TS14 – 092

中国版本图书馆 CIP 数据核字(2018)第 059456 号

出 版 人	赵剑英	
责任编辑	王莎莎	
责任校对	张爱华	
责任印制	李寡寡	

出 版	中国社会科学出版社	
社 址	北京鼓楼西大街甲 158 号	
邮 编	100720	
网 址	http://www.csspw.cn	
发 行 部	010 – 84083685	
门 市 部	010 – 84029450	
经 销	新华书店及其他书店	

印刷装订	北京明恒达印务有限公司	
版 次	2018 年 7 月第 1 版	
印 次	2018 年 7 月第 1 次印刷	

开 本	710 × 1000 1/16	
印 张	24.75	
插 页	2	
字 数	358 千字	
定 价	98.00 元	

凡购买中国社会科学出版社图书，如有质量问题请与本社营销中心联系调换

电话:010 – 84083683

序　言

中国是世界上最早的文明发达的国家之一，有着悠久的历史和极为丰富的民族文化遗产。栽桑、养蚕和利用蚕丝织造丝绸，是中国古代人民的伟大发明。蚕丝的应用，对丰富人类物质文明生活做出了重大的贡献，在世界文明史上占有光辉的一页。中国是世界丝绸的故乡，其起源最早，传播面广，丝绸花色品种和工艺技术具有自己独特的民族风格，而在一个相当长的历史时期内，丝绸生产技术一直处在世界前列。正是这样一些特色，反映了中国丝绸历史面貌的绚丽多彩。丝绸史涉及面比较广泛，包括蚕桑、缫丝、织绸、印染、图案等各方面，还可以从历史学、考古学、文献学、人文学、民族学、经济学等不同角度进行研究。

中国丝绸文化，是我们伟大祖国传统文化的十分重要的组成部分。它体现了几千年间我们祖先的智慧和创造力体现了中华民族美好的精神情感，体现了中华民族的民族精神。丝绸历史灿烂辉煌，一代代能工巧匠创造出巧夺天工、举世无双的精美技艺和成就，是我们中国为全人类进步贡献的伟大宝库。经过一代代的传承，在江浙地区，尤其是在苏南一线，云锦、宋锦、苏绣、缂丝等高超技艺达到巅峰，形成丰厚而珍贵的非物质文化遗产。同时，孕育出代表中国灿烂文化和文明的博大精深的精神财富，其核心脉络，充分诠释出中华文明"天人合一""道法自然"的不朽理念。

纵观丝绸发展史，丝绸精神在整个中国乃至全世界，通过历史的积淀，在人们内心中形成为一种不变的追求，以其独特的角度，展现为人类文明进步服务的重要基础。特别是随着"一带一路"倡议的确立，丝绸之路与文化研究的意义已不仅仅局限于文化与历史价值，更具有非常重要的现实意义。

本书是有关中国蚕桑丝绸业发展研究的文献选编，旨在为人们了解中国蚕桑丝绸业发展的历史提供依据。全书分三部分：第一部分为丝绸文化研究书目，共收录图书书目220余种；第二部分为优秀期刊论文（摘要）选编，收录优秀论文570余篇；第三部分为优秀期刊论文，收录优秀论文15篇。

我们深知，本书距离一部完整、系统的丝绸文化书目文选的要求还相去甚远，所搜集和查考的部分文献数量有限，编排和分类上也较为粗糙，仅仅是为编制一部完整、系统的丝绸文化研究书目而做了一个尝试和开端。期望本书能帮助人们从浩繁的典籍文献中准确、及时地择选出所需要的资料，不仅可为丝绸研究工作创造有利条件，也可为丝绸文献的搜集、整理和保管提供方便。

本书收录文献截至2011年12月。

在本书编写过程中，得到了苏州大学图书馆、西安工程大学图书馆、嘉兴职业技术学院图书馆的支持与协作，由衷感谢！我的同事王倩、黄秋月、张灿辉等给予校阅等帮助，在此一并真诚致谢！

目　　录

丝绸文化研究书目

蚕 桑 篇

（清）卫杰：《蚕桑萃编》，统一书号：16018.19，中华书局1956年版，定价1.30元。

中国古代篇幅最大的一部蚕书，清末卫杰综合多种蚕书中的材料于1894年编成，共15卷。其中叙述栽桑、养蚕、缫丝、拉丝绵、纺丝线、织绸、练染共10卷；蚕桑缫织图3卷；外记2卷。该书内容详尽，通俗易懂。书中除了对中国古蚕书的介绍和评价外，重点叙述了当时中国蚕桑和手工缫丝织染所达到的技术水平，尤其是在3卷图谱中绘有当时使用的生产器具，并附有文字说明。有些内容，如江浙水纺图和四川旱纺图中所绘的多锭大纺车，反映了当时中国手工缫丝织绸技术的最高成就。

（清）沈秉成著，郑辟疆校注：《蚕桑辑要》，统一书号：16144.858，农业出版社1960年版，定价：0.29元。

记述栽桑养蚕技术的农书，记载了我国历代劳动人民栽桑养蚕的丰富经验。

（清）杨屾著，郑辟疆、郑宗元校勘：《豳风广义》，统一书号：16144.907，农业出版社1962年版，定价：0.88元。

中国18世纪以蚕桑丝绸为主要内容介绍北方地区的农副业生产的技术专著。成书于清乾隆年间，于1742年刊行后，陕西、河南、山东都曾重刻，流传较广。作者杨屾，字双山，是清代杰出的农学家，陕西兴平桑家镇人，以教书为业。多年从事蚕业生产，对栽桑养蚕有深入的研究。全书分 3 卷，第 1 卷讲桑的种植和栽培；第 2 卷讲蚕的饲养和缫丝；第 3 卷讲织纤和纺丝绵；并附带介绍了养柞（槲）蚕和缫纺柞蚕茧的方法。书后附有"畜牧大略"和"养素园序"等，论述养猪、羊、鸡、鸭之法和园圃之制。该书对中国古代栽桑养蚕和养羊等方面的许多宝贵经验和创造发明，都做了比较全面的总结。

刘克祥编著：《蚕桑丝绸史话》，ISBN：7 - 5000 - 6239 - 7，中国大百科全书出版社 2000 年版，定价：10.00 元。

该书重点介绍了古代植桑、养蚕、缫丝、织绸、练漂、印染生产的有关情况，包括生产关系、经营方式、产地分布、生产工艺与技术的发展变化，以及丝绸贸易和蚕桑丝织技术的对外传播等。

刘克祥编著：《蚕桑丝绸史话（中国史话·物质文明系列）》，ISBN：7 - 5097 - 2456 - 9，社会科学文献出版社 2011 年版，定价：15.00 元。

该书简明扼要地叙述了从远古到近代中国蚕桑丝绸业的起源和发展过程，重点介绍了古代植桑、养蚕、缫丝、织绸、练漂、印染生产的相关情况，包括生产关系、经营方式、产地分布、生产工艺与技术的发展变化，以及丝绸贸易和蚕桑丝织技术的发展变化、丝绸贸易和蚕桑丝织技术的对外传播等。从中我们不仅可以感受到先民的智慧，更会为中华民族古老文明而感到光荣与自豪。

（宋）秦观编撰：《蚕书》，统一书号：17018.151，中华书局 1985 年版，定价：不详。

中国宋代有关养蚕制丝技术的专著，主要总结宋代以前兖州地区的养蚕和缫丝的经验，尤其对缫丝工艺技术和缫车的结构型制进行了论述。全书分种变、时食、制居、化治、钱眼、锁星、添梯、缫车、祷神和戎治等 10 个部分。

陶红：《蚕丝文化起源与传承　嘉陵江流域蚕区考察与分析》（西南大学西南民族教育与心理研究中心研究文库），ISBN：7 - 5633 - 9023 - 6，广西师范大学出版社 2009 年版，定价：24.00 元。

该书主要内容包括：导论；蚕丝文化起源符号；蚕丝文化生成机制；蚕丝文化礼教内涵；蚕丝文化传承及功能等。

章楷编写：《蚕业史话》，统一书号：11018.519，中华书局 1963 年版，定价：0.10 元。

以生动的语言，通俗易懂的文字，形象的插图，丰富的史料，并穿插了许多有趣的故事和传说，科学地对中国的蚕桑，丝绸的起源和历史发展做了概括的介绍。

周匡明：《蚕业史话》，统一书号：13119.1029，上海科学技术出版社 1983 年版，定价：0.75 元。

古老的中华民族是世界上最早发明蚕桑丝织的国家，这是全世界各国公认的事实。这一人类物质文明的伟大贡献从什么时候开始的？近几十年来，不仅我国学术界不少学者认真研究过这个问题，养蚕的起源也引起了国外学者研究的兴趣和关注。该书在中国农业科学院蚕业研究所党委的关怀下，编者在一年左右的时间，边学边写，仓促完篇。由于才疏学浅，占有史料也很不够，恳切希望考古、史学、农史界的学者们和蚕业界的同志们给予指正。

李淑谦主编：《苍溪蚕丝志》（苍溪县地方志丛书），ISBN：7 - 220 - 03146 - 7，四川人民出版社 1996 年版，定价：30.00 元。

记述了苍溪县蚕丝业发展的历史与现状，包括各蚕丝单位情况和蚕丝生产活动等。

顾希佳：《东南蚕桑文化》，ISBN：7 - 5040 - 0286 - 0，中国民间文艺出版社 1991 年版，定价：5.00 元。

处于吴越文化中心地带的浙江省杭嘉湖地区，素有丝绸之府的美称。出土文物告诉我们，至少在4700多年前，这块土地上的先民就已经开始了蚕丝生产。唐宋以降，它成为全国重点产区。元明之际更已名闻天下；1949年后，则一直是全国先进蚕乡，在蚕桑丝绸生产和贸易方面，无不拥有雄厚的实力。这一切，无疑也是吴越文化的一个骄傲。

（清）沈练著，仲昂庭辑补：《广蚕桑说辑补》，ISBN：7 - 80568 - 495 - 2，中国书店1993年版，定价：16.00元。

《广蚕桑说》中说桑者19条，说蚕者66条，说桑起自桑地整理，说蚕起自留种，按照蚕桑生产过程对蚕桑生产的各个环节依次加以介绍，条理分明，文字浅显易懂，可操作性强。光绪初年，浙江严州府知府宗源设立蚕局，推广蚕桑，请淳安县学博仲学辂（昂庭）对沈氏的著作又加以疏通增补，使其内容更加完善，题名为《广蚕桑说辑补》。

（清）汪日桢撰，蒋猷龙注释：《湖蚕述注释（中国农书丛刊蚕桑之部）》，全国统一书号：16144.3036，农业出版社1987年版，定价：1.45元。

该书系清代编修《湖州府志》时，把蚕桑部分抽出来，辑补而成的专著。书中收入我国古农书中有关养蚕记述和蚕桑专著中的精粹部分。

江苏省地方志编纂委员会编：《江苏省志》第20卷《蚕桑丝绸志》，ISBN：7 - 80643 - 203 - 5，江苏古籍出版社2000年版，定价：120.00元。

本卷记述了江苏蚕桑丝绸业的发展过程、成就、经验和教训，反映了江苏蚕桑丝绸业的现状和基本特点，是一部江苏蚕桑丝绸专业历史全书。

[美] 李明珠:《近代中国蚕丝业及外销 1842—1937 年(学者书库)》,徐秀丽译,ISBN:7 - 80618 - 139 - 3,上海社会科学院出版社 1996 年版,定价:12.00 元。

19 世纪末 20 世纪初,蚕丝出口的机会促进了中国若干地区养蚕业的发展,其中最引人注目的是江南、广东和山东,该书的重点是传统蚕丝业与新兴出口市场之间的关系,所以对江南地区所做的分析最为详尽。该书始终关注的是蚕丝出口贸易,对整个中国经济以及它的一般经济制度的意义。

高沛主编:《嫘祖文化研究》,ISBN:7 - 5010 - 2261 - 8,文物出版社 2007 年版,定价:150.00 元。

本书是"中国·河南西平嫘祖'文化研讨会'"关于嫘祖文化学术研讨的论文集成,收录了来自全国多所院校、科研单位专家、学者的论文 51 篇。它从不同层次、不同侧面、不同角度论证了嫘祖故里在西平;嫘祖乃中华人文女祖;嫘祖发明了植桑养蚕、缫丝制衣,与黄帝一道共同带领子民开创了中华男耕女织的农耕文明,功莫大焉,被后世奉为蚕神和祖神(旅游之神)而世代尊崇。不少论文还就研究与开发嫘祖文化的重大现实意义和深远的历史意义发表了真知灼见。

顺德区委宣传部主编,吴建新著:《南国丝都——顺德蚕桑丝绸业发展史研究(顺德文丛)》,ISBN:978 - 7 - 01 - 010222 - 1,人民出版社 2011 年版,定价:320.00 元。

"顺德文丛"是顺德区的一项重要文化工程,由顺德文丛编委会编辑,分三辑出版,第一辑共 11 种于 2005 年 10 月出版,第二辑共 11 种于 2007 年 8 月出版,第三辑共 10 种该书为第三辑中的一册,展现了顺德曾经辉煌的养蚕缫丝业。

赵魁编纂:《南阳蚕业志》,ISBN:7 - 5348 - 0461 - 2,中州古籍出版社 1990 年版,定价:11.50 元。

南阳地处中原，为我国古蚕区之一，在增加物质财富、改善人民生活、推动科技进步等方面做出过不可磨灭的贡献。尤其在柞蚕业方面，出于天时地利人和，不独在本地区千年绵延，且以此为中心向全国多数省区传播，辅之以科技，成为柞蚕业发源地之一，厥功尤伟。该书务求能充分体现南阳地区蚕丝业文化的丰富内涵，亦从一个侧面窥见祖国丝绸文化的一斑，在启迪爱祖国、爱人民、爱科学方面用意深切，尤足供全国各地编写蚕业、丝绸志之借镜。

（元）大司农司编：《农桑辑要译注》，ISBN：978 - 7 - 5325 - 5099 - 9，上海古籍出版社 2008 年版，定价：35.00 元。

该书是元代初年大司农司编纂的综合性农书。成书于至元十年（1273）。其时元已灭金，尚未并宋。因系官书，故不题撰者姓名。该书内容以北方农业为对象，农耕与蚕桑并重。卷一典训，记述农桑起源及文献中重农言论和事迹；卷二耕垦、播种，包括总论整地、选种和种子处理及作物栽培各论；卷三栽桑；卷四养蚕；卷五瓜菜、果实；卷六竹木、药草；卷七孳畜、禽鱼等。内容绝大部分引自《齐民要术》以及《士农必用》《务本新书》《四时纂要》《韩氏直说》等书，虽系摘录，但取其精华，摒弃名称训诂和迷信无稽的说法；其中也有一些文字是出于编纂人之手，都以"新添"标明。该书在继承前代农书的基础上，对北方地区精耕细作和栽桑养蚕技术有所提高和发展；对于经济作物如棉花和苎麻的栽培技术尤为重视。故该书在当时是一本实用性较强的农书。此次整理，以上海图书馆藏孤本元刊大字本为底本，不仅对原书进行了校勘，对各种术语、名词做了科学的注释、客观的评价，而且用白话做了今译，从而有助读者阅读、理解这部在中国科学史上有一定价值的著作。

（元）鲁明善著，王毓瑚校注：《农桑衣食撮要》，统一书号：16144.1244，农业出版社 1962 年版，定价：0.61 元。

该书以月令体裁写成，分为十二个月，月下条列农事并讲解做法。资料主要采自元初官颁的《农桑辑要》，并增选了一些新材料编成。内容以粮食作物和蚕桑为主，并注意棉花和苎麻，也包括蔬菜、果树、饲养、竹木、药材、农产品加工、贮藏和酿造；此外，还有关于衣物保存、房屋沟渠修理等农家事务，以及适用于江南地区的制笋干、取漆和北方牧区需要的造酪、造酥油和晒干酪等知识。内容明晰实用，文字通俗简练，并且较少封建迷信的宣扬，为中国古代月令书中较好的一部。

顾国达等：《日本侵华时期对中国蚕丝业的统制与资源掠夺》，ISBN：7 - 308 - 08074 - 3，浙江大学出版社 2010 年版，定价：25.00 元。

该书是笔者根据现有的历史资料，吸收前人的研究成果，对"日本侵华时期对中国蚕丝业的垄断与资源掠夺"课题研究所取得的阶段性成果。试图尽可能全面、系统地探讨日本全面侵华时期对中国蚕丝业实施统制的组织体系、方针政策、调整变化以及掠夺的具体状况，并通过对蚕丝业损失的估算揭示日本帝国主义实施"以战养战"政策的本质及其经济侵略手段的残酷。

张强：《桑文化原论（传统文化与现代化文丛）》，ISBN：7 - 5419 - 5726 - 7，陕西人民教育出版社 1998 年版，定价：17.9 元。

揭示桑文化对民族文化的突出贡献，用微观的方式探讨桑文化的形成与嬗变，丰厚对民族文化的认识，剖析民族文化大厦的具体构成，达到窥一斑以见全豹的目的，以期从整体上把握整个民族文化精神。

中国农业科学院蚕业研究所编：《世界蚕丝业》，ISBN：7 - 5390 - 0576 - 9，江苏科学技术出版社 1992 年版，定价：14.5 元。

该书内容有：丝绸性能与蚕业资源的综合利用、养蚕起源与世界蚕区的分布，及亚洲、欧洲等 40 余个产丝国家与地区蚕丝业发展简史与技术水平等。书中附有各国蚕业机构一览和产量、贸易量统计资料。

顾国达：《世界蚕丝业经济与丝绸贸易》，ISBN：7-80167-203-8，中国农业科技出版社 2001 年版，定价：50.00 元。

该书采用理论研究和实证分析相结合以实证分析为主，比较研究与现状分析相结合以现状分析为主，综合归纳与个案研究相结合以个案研究为主的方法，对世界及各主要国家的蚕丝业经济和丝绸贸易进行了系统研究。

尹良莹：《四川蚕业改进史（中国蚕丝丛书）》，商务印书馆 1947 年版，定价：不详。

该书共 10 章。详述四川的自然条件与养蚕业的关系，自上古以来的养蚕沿革，蚕业与桑树的分布区域，产量与运销情况统计，高中等专科教育，南充、西充、三台、盐亭、成都、乐山、合川等各主要养蚕县份的蚕业史、产量及贸易概况，桑苗的繁殖、原种的培育、蚕桑茧丝的试验研究及改进蚕业管理等。

李喆、石明芳、林冈：《苏州蚕桑专科学校简史（苏州大学校史丛书）》，ISBN：7-81137-208-3，苏州大学出版社 2009 年版，定价：22.00 元。

该书共分为六章，按照时间顺序介绍了苏州蚕桑专科学校自 1904 年创办至今的历史发展轨迹。

林锡旦：《太湖蚕俗（太湖文化丛书）》，ISBN：7-81090-689-5，苏州大学出版社 2006 年版，定价：15.00 元。

太湖蚕俗是太湖文化中的一种传统习俗。从植桑、采桑、养蚕、结茧、缫丝、丝织，到生产出丝绸制品，是一个完整的物质生产过程，一环扣一环，环环相连，由此形成一定的传统习俗。这些习俗在人们的生活和生产中时有体现，有的世代传承仍保存着，有的已经与时俱变。将此记载下来，既是一种历史的责任，也是一种文化的展示，让人们看到原来闻名世界的丝绸是这样千丝万缕生产出来的，发生在人们身边、平时不在意的习俗，原来还有如此丰富的故事情节。

卢华语：《唐代蚕桑丝绸研究》，ISBN：7 - 81039 - 551 - 3，首都师范大学出版社 1995 年版，定价：10.00 元。

该书把蚕桑生产和丝绸纺织业联系起来研究，按不同历史时期，论述其发展特点，给人以启迪。作者以女性特有的细致，观察唐代丝绸的艺术特色和丰富的传统文化内涵，把丝绸文化写活了，给读者以珍贵无比的美感和艺术享受，这是经济史著作中不多见的。

郭友俊、郝震宇主编：《新疆蚕桑丝绸产业研究（新疆经济研究丛书）》，ISBN：7 - 228 - 01939 - 3，新疆人民出版社 1992 年版，定价：4.90 元。

该书介绍了新疆蚕桑、丝绸发展的历史、现状和前景，以及一些统计资料和经验介绍。

（清）王元廷辑，郑辟疆校：《野蚕录》，统一书号：16144.1289，农业出版社 1962 年版，定价：0.47 元。

由清代王元廷辑、郑辟疆校的农业书。全书有正文 4 卷和 1 篇外纪。书中对中国野蚕的种类、野蚕所食树叶的种类、野蚕（特别是柞蚕）的发展、柞树的种植、柞蚕饲养、缫丝和织绸的方法以及所用的工具都做了较详细的叙述。

（清）韩梦周等著，杨洪江、华德公校注：《柞蚕三书》，农业出版社 1983 年版，定价：0.70 元。

乾隆三十一年（1766）任安徽来安县知县韩梦周为了总结推广种桑养蚕的技术，写下了《养蚕成法》一书，全书共六章：（一）春季养山蚕法。（二）秋季养山蚕法。（三）山蚕避忌。（四）养椿蚕法。（五）茧绸始末。（六）养蚕器具。书中对柞蚕的育种、饲养以及缫丝、捻线和织绸方法，都做了通俗简明叙述，对柞树种类和种植方法也有记载，为我国历史上最早的专讲养蚕的书籍，对我国养蚕事业的发展发挥了很大作用。1983年，农业出版社将《养蚕成法》一书与《樗茧谱》《山蚕辑略》加以校论，以《柞蚕三书》为名重新刊印出版。

冯家新编著：《浙江蚕品种》，ISBN：7－5341－0577－3，浙江科学技术出版社1993年版，定价：5.00元。
论述了家蚕的起源和品种的分化、四大系统品种的一般特性、新中国成立后各年代的蚕品种、原蚕品种的主要性状、浙江省蚕种产量等。

蒋猷龙编著：《浙江认知的中国蚕丝业文化》，ISBN：7－80735－308－9，西泠印社出版社2007年版，定价：150.00元。
该书内容包括：浙江蚕业在全国的地位、中国蚕业的源流、中国少数民族蚕丝业、中国吐丝昆虫的资源及利用、蚕俗、遗址等。

夏建国主编：《浙江省蚕品种志》，ISBN：7－81035－444－2，杭州大学出版社1993年版，定价：4.00元。
该书记述了浙江省201个蚕的品种（原种）。

蒋猷龙主编：《浙江省蚕桑志》，ISBN：7－308－03824－6，浙江大学出版社2004年版，定价：120.00元。
该书"概述"纵向叙述养蚕起源至公元2000年间浙江蚕桑的生产和技术发展，"蚕区"记录浙江蚕业最早发轫于浙东，后转移至浙西，"蚕种"记载余杭、新昌和诸暨有丰富的地方资源，"养蚕"记述从单家独户到共同饲养等内容。

浙江省立蚕桑职业学校校友会编辑部：《浙江省立蚕桑科职业学校卅周年纪念特刊》［缩微品］，全国图书馆文献缩微中心2010年版，1盘。

有校史、论著、研究、调查、文苑、小说、报告、译林等。附会员职员录。

华德公编著：《中国蚕桑书录》，ISBN：7 - 109 - 01336 - 7，农业出版社 1990 年版，定价：2.75 元。

该书共著录汉朝至清末包含蚕桑内容的综合性古农书 56 种，蚕桑专著 210 种，共计 266 种。

黄君霆等主编：《中国蚕丝大全》，ISBN：7 - 5364 - 3228 - 3，四川科学技术出版社 1996 年版，定价：200.00 元。

该书由 100 多位蚕丝专家和学者，根据多年来为茧丝绸生产所积累的技术经验编著而成。全书内容详尽，条理清楚，立论新颖，是一部有关茧丝绸生产、管理、科研的好书，对发展蚕丝生产，扩大丝绸出口，丰富内销市场，提高经济效益，为国家社会主义建设做出了贡献。

缪毓辉：《中国蚕丝问题（上、下）》，商务印书馆 1937 年版，定价：不详。

内分 5 编。前两编介绍浙江、江苏、广东、四川、山东、安徽等省蚕业现状，各地土地、蚕种改良情况；后三编介绍蚕茧收购制度、烘茧的方法、缫丝厂的沿革及经营概况、生丝检验及贸易。卷末附：蚕业法规及蚕种、生丝检验施行细则。

尹良莹编著：《中国蚕业史》，国立中央大学蚕桑学会 1931 年版，定价：不详。

分上、中、下三编。上编纵述蚕业之历史；中编横述蚕业之分布；下编推论蚕业之将来。

浙江大学编著：《中国蚕业史（上、下册）》，ISBN：7 - 208 - 09137 - 5，上海人民出版社 2010 年版，定价：380.00 元。

该书从养蚕起源讲起至 2006 年止，对我国蚕桑产业的生产和技术发展进行了全面翔实的叙述。内容包括：上篇古代史；中篇近代、现代、当代史和下篇专题史。

周匡明主编：《中国蚕业史话》，ISBN：7 - 5323 - 9761 - 7，上海科学技术出版社 2009 年版，定价：58.00 元。

该书分为蚕事古史、蚕业科技史集锦、近代蚕业和副编四大部分，介绍养蚕起源、历代蚕业发展、科技成就及与此相关的国际关系动向、近代蚕业发展动态等诸多知识。

中国农业科学院蚕业研究所主编：《中国家蚕品种志》，ISBN：7 - 109 - 00013 - 3，农业出版社 1987 年版，定价：8.2 元。

该书共编入家蚕品种和遗传材料 510 份，这是在全国家蚕品种资源的搜集、整理研究基础上汇编而成的。

《中国农业百科全书》总编辑委员会蚕业卷编辑委员会编：《中国农业百科全书（蚕业卷）》，ISBN：7 - 109 - 04280 - 4，农业出版社 1987 年版，1996 年重印，定价：80.00 元。

《中国农业百科全书》以农业各学科的知识体系为基础设卷，计划出 30 卷左右，按分卷陆续出版，该书为《蚕业卷》。

姚宝猷：《中国丝绢西传史（中山文化教育馆研究丛刊）》，商务印书馆 1944 年版，定价：不详。

内分古代丝之产地及其用途，古代东西交通之路线及丝绢之西传，纪元前后欧人对于丝国及蚕丝之观感，赛里斯、赛里克、赛里亚诸字的语源及其蜕变，桑蚕种子之西传及西方丝业之发展，古代贩运丝绢之民族，余论等 7 论。摘引中外有关典籍记载，阐明中国丝绢西传的历史。

曾同春：《中国丝业》，商务印书馆 1924 年版。

内分中国丝之生产、丝之交易、丝业之改良三编。附录我国南部丝的年产量，法、意、日的产丝统计。

张国德、姜德富主编：《中国柞蚕》，ISBN：7-5381-3368-2，辽宁科学技术出版社 2003 年版，定价：180.00 元。

《中国柞蚕》是世界上第一本以反映柞蚕学最新研究成果和展示我国柞蚕学科巨大成就为主线的综合性专著，在 21 世纪初出版，对于中国乃至世界柞蚕业的发展，无疑具有承前启后的历史意义。该书结合大量图示，全面地介绍了柞蚕的生物学基础，饲料，遗传、育种和良种繁育，蚕的放养，病害、虫鸟兽害及其防治等。

工 艺 篇

郑巨欣：《泊南夹缬（锦绣中华丛书）》，ISBN：7 – 81137 – 420 – 9，苏州大学出版社 2009 年版，定价：29.00 元。

该书主要内容包括：夹缬与浙南夹缬；浙南夹缬源流；浙南夹缬工艺；浙南夹缬纹样；浙南夹缬应用。

阎德明：《长治堆锦"堆锦文化"的辉煌记忆》，ISBN：978 – 7 – 5440 – 4996 – 2，山西教育出版社 2011 年版，定价：48.00 元。

该书是一本有关长治市民间工艺美术史的书籍。主要内容包括：长治堆锦的形成、清中晚期的长治"堆花"、清末民国时期的长治"堆花"、合作化时期的长治"堆花"等。

贾大双编绘（工艺美术资料丛书）：《抽纱图案》，ISBN：7 – 8052 – 6575 – 9，北京工艺美术出版社 2005 年版，定价：36.00 元。

抽纱是我国历史悠久的实用工艺品之一，它根植于中华民族悠久的文化之中，南北朝时被作为殿堂庙宇的装饰品，到明清年间被用作皇族的服饰用品，后来抽纱逐渐地进入人们的日常生活。抽纱又名挑补绣花，它一般选用优质的棉布、麻布、棉麻交织布、加纱布、双丝布、玻璃纱、丝光棉布、贡缎等为原料，主要产品有台布、盘垫和枕袋、靠垫、面巾、手帕、手套等，从工艺上形成挑花、补花、手绣、机绣四大类。

彭浩:《楚人的纺织与服饰（楚学文库）》, ISBN: 7 - 5351 - 1652 - 3, 湖北教育出版社 1996 年版, 定价: 25.00 元。

该书论述了东周楚国时期罗、锦的织物的纺造技术的发展, 及其对秦汉及以后的纺织技术的发展所起到的重要作用。

张抒:《传统印染织绣艺术 生活尽染》, ISBN: 978 - 7 - 5621 - 4385 - 7, 西南师范大学出版社 2009 年版, 定价: 46.00 元。

该书对有关中国传统印染的概念、类型、工艺, 以及艺术成就等方面进行了较为全面而具体的介绍分析。内容丰富, 图片精美。全书共分七章, 其中第一章至第六章又分作若干小节, 除第一章阐述丝、织、绣外, 其余五个章节分门别类地对有特点的印染种类做了介绍。第七章则是历代印染织绣的精品鉴赏。

李超杰编著:《都锦生织锦》, ISBN: 7 - 81111 - 345 - 7, 东华大学出版社 2008 年版, 定价: 15.00 元。

该书共七节, 内容包括中国织锦、东方艺术之花、都锦生织锦的织物结构和织物组织、生产织锦的提花机和提花机装造等。

朱静:《都锦生织锦史》, ISBN: 978 - 7 - 5161 - 4079 - 6, 中国社会科学出版社 2014 年版, 定价: 48.00 元。

该书通过收集、整理有关历史文献资料和开展田野工作, 按民国创业 (1922—1926)、全面发展 (1927—1931)、日渐衰落 (1932—1949)、重获新生 (1950—1978)、整顿与市场化改革 (1979 年以后) 等历史时期的划分, 介绍都锦生织锦在每个历史时期的社会背景、技术发展, 以及都锦生丝织厂的生产状况, 描述都锦生织锦在不同时代的曲折发展历程, 阐释都锦生织锦作为一种丝绸工业和极具特色的文化代表的内在含义, 从而勾勒出一部完整的都锦生织锦史。

赵财兄主编：《堆绣工艺》，ISBN：978 - 7 - 5614 - 8459 - 3，四川大学出版社 2015 年版，定价：27.00 元。

全面介绍了青海民间工艺——堆绣的制作方法，内容涉及花卉、禽鸟、传统人物等的制作。该书以理实一体化为指导，内容由浅入深，编写时注重学生实际操作能力的培养，对堆绣制作技法的讲解通俗易懂，步骤清晰。

包燕丽、于颖：《顾绣（中华锦绣丛书）》，ISBN：7 - 81137 - 426 - 1，苏州大学出版社 2009 年版，定价：32.00 元。

该书主要内容包括：顾绣溯源；顾绣名作与名家；顾绣的艺术特色；顾绣的继承和发展。

侯世新、王博：《和田艾德莱斯（锦绣中华丛书）》，ISBN：7 - 81137 - 895 - 5，苏州大学出版社 2011 年版，定价：27.00 元。

该书共分五章，内容包括和田丝绸的历史；和田艾德莱斯的缫染织工艺；和田艾德莱斯的品种；和田艾德莱斯的艺术；维吾尔文化中的艾德莱斯。

汪为义、田顺新、田大年：《湖湘织锦（湖湘文库）》，ISBN：7 - 5356 - 2964 - 7，湖南美术出版社 2008 年版，定价：80.00 元。

该书重点反映了湖南境内的土家族、苗族、侗族和瑶族四个少数民族民间织锦及手工花带织造从古至今的历史，着重介绍了其共性与个性、图纹创造、工艺特色及新时代传承开发应用等状况。

尤景林编：《华章御锦 清宫御用云锦珍藏》，ISBN：978 - 7 - 5546 - 0180 - 8，古吴轩出版社 2014 年版，定价：180.00 元。

该书是继《稀世珍锦——清宫御用云锦藏珍》之后推出的一部续作。书中载录了六十二匹海外回流的云锦，以近三分之一的篇幅，推出皇室专用的十一匹团龙妆花缎的袍料和七匹正龙的方补，这些新近回流的云锦，就品种而言，规格上更高；就传世数量而言，更加珍稀。是作者对清代织锦历史的一个恢复和还原，更是清代丝织艺术在今天的华丽解读。

赵评春、赵鲜姬：《金代丝织艺术　古代金锦与丝织专题》，ISBN：7 - 03 - 009024 - 1，科学出版社 2001 年版，定价：298.00 元。

该书以金代齐国王墓中出土的金代丝织服饰为主要研究对象，对出土丝织物的揭取、颜色记录与认定等工作经验及研究方法予以翔实介绍。

赵丰、徐铮：《锦绣华服：古代丝绸染织术（中国古代发明创造丛书）》，ISBN：7 - 5010 - 2464 - 3，文物出版社 2008 年版，定价：46.00 元。

蚕桑丝绸是中国古代重要的发明创造之一，它与中华五千年古老文明同岁。先人们植桑养蚕结茧，取蚕丝巧织经纬，后来发明提花机织出灿烂文锦，还通过印花刺绣锦上添花。丝绸是中国之珍，东方之宝。丝绸为中国文明写下了光辉的一页，更为世界文化贡献了灿烂的篇章。该书是一本介绍古丝绸染织工艺美术史的普及读物。主要内容包括：蚕与丝、丝绸的历程、灵机一动等。

高春明：《锦绣文章：中国传统织绣纹样》，ISBN：7 - 80672 - 925 - 9，上海书画出版社 2005 年版，定价：1800.00 元。

该书收专论《织绣工艺的发展状况》《传统纹样的形成因素》《织绣纹样的时代特征》，图版部分为龙蟒纹样、凤凰纹样、珍禽纹样、瑞兽纹样、花卉纹样、虫鱼纹样、人物纹样、宗教纹样、几何纹样、寓意纹样等，附中国织绣文物出土、收藏情况一览表。每种纹样均有详细介绍，每图附时代、名称等。

故宫博物院编：《经纶无尽：故宫藏织绣书画》，ISBN：7 - 80047 - 577 - 8，紫禁城出版社 2006 年版，定价：360.00 元。

该书图版部分为织造精华（缂丝、织锦、漳绒、缂毛）、刺绣绝品（顾绣、苏绣、粤绣、鲁绣、发绣、纳纱、刮绒、堆绫、满绣）、织绣生辉（同一作品上的不同工艺、不同方式创作同一题材）等。每幅图版附名称、时代、尺寸、藏处以及织绣鉴赏文章。

［日］冈田三朗助：《景印宋元明清丝绣精品》，国立博物馆1938年版，定价：不详。

选录影印《纂组英华》中宋、元、明、清四代的缂丝18种、刺绣4种。

朴文英：《缂丝（锦绣中华丛书）》，ISBN：7 – 81137 – 424 – 7，苏州大学出版社2009年版，定价：24.00元。

该书主要内容包括：缂丝的历史；缂丝的生产工艺；缂丝的产品种类；名家名作；缂丝在当代的传承与运用。

王晨、林开耀：《黎锦（中华锦绣丛书）》，ISBN：7 – 81137 – 924 – 2，苏州大学出版社2011年版，定价：26.00元。

该书主要内容包括：黎锦的历史；黎锦的传统生产技术；黎锦产品种类及制作工艺；黎锦的图案艺术等。

宛志贤主编，钟涛著：《苗绣苗锦》，ISBN：7 – 5412 – 1060 – 9，贵州民族出版社2003年版，定价：48.00元。

苗绣苗锦是民族服饰中最具史诗性、绘画性和装饰性的民间美术。苗绣苗锦多以花鸟虫鱼、飞禽走兽为题材，反映了苗族的历史文化、风俗人情、宗教信仰。该书从文化人类学的角度揭示了苗绣苗锦符号的象征意义及其深层的文化精神内涵。

段建华编著：《民间染织（中国民间工艺风采丛书）》，ISBN：7 – 5019 – 4890 – 1，中国轻工业出版社2005年版，定价：36.00元。

　　中国是世界上养蚕缫丝的发源地。中国丝织品与染织品自古以来就被世界各国所赞誉。中国民间染织是观赏与实用并举的工艺品种，它图案精美。淳补厚重、具有浓郁的乡土气息。我国西南地区少数民族自古崇尚锦绣，主要的民间织锦有苗锦、土家锦、瑶锦、侗锦、傣锦、布依锦、壮锦、毛南锦八大名锦。民间染织品中还有蜡染、扎染、蓝印花布等著名品种，均各具特色。该书收集各民族民间染织品近 30 个品类、编辑成册。不仅图案精美，流光溢彩，而且品类丰富、具有很高的欣赏价值、学术价值与实用价值。书前附有专题论文一篇，对中国染织的源流与概况做了较深入的论述。

　　宗凤英主编：《明清织绣（故宫博物院藏文物珍品大系）》，ISBN：7-5323-7609-5，上海科学技术出版社，商务印书馆（香港）有限公司 2005 年版，定价：320.00 元。

　　该书选取 279 件精品，分织品与绣品两大类，同时亦收录几件印染精品。来源有各地官办织造专门为皇室生产的御用品，边疆的进贡品，宫廷从各地采办的织绣品。

　　赵丰总主编，戴健著：《南京云锦（中华锦绣丛书）》，ISBN：7-81137-425-4，苏州大学出版社 2009 年版，定价：29.00 元。

　　该书内容包括：三代云锦业；云锦的品种构成；云锦原材料和加工工艺；云锦织机构造和织造工艺等。

　　张道一：《南京云锦（〈符号江苏〉丛书）》，ISBN：7-5447-2689-4，译林出版社 2012 年版，定价：98.00 元。

　　该书介绍了南京云锦经历的历史变迁和当代发展，展示了其制作精良的技艺和华美的图案，从人文艺术的角度，阐明了云锦的文化内涵和艺术价值。

　　王宝林：《南京云锦（中国非物质文化遗产代表作丛书）》，ISBN：7-5039-5252-4，文化艺术出版社 2012 年版，定价：

40.00 元。

该书分五章内容，向世人介绍和展示南京云锦源远流长的历史、精妙绝伦的工艺、丰厚深邃的吉祥文化和口头（记忆口诀）文化传统、手工技艺的传承及其抢救、保护、创新发展。比较全面地梳理了南京云锦从历代技艺到当代技艺的发展和创新的脉络。

金文：《南京云锦（江苏文化丛书．风物系列）》，ISBN：7 - 214 - 04997 - 1，江苏人民出版社 2009 年版，定价：32.00 元。

该书包括云锦的史话、云锦的花色品种、云锦的工艺、云锦的艺术、云锦的文化内涵、云锦的传承和弘扬等章节。

朱同芳主编：《中华瑰宝——南京云锦（中英文本）》，ISBN：7 - 80614 - 808 - 6，南京出版社 2003 年版，定价：88.00 元。

该画册以珍贵的实物图片揭示了南京云锦产生、发展、鼎盛、衰落的历史轨迹；以库缎、织金、织锦、状花四个种类的实物图片展现了云锦生产工艺的精妙绝伦等内容。

徐仲杰：《南京云锦史（江苏传统工艺史丛书）》，江苏科学技术出版社 1985 年版，定价：2.40 元。

全书十三万字，分为三章从纺织技术工艺的角度，论述了南京云锦的起源、品种、图案、色彩及官营织造与云锦生产业的关系。

张硕编著：《巧梭慧针：长江流域的丝织与刺绣》，ISBN：7 - 5430 - 2856 - 2，武汉出版社 2006 年版，定价：384.00 元（共 8 卷）。

长江流域是中华文明的发祥地之一，是中华民族的又一个摇篮，这已经是不争的事实。《巧梭慧针》一书所做的长江流域服饰丝织文化研究，正是在这样的历史与文化背景下进行的。在长江文明的宝库里，服饰文化特别是丝绸文化更是其中最为夺目的明珠之一。长江流域服饰文化是中华服饰文化的重要组成部分，同时又是中国服饰文化里特色分明、风格别具的重要支系。而这，正是该书所要阐明的。

王君平主编：《蜀锦》，ISBN：7-5410-2324-8，四川美术出版社 2003 年版，定价：68.00 元。

该书的 80 余幅蜀锦（四川省产的织锦缎为手工丝织品）彩图为汉代以来的蜀锦染织高级工艺品，色彩斑斓，蔚为壮观，充分展现了中华传统文化中蜀文化的璀璨。

《蜀锦史话》编写组：《蜀锦史话（四川史地丛书）》，ISBN：11118.19，四川人民出版社 1979 年版，定价：0.53 元。

《史话》叙述了蜀锦发展的简要历史，择要介绍了蜀锦的织机、工艺和一些巧夺天工的图案品种，歌颂了劳动人民伟大的艺术成就，反映了蜀锦工人在工艺美术方面达到的高度水平。

（元）费著撰：《蜀錦譜》［古籍］，周南李際期宛委山堂清顺治间（1644—1661）。

记述中国宋代官办丝织业和蜀锦情况的专著。元代费著撰。作者为至正年间（1341—1368）进士，生卒年及成书年代均不详。《蜀锦谱》记述了宋代设于四川的官办丝织手工业机构，规模，产品原料、品种和数量等，并记述了蜀锦的历史、品名、色彩和图案。全书分概述和名色两个部分。概述部分扼要阐明蜀锦的悠久历史。到宋代蜀锦发展到鼎盛时期。名色部分阐述蜀锦的品名，其中北宋有八答晕锦、盘毬锦、大窠狮子锦等 12 种，继承了隋唐织锦而又有所发展；南宋有粗、细两种，主要产于黎州（今四川汉源）、文州（今甘肃文县）、南平军（今四川綦江）、叙州（今四川宜宾）等地。其中大百花孔雀锦、青绿如意牡丹锦、真红穿花凤锦等细色织锦出现了写生折枝花鸟等新的图案，对元、明、清的织锦有着深远的影响。

李学英编著：《丝绸 蓝印花 布刺绣：中国传统纹样资料精

选》，ISBN：7 - 5305 - 4125 - 8，天津人民美术出版社 2010 年版，定价：20.00 元。

该书主要介绍中国传统丝绸、蓝印、花布、刺绣纹样。该书所选取的资料历史悠久，内容丰富，造型优美，结构严谨，风格典雅，花样不断翻新。

王庄穆：《丝绸笔记》，ISBN：7 - 5449 - 1112 - 2，中国流行色协会 1986 年版，定价：160.00 元。

该书是作者四十多年来在丝绸工作中的一些记录，分论述、诗画、资料三篇。

王庄穆：《丝绸笔记（续）》，中国流行色协会 1991 年版，定价：110.00 元。

该书是《丝绸笔记》的续篇。

王庄穆：《丝绸笔记（再续）》，中国丝绸协会、丝绸杂志社 1996 年版。

该书是《丝绸笔记》的续篇。

贾大双编著：《丝绫堆绣技艺教程》，ISBN：7 - 80526 - 618 - 2，北京工艺美术出版社 2006 年版，定价：32.00 元。

丝绫堆绣是在织物的基础上，采用浮雕、编织、刺绣、缝缀、堆贴、抽丝等多种工艺制作的装饰画。该书以画册的形式对丝绫堆绣的制作工具、材料和步骤进行介绍。全套图书分初级班、中级班、高级班三册。

乔素清编著：《丝绫堆绣新技法》，ISBN：978 - 7 - 80526 - 939 - 9，北京工艺美术出版社 2010 年版，定价：35.00 元。

该书详细介绍了用新的方法制作丝绫堆绣的每一个步骤，让读者能够非常容易地学会。该书具有非常高的艺术价值和学术价值。

可青编著：《丝绫堆绣应用实例》，ISBN：978 - 7 - 80526 - 627 - 5，北京工艺美术出版社 2007 年版，定价：35.00 元。

该书精选了布贴画作品 100 余幅，分花卉、动物、人物、脸谱四个部分。

朱启钤辑，阚铎校：《丝绣笔记》［二卷 古籍］，阚铎无冰阁 1930 年版，铅印本，共三册。

《丝绣笔记》以织成、锦绫、缂丝、刺绣等中国传统高级丝织品为对象，主要从工艺美术角度出发进行研究。全书分二卷，上卷"记闻"，下卷"辨物"。作者从历代中外文献中广泛收集各种丝织品起源、产地、技术、价格、代表作品、官匠制度的有关资料，并加以整理说明。这部书对中国纺织史研究具有重要的参考价值。

王建良主编：《桃花坞年画与丝绸》，ISBN：7 - 5344 - 1871 - 2，江苏美术出版社 2005 年版，定价：40.00 元。

该书是中法服装设计教育合作成果的展示，从桃花坞年画与丝绸两个方面展现了服装设计方法的主要概念。力图通过对两种完全不同艺术样式的评价、分析、比较去感悟其精神特质，采用裁剪、叠合、解构、重组等设计手段，摄取、演绎符合当代价值判断的视觉元素，并以服装特有的叙述方式寻求与历史文脉息息相通的延伸与发展。

张世申、马正荣主编：《挑花织锦：中国贵州民族民间美术全集》，ISBN：7 - 221 - 07953 - 4，贵州人民出版社 2008 年版，定价：450.00 元。

该书收集了中国贵州民间传统挑花织锦艺术中的精品并加以整理、分类、研究和介绍。

田明：《土家织锦》，ISBN：7 - 5077 - 3146 - 0，学苑出版社

2008 年版，定价：78.00 元。

该书深入介绍了土家织锦的历史演变、自然文化生态环境、工艺技法过程和特征，力图揭示其文化内涵和意义，并探讨了全球化环境下土家织锦的传承和保护等问题。作者充分利用民间调查资料，以及文献资料的查证，并结合丰富的图片来向读者介绍土家织锦这一中国非物质文化遗产。是目前第一本系统地介绍土家织锦的学术性专著。

凸凹：《纹道：蜀锦·蜀绣·漆艺流光溢彩的国家技艺》，IS-BN：7 - 5411 - 2656 - 7，四川文艺出版社 2008 年版，定价：28.00 元。

该书共分五章介绍了四川的民间技艺，内容包括："天下母锦"蜀锦的织造技艺、"冠天下"蜀绣、"雕镂扣器，百计千工"的成都漆艺等。

孙佩兰：《吴地苏绣（中华锦绣丛书）》，ISBN：7 - 81137 - 427 - 8，苏州大学出版社 2009 年版，定价：25.00 元。

该书共分五章，包括：吴地苏绣的历史；吴地苏绣的工序、针法与绣种；吴地苏绣的艺术；吴地苏绣名家；苏绣与吴文化等。

沈洁：《吴绫（中华锦绣丛书）》，ISBN：7 - 81137 - 909 - 9，苏州大学出版社 2011 年版，定价：19.00 元。

该书主要内容包括：吴绫的前世今生；吴绫传统工艺；吴绫纹样风格；吴绫用途。

袁宣萍：《西湖织锦（西湖全书丛书）》，ISBN：7 - 80633 - 787 - 3，杭州出版社 2005 年版，定价：32.00 元。

该书以 20 世纪 20 年代以来杭州的风景像景织锦为主线，以风景古香缎为辅线展开，对西湖织锦的历史沿革、工艺技术、各个时期的产品风格、西湖织锦的收藏等一一进行讨论。

王文章主编：《西兰卡普的传人：土家织锦大师和传承人口述史》，ISBN：7-5117-0032-2，中央编译出版社2010年版，定价：398.00元。

土家织锦是一种古老而珍奇的民间工艺织锦，土家语称"西兰卡普"。"西兰"即铺盖，卡普是花，汉语叫"土花铺盖"。西兰卡普是传统的土家族民间工艺品，它以红、蓝、黑色棉线作为经线，自由选择各色棉线或者丝线作为纬线，采用"通经暗纬，彩线反面挑织"而成。该书主要内容包括：龙山——土家织锦的主要传承地；叶玉翠——苦难造就的一代大师；我是从大山里走出来的；捞车河畔三织女等。

尤景林编著：《稀世珍锦　清宫御用云锦藏珍》，ISBN：7-8073-3535-1，古吴轩出版社2010年版，定价：160.00元。

遴选白海外回流的清宫御用云锦五十余匹，涵盖了云锦中织金、库缎、库锦和妆花四大品类。这批云锦的出现，彰显了云锦的丰富多彩和华丽珍稀，除了对故宫博物院和南京云锦研究所等现有相关机构的收藏做了品种和样式上的补充外，更从实物资料上对清代宫廷丝织品做了史料上的补缺，其中包括织造官、织制匠户等织款。作者以对待文化遗产负责的精神进行整理，在前人的基础上博采慎择，针对每件织品的特征，梳理社会经济、织造技术之间的关系，探讨其所蕴含的相关历史文化知识。

张心平、田大年、黄青松：《湘西土家族织锦技艺（湘西非物质文化遗产丛书）》，ISBN：7-5648-0474-9，湖南师范大学出版社2011年版，定价：38.00元。

该书共九章，包括织锦工艺、传统纹样构成及艺术特色、精典图纹的人文内涵、社会特征及现代价值取向、传承与发展等内容。其基本内容包括土花铺盖（土家语西兰卡普）和花带两大品种织锦技艺。其中西兰卡普最具代表性和典型性，其工艺原始而复杂。该书既有阅读性又是研习土家族民间传统文化不可多得的珍贵资料。该书出版将为人们品读湘西，研究湖湘文化提供一种较为快捷的途径和方式，也必将受到广大读者的关注与青睐。

李湘树编著：《湘绣史话》，ISBN：7－5019－0321－2，海洋出版社1988年版，定价：2.10元。

湘绣是我国四大名绣之一，多年来鲜有系统的描述，该书从史话角度叙述了而大量关于湘绣的趣闻逸事。有名匠行状，有绣庄兴衰，有工艺演变，有绣品遭遇，沙里淘金，披露了不少鲜为人知的珍贵史料；并对湘绣的历史、现状，发展趋势及其工艺特性，艺术特色进行了细致勾勒。

尼迪亚工作室图书策划：《绣艺（美美休闲生活丛书）》，IS-BN：7－80674－210－7，广西美术出版社2002年版，定价：15.00元。

该书介绍了刺绣的历史、刺绣针法等。具体介绍了苏绣、粤绣、湘绣、蜀绣、顾绣、发绣以及白绣等。

王宝林：《云锦（非物质文化遗产丛书）》，ISBN：7－213－03754－2，浙江人民出版社2008年版，定价：45.00元。

该书将从云锦的起源、云锦的诞生、云锦的发展、云锦的衰落和云锦的新生五个方面，试述南京云锦源远流长的历史。

赵丰总主编，袁宣萍著：《浙罗（中华锦绣丛书）》，ISBN：7－81137－897－9，苏州大学出版社2011年版，定价：22.00元。

该书共分五章，内容包括浙罗的发展历史；浙罗的结构与产品遗存；浙罗的生产工艺；浙罗的装饰工艺及图案；浙罗的用途与市场。

赵丰总主编，郑巨欣著：《浙南夹缬（中华锦绣丛书）》，IS-

BN：7 - 81137 - 420 - 9，苏州大学出版社 2010 年版，定价：29.00 元。

该书共分四章，包括：浙南夹缬源流、浙南夹缬工艺、浙南夹缬纹样等。

刘魁立、张旭主编：《织锦（中国民俗文化丛书）》，ISBN：7 - 5087 - 1937 - 5，中国社会出版社 2007 年版，定价：25.00 元。

该书详述了中国四大织锦的源起、工艺与发展历史，以及在中国丝绸文化中的重要地位。

张道一：《织绣》，ISBN：7 - 5322 - 1676 - 4，上海人民美术出版社 1997 年版，定价：28.00 元。

所谓织绣，也就是"锦绣"，均用丝线制作，光华无比，多用以形容祖国的大好河山。该书概要介绍丝织和刺绣的特点以及种类，鉴赏它的艺术神采。

单国强主编：《织绣书画（故宫博物院藏文物珍品大系）》，IS-BN：7 - 5323 - 8176 - 5，上海科学技术出版社、商务印书馆（香港）有限公司 2005 年版，定价：320.00 元。

该书以织绣书画为专题，遴选故宫所藏 144 件精品，按照织绣品的制作技法，分为刺绣书画、丝书画和织锦书画三大类，每类中又分若干小类，通过不同织绣技法所呈现的不同效果，来展示织绣书画独特的艺术魅力。

黄能馥主编：《中国成都蜀锦》，ISBN：7 - 80047 - 610 - 3，紫禁城出版社 2006 年版，定价：200.00 元。

该书叙述蜀锦的发展史。对各历史时期的蜀锦纹样、工艺、特点和历史地位进行了评述，并探讨了当代对蜀锦的继承发展以及取得的成果。

路甬祥总主编，钱小萍主编：《中国传统工艺全集：丝绸织染》，ISBN：7 - 5347 - 3320 - 0，大象出版社 2005 年版，定价：564.50 元。

该书在时间上跨越了中国丝绸科技演变、发展的五千年历程，在内容上从传统的栽桑、养蚕、贮茧到取丝、制线、纹制、织造、印刷以及缂丝、刺绣、抽纱、地毯等，从制作工艺到技术奥秘，从机械结构到造作方法，从织物规格、花色品种到印染技术等，做了系统、正确和全面的记载，其中大部分织物组织图，尤其是上机工艺图均是此书首次绘制，填补了以往文献的空缺，具有可复原性和可操作性。

唐克美：《中国工艺美术大师　崔洁：挑花与丝绫堆绣》，IS-BN：978 - 7 - 5344 - 6582 - 6，江苏美术出版社 2013 年版，定价：101.10 元。

崔洁 1943 年考入辅仁大学，师从著名画家关广志先生，1947年辅仁大学美术系西画组毕业，留校任助教。1949 年从事抽纱图案设计，是新中国成立后北京抽纱行业的第一位专业设计师。1994年完成丝绫堆绣作品《清明上河图》，该作品于 1996 年被选为国家礼品送联合国粮农组织收藏，同年创立"丝绫堆绣"这一专业名词，并载入中国工艺美术史册。2005 年，由中国轻工总会授予"终身成就奖"。

赵翰生：《中国古代纺织与印染》，ISBN：7 - 5078 - 3143 - 6，中国国际广播出版社 2010 年版，定价：21.00 元。

该书主要内容包括：古代的丝绸、古代的葛、麻纺织、古代的毛纺织、古代的棉纺织、古代的纺织机具、古代的染整技术、古代与防治技术有关的重要书籍七章。

缪良云编著：《中国历代丝绸纹样》，ISBN：7 - 5064 - 0200 - 9，纺织工业出版社 1988 年版，定价：150.00 元。

该书介绍了从殷商至明清各个朝代丝绸纹样的类型、艺术风格和艺术特征。

高汉玉主编：《中国历代织染绣图录》，ISBN：962 - 07 -
5040 - 3，商务印书馆香港分馆/上海科学技术出版社 1986 年版，
定价：800.00 元。

全书文字分为五章，书中图片分为"图版"和"参考图版"
两部分，皆彩色印刷。前者注重审美欣赏；后者注重资料的提供，
互为补足。每图均有文字说明。书后尚附录名词解释和中国织染绣
大事年表等。

黄能馥、陈娟娟编著：《中国龙袍》，ISBN：7 - 5407 - 3707 -
7，紫禁城出版社/漓江出版社 2006 年版，定价：550.00 元。

该书以图文兼美的形式追述从新石器晚期至清末 4000 多年间
龙文化在中国服饰文化中的具体反映，并收集国内外传世和出土的
历代龙袍实物 330 余款，包括现存最早辽代（公元 907—1125 年）
龙袍实物，下及清代宫廷及民间收藏的精品。

黄钦康编著：《中国民间织绣印染》，ISBN：7 - 5064 - 1339 -
6，中国纺织出版社 1998 年版，定价：35.00 元。

织绣与印染是民间传统文化的重要组成部分，有其发生、发
展、演变的客观规律。从民间美术的角度看，它与民俗、民族学、
美学诸领域，和民间人体装饰、民间起居、礼仪、节庆、祭祀等有
着密切的关联。该书力求图文并茂，雅俗共赏，既可作为同行之间
的心得交流，也可作为工艺美术工作者、设计师、建筑师、画家、
美术设计专业（包括纺织丝绸院校的服装设计、美术专业）学生、
中等工艺美校学生，以及民间美术爱好者和旅游业导游的工具书和
资料参考。

黄能馥主编：《中国南京云锦》，ISBN：7 - 80614 - 768 - 3，
南京出版社 2003 年版，定价：1800.00 元。

该画册以珍贵的实物图片揭示了南京云锦产生、发展、鼎盛、衰落的历史轨迹；以库缎、织金、织锦、状花四个种类的实物图片展现了云锦生产工艺的精妙绝伦。

钱小萍主编：《中国织锦大全 三大名锦编》，ISBN：978-7-5180-0725-7，中国纺织出版社2014年版，定价：1280.00元。

织锦是丝绸织物中结构最复杂、花色最丰富、工艺最精湛、价格最昂贵的一种，是丝绸百花园中最瑰丽的花朵，数千年来一直闻名于世。其主要技艺已被列入人类和国家非物质文化遗产，有必要对其进行全面的、系统的研究和总结。《中国织锦大全》共分三编。丝绸织锦编综述了源远流长的中国织锦，并详细叙述了古代织锦、近代织锦和现代织锦；三大名锦编详细介绍了我国的蜀锦、宋锦和云锦；民族织锦编讲述了各民族、各地区所形成和发展的不同风格、不同种类的民族织锦。《中国织锦大全》涵盖了我国自古以来逐步形成和不断发展的各类织锦，包括不同朝代、不同民族和不同地区的各类织锦，从其历史文化、艺术风格、结构特征和工艺技术等方面进行剖析和叙述，是部全面完整阐述织锦的专著。

陈娟娟：《中国织绣服饰论集（故宫博物院学术文库）》，IS-BN：7-80047-465-8，紫禁城出版社2005年版，定价：55.00元。

该书图文并茂地介绍了中国织绣文化艺术，内容包括织花篇、缂丝篇、刺绣篇、服饰篇和织绣纹样篇。

吴哲夫编辑：《中国五千年文物集刊 织绣篇1、2》，ISBN：957-00-1325-7，中华五千年文物集刊编辑委员会1983年版，定价：171.43元。

"国立"故宫博物院精品"中华五千年文物集刊"《织绣篇》上下一套，印刷极为考究，图版介绍详细，是研究织绣的难得文献。

朱同芳主编：《中华瑰宝：南京云锦》，ISBN：7 - 80614 - 808 - 6，南京出版社 2003 年版，定价：88.00 元。

该画册以珍贵的实物图片揭示了南京云锦产生、发展、鼎盛、衰落的历史轨迹；以库缎、织金、织锦、状花四个种类的实物图片展现了云锦生产工艺的精妙绝伦等内容。

钟茂兰编：《壮族苗族侗族织锦：图册》，ISBN：7 - 5410 - 0027 - 2，四川美术出版社 1987 年版，定价：5.50 元。

该书包括壮、苗、侗三个少数民族的织锦图案。

余涛编著：《濯锦集——丝绸文化与织染技艺》，ISBN：7 - 5411 - 3298 - 8，四川文艺出版社 2011 年版，定价：32.00 元。

该书是一部以丝绸文化和织染技艺为主线的论文集，内容涉及历史文化、织染技艺、锦缎纹样和美术鉴赏等诸多领域。

文　史　篇

　　刘兴林、范金民：《长江丝绸文化（长江文化研究文库）》，IS-BN：7 - 5351 - 3846 - 2，湖北教育出版社 2004 年版，定价：33.00 元。

　　该书被列为国家"重点"图书选题出版规划，全书共十二章。内容有：长江桑蚕和丝绸的起源、先秦时期长江丝绸的兴起、明清长江桑蚕生产的大发展、民国时期的长江丝绸等。

　　赵丰、伊弟利斯·阿不都热苏勒主编：《大漠联珠：环塔克拉玛干丝绸之路服饰文化考察报告》，ISBN：7 - 81111 - 199 - 6，东华大学出版社 2007 年版，定价：98.00 元。

　　上海东华大学（原中国纺织大学）和新疆文物考古研究所凭借其在纺织服饰文化研究以及丝绸之路考古的优势，进行强强合作，共同展开丝绸之路染织服饰文化的考察，通过实地研究，收集资料，取得较为全面的成果。这次考察的内容确定为三个主要方面：一是沿途考古出土的各种纺织品和服饰文物，其中又分织物和服装两类；二是沿途洞窟和墓室壁画中的世俗人物服饰图像；三是沿途少数民族日常服饰。这三个方面是研究丝绸之路历史与今天纺织服饰文化的最佳对象，也是研究东西方纺织文化交流以及各民族服饰文化融合过程的最佳资料。

　　[乌兹] 马特巴巴伊夫、赵丰主编：《大宛遗锦：乌兹别克斯坦费尔干纳蒙恰特佩出土的纺织品研究》，ISBN：7 - 5325 -

5379 - 2，上海古籍出版社 2010 年版，定价：118.00 元。

费尔干纳盆地是中亚地区历史文化遗迹中最为庞大和重要的地区，出土的古代纺织艺术品更是极为罕见，乌兹别克斯坦科学院考古研究所和上海东华大学服装学院首次针对费尔干纳盆地早期中古时代纺织服饰品进行了全面的综合性研究，研究表明，费尔干纳山谷在粟特时期或更早（3—4 世纪），已成为受中国直接影响的中亚丝绸生产中心之一。该书即是此次合作的成果汇编。

赵丰主编：《敦煌丝绸艺术全集　法藏卷》，ISBN：978 - 7 - 81111 -738 - 7，东华大学出版社 2010 年版，定价：498.00 元。

该书是继《英藏卷》之后全集的第二卷，敦煌艺术全集拟全面、系统、科学地整理和研究敦煌出土的丝织物。本卷是以现藏在法国吉美博物馆的自敦煌藏经洞发现以来莫高窟出土的历代丝织物为内容。

赵丰主编：《敦煌丝绸艺术全集　英藏卷》，ISBN：7 - 81111 -196 - 5，东华大学出版社 2007 年版，定价：498.00 元。

现存的敦煌出土丝织品主要收藏于中国、英国、印度、法国和俄罗斯等国家的众多研究和收藏机构。对于国外收藏的敦煌丝织品，总体只有零星刊布，罕见专门著作。基于藏经洞发现而形成的敦煌学虽然已得到了长足的发展，但其中的丝织品却一直缺少系统的整理和深入的研究。敦煌莫高窟发现的织物以丝绸为主界定是采用织、染、绣工艺完成的文物教造像为题材的绢画和布幡。同时也包括少量其他纺织品。不过，该书对纺织品的以及部分以装饰效果为主的彩绘文物，而不包括以佛教造像为题材的绢画和布幡。该书收集和整理散藏于世界各地敦煌出土的丝绸和纺织品，从纺织科技与艺术的角度进行分析、详细记录、整理出版，这将填补敦煌学在丝绸研究方面的空白，也将为丝绸之路研究、中外文化交流史研究、纺织服饰美术史研究等领域填写新的篇章。

赵丰主编：《敦煌丝绸艺术全集　英文版　法藏卷》，ISBN：7-81111-974-9，东华大学出版社2012年版，定价：598.00元。

该书是继2007年发行的《敦煌丝绸艺术全集（英藏卷）》后该系列的第二部图书，经过中、法双方近三年的研究和整理后问世。全书收录了法国吉美博物馆、法国国家图书馆等收藏的200多件敦煌纺织品文物，并对150件文物进行详细分析和解读。

赵丰主编：《敦煌丝绸与丝绸之路》，ISBN：7-101-06375-2，中华书局2009年版，定价：29.00元。

该书以敦煌出土的自北魏到元代的丝织品，包括用织、染、刺绣三种基本技法制成的佛幡、经帙、残片等各种以编织纤维为材质的文物为主要研究对象，以新中国成立后考古发掘品为主，同时结合国外收藏的敦煌丝织品实物，从历史的、技术的、艺术的层面，对敦煌丝绸进行了综合的研究。附录"敦煌文书中的丝绸记载"收录了大量的丝绸信息，可以作为进一步研究的基础。

广东省地方史志编纂委员会编：《广东省志·丝绸志（上、下）》，ISBN：7-218-04394-1，广东人民出版社2004年版，定价：380.00元。

该志记述年限上溯至秦汉之前，下限至2000年。从蚕桑企业、丝绸工业、丝绸贸易、经营管理等方面介绍广东的丝绸业状况。考虑到广东丝绸历史悠久，丝绸文化内容丰富，故本志增设"文化"章。选录作品标准：主要是撰写的内容与广东茧丝绸业直接有关系的作品。

翁卫军主编：《杭州丝绸：东方艺术之花（杭州文化丛书）》，ISBN：7-80633-589-7，杭州出版社2003年版，定价：28.00元。

该书分为三编：悠久的历史、丰富的内涵、辉煌的诗篇，阐释了走过几千年光辉历程的杭州丝绸所衍生出的大量精神财富、积淀的丰富文化内涵，并有许多精彩图片。

程长松编著：《杭州丝绸史话》，ISBN：7-80633-442-4，杭州出版社2002年版，定价：16.00元。

该书介绍了杭州丝绸业的起源，隋、唐、五代时期的杭州丝绸业，清代的杭州丝绸业，民国时期的杭州丝绸业等。

杭州丝绸控股（集团）公司编纂：《杭州丝绸志》，ISBN：7-5341-1237-0，浙江科学技术出版社1999年版，定价：100.00元。

该书按照志书编纂体例，全面记述了杭州（包括杭州市所属城区和各市、县）蚕桑丝绸业历史与现状，内容包括概述、大事记和史略、桑蚕、制丝、丝织等。

李建华主编：《话说丝绸 传奇篇 柔软的力量（丝绸文化系列丛书）》，ISBN：7-80740-906-9，上海文化出版社2012年版，定价：60.00元。

该书精编了72个丝绸的好故事，这些故事流传甚广且颇具人文情怀与哲理。

范金民、金文：《江南丝绸史研究》，ISBN：7-109-02754-6，农业出版社1993年版，定价：17.50元。

该书叙述了先秦时期江南丝绸的起步，后因隋唐封建社会的繁荣而崛起，南宋后全国经济中心南移，促成了江南作为丝绸业中心的地位，历元、明、清而极盛等的历史。

赵丰、齐东方主编：《锦上胡风——丝绸之路纺织品上的西方影响（4—8世纪）》，ISBN：7-5325-6103-2，上海古籍出版社2011年版，定价：268.00元。

"锦上胡风——丝绸之路魏唐纺织品上的西方影响"展览在北

京大学赛克勒考古与艺术博物馆隆重开幕。共展出 59 件/套魏唐时期的丝绸织物和服饰，这些织绣珍品由中国丝绸博物馆和香港贺祈思先生收藏，展览分"西锦初成""胡风渐炽""番锦极盛""大唐新样"四部分，通过出土于丝绸之路沿途这一时期的丝织品，特别是织锦，给观众勾勒出丝绸之路上织物发展的这一过程。《锦上胡风——丝绸之路纺织品上的西方影响（4—8 世纪）》就是此次展览的成果，对于促进对丝绸之路上东西方文化交流的研究，具有重要意义。该书包括论文和图录两个部分，内容包括：胡风吹来锦样新，丝绸之路纺织品上的西方影响、吸收与改造，6—8 世纪的中国联珠圈纹织物等。

徐新吾主编：《近代江南丝织工业史》，ISBN：7 - 208 -00956 - 2，上海人民出版社 1991 年版，定价：10.00 元。

江南和上海是我国丝绸工业的主要地区，它的丝绸工业史是中国丝绸工业史的缩影。几位丝织业的老前辈，花了数年的精力，翻阅了大量的典籍，且书昼写，孜孜矻矻，编纂了这本《近代江南丝织工业史》。该书用浓重的笔墨和丰实的历史资料，向人们展现了一幅江南丝绸工业的兴衰图。

王翔：《近代中国传统丝绸业转型研究（近代中国研究丛书）》，ISBN：7 - 310 - 02370 - 6，南开大学出版社 2005 年版，定价：28.00 元。

该书共分九章，内容包括：鸦片战争后的中国丝绸业、中国丝绸业转型的开端、国际竞争的激化与中国丝绸业的危机、丝绸业转型与近代社会变迁等。

王庄穆主编：《民国丝绸史（1912—1949）》，ISBN：7 - 5064 -1138 - 5，中国纺织出版社 1996 年版，定价：50.00 元。

该书对 1912—1949 年的 38 年里，中国丝绸业的发展历史做了系统的叙述。内容包括养蚕、缫丝、织绸、印染、贸易、数学、科研等各方面的实况介绍。全书分民国时期的丝绸业概况，民国初期至抗战前的丝绸业，抗战时期的丝绸业，抗战后至 1949 年的丝绸业，民国时期的柞蚕丝绸业，附录（丝绸产销创汇情况）等六大部分。这是一部丝绸史料丰富的纪实书籍。

国民经济建设运动委员会总会编辑：《南京缎锦业调查报告（国民经济建设运动委员会总会丁种丛刊）》，国民经济建设运动委员会总会 1937 年版，定价：不详。

调查记述南京的缎业、云锦业、漳缎业、漳绒业、建绒业之概况。

陆剑：《南浔金家（南浔丛书）》，ISBN：7 - 213 - 03372 - 7，浙江人民出版社 2006 年版，定价：68.00 元。

该书内容包括：蚕丝织成的"小金山"、金氏宗族渊源、风雨百年承德堂、可开眼看世界的金焘、玩物立志王世襄等。

赵翰生：《轻纨叠绮烂生光 文化丝绸》，ISBN：7 - 5507 - 0316 - 2，海天出版社 2012 年版，定价：20.00 元。

该书通过对丝绸生产的溯源和对其技艺沿革的介绍，展示了中国丝绸几千年的历史和灿烂的丝绸文化，以及其对中国传统社会生活的多方面影响和在中外文化交流中的重要作用。

李建华主编：《柔软的力量 话说丝绸（丝绸文化系列丛书）》，ISBN：7 - 80740 - 906 - 9，上海文化出版社 2012 年版，定价：60.00 元。

该书分为传奇篇、文明篇、风雅篇、民俗篇、名人篇五篇，主要内容包括："黄"帝由来因丝绸；蚕神马鸣王；蚕王天子等。

李建华主编：《柔软的力量 字说丝绸（丝绸文化系列丛书）》，ISBN：7 - 80740 - 906 - 9，上海文化出版社 2012 年版，定价：68.00 元。

该书分为礼仪篇、动态篇、品类篇、生活篇、装饰篇五篇，主要内容包括：币、总、绍、结、绅等。

山东省地方史志编纂委员会：《山东省志　丝绸志》，ISBN：7-209-00962-0，山东人民出版社1991年版，定价：22.8 元。

该志书以篇、章、节层次划分，全书共设8篇，内容依次为桑柞、养蚕、蚕茧收购与加工、丝绢工业、丝织与印染工业、丝绸贸易、教育与科技、管理。志书上限始自1840年，下限到1985年。为彰明事物的发展，个别资料适当上溯或下延。山东养蚕、抽丝、织绸历史悠久，早在奴隶制社会，山东的蚕丝生产已具有相当水平。

《上海丝绸志》编纂委员会：《上海丝绸志》，ISBN：7-80618-414-7，上海社会科学院出版社1998年版，定价：80.00 元。

该书是一部记述1840年上海开埠前后到当前社会主义现代化建设进入改革开放新时期中，关于这个国宝产业在这个港口城市中，包括外贸、工业、商业和农业等方面150多年来的兴衰起伏和发展变革的专业性史志类著作。由总述、大事记和7篇正文及附录所组成。

孙可为：《绍兴丝绸史话（越文化丛书）》，中国戏剧出版社2011年版，定价：22.00 元。

该书分为史话、史纲、专题三部分，收录了《古越——中国丝绸多源发祥中的旺脉》《遥远的"蚕形纹"密码》《会稽山下执玉帛者万国》《石帆山下的美丽传说》《从辩才和尚上当说起》等文章。

沈从文著，张兆和主编：《沈从文全集　30卷　物质文化史》，

ISBN：7－5378－2467－3，北岳文艺出版社 2002 年版，定价：430.00 元。

该卷收录了《中国丝绸图案》《织绣染缬与服饰》《〈红楼梦〉衣物及当时种种》《说"熊经"》《文物识小录》。《中国丝绸图案》介绍由战国至清末的丝织图案，但因其中战国、六朝和宋代的资料较少，收集较难，便补充进去一些毛织物图案，以供作为相互印证的参考。《织绣染缬与服饰》收作者讨论中国织锦、刺绣、染缬及服饰制度历史的有关著作共 34 篇。作者自 20 世纪 50 年代初期开始研究中国古代锦缎、刺绣、染缬工艺的历史，随着时间的推移，其视野迅速从关注织绣品纹样，扩展到工艺纹样史；从研究织绣品，扩展到服装，及整个服饰制度的广泛领域，终成为其后半生研究工作的一个重要部分。《〈红楼梦〉衣物及当时种种》收作者为《红楼梦》草拟的注释初抄稿，总题《〈红楼梦〉衣物及当时种种》，另收讨论《红楼梦》注释问题的作品，共 3 篇。

李奕仁主编，李建华副主编：《神州丝路行　中国蚕桑丝绸历史文化研究札记（上）》，ISBN：7－5478－1320－1，上海科学技术出版社 2013 年版，定价：380.00 元。

该书以研究笔记的形式，收集整理上下五千年有关中国蚕桑丝绸资料，最后归纳成古迹、产业、文化、吟咏和振兴五个篇章，共 200 余篇既独立成文、又相互关联的文章，字数 100 余万。前四篇，均为 1949 年前的资料，可谓历史篇；第五篇为 1949 年后的资料，可谓现代篇。

李奕仁主编，李建华副主编：《神州丝路行　中国蚕桑丝绸历史文化研究札记（下）》，ISBN：7－5478－1320－1，上海科学技术出版社 2013 年版，定价：380.00 元。

该书以研究笔记的形式，收集整理上下五千年有关中国蚕桑丝绸资料，最后归纳成古迹、产业、文化、吟咏和振兴五个篇章，共 200 余篇既独立成文、又相互关联的文章，字数 100 余万。前四篇，均为 1949 年前的资料，可谓历史篇；第五篇为 1949 年后的资料，可谓现代篇。

刘治娟：《丝绸的历史（东西文丛）》，ISBN：7 - 80228 - 161 - X，新世界出版社 2006 年版，定价：39.80 元。

该书以图文并茂的形式，介绍了丝绸的起源、丝绸之路、海上丝绸之路、元代丝绸、明清丝绸、四大名绣、中国丝绸服饰的历史文化。

［德］克林凯特（Hans - Joachim Klimkeit）：《丝绸古道上的文化（敦煌研究院资料中心丛书）》，赵崇民译，ISBN：7 - 80547 - 240 - 8，新疆美术摄影出版社 1994 年版，定价：9.80 元。

这是德国学者对古代丝绸之路上的民族、宗教和文化状况做一系统介绍的通俗著作，将西方近年来在这方面研究中获得的最重要成果加以总结，颇有新意，对我国有关学科的研究会有相当的参考价值。该书配有数十幅插图，都是丝绸之路上的艺术遗存，相信对一般读者了解古代中西文化交流等也是一本图文并茂的好书。

陈娟娟、黄能馥：《丝绸史话（中国历史丛书）》，ISBN：11018.485，中华书局 1980 年版，定价：0.12 元。

该书从蚕丝的起源，论述了中国自汉、唐、宋、元、明、清历代丝绸及其织造技术上的成就。

《中华文明史话》编委会编著，茅惠伟、赵丰编撰：《丝绸史话（中华文明史话彩图普及丛书）》，ISBN：7 - 5000 - 8962 - 9，中国大百科全书出版社 2012 年版，定价：18.00 元。

该书主要介绍了丝绸的历史，全书内容包括：中华丝绸灿烂成锦、丝绸的起源、流动飞扬的秦汉丝绸、宝花似锦的隋唐丝绸、"鸟语花香"与"春水秋山"并重的宋辽丝绸、黄金织成锦的蒙元丝绸等。

宋执群：《丝绸苏州（中国文化遗珍丛书）》，ISBN：7 - 205 - 05908 - 9，辽宁人民出版社 2005 年版，定价：40.00 元。

苏州是一座叠印在丝绸和织锦上的城市，是一个以丝绸为肌肤发育成熟的温柔富贵之乡。该书展示了苏州丝绸背后那一幕幕封存的历史、一曲曲动人的故事。

杨丹编：《丝绸文化》，ISBN：7 - 5064 - 0997 - 6，纺织工业出版社 1993 年版，定价：9.50 元。

收入有关丝绸的神话、传说、诗歌、文学、艺术、故事、逸闻诸多方面短文 23 篇。

黄为放编著：《丝绸文化》，ISBN：7 - 5463 - 1685 - 7，吉林文史出版社 2010 年版，定价：14.80 元。

该书内容包括：采桑养蚕的起源；商周两代的桑蚕丝织业；战国秦汉时期的桑蚕丝织业；海上丝路与陆上丝路的并兴等。

徐德明：《丝绸文化 100 问》，ISBN：978 - 7 - 80715 - 683 - 3，浙江古籍出版社 2011 年版，定价：30.00 元。

该书是关于丝绸文化的普及性读物，针对参观者常常问及的 100 个问题予以解答，内容包括历史之事、丝织之事，服饰之事、蚕桑之事等方面，是关于丝绸文化的小型百科全书。由中国丝绸博物馆组织专家撰写。

康志祥、李毓秦主编：《丝绸文化与丝绸之路》，ISBN：7 - 5418 - 1289 - 7，陕西旅游出版社 1996 年版，定价：11.20 元。

丝绸文化和丝路文化有着十分丰厚的底蕴。它犹如一座富矿，亟待人们开采发掘。中国是丝绸文化荟萃之地。研究丝绸、丝路文化有着得天独厚的条件。但迄今为止，国内学术界对丝绸、丝路文化的研究还相当不够，有些方面才刚刚起步，这不能不说是一件憾事。该书以"丝绸文化与丝绸之路"命名，旨在对丝绸、丝路文化作一些探索，抛砖引玉，以引起人们对么么绸、丝路文化的关注。

赵丰：《丝绸艺术史》，ISBN：7 - 81019 - 175 - 6，浙江美术学院出版社 1992 年版，定价：29.50 元。

《丝绸艺术史》，是我国第一部集品种与图案一体、合技术与美术一统的专门叙述我国丝绸艺术发展史的专著。上篇为品种篇，下篇为图案篇。其中从历史、命名、结构、类型等方面，至绣绘之源、浪漫风格、新潮西来、大转折、走向自然等过程的具体描绘，对后人古为今用，很有学术参考价值。

嵇发根主编：《丝绸之府湖州与丝绸文化》，ISBN：7 - 5078 - 0709 - 6，中国国际广播出版社 1994 年版，定价：9.50 元。

该书论述了湖州地区悠久而连绵无断的蚕桑历史，及其经过长期沉淀而形成的蚕桑文化，包括崇拜蚕种，各种蚕俗和以蚕桑为内容的一切文学艺术。

嵇发根：《丝绸之府五千年：湖州丝绸文化研究（湖州历史文化丛书）》，ISBN：7 - 80633 - 970 - 1，杭州出版社 2007 年版，定价：180.00 元。

该书主要研究湖州丝绸文化，具体阐述了湖州丝绸文化的起源、载体与表现形态、湖州丝绸文化形成发展的社会历史原因和意义等。

［法］J. P. 德勒热（Jean - Pierre, Drege）：《丝绸之路：东方和西方的交流传奇》，吴岳添译，ISBN：7 - 80622 - 453 - X，上海书店出版社 1998 年版，定价：38.00 元。

该书按照使节的时代，朝圣者的时代，商人的时代，传教士的时代，航海家的时代的顺序介绍了古老的丝绸之路在东西方交流上所发挥的作用。

新疆维吾尔自治区博物馆，出土文物展览工作组编：《丝绸之路：汉唐织物》，文物出版社 1972 年版，定价：25.00 元。

从 1959—1969 年，在丝绸之路的我国境内甘肃和新疆两地，发现很多汉唐丝织品，该书选录其中 65 件精品，全部彩色印刷，另附有说明文字一册。

包铭新主编：《丝绸之路：设计与文化（论文集）》，ISBN：7 - 81111 - 477 - 5，东华大学出版社 2008 年版，定价：49.00 元。

该书内容包括：造型与纹样的发生、传播与演变——以仙山楼阁图为例；丝路时代的大兴城与宇文凯——古代营造设计的一个范例；丝绸之路上的吐蕃番锦等。

阿里·玛扎海里：《丝绸之路：中国—波斯文化交流史（中亚历史文化翻译丛书）》，耿升译，ISBN：7 - 101 - 01123 - 3，中华书局 1993 年版，定价：26.00 元。

该书内容包括：波斯史料、希腊—罗马史料、丝绸之路和中国的物质文明的西传及附录阿里·玛扎海里小传。

李肖冰：《丝绸之路服饰研究》，ISBN：7 - 228 - 12734 - 4，新疆人民出版社 2009 年版，定价：42.50 元。

该书共分六章，内容包括：先秦时期西域服饰、汉代西域服饰、魏晋南北朝西域服饰、隋唐西域服饰、五代宋元明清西域服饰、近代以后新疆民族服饰。

李竟成、雷茂奎：《丝绸之路民间文学研究（丝绸之路研究丛书）》，ISBN：7 - 228 - 12785 - 6，新疆人民出版社 2009 年版，定价：38.50 元。

该书共分七章，内容涵盖导论；丝绸之路民族神话；丝绸之路民族民间传说与民间故事；丝绸之路民族英雄史诗；丝绸之路民族民间叙事长诗；丝绸之路民族民歌等。

雷茂奎、李竟成：《丝绸之路民族民间文学研究（丝绸之路研究丛书）》，ISBN：7 - 228 - 03048 - 6，新疆人民出版社 1995 年版，定价：18.80 元。

该书通过文献资料和考古发现，论述了古代西域民族民间文学的形成与特征，以及所反映的社会历史文化现象。

马通：《丝绸之路上的穆斯林文化》，ISBN：7 - 227 - 02115 - 7，宁夏人民出版社 2000 年版，定价：16.00 元。

该书是马通研究西北伊斯兰教著作四种之一。它主要讲述了丝绸之路上的穆斯林及其文化，香料之道上的穆斯林文化，丝绸之路上的穆斯林商贸与钱币，丝绸之路上的伊斯兰教派与苏非主义学派等内容。

陆庆夫：《丝绸之路史地研究》，ISBN：7 - 311 - 01532 - 4，兰州大学出版社 1999 年版，定价：15.00 元。

该书共收入作者关于丝绸之路史地研究的论文 20 篇，内容分五部分。第一部分 4 篇，重点讨论汉唐各朝对丝绸之路特别是河西地区的开发经营；第二部分 3 篇，论述了古代通西域的交通道路及相关问题；第三部分 7 篇，探讨了自汉至宋活跃在丝绸之路的诸多民族及相互关系；第四部分 3 篇，考证了若干丝路重镇的地理位置；第五部分 3 篇，着重对十六国时期五凉地区的文化教育做了考察。该书内容丰富，史料翔实，观点允当，先曾在不同刊物上发表，产生过一定影响。

孟凡人：《丝绸之路史话》，ISBN：7 - 5000 - 6339 - 3，中国大百科全书出版社 2000 年版，定价：10.00 元。

该书叙述了丝绸西传、罗马的丝绸热、争夺丝绸等方面的情况；阐述了西域、中西交通和丝绸之路的概念、范畴和三者之间的关系及其发展状况；勾勒出丝绸之路各路段的交通线，展示了丝路沿线的自然景观、考古遗址和遗迹等。

长泽和俊：《丝绸之路史研究》，ISBN：7-80504-161-X，天津古籍出版社 1990 年版，定价：11.55 元。

该书包括历史地理篇、纪行篇两个部分，对丝绸之路进行了研究、论述了我国汉唐至宋时甘肃和新疆地区的历史和交通情况等。

牟实库主编：《丝绸之路文献叙录》，ISBN：7-311-00225-7，兰州大学出版社 1989 年版，定价：16.90 元。

该书正是为研究丝路文化提供过去的研究成果和系统参考资料的专著，搜集了 764 篇论文，分为十二类：政治军事、历史地理，丝绸交通、经济贸易、文化交流、民族宗教、语言文字、音乐百戏、丝路人物、丝路考古、敦煌文化和丝路研究综述，每类又包括多种专题，每篇论文都有叙录，介绍其内容、观点和学术成果，共写叙录百万余言，堪称洋洋大观。到目前为止，它是我国第一部比较全面的丝路文献叙录专著，这对国内外丝路文化的研究者来说，是一部重要的资料工具书，对丝路文化研究进一步发展必将产生积极的促进作用。

李强：《丝绸之路戏剧文化研究（丝绸之路研究丛书）》，IS-BN：7-228-12736-8，新疆人民出版社 2009 年版，定价：64.50 元。

该书共分十四章，内容涵盖丝绸之路西域戏剧的发生、唐宋大曲与柘枝队戏、五台山与西域佛教戏曲、敦煌俗讲乐舞与佛教戏曲、敦煌学中的目连文化、吐蕃宗教文化与藏戏等。

陆晖：《丝绸之路戏曲研究（丝绸之路研究丛书）》，ISBN：7-228-12789-4，新疆人民出版社 2011 年版，定价：57.30 元。

该书通过文献资料和田野调查，论述了自古至今新疆、甘肃、陕西、宁夏戏曲艺术的传承关系，以及戏曲剧种的艺术特征和魅力。

盖山林、盖志浩：《丝绸之路岩画研究（丝绸之路研究丛书）》，ISBN：7 - 228 - 12783 - 2，新疆人民出版社 2011 年版，定价：86.75 元。

该书通过文献资料与考古发现，论述了西域人口的分布与迁移，以及社会变革和经济发展对人口数量与质量产生的影响。

周菁葆主编：《丝绸之路岩画艺术》，ISBN：7 - 228 - 02098 - 7，新疆人民出版社 1993 年版，定价：32.1 元。

联合国教科文组织丝绸之路考察合作项目：该书分草原丝绸之路上的岩画、绿洲丝绸之路上的岩画、西南丝绸之路上的岩画、海上丝绸之路的岩画 4 编，收论文 50 余篇。

岳峰、周玲华编：《丝绸之路研究文献书目索引》，ISBN：7 - 228 - 03301 - 9/962 - 7281 - 39 - 5，新疆人民出版社、香港文化教育出版社 1994 年版，定价：68.00 元。

岳峰先生和周玲华女士在历史学、文物鉴定学、图书馆学及文献学等方面从事了多年的探讨与研究，做了许多有益的工作。本书汇集了前人的研究成果，为当今研究"丝路学"的学者及爱好者提供了一部编纂体例科学、学科内容系统的参考工具书。这部工具书所收录的文献资料，从时间上可上溯至汉朝，从地域上是横跨陕、甘、新三省。著录的文献均具有学术性、资料性、系统性。从体例编排上力求科学性；从读者使用上力求方便、简明、宜检索。是目前收录资料比较全面、系统，编纂体例合理规范，内容翔实的一部研究丝绸之路的不可多得的一部工具书。

苏北海：《丝绸之路与龟兹历史文化（丝绸之路研究丛书）》，ISBN：7 - 228 - 03704 - 9，新疆人民出版社 1996 年版，定价：

45.00 元。

龟兹在西域古代史上所以能产生比较发达的经济和光彩夺目的文化，是与汉唐时代中国先进的政治制度、经济文化，以及通向欧亚非的丝绸之路分不开的。中国汉唐时代雄厚的经济实力，推动着丝绸之路的繁荣昌盛，促进了东西方经济文化的交流。龟兹正位于丝绸之路的枢纽地段，从而以龟兹人民的勤劳、智慧、创造性融合东西方文化，形成了博大精深的、具有鲜明民族特征的龟兹文化。本书并运用大量的出土文物、岩画和各种文献资料，系统阐述了自原始社会直至封建社会悠久的辉煌历史，填补了原有历史的一些空白。

中外关系史学会、暨南大学文学院主编：《丝绸之路与文明的对话（中外关系史论丛 第 11 辑）》，ISBN：7-228-10945-7，新疆人民出版社 2007 年版，定价：42.00 元。

该书是中国中外关系史学会第十一届年会的论文选集。所收论文从丝绸之路在对外关系和交流中的作用与影响，丝绸之路新疆段南北的繁荣与发展及海上贸易的影响等三个方面探讨了丝绸之路在世界文明中的作用。

常任侠：《丝绸之路与西域文化艺术》，ISBN：10078.3109，上海文艺出版社 1981 年版，定价：1.25 元。

论述了我国汉唐时代中西文化艺术交流，分四编。作者在叙述由西域输入的文化艺术时，特别注重各民族文化艺术交流、融合的过程。从而得出结论：一个开放的民族，具有开放的文化系统，能够从容地吸收别个民族的而优秀文化艺术，为我所用，从而创造出更丰富多彩的具有本民族特色崭新的文化艺术。

陈良：《丝路史话》，ISBN：11096.56，甘肃人民出版社 1983 年版，定价：1.80 元。

《丝路史话》以甘肃为重点，兼及西北各省区，并涉及我国之外的许多地区。其时间从远古而及现代；其范围也极为广袤，可谓上下数千年，纵横几万里。由于作者恰当的取舍，别具匠心的安排，流畅的文笔，对许多人和事做了生动有趣的描述，简而有要，详而不繁。书中不仅吸收了前人的研究成果，而且还提出许多新问题，阐明了独到的见解，又有大量颇具特色的照片附录其中，更见图文并茂。它不仅是一本可供雅俗共赏的读物，而且是一本具有一定学术水平的历史专著。

姚宝瑄：《丝路艺术与西域戏剧（山西大学百年校庆学术丛书）》，ISBN：7-80598-500-6，山西古籍出版社 2002 年版，定价：20.00 元。

该书分上、下两编介绍了丝路艺术和西域戏剧，主要内容包括：丝路艺术的开放性与民族性，丝绸之路艺术美学，西域戏剧概述，《福乐智慧》的戏剧特征等。

吴兆名、黎名郇：《丝业与棉业（东方文库续编）》，商务印书馆 1933 年版。

辑入《中国丝业的危机》与《中国棉业问题》两篇论文。

孙悦：《丝之江南（锦绣江南丛书）》[中英文本]，李朝安译，ISBN：7-5476-0051-1，上海远东出版社 2010 年版，定价：36.00 元。

本书介绍中国江南的丝绸文化。内容涉及锦绣江南、五彩的梦、如梦似幻的织锦、织云绣锦话盛泽、江南丝绸之路等。

四川省地方志编纂委员会编纂：《四川省志·丝绸志》，ISBN：7-5364-4115-0，四川科学技术出版社 1998 年版，定价：90.00 元。

该志记述范围，含体制改革后由四川省丝绸行业统一管理的农、工、商、贸四个领域，主要内容有栽桑、养蚕、制种、蚕茧收烘、缫丝、织绸、印染、制成品、国内销售、对外贸易、教育、科研、机械及行业管理等行业（事业）。该志记述时限，上溯自1840年，下迄1990年，记述四川蚕桑丝绸事业一个半世纪的历史。由于四川蚕桑丝绸业源远流长，资料浩繁珍贵，部分章、节适当追溯到有据可查的久远年代。对古代四川蚕桑丝绸业的重大发展转折，在"概述"中简要记述。有必要详述的古代重要史实，分记于有关篇章。

苏州市档案馆编，曹喜琛等主编：《苏州丝绸档案资料汇编（上下）》，ISBN：7-80519-625-7，江苏古籍出版社1995年版，定价：65.00（全二册）。

苏州的丝绸业历史源远流长，早在秦汉时期，就已有生织、熟织、素织、色织之分，产品有绫、锦、缯、绮等大类。唐末而后，苏州已成为全国丝绸织造的重要中心，是我国工商业繁荣发达、对外开放的重要商埠之一。丝绸业又首开苏州对外贸易之先河，多少年来，丝绸一直保持着全市重要出口创汇支柱产业的地位。如今，这里的丝绸出口量占到全国的1/3和世界消费量的1/6，成为我国丝绸出口的重要基地。苏州的丝绸与其说是一项工业技术、一个经济门类，更不如说是一种文化，一种浸润着两千五百余年丰厚历史积淀的文化。在苏州古老而又灿烂的文化积淀中，丝绸文化以其博大精深而独树一帜，成为姑苏人文历史上一段动人的华章。该书的出版一定会在促进苏州丝绸业进一步发展中产生有益的作用。

赵丰编著：《唐代丝绸与丝绸之路（隋唐历史文化丛书）》，ISBN：7-80546-492-8，三秦出版社1992年版，定价：3.80元。
该书论述了丝绸与社会经济、丝绸与科技艺术及丝绸之路上的丝绸贸易和文化交流等问题。

赵丰：《图说中国丝绸艺术史：织绣珍品》，艺纱堂/服饰出版1999年版，定价：550.00元。

以科学的编辑方法，清晰明了地阐述了历代丝绸品种的特色，再从艺术形式和文化内涵的角度，精辟地分析了中国丝绸的科技和人文价值，全书图文对照，通俗易懂。

吴伟编著：《文化西游——丝绸》，ISBN：7 - 5075 - 2485 - 7，华文出版社 2009 年版，定价：32.80 元。

通过追溯中国丝绸流入西方的过程，全景式地呈现出近千年的时间里，中国文明与西方文明碰撞、融合的诸多真实历史事件，这些事件和"中国丝绸西进"有着密切联系，读者由此可以看到，古"丝绸之路"不仅仅显示出中国人坚忍不拔和开拓进取的精神，还蕴藏着更广泛的历史、文化价值，从而激发读者对东方文明在历史中的兴衰进行深刻思考。

钱耀兴主编：《无锡市丝绸工业志（太湖流域地区专业志丛书）》，ISBN：7 - 208 - 00763 - 2，上海人民出版社 1990 年版，定价：25.00 元。

该书上起 1904 年无锡创办第一家机械缫丝厂始，下迄 1985 年，部分延至 1989 年，追述了本行业的渊源。

王敏毅编著：《吴地丝绸文化（吴地历史文化丛书）》，内部印刷 2005 年，定价：10.00 元。

吴地是中国历史上最早的养蚕区，也是丝绸生产的发源地，本书介绍了吴地的蚕桑业、丝绸生产、丝绸名品、吴地民间机户、丝绸行庄、丝绸市镇等内容。

周德华主编：《吴江丝绸志》，ISBN：7 - 80519 - 415 - 7，江苏古籍出版社 1992 年版，定价：35.00 元。

该志上限不定，下限断至 1985 年。内容涉及蚕桑、缫丝、丝织、印染、丝绸复制、丝绸贸易、诗词桥联、金融税收、人物传记、风俗习惯等。

马良：《西方人眼中的东方丝绸艺术（东方美学对西方的影响丛书）》，ISBN：7－5320－9218－6，上海教育出版社 2004 年版，定价：17.00 元。

该书包括：中国人的骄傲——丝绸的起源和丝绸美学的萌芽；传奇的东方文化——丝绸生产、丝绸文化、丝绸美学；东方丝绸文化影响西方的途径——丝绸之路的历史回顾；西方向东方学习——中国丝绸工艺技术的西传等六章。

西湖博览会丝绸馆编：《西湖博览会丝绸馆特刊》，西湖博览会丝绸馆 1929 年版，定价：不详。

内收《中国蚕丝业纲要》《人造丝问题之研究》《欧美生丝检验法之概要》等 14 篇专论。

包铭新主编：《西域异服：丝绸之路出土古代服饰艺术复原研究》，ISBN：7－81111－295－5，东华大学出版社 2005 年版，定价：50.00 元。

该书从分析整理丝绸之路出土的古代服饰资料入手，对塔克拉玛干周缘丝路实地考察，整理所有资料，进行全面技术史和艺术史的研究。

王庄穆、区秋明主编：《新中国丝绸大事记（1949—1988）》，ISBN：7－5064－0733－7，纺织工业出版社 1992 年版，定价：25.00 元。

该书共计 1800 余条。记载了自新中国成立到 1988 年这 39 年间丝绸事业迅速发展的主要历史事件。内容包括蚕茧、丝织、丝绸印染等方面的产、供、销的较大事项，以及与丝绸有密切关系的方针、政策、机构变化等情况。

王庄穆编：《新中国丝绸史记（1949—2000 年）》，ISBN：7－5064－2734－6，纺织工业出版社 2004 年版，定价：90.00 元。

该书是新中国成立至"九五计划"期间（1949—2000年），我国桑、蚕、茧、丝、绸在生产、内外贸易及科技教育等方面的发展历史纪要。主要内容有总论、养蚕、收烘茧、缫丝、绢纺、织绸、精炼、染色与印花、丝绸工业经营管理、服饰、副产品、内贸、外贸、科教、丝绸文化、丝绸社团与信息机构16篇。

周建国主编：《禹会丝绸坊》，ISBN：7 - 80214 - 009 - 9，团结出版社2005年版，定价：13.80元。

该书分乡土文化、丝绸文化、绿色文化三个系列，是绍兴县华舍实验学校充分利用本地区的人文自然资源所编写的课改教材。

蒋猷龙、陈钟主编，浙江省丝绸志编纂委员会编：《浙江省丝绸志》，ISBN：7 - 80122 - 477 - 9，方志出版社1999年版，定价：100.00元。

该志记述年限上溯事物发端，下限至1993年底，从蚕桑企业、丝绸工业、丝绸贸易、经营管理等方面介绍浙江丝绸行业的历史和现状。包括制丝、茧丝副加工、丝织、染整、丝绸贸易等。

吴越编著：《浙江丝绸及其艺术》，全国统一书号：8103.23，浙江人民出版社1956年版，定价：0.20元。

论述了浙江从蚕桑源起到1953年，种桑养蚕及丝业发展的历程。

董惠民、蔡志新、王玉波：《浙江丝绸名商雄贾：南浔"八牛"（浙江文化研究工程成果文库）》，ISBN：7 - 5004 - 7057 - 1，中国社会科学出版社2008年版，定价：25.00元。

该书是第一部系统全面地介绍、研究及评价浙江近代著名的丝绸富商家族、被誉为南浔"八牛"的致富传奇和社会贡献的专著，它熔学术性和可读性于一炉，既具有史学著作的严谨周密，又具有文学作品的生动雅致。

朱新予等编著：《浙江丝绸史》，全国统一书号：4103.73，浙江人民出版社1985年版，定价：1.70元。

浙江丝绸，历史悠久，早已驰名中外，产品行销世界各地。历史证明，它的盛衰兴替，不但与本省的经济、文化、社会发展有着极为密切的关系，同时也影响着广大人民群众的生活。《浙江丝绸史》全面而系统地叙述了浙江蚕桑丝绸的发展历史，为科研、生产、教育提供了宝贵的资料。

袁宣萍、徐铮：《浙江丝绸文化史（浙江历史文化专题史系列丛书）》，ISBN：7-80758-027-0，杭州出版社2008年版，定价：48.00元。

《浙江丝绸文化史》为《浙江历史文化专题史系列》丛书之一。主要根据时间顺序介绍了浙江省的丝绸文化。全书根据时间顺序共分十一章，内容包括：曙光初现，吴越桑曲，走出低谷，崛起东南，走向辉煌，江南丝府，湖丝遍天下，落日辉煌，工业化进程，蚕花烂漫和《蚕织图》及其流传。

袁宣萍：《浙江丝绸文化史话（浙江丝绸文化史话）》，ISBN：7-80602-342-9，宁波出版社1999年版，定价：9.50元。

该书为《浙江文化史话丛书》中的一册，以时间为序专业梳理提炼并生动反映了浙江物产特色——丝绸及其文化内涵。

韦黎明、李小琼编著：《中国的丝绸（中华风物系列）》，ISBN：962-238-333-5，和平图书有限公司2003年版，定价：HKD56.00元。

中国是丝绸的故乡，早在几千年前，中国就有了著名的"丝绸之路"，中国的丝绸通过这条运输线运往世界各国。本书介绍了关于中国丝绸的历史与文化，丝绸的发展演变、丝绸的品种与纹样，以及丝绸之路的介绍。同时配以大量图表说明。

杨力编著：《中国的丝绸（祖国丛书）》，统一书号：7001·175，人民出版社1987年版，定价：1.05元。

中国丝绸及其技艺的花瓣是通过怎样的途径一瓣一瓣地撒向世界各地，变成世界人民的共同财富和美的享受？我们能否像孙悟空钻进铁扇公主肚皮那样，钻到丝绸的内部去揭开它的奥秘，看看它如此迷人的底蕴？回答上述一连串谜一般的疑问，载着读者去遨游中国丝绸那浩渺的知识海洋，这是该书的任务。

沈从文、王予予：《中国服饰史（花生文库）》，ISBN：7-5613-2949-0，陕西师范大学出版社2004年版，定价：33.00元。

该书编为：原始社会服饰、商周服饰、春秋战国服饰、秦汉服饰、魏晋南北朝服饰、隋唐五代服饰、宋辽夏金元服饰、明清服饰、近代服饰等若干部分。

黄能馥、陈娟娟：《中国服饰史（专题史系列丛书）》，ISBN：7-208-05313-8，上海人民出版社2004年版，定价：45.00元。

该书根据人类文化学、服饰史学及考古学的研究成果，以丰富翔实的资料，全方位介绍了中国从原始社会至现代的有关服饰制度、服饰款式、服装面料及首饰配饰的发展及其文化内涵。

朱和平：《中国服饰史稿（学人文库）》，ISBN：7-5348-2049-9，中州古籍出版社2001年版，定价：19.00元。

该书包括服饰的起源与功能，夏商西周时期服饰的渐进，春秋战国时期——中华服饰文化变革的第一个浪潮，以古朴为特征的两汉服饰等14章内容。

黄能馥编著：《中国服饰通史》，ISBN：7-5064-3988-6，中国纺织出版社2007年版，定价：68.00元。

该书按历史顺序，以服饰制度、服装款式、服装面料、服装纹样、首饰配饰等为主线，依据人类文化学、史学以及考古学的资料，介绍中国从原始社会到现代社会服饰文化的发展、演变、交融、传承的轨迹。

黄能馥、陈娟娟编著：《中国服装史》，ISBN：7 - 5032 - 1158 - X，中国旅游出版社1995年版，定价：75.00元。

该书按时代顺序，系统介绍了中国自原始社会至现代的服饰艺术发展演变，包括服饰制度、服装形式、服装面料、服饰纹样、首饰配饰。特别着重考古科学的成果，与历史文献图籍相印证。附有插图1036幅，内容丰富，史料确凿。该书是《中华服饰艺术源流》大型彩色图录的姐妹篇。

李仁溥：《中国古代纺织史稿》，全国统一书号：11285.8，岳麓书社1983年版，定价：1.10元。

该书论述了自原始社会至清代晚期我国纺织织造业的发展历史。

戴争编著：《中国古代服饰简史》，ISBN：7 - 5019 - 0147 - 3，中国轻工业出版社1988年版，定价：3.80元。

该书分朝代按十大章节、对我国古代服饰的发展变革做了清晰、翔实的介绍。

周锡保：《中国古代服饰史》，ISBN：7 - 5117 - 0503 - 7，中央编译出版社2011年版，定价：498.00元。

本书第一次完整、系统地勾勒出我国自上古以至明清、近代服饰的形成、演变、特色以及前后的递嬗、传承，每章皆引证大量文献、考古发掘及地面遗存，详述男女官定服饰与日常服饰，如冕、弁眼、朝服、公服、常服、燕便服等。

《中国近代纺织史》编辑委员会编著：《中国近代纺织史

1840—1949 上》，ISBN：7 - 5064 - 1227 - 6，中国纺织出版社
1997 年版，定价：100.00 元。

该书分上、下两卷，是由我国一批纺织史学家和纺织专家协作
完成的一部史籍。上卷包括总论篇、专论篇、地区篇和人物篇，书
末附有部分历史资料照片。该书作者以丰富而翔实的史料，详尽地
阐述了从 1840 年鸦片战争至 1949 年中华人民共和国成立百多年间
我国纺织工业艰难曲折的发展历程。

《中国近代纺织史》编辑委员会编著：《中国近代纺织史
1840—1949 下》，ISBN：7 - 5064 - 1316 - 7，中国纺织出版社
1997 年版，定价：140.00 元。

该书分上、下两卷，是由我国一批纺织史学家和纺织专家协作
完成的一部史籍。上卷包括总论篇、专论篇、地区篇和人物篇，书
末附有部分历史资料照片。该书作者以丰富而翔实的史料，详尽地
阐述了从 1840 年鸦片战争至 1950 年中华人民共和国成立百多年间
我国纺织工业艰难曲折的发展历程。

徐新吾主编，上海市丝绸进出口公司、上海社会科学院经济研
究所编写：《中国近代缫丝工业史》，ISBN：7 - 208 - 00763 - 2，
上海人民出版社 1990 年版，定价：20.00 元。

该书重点分析阐述 1949 年前中国近代缫丝工业的发展和衰落
过程，也兼及农村蚕桑生产的状况。

陈永昊、陶水木主编：《中国近代最大的丝商群体：湖州南浔
的"四象八牛"（湖州丛书）》，ISBN：7 - 213 - 02305 - 5，浙江人
民出版社 2001 年版，定价：26.00 元。

该书分为：上编南浔之"象"；下编南浔之"牛"。介绍了
"四象"之首的刘家，亦商亦官的张家，最早发迹的顾家，打响国
际品牌的梅家，散尽千金为藏书的蒋家等内容。

包铭新主编：《中国染织服饰史图像导读》，ISBN：7 - 81111 - 676 - 2，东华大学出版社 2010 年版，定价：97.00 元。

该书分为七章，内容包括：中国染织服饰史图像解读、中国染织服饰史图像相关文献、卷轴画、壁画、雕塑、其他类别的图像、专题研究等。

包铭新主编：《中国染织服饰史文献导读》，ISBN：7 - 81111 - 148 - 9，东华大学出版社 2006 年版，定价：34.00 元。

该书内容包括：学术研究与文献应用、中国染织服饰史的资料性文献、中国染织服饰史的成果性文献、原典精读等。

邓咏梅主编：《中国染织科技艺术史》，ISBN：7 - 5605 - 1826 - 5，西安交通大学出版社 2004 年版，定价：39.00 元。

该书介绍了我国从原始社会到清代末期的纺、织、印、染、绣等工艺技术的发展历程和特点，以及在这些技术支撑下和当时社会文化背景影响下形成的染织品艺术风格。

吴淑生、田自秉：《中国染织史（中国文化史丛书）》，全国统一书号：11074.722，上海人民出版社 1986 年版，定价：3.65 元。

中国的染织工艺，以其历史悠久，技术先进，丰富多彩，制作精美，而在世界上独树一帜，享有盛誉。我国古代染织，特别是丝织方面，在相当长的时间内是世界上独有的和先进的。我国古代的染色术也极为卓越和先进。这种先进染织技术，很早就传入东西方各国，对世界染织技术的发展起了重大作用。

王庄穆主编：《中国丝绸辞典》，ISBN：7 - 5046 - 2136 - 6，中国科学技术出版社 1996 年版，定价：95.00 元。

该《辞典》是集茧、丝、绸、农、工、贸于一体，丝绸系统工程的一本内容详尽的辞书。全书有总论、养蚕、蚕茧、蚕丝、绸缎、服饰、贸易和丝绸文化共八篇。其中有我国历代丝绸简况、生产地区、蚕丝理化、世界产销现状与发展趋势，并有栽桑养蚕、缫丝织绸、服饰制造的生产工艺、技术设备、产品种类和其品种特征，以及国内外贸易的基础知识、贸易条件、作价办法和推销战略，还有丝绸的典故成语、风俗民情、文学艺术、经营机构等有关的词条。这是一部丝绸生产、经营、管理和科研教育工作者查询问题的实用工具书。

黄能馥、陈娟娟：《中国丝绸科技艺术七千年：历代织绣珍品研究》，ISBN：7 - 5064 - 1829 - 0，中国纺织出版社 2002 年版，定价：600.00 元。

该书系统考证与阐述我国丝绸从起源到公元 20 世纪这七千年间丝绸织绣艺术和工艺科技发展成就的历史，探讨了品种组织、纹样花色、织机提花装置及特殊线材的制法、刺绣针法等科技艺术问题。

《中国丝绸年鉴》编辑委员会编辑，樊迅主编：《中国丝绸年鉴·2000 年创刊版（总第 1 期）》，ISSN：1671 - 2099，丝绸杂志社 2001 年版，定价：180.00 元。

该年鉴分十二篇，包括文献篇、综述篇、蚕业篇、工业篇、贸易篇、管理篇等，其宗旨是全面、系统地反映我国茧丝绸行业的发展历程。

《中国丝绸年鉴》编辑委员会编辑，樊迅主编：《中国丝绸年鉴·2001 年版（总第 2 期）》，ISSN：1671 - 2099，丝绸杂志社 2002 年版，定价：180.00 元。

该年鉴通过文献篇、综述篇、蚕业篇、工业篇、贸易篇、材料篇、管理篇、国际篇等内容，反映我国茧丝绸行业的发展历程。"大事记"中记述 2000 年全国茧丝绸行业的重大事项。

《中国丝绸年鉴》编辑委员会编辑，樊迅主编：《中国丝绸年鉴·2002 年版（第 3 期）》，ISSN：1671－2099，丝绸杂志社 2003年版，定价：180.00 元。

该年鉴刊出内容的时间以 2001 年为主，全面、系统、准确地反映我国茧丝绸行业的发展历程。

《中国丝绸年鉴》编辑委员会编辑，樊迅主编：《中国丝绸年鉴·2003 年版（总第 4 期）》，ISSN：1671－2099，丝绸杂志社2004 年版，定价：180.00 元。

该年鉴刊出内容的时间以 2002 年为主，全面、系统、准确地反映我国茧丝绸行业的重大事项。由综述篇、蚕业篇、工业篇、贸易篇、科教篇、管理等篇组成。

《中国丝绸年鉴》编辑委员会编辑，樊迅主编：《中国丝绸年鉴·2004 年版（总第 5 期）》，ISSN：1671－2099，丝绸杂志社2005 年版，定价：180.00 元。

本年鉴刊出内容的时间以 2003 年为主，包括文献篇，综述篇，蚕丝篇等，全面、系统、准确地反映我国茧丝绸行业的发展历程。

《中国丝绸年鉴》编辑委员会编辑，钱有清主编：《中国丝绸年鉴·2005 年版（总第 6 期）》，ISSN：1671－2099，丝绸杂志社2006 年版，定价：180.00 元。

该年鉴刊出内容的时间以 2004 年为主，包括文献篇、综述篇、蚕丝篇、工业篇、贸易篇，科教篇、管理篇和国际篇，全面、系统、准确地反映我国茧丝绸行业的发展历程。

《中国丝绸年鉴》编辑委员会编辑，钱有清主编：《中国丝绸年鉴·2006 年版（总第 7 期）》，ISSN：1671－2099，丝绸杂志社2007 年版，定价：180.00 元。

该年鉴刊出内容的时间以 2004 年为主，包括文献篇、综述篇、蚕丝篇、工业篇、贸易篇、科教篇、管理篇和国际篇，全面、系统、准确地反映我国茧丝绸行业的发展历程。该书特别收录了国际篇中关于 2004 年世界茧丝贸易的情况，以弥补《中国丝绸年鉴》2005 年版（第 6 期）未收入 2000 年国际篇的不足及遗憾。

《中国丝绸年鉴》编辑委员会编辑，钱有清主编：《中国丝绸年鉴·2007 年版（总第 8 期）》，ISSN：1671 – 2099，丝绸杂志社 2008 年版，定价：180.00 元。

该年鉴刊出内容的时间以 2006 年为主，包括文献篇、综述篇、蚕丝篇、工业篇、贸易篇、科教篇、管理篇和国际篇，全面、系统、准确地反映我国茧丝绸行业的发展历程。

《中国丝绸年鉴》编辑委员会编辑，钱有清主编：《中国丝绸年鉴·2008/2009 年版（总第 9 期）》，ISSN：1671 – 2099，丝绸杂志社 2010 年版，定价：180.00 元。

该年鉴刊出内容的时间以 2007—2008 年为主，内容包括：文献篇、综述篇、蚕丝篇、工业篇、贸易篇、科教篇、管理篇和国际篇，全面、系统、准确地反映我国茧丝绸行业的发展历程。

《中国丝绸年鉴》编辑委员会编辑，钱有清主编：《中国丝绸年鉴·2010 年版（总第 10 期）》，ISSN：1671 – 2099，丝绸杂志社 2011 年版，定价：180.00 元。

该年鉴刊出内容的时间以 2009 年为主，内容分十二篇、十九章。包括文献篇、综述篇、蚕丝篇、工业篇、贸易篇、科教篇、管理篇、国际篇等，全面、系统、准确地反映我国茧丝绸行业的发展历程。

《中国丝绸年鉴》编辑委员会编辑，钱有清主编：《中国丝绸年鉴·2011 年版（总第 11 期）》，ISSN：1671 – 2099，丝绸杂志社 2012 年版，定价：180.00 元。

该年鉴刊包括文献、综述、蚕丝、工业、贸易、科教、管理，国际等 12 篇，反映 2010 年我国茧丝绸行业的基本情况。

朱新予主编：《中国丝绸史（通论）》，ISBN：7 - 5064 - 0717 - 5，纺织工业出版社 1992 年版，定价：25.00 元。

该书介绍了自原始社会至清末各历史阶段的丝绸生产发展的面貌，同时对各历史阶段的桑绸生产技术和丝绸经济、文化以及中外交流等方面做了论述。

朱新予主编：《中国丝绸史（专论）》，ISBN：7 - 5064 - 1225 - X，中国纺织出版社 1997 年版，定价：50.00 元。

该书根据大量古籍文献和与丝绸有关的文物资料，由丝绸专家分专题撰写而成。共 5 个部分，15 个专题。论述蚕的起源和发展、古代丝绸机械、古代丝绸品种、丝绸图案、丝绸用染料、丝绸服饰、早期丝绸之路、南方少数民族丝绸发展历史，以及甲骨文和古文字中有关蚕桑丝帛和生产用具文字的考释，具有较高的学术水平，是纺织界、历史学界和经济学界的参考书。

张保丰：《中国丝绸史稿》，ISBN：7 - 80510 - 199 - X，学林出版社 1989 年版，定价：8.00 元。

丝绸事业是一种规模较大关系国计民生的系统工程，丝绸本身又是一种具有较高使用价值的商品。我们要研究这种商品的使用价值必须从这种商品的用料、加工、检验诸方面来考核。本书将研究蚕丝、织绸、印染、织物、质量、检验、贸易等几个重要部分。

罗瑞林、刘柏茂编著：《中国丝绸史话》，全国统一书号：15041.1471，纺织工业出版社 1986 年版，定价：1.15 元。

该书取材于历史记载、出土文物报告、有关论文和专著，以史话的形式叙述了中国丝绸的渊源，历代帝王对丝绸的需求以及他们对蚕、桑、丝、绸生产的政策，丝绸在赋税、贡品、贸易和海外交往中的重要地位和作用，并系统地介绍了中图丝绸生产兴衰起伏的状况。该书可供纺织工作者和社会读者阅读。

赵丰主编：《中国丝绸通史》，ISBN：7 - 81090 - 571 - 6，苏州大学出版社 2005 年版，定价：880.00 元。

该书全面反映了中国五千年的丝绸历史，年代上由起源至 2000 年，内容涉及与丝绸业相关的各个方面，较多地叙述了丝绸品种和丝绸图案。全书分为十章，各章均包括丝绸生产总体情况、生产技术、织物种类、艺术风格四大方面。全书选用了 1000 余幅精美图片。

薛雁、吴微微编绘：《中国丝绸图案集》，ISBN：7 - 80622 - 433 - 5，上海书店出版社 1999 年版，定价：55.00 元。

该集选自商周战国至近现代丝绸图案 300 余幅。有飞龙舞凤、奔鹿飞马、行雁游麟、对鸡斗羊、鹊蝶相戏、与山形纹、几何纹、云气纹等。

陈永昊、余连祥、张传峰编著：《中国丝绸文化》，ISBN：7 - 80536 - 369 - 2，浙江摄影出版社 1995 年版，定价：38.00 元。

该书分上下篇共十章论述了中国丝绸文化的起源、演化和发展，探讨了丝绸文化的内涵及对当代文化发展的意义。

袁宣萍、赵丰：《中国丝绸文化史》，ISBN：7 - 5330 - 2927 - 2，山东美术出版社 2009 年版，定价：48.00 元。

中国是丝绸的故乡，丝绸是中华文明的重要特征之一。丝绸与中国的礼仪制度、文化艺术、风土民俗、科学技术等有极多的联系。该书以时间为序，为大家详细讲述了中国的丝绸文化史，包括远古时代的丝绸、秦汉时期的丝绸、隋唐五代时期的丝绸、宋辽金时期的丝绸、20 世纪的丝绸等内容。

回顾：《中国丝绸纹样史》，ISBN：7 - 5318 - 0095 - 0，黑龙江美术出版社 1990 年版，定价：18.00 元。

中国丝绸纹样历史悠久、丰富多彩，是中国装饰纹样的优秀代表之一。本书是第一部有关中国丝绸纹样史的专著。书中以十二章的篇幅论述了上起新石器时期，下至近、现代数千年中国丝绸及其纹样发生、发展和演变的历史。把从先秦到近、现代各代代表性丝绸纹样收录在册，并就各个历史时期的生产方式、工艺技术、丝绸品种以及丝绸纹样等分别加以介绍，着重对各代丝绸纹样从造构成、色彩三个方面加以剖析。并联系各代政治、经济、文化背景，深入阐述了丝绸纹样的形式风格与美学特色。

赵丰、屈志仁主编，［美］迪艾德·库恩等著：《中国丝绸艺术（中国文化与文明丛书）》，ISBN：7－119－07915－8，外文出版社/耶鲁大学出版社2012年版，定价：698.00元。

该书从文化史、艺术史的角度，对自新石器时代至20世纪初中国历代丝绸的织造技艺、艺术特色、生产格局、造作制度，以及政治、经济、文化、时尚和域外艺术对其发展的影响做了系统解说；同时对数千年来中国丝绸广泛传播对中西文化交流的贡献做了阐述。

赵丰：《中国丝绸艺术史》，ISBN：7－5010－1763－8，文物出版社2005年版，定价：68.00元。

《丝绸艺术史》是我国著名丝绸史专家赵丰先生的处女作，而《中国丝绸艺术史》则是其修订版。赵丰先生的这部学术专著，不是从文献到文献、在古书堆中原地踏步去寻求丝绸艺术历史的发展轨迹，而是依据考古发现的古代丝绸文物，运用科学的分析手段与古代文献相佐证，做出客观的结论。本书谈论丝绸艺术，包括技术和美术两个方面，将丝绸品种分类横铺介绍，并按时间次序纵述丝绸图案的演变和发展。内容包括：生产技术、丝织品种、染缬品种、刺绣品种、商律周韵、云间众兽、丝路大转折、南北异风、民俗大观等。

陈娟娟：《中国织绣服饰论集（故宫博物院学术文库）》，IS-

65

BN：7－80047－465－8，紫禁城出版社 2005 年版，定价：55.00 元。

该书图文并茂地介绍了中国织绣文化艺术，内容包括织花篇、缂丝篇、刺绣篇、服饰篇和织绣纹样篇。

常沙娜主编；中国织绣服饰全集编辑委员会编：《中国织绣服饰全集（1）织染卷》，ISBN：7－5305－2317－1，天津人民美术出版社 2004 年版，定价：450.00 元。

《中国织绣服饰全集》是一部在 21 世纪初再现中国古代织物、印染、刺绣、服饰等灿烂的民族文化，是对古代历史文化的回顾与瞻仰，是新时代创新的有利的依据和借鉴，有助于对后人的继承和发展。该卷是其中之一，收集到的汉唐原物资料颇为精彩。

常沙娜主编，中国织绣服饰全集编辑委员会编：《中国织绣服饰全集（2）刺绣卷》，ISBN：7－5305－2318－X，天津人民美术出版社 2004 年版，定价：450.00 元。

《中国织绣服饰全集》是一部在 21 世纪初再现中国古代织物、印染、刺绣、服饰等灿烂的民族文化，是对古代历史文化的回顾与瞻仰，是新时代创新的有利的依据和借鉴，有助于对后人的继承和发展。本卷搜集了包括商、西周、汉晋、南北朝、隋、唐、五代、两宋等各代的刺绣物品 483 件。卷首发表《中国刺绣艺术发展概述》一文，选编的每件藏品都有图版说明。

常沙娜主编，中国织绣服饰全集编辑委员会编：《中国织绣服饰全集（3）历代服饰卷（上）》，ISBN：7－5305－2705－3 ，天津人民美术出版社 2004 年版，定价：450.00 元。

该套两卷为《中国织绣服饰全集》中的第 3、4 卷，是一部具有发展史意义、迄今为止最全面展示历代服饰形象与实物的最丰富的图典式画集。本卷分为两卷本，上卷从远古至两宋；下卷从远春西夏金元元至清末。本卷主要展示公元前两三千年至 20 世纪初，

具有历史价值与美术价值的各个朝代表性的服饰国像与宝物图片
1489 件。卷首分别发表《中国服饰发展历程》（上、下），选编的
每幅图片都有图版说明。

常沙娜主编，中国织绣服饰全集编辑委员会编：《中国织绣服
饰全集（4）历代服饰卷（下）》，ISBN：7-5305-2706-1，天津
人民美术出版社 2004 年版，定价：450.00 元。
该卷主要展示辽西夏金元至清代具有历史价值和美术价值的有代
表性的服饰图像与实物图片多件，选编的每幅图片都有图版说明。

常沙娜主编，中国织绣服饰全集编辑委员会编：《中国织绣服
饰全集（5）少数民族服饰卷（上）》，ISBN：7-5305-2876-9，
天津人民美术出版社 2004 年版，定价：580.00 元。
该书展示了居住在东北、华北、西北等地的 26 个少数民族的
服饰。包括：满族、朝鲜族、鄂伦春族、赫哲族、回族、维吾尔
族、乌孜别克族、塔塔尔族等。

常沙娜主编，中国织绣服饰全集编辑委员会编：《中国织绣服
饰全集（6）少数民族服饰卷（下）》，ISBN：7-5305-2877-7，
天津人民美术出版社 2004 年版，定价：550.00 元。
该书展示了居住在华南、西南及海南岛、台湾岛等地区的 29
个少数民族的服饰。包括：苗族、水族、侗族、布依族、佤族、纳
西族、白族、怒族、壮族、傣族、高山族等。

王翔：《中国资本主义的历史命运 苏州丝织业"帐房"发展
史论》，ISBN：7-5343-1461-5，江苏教育出版社 1992 年版，定
价：5.05 元。
该书通过对苏州丝织业"帐房"的研究，对中国资本主义萌芽
的孕育和成长，对中国资本主义的产生，发展和消亡等理论问题，
提出了一些新看法和观点。

黄能馥、陈娟娟：《中华历代服饰艺术》，ISBN：7 - 5032 - 1648 - 4，中国旅游出版社 1999 年版，定价：480.00 元。

该书作者黄能馥教授、陈娟娟研究员潜心中国服饰艺术研究 40 多年，在服饰研究领域成果显著。他们在继承吸收先贤及同仁服饰艺术研究成果的基础上，克服诸多困难，以极大的毅力和高度的热情，运用丰富的考古材料，深厚的学术功底全面系统介绍了中国从原始社会至现代 7000 年来的服饰制度、服装形式、服装面料、服饰纹样、首饰佩饰诸方面的发展演变和艺术成就，特别着重考古科学的成果，集服饰立物中料夕精华。与历中丈献图籍相印证，具有重大的学术价值。

徐德明编著：《中华丝绸文化（"中华诵·经典诵读行动"之文化常识系列)》，ISBN：7 - 101 - 08483 - 2，中华书局 2012 年版，定价：48.00 元。

中国是丝绸的故乡，丝绸是中华文明的重要特征之一。该书力图通过系统介绍丝绸发展历史、蚕桑养殖技术、丝绸制作技术、丝绸礼仪制度、丝绸文物保护以及相关的历史掌故、经济贸易、文化交流，为读者呈现出一幅生动的中国丝绸画卷，带领读者全面、生动地领略和透析中华丝绸文化的独特魅力。

王翔：《中日丝绸业近代化比较研究》，ISBN：7 - 202 - 03371 - 2，河北人民出版社 2003 年版，定价：38.00 元。

该书共有十二章，内容包括中国丝绸生产的起源与发展、丝绸生产的商品化及其影响、中国丝绸的外传、日本丝绸生产的产生和发展等。

优秀期刊论文（摘要）选编

周德华：《1880 年镇江关桑蚕丝绸调查报告》，《江苏丝绸》2001 年第 3 期。(ISSN：1003 - 9910. CN：32 - 1261)

19 世纪 80 年代，把持旧中国海关大权的总税务司（英）罗伯特·赫德应法国里昂商会会长、丝商纳塔列斯·朗图特之请，于 1880 年 5 月发布 103 号通令，命全国年属海关对其关区内的丝绸行业产销情况作全面调查。同年 11 月 29 日，镇江（海）关（1861 年 4 月 27 日开关）税务司 F. KLEINWACHTER 向海关总税务司署递呈了镇江关区内的桑蚕丝绸业行情，其地域范围为苏南之西部，也涉及苏北扬州、徐州及至安徽和河南的毗邻地区。报告内容甚为翔实，不失为一份珍贵的近代地方丝绸史料。本报告内容为饲蚕、缫丝和织造，以及相关的商业交易。

周德华：《1935 年苏州丝织业的衰落——海关书简一瞥》，《丝绸》1989 年第 4 期。(ISSN：1001 - 7003. CN：33 - 1122)

笔者借编修《吴江丝绸志》之机在国家第二历史档案馆查阅苏州海关档案，偶得一简，系 20 世纪 30 年代中期苏州丝织工业状况，对编史修志甚有资料价值。此件系 1935 年 9 月 2 日苏州海关税务司陈祖矩呈送给总税务司梅乐和的报告。报告陈述舶来绸缎泛滥中国，打击了我国的丝绸工业，致使苏州丝织业衰落，并提出了挽救之法，其中不乏中肯之见，可惜当时政府未予采纳。

周德华：《19 世纪 80 年代浙海关、津海关和瓯海关丝绸调查》，《丝绸》2011 年第 9 期。(ISSN：1001 - 7003. CN：33 - 1122)

19 世纪 80 年代，把持中国海关大权的总税务司（英）罗伯特·赫德受法国里昂商会会长纳塔列斯·朗图特之请，于 1880 年 5 月 10 日发布 103 号通令，命所属海关对其关区内的丝绸行业产销情况做全面调查。1917 年，旧海关总税务司署将存档的该项调查资料在上海整理结集出版，题名《丝绸》（SILK）。该集全面翔实地记述了 19 世纪 80 年代前后的中国各地丝绸行业情况，对丝绸产品品种、规格、价格、工酬、产地及交易情况之记载，极为详备，不啻为研究中国近代丝绸史的宝贵素材。本文是其中浙海关、津海关和瓯海关丝绸调查报告节选。

邹一清：《2007 年以来的南方丝绸之路文化交流研究》，《中国史研究动态》2009 年第 8 期。 （ISSN：1002 - 7971. CN：11 - 1040）

自 2007 年来，以川、滇、渝、黔为主的学者开展了一系列学术研究和学术活动，召开学术研讨会、举办文物展览、拍摄电视片、开展中外实地考察、出版学术著作、发表学术论文等，取得了丰硕的成果，其最大突破是首次开展了南丝路国外段的文化、经济、交通考察研究，使南丝路的研究具有了国际性，并对现实经济文化建设有重要的意义。

梁加龙：《20 世纪世界丝绸一瞥》，《丝绸》1988 年第 4/5 期。（ISSN：1001 - 7003. CN：33 - 1122）

丝绸在 20 世纪工业社会中的发展历程，与历史上的农业社会有着根本的差异。在世界经济紧密联结成为一个相互依赖的整体形势下，各国丝绸业也被纳入了某种有机统一体中，其联系是历史上"丝绸之路"上的奢侈品交流所不可比拟的，它已具有真正的世界性。本文拟就 20 世纪以来这段时期，对世界丝绸的发展做札记短论式的一瞥。

袁宣萍：《20 世纪丝绸产品设计的回顾与感想》，《丝绸》2005 年第 3 期。（ISSN：1001 - 7003. CN：33 - 1122）

对 20 世纪前期与新中国成立以来的丝绸产品设计做了概要回顾，提出调查、整理和研究近现代丝绸产品设计资料的重要性和急迫性。

龚建培：《20 世纪中期江浙沪丝绸设计、开发特征概说（1）

（2）》，《丝绸》2006 年第 4 期。（ISSN：1001 – 7003. CN：33 – 1122）

运用 20 世纪 50 年代末 60 年代初的翔实文字和图片资料，展示了通过对国外先进织造技术的吸收、市场建议的采纳，对国际流行趋势的借鉴和研究，在品种、花样上不断创新所取得的突破与丰硕成果，探讨分析了成功的经验以及对现在和将来我国丝绸产品设计、开发的启示。

周德华：《70 年前的苏州丝绸国货救济运动》，《江苏丝绸》1999 年第 5 期。（ISSN：1003 – 9910. CN：32 – 1261）

丝绸历来是苏城的支柱产业，牵涉到半城人的生计，行业危机直接影响社会安定。1929 年上半年，以丝绸为主体的苏州实业商业各界频频开会筹备成立“苏州国货丝绸机织救济会”，有组织地发动声势浩大的丝绸救济运动。70 年前的苏州丝绸国货救济运动，虽昙花一现，终究是一次有益的社会实践，广泛地唤起了市民的爱国意识。

周德华：《E. 罗契的江南丝绸之行》，《丝绸》1986 年第 8/9/10/11 期。（ISSN：1001 – 7003. CN：33 – 1122）

该集全面翔实地记述了 19 世纪 80 年代前后的中国各地丝绸行业情况，对丝绸产品品种、规格、价格、工酬、产地及交易情况之记载，极为详备，不啻为研究中国近代丝绸史的宝贵素材。本文是其中江海关丝绸调查报告节选，分四期连载。

王秀霞、赵耀鑫、王国和：《阿昌族织锦》，《现代丝绸科学与技术》2012 年第 2 期。（ISSN：1674 – 8433. CN：32 – 1812）

在对阿昌族织锦调研的基础上，论述了阿昌族织锦的起源、种类、品种及其纹样特征以及在服饰上的应用，对阿昌族织锦起到传承与保护的作用。

郑林贤：《安徽茧丝绸史话》，《丝绸》1990 年第 4 期。（ISSN：1001 - 7003．CN：33 - 1122）

安徽是我国古老的茧丝绸产区之一，早在殷商时代就开始了栽桑养蚕。文章回顾了安徽丝绸业的悠久历史和新中国成立四十多年来的沉浮沧桑。

段渝：《巴蜀丝绸对世界古代文明的贡献》，《文史杂志》1997 年第 4 期。（ISSN：1003 - 6903．CN：51 - 1050）

在古代，巴蜀丝绸曾给中原以重要影响，为中国丝绸事业的发展做出了巨大而不朽的贡献。而巴蜀丝绸对世界古代文明的重要贡献，则体现在以丝绸之路为形式的中外经济文化交流上。古代巴蜀丝绸在世界各地的传播，丰富了印度、中亚、西亚、北亚和欧洲文明的内容，并由丝绸的传播而引起了丝绸之路的开通，从而沟通了中国与世界各个文明区的经济文化交流。巴蜀丝绸不仅在中国认识世界和世界认识中国的历史过程中发挥了重要影响，而且对世界文明的繁荣和西方古典文明的发展，都做出了卓越而积极的贡献。

李继高：《巴蜀丝绸史话》，《四川蚕业》1996 年第 3 期。（ISSN：1006 - 1185．CN：51 - 1202）

四川古称巴和蜀，巴和蜀均以虫命名。巴为蛇，蜀为蚕，并作为部族的图腾标志。文章就西周至清代巴蜀蚕桑丝绸业的发展历史进行了研究。

袁宣萍：《保存在日本的中国宋元丝织品》，《丝绸》1995 年第 2 期。（ISSN：1001 - 7003．CN：33 - 11）

日本纺织文化受中国纺织文化的影响很深，这主要与历史上中国纺织品尤其是丝织品向日本的大规模输出有关。至今仍有许多中国古代纺织精品保存在日本，成为日本的国宝。这其中有一部分是中国宋元时代的丝织品，主要是由当时来中国游学的日本僧侣带回去的，被保存在各地的寺院和博物馆中。对这些精品的介绍，有助于我们了解中国古代丝绸文化及中日丝绸文化的交流史。

王国和、沈惠：《北宋"灵鹫纹锦袍"的仿制与探讨》，《丝绸》2007 年第 7 期。（ISSN：1001 – 7003. CN：33 – 1122）

在宋代"灵鹫纹锦袍"的图片和资料数据的基础上，结合锦织物设计，制定研制技术路线，仿制出"灵鹫纹锦袍"，以达到继承和弘扬丝绸文明的目的。

宋晓云：《边声四起唱大风——耶律楚材与元代丝绸之路文学》，《新疆大学学报》（哲学社会科学版）2003 年第 4 期。（ISSN：1000 – 2820. CN：65 – 1034）

耶律楚材是元代丝绸之路文学领域中的一位大家，他的诗歌作品反映和描写丝绸之路的民俗民情、自然现象以及经济生活的各个方面，使得元代的丝绸之路文学多了几分凝重感，由表现的写意走向再现的写实。

蒋猷龙：《冰蚕》，《中国蚕业》1997 年第 3 期。（ISSN：1007 – 0982. CN：32 – 1421）

介绍了传说中的优良蚕种——冰蚕，传说中其所吐丝火烧不尽，清凉消暑。

韩冷：《蚕桑丝绸史话》，《丝绸》1980 年第 8 期。（ISSN：1001 – 7003. CN：33 – 1122）

我国是最早开始育蚕丝织事业的文化古国，现今世界各国的蚕种，都是由我国传播出去的；因此在中古时代，中亚和欧洲各国又称我国为"丝绸之国"，许多外国友人，还将中国的桑树，称为"黄金树"。在我国历史上，载满了许多蚕桑丝绸的史话。

查芳：《蚕桑丝绸文化的乡村旅游品牌——以陕西安康为例》，《安徽农业科学》2007 年第 16 期。（ISSN：0517 – 6611. CN：34 – 1076）

乡村旅游在世界范围"回归自然"热潮的推动下，迅速走俏国内外，陕西安康具有发展乡村旅游得天独厚的资源和市场优势，在"东桑西移"和2007年"中国和谐城乡游"两大机遇面前，将发展蚕丝产业与发展旅游产业有机结合，将蚕丝文化嫁接到乡村旅游，从而形成独具特色的乡村旅游品牌。

陶红：《蚕桑文化的组织传播分析》，《重庆社会科学》2006年第10期。（ISSN：1673-0186. CN：50-1168）

中华文化主要的特征之一就是农耕文化，而蚕桑文化又是农耕文化的重要组成部分。五千多年来蚕桑文化所形成的丰富内涵和独特的组织传播形式，以及对中西文化交流所起到的重要贡献，值得我们研究和继承。

周德华：《蚕神崇拜与祀蚕神祠兼记盛泽先蚕饲的蚕文化特色》，《江苏蚕业》2002年第1期。（ISSN：1003-9848. CN：32-1203）

栽桑养蚕是江南农村的主要副业，其经济地位远胜于渔牧等其他副业，于是对蚕神的膜拜祈求也就成了自然而然的事，江浙蚕区遍设祀蚕神祠庙。本文记述了江南蚕神崇拜及祭祀的历史风俗。

刘守华：《蚕神信仰与嫘祖传说》，《高等函授学报》（哲学社会科学版）1995年第5期。（ISSN：1007-2187. CN：42-1846）

中国一向被称为"丝绸之国"，丝绸业包括养蚕、丝和织造三部曲，而养蚕吐丝是基础。在这一生产活动中衍生出许多民间信仰、习俗和传说故事，关于嫘祖的传说流行尤为广远。近年来，人们对嫘祖其人其事产生了浓厚的研究兴趣。本文试从民间文艺学和民俗学的角度，就嫘祖传说的历史文化价值及其形成演变略做考辨。

蒋猷龙：《蚕市》，《中国蚕业》1997年第1期。 （ISSN：

1007 - 0982. CN：32 - 1421）

本文介绍了古代蚕市，即蚕具交易市场，相传始于四千多年前的蜀国，一直流传至今。

李明：《蚕丝教育实业界的一代先驱——浙江高级蚕丝学校先校长陈石民》，《丝绸》1990 年第 9 期。（ISSN：1001 - 7003. CN：33 - 1122）

1928—1938 年，陈石民任浙江省立杭州高级蚕丝学校校务主任至校长。十年间，从金沙港、笕桥、梅东高桥至古荡建设新校，艰苦创业，历尽艰辛。当时的古荡蚕丝学校在师资、教学、设施各方面均居国内外一流水平。历年为国家培育出众多的科技、管理精粹人才，以及为振兴浙江丝绸实业和经贸工作贡献了毕生精力。

吴一舟：《蚕文化与当代蚕业经济》，《蚕桑通报》2003 年第 1 期。（ISSN：0258 - 4069. CN：33 - 1081）

"今天的文化源于昨天的经济，昨天的文化成就今天的经济。"这两句话辩证地阐明了文化与经济的密切关系，蚕业经济与蚕文化正是一个活生生的例证。蚕文化的内涵可以从纵向和横向两个方面来理解。认清蚕文化的价值是振兴当代蚕业经济的基础。构建蚕文化研究框架、扬弃和发展蚕文化、宣传蚕文化，重塑丝绸新形象，促进蚕业经济的全面昌盛是蚕文化对于蚕业经济的意义之所在。

蒋猷龙：《蚕盐》，《中国蚕业》1997 年第 4 期。（ISSN：1007 - 0982. CN：32 - 1421）

介绍了古代蚕卵洗浴或渍茧所专用的盐。

蒋猷龙：《蚕与马相联系的民俗学研究》，《东南文化》1990 年第 4 期。（ISSN：1001 - 179X. CN：32 - 1096）

元代王桢《农书》"农器图谱·蚕缫门"载，"蚕神，天驷也。天文辰为龙，蚕辰生，又与马同气"。并在蚕神中列出马头娘。古人把蚕与龙和马联系在一起,本文是对这一传说的考证和研究。

蒋猷龙:《蚕月》,《中国蚕业》1998 年第 1 期。(ISSN:1007 - 0982. CN:32 - 1421)

蚕月,即养蚕的月份,指农历四月。浙江地区从收蚁后即关门春蚕,为了防止生人、孕妇和不吉利的事物带进蚕室而引起蚕病,这对病菌带进蚕室、免得感染,有一定防止作用。

李立新:《蚕月祭典——湖州含山蚕花节考察记行》,《艺术百家》2010 年第 1 期。(ISSN:1003 - 9104. CN:32 - 1092)

"蚕月"是开始养蚕的月份,在养蚕之月为祈丰收对蚕神的各种祭祀活动,是我国各地各类农事祭典中大型又壮观的活动之一。随着社会发展与生产方式的转型,这种祭蚕神风俗几近湮没,但在杭嘉湖平原湖州含山一带,还一直维持着这古老的祭祀习俗。一个历史悠久的蚕女虚构故事,既无爱情描写,又无教化功能,却在民间广为流传,将蚕女尊为菩萨,蚕女故事又演绎得极富亲切感和人情味,展现出一种精神的宣泄和丰收的期待。

扬之水:《"曾有西风半点香"——对波纹源流考》,《敦煌研究》2010 年第 4 期。(ISSN:1000 - 4106. CN:62 - 1007)

"对波纹"是丝绸纹样中的一种骨架构图的名称,它也是装饰艺术中的流行纹样,盛行于南北朝至隋唐。而以"对波"形式排列的"忍冬纹",实即合抱式缠枝卷草。"对波"形式的图案,在印度早期佛塔石雕上已经出现,以后经由犍陀罗艺术的融汇和演变,然后东传。东传之后,这一类纹样的骨架及骨架内外图案的排列方式均被接受,而把骨架内外填充的诸般异域因素一步一步中土化,并且赋予纹样以新的名称。

岳续明:《长治堆锦名闻天下》,《四川丝绸》2001 年第 2 期。(ISSN:1004 - 1265. CN:51 - 1214)

堆锦，是山西省长治市一项传统的手工艺品，产生于清光绪年间。近百年来，长治堆锦曾以它独特的造型和精湛的工艺而蜚声海内外，传阅于文人雅士之手，陈列于达官贵人之家，获得过国际银奖，也曾被当国礼馈赠友人，堪称我国民间工艺品百花园中的一颗明珠。

方淳：《城东丝绸志》，《杭州（生活品质）》2010 年第 4 期。（ISSN：33 - 1361/D）

浙土从来桑作田，宜晴宜雨养蚕天——乾隆《闻浙省今年蚕缫甚盛·喜而有作》杭州城东，历来是民间丝绸业的生产重地。相传早在春秋战国，杭州的吴山即吴国南疆，其时已有蚕丝生产。

卢新燕：《充满生机的战国丝绸织绣纹样》，《四川丝绸》2006 年第 3 期。（ISSN：1004 - 1265. CN：51 - 1214）

战国时期，社会政治、经济各方面发生许多重大变革，在意识形态领域中百家争鸣，社会思潮和观念空前活跃。在服装上表现为以丝、麻为原料的纺织生产空前繁荣，丝绸织绣工艺取得巨大进步，纹样设计在形式上也一改狰狞严峻、繁缛狞厉的装饰风格，充满了抒情幻想和生机活力。

胡国洪、王湘君：《重庆地区蚕业史沿革简述》，《蚕学通讯》1987 年第 1 期。（ISSN：1006 - 0561CN：50 - 1065）

我国是蚕丝古国，四川的养蚕业也远在四千多年前就已成为劳动人民生产，生活的重要内容。重庆地区的栽桑养蚕之业可以追溯到唐代以前，本文记述了 20 世纪 80 年代以前重庆蚕业发展史。

唐安国：《出神入化的苏绣艺术》，《百科知识》1998 年第 2 期。（ISSN：1002 - 9567. CN：11 - 1059）

苏绣是我国古代民间工艺的灿烂明珠，相传古吴越一带有截短头发，身绘花纹，以避蛟龙之害的风俗。《左传》云："仲雍嗣之，断发文身，裸以为饰。"后其孙女根据文身的图案，在衣服上行针穿刺，绣成五彩缤纷的图案衣服。经仲雍倡导，这种服饰取代了文身，最初的苏绣也就这样产生了。

朱万民：《刍议四川丝绸文化》，《浙江丝绸工学院学报》1993年第3期。（ISSN：1673-3851. CN：33-1338）

本文就新中国成立以后，在四川境内发现的丝绸历史文物，对有关蚕桑、丝绸文化问题做了初步探讨。

蒋倩、吴厚林：《刍议香云纱的传承与发展》，《丝绸》2007年第12期。（ISSN：1001-7003. CN：33-1122）

香云纱是中国传统丝绸珍品，如今景况堪忧，亟待创新开发，重现昔日辉煌。文章分析了香云纱的实用价值、科技价值、文化价值和经济价值，并就如何保护香云纱传统工艺，如何进行香云纱产品的创新开发做了初步探讨。

朱万民：《刍议四川丝绸文化》，《四川蚕业》1993年第2期。（ISSN：1006-1185. CN：51-1202）

中国是世界丝绸的故乡，其起源最早，有着悠久的历史和极为丰富的民族文化遗产，在世界文明史上占有光辉的一页。四川号称"蚕丛古国"源远流长，早在两千多年以前，我们的祖先就在川滇之间的崇山峻岭之中，开辟了一条与外界联系的纽带——南方丝绸之路。这一古代通道早在春秋战国以前就已经在蜀地西部进行着文化方面的交流，这是中国通往外界的最早一条通道，将中国介绍给世界，又将世界介绍给中国。四川省是我国最古老的蚕区之一，种桑、养蚕和缫丝、织绸生产技术在古代已达到了相当成就。民间有关蚕的故事传说，西周出土的蚕纹铜戈，嵌有采桑图画的战国铜壶，汉墓中的织锦机、桑园画像石，历代文人墨客描绘丝绸的诗、书、赋、画、歌舞以及织锦、刺绣艺术的发掘和发现，打开了四川丝绸历史文化的一页。本文就新中国成立以后，在四川境内发现的丝绸历史文物，并对有关蚕桑、丝绸文化问题做了些初步探讨。

蔡尚卫：《传世瑰宝　珍贵有加——苏绣艺术的欣赏、收藏与投资》，《中外文化交流》2008 年第 12 期。 （ISSN：1004 - 5007. CN：11 - 3004）

中国苏绣源于苏州。苏州地处江南，盛产丝绸，地灵水秀，人文荟萃，为苏绣发展的有利条件。如果说，民间艺术作为民俗风情的载体，天然具有一种乡土气息的话，苏绣艺术作品则如苏州的园林，更多地带有苏州文人气息和色彩，是值得珍视的世界非物质文化遗产。

傅丽、叶松：《传统刺绣在现代丝绸服装中的创新应用》，《丝绸》2009 年第 11 期。（ISSN：1001 - 7003. CN：33 - 1122）

中国传统服饰刺绣是中华民族优秀的文化遗产之一。在介绍传统丝绸服装中常见的刺绣工艺技法的基础上，分析了以传统刺绣为切入点的现代丝绸服装在材质、图案、色彩、表现手法上的创新设计特征，揭示了传统刺绣在现代丝绸服装中的运用规律。

刘磊：《传统工艺美术的保护与发展——对长治堆锦艺术传承的几点思考》，《长治学院学报》2011 年第 10 期。（ISSN：1673 - 2014. CN：14 - 1328）

传统工艺美术，是指百年以上，历史悠久，技艺精湛，世代相传，有完整的工艺流程，采用天然原材料制作，具有鲜明的民族风格和地方特色，在国内外享有盛誉的手工艺品种和技艺。"长治堆锦"作为上党地区独有的传统工艺美术品，既具有独特的地域性，又具有传统工艺美术所具备的文化内涵和艺术特色。

王锋荣：《传统丝绸纹样对现代纺织品图案设计的影响和渗透》，《山东纺织经济》2011 年第 9 期。（ISSN：1673 - 0968. CN：37 - 1233）

我国丝绸宝库中的丝绸纹样丰富多彩，涵盖了人物、动物、植物、几何形象等多个方面，至今在现代纺织品图案设计中依然充当着不可或缺的角色，从造型和构图形式等方面产生着潜移默化的影响，对现代纺织品的设计具有启迪创新的重要作用。

茅惠伟：《传统丝绸与民间女红中的虎文化研究》，《丝绸》2011 年第 8 期。（ISSN：1001 - 7003. CN：33 - 1122）

虎文化的影响遍及生活的方方面面，与传统丝绸和民间女红更是关系亲密。从四类蕴含不同文化意义的"女红虎"进行阐述，通过文献结合实物，就其发展、功能和特征做了梳理与探讨，认为虎文化的多样性，从最初的图腾意识发展到深入民间的驱灾纳福的民俗信仰，吉祥祈福的观念是其世代相传的主要原因。重新认识女红虎的文化和艺术价值需要为人们所重视。

陈敬玉、苏洁：《传统文化在现代丝绸服装设计中的传承与创新》，《艺术与设计（理论）》2012 年第 3 期。（ISSN：1008 - 2832. CN：11 - 3909）

从我国丝绸服装设计现状和艺术设计领域对传统文化的研究现状入手，分析了现代丝绸服装设计中传统文化的传承与创新的重要性，提出以教育推动传承、以设计促进创新的观点，并着重对多元创新的设计实现途径进行了分析，指出丝绸服装可以和传统文化互为依托，开辟新的丝绸之路。

周一川：《春蚕到死丝方尽——记蚕丝专家费达生女士》，《春秋》2006 年第 4 期。（ISSN：1672 - 5794. CN：37 - 1417）

本文讲述了费老的留学经历，以此悼念这位为中国的蚕丝事业奉献出了毕生精力的杰出知识女性。

彩万志：《春节期间的蚕俗》，《中国蚕业》2000 年第 4 期。（ISSN：1007 - 0982. CN：32 - 1421）

中国自古农桑并重，特别是古时，田蚕之丰是人们生活中的头等大事。在蚕乡，蚕事高于一切，春节期间的各项活动几乎都打上了"蚕花"的烙印。本文记述了各地春节迎接新年的不同蚕俗。

王明杰、程丽娜：《春秋时期齐国服饰艺术与技术初探》，《大舞台》2012 年第 11 期。（ISSN：1003 - 1200. CN：13 - 1004）

齐国处在奴隶制度瓦解与封建制度的形成阶段，是一个承上启下的历史时期。齐国的都城临淄是我国著名的文明古都之一，是当时世界上最繁华的城市。这对形成地的独特服饰民风有很大的影响。随着生产力的发展，衣料文化、印染技术、工艺技术不断变革，纺织材料与及色彩、服饰样式也呈现出变革趋势，呈现出多姿多彩的局面，并对后世服装造型与演变产生深远影响。本文重点对齐国的服饰艺术与高超的服饰技术进行探讨，以期对后世的服饰发展提供参考。

王海毅、冯伟一：《春秋战国时期丝绸纹样的构成》，《西安工程大学学报》2008 年第 6 期。 （ISSN：1671 - 850X. CN：61 - 1471）

为全面了解春秋战国时期丝绸纹样风格的形成及影响因素，以考古资料为依据，从纹样的总体文化内涵上，分析其人文背景、造型特征、组织形式及寓意。归纳出这一时期丝绸纹样的构成特点，为继承和创新现代丝绸纹样的设计提供借鉴。

顾韵芬、陈锦湖、张夏：《从"紬"这个丝绸品种追溯东北柞蚕茧丝的利用历史》，《丝绸》1993 年第 11 期。（ISSN：1001 - 7003. CN：33 - 1122）

通过对古代丝织物的名称，东北地区古代自然环境、经济技术、丝绸生产状况等的考证，认为东北柞蚕茧丝的利用历史至少应追溯到距今 1300 年前的唐代。

汪云香：《从〈诗经〉等看我国古代桑蚕丝绸服饰文化》，《中国蚕业》2003 年第 3 期。（ISSN：1007 - 0982. CN：32 - 1421）

由于上古文献至今仍保存完整的不多，关于我国古代居民植桑养蚕、纺丝制衣的状况只散见于一些史书中，今天的人们对古代服饰文化的推测大多以考古学的发现作为佐证。本文试从《诗经》等作品的点滴描述中寻觅其中散落的上古时代有关服饰文化的断章残片。

张磊、顾国达：《从成语典故看中国的丝绸文化》，《中国蚕业》2001 年第 3 期。（ISSN：1007 - 0982. CN：32 - 1421）

从我们的祖先发明蚕丝和使用蚕丝的数千年以来，人们一直把丝绸视为幸福和吉利的象征。在盛大的节日、宴会、婚礼等场合，都要用丝绸来点缀气氛，穿着丝绸服装以迎吉利，并显示高贵和华丽。由于人们把丝绸作为幸福和吉利的象征，因此，在中国古代的许多成语典故中，出现了许多与桑、蚕和丝有关的成语和典故。从与蚕和丝有关的成语和典故中可以看到，古老的民族文化中孕育着丝绸文化，丝绸文化是民族文化的一个重要组成部分。

李晓娟：《从楚国琉璃、丝绸看早期中西艺术交流》，《湖北美术学院学报》2009 年第 2 期。（ISSN：1009 - 4016. CN：42 - 1441）

今楚地出土的有些"蜻蜓眼"琉璃珠、纹饰及化学成分都与我国古代琉璃有差别。经鉴定，这些琉璃珠是从西方传入楚国的。而另据有关资料证实，这时楚国的丝绸也经印度、中亚传入西方。所以，西方的"蜻蜓眼"琉璃珠和楚国的丝绸是先秦东西方艺术交流的见证。

王乐、赵丰：《从敦煌发现的刺绣看唐代刺绣的种类及其变化》，《丝绸》2012 年第 9 期。（ISSN：1001 - 7003. CN：33 - 1122）

敦煌发现的刺绣品多出自佛寺的供养之具，包括佛像、佛经、幡和幢伞等，以及大量的刺绣残片，它们的年代跨度大，但以唐代为主。图案丰富，主要包括佛、菩萨、供养人、花、鸟和动物。研究发现刺绣技法除了锁绣，还包括从中发展出来的劈针绣、平针绣、钉金绣和盘金绣等，其中平针绣最为常见。利用金线作为装饰的绣法在唐以前的出土实物中几乎没有发现，因此推测这种技法是在唐代成熟并流行。

林毅红：《从海南黎族织锦艺术的"人形纹"看黎族祖先崇拜对其影响》，《民族艺术研究》2012年第4期。（ISSN：1003-840X. CN：53-1019）

海南黎族织锦中大量出现"人形纹"引起学术界的广泛关注，目前学术界对其形成原因尚无定论。文章从祖先崇拜这一角度，认为黎族织锦"人形纹"应是祖先纹或鬼纹，它深受黎族民间信仰特别是"祖先崇拜"这一文化因子的影响，这是民族心理和原始宗教观念的外在反映。织锦纹样成为保存和传承民族信仰以及民族心理的重要载体，同时也是他者研究一个民族的文化和民族心理的重要钥匙，对于正确传承少数民族文化有重要作用。

汪云香：《从汉代典籍看桑蚕丝绸服饰文化》，《中国蚕业》2003年第4期。（ISSN：1007-0982. CN：32-1421）

汉代是我国封建社会大一统的时代，蚕丝生产遍布华夏大地、"一夫耕，一妇蚕，衣食百人"、"农桑之本，衣食之源"反映了当时蚕桑业的重要地位。而丝绸服饰也在继承的基础上有了变化。汉代是我国历史上一个强盛发达的时代，从遗留下来的部分典籍作品，我们可以窥探其桑蚕与丝织服饰文化之一斑。

任克：《从甲骨文看商代桑、蚕、丝、帛业中的几个问题》，《苏州丝绸工学院学报》1995年第S2期。（ISSN：1000-1999. CN：32-1673）

本文继续以甲骨学家的释义为基础，以有关甲骨文的内容为脉络，结合出土文物和历史文献，探讨了商代桑、蚕、丝、帛业中的若干个问题。笔者列举有关资料，旨在使人们更进一步了解我国源远流长的桑、蚕、丝、帛业乃是以商及先商的高度发展为先导的这一事实，同时阐明神秘朝代的丝绸业已具备了昌明时代所具备的基本特点这一观点。

钱耀兴：《从江苏丝绸发展的历史特点试析苏锡通丝绸的发展前景》，《浙江丝绸工学院学报》1993 年第 3 期。（ISSN：1673 – 3851. CN：33 – 1338）

本文以翔实的历史资料，以无锡、苏州、南通三地为例，研究了历史上江苏丝绸工业发展的主要特点，并沿着这条历史轨迹，具体分析了苏州、无锡、南通三市丝绸工业因处在不同的起跑线上，各自既有优势，又有不可忽视的制约因素，从而较为客观地探讨了苏、锡、通丝绸工业扬长避短的发展前景。

孙燕谋：《从近代丝绸业兴衰史实到当代发展起伏的鉴析》，《辽宁丝绸》1998 年第 2 期。（ISSN：1671 – 3389. CN：21 – 1276）

丝绸是我国古代劳动人民的伟大发明，据考证，已有五千余年历史，它为人类的物质生活、文化和经济发展，做出了巨大贡献。丝绸的故乡在中国。它起源早，传播广，对世界影响深远。在一个相当长的历史时期里，中国的丝绸生产工艺技术和花色品种处在世界前列，并具有中华民族的文化传统和独特风格。早在公元前 5 世纪前后，中国丝绸开始流传国外，并历史性地作为传统出口产品，蜚声海外。几千年来，中国丝绸通过陆上和海上"丝绸之路"成为我国与世界各国人民友好往来和经济联系的纽带。本文是根据《中国近代纺织史》编委会第六次编委会议决定在该书发行时举行的"近代纺织历史经验研讨会"上讨论的特约撰稿。

孙燕谋：《从近代丝绸业兴衰史实到当代发展起伏的鉴析》（续一、续二、续三、续完），《辽宁丝绸》1998 年第 3 期、1998

年第 4 期、1999 年第 1 期、1999 年第 3 期。 （ISSN：1671 -
3389. CN：21 - 1276）

丝绸是我国古代劳动人民的伟大发明，据考证，已有五千余年
历史，它为人类的物质生活、文化和经济发展，做出了巨大贡献。
丝绸的故乡在中国。它起源早，传播广，对世界影响深远。在一个
相当长的历史时期里，中国的丝绸生产工艺技术和花色品种处在世
界前列，并具有中华民族的文化传统和独特风格。早在公元前 9 世
纪前后，中国丝绸开始流传国外，并历史性地作为传统出口产品，
蜚声海外。几千年来，中国丝绸通过陆上和海上"丝绸之路"成为
我国与世界各国人民友好往来和经济联系的纽带。本文是根据《中
国近代纺织史》编委会第六次编委会议决定在该书发行时举"近代
纺织历史经验研讨会"上讨论的特约撰稿。

阿朝东：《从青海出土文物浅析隋唐时期联珠纹饰的盛行及衰
微》，《文博》2010 年第 3 期。 （ISSN：1000 - 7954. CN：61 -
1009）

青海位于中原、西域、北方草原民族等文化圈的交融地带，出
土了大量的隋唐时期联珠纹饰样的文物，生动地反映了隋唐时期中
西经济、文化交流的盛况。萨珊联珠纹在青海地区的流行，对研究
隋唐时期中、西亚文化在青海的传播发展，以及"丝绸之路青海
道"在中西交通史上的历史地位具有重要意义。

刘永连：《从丝绸文化传播看丝绸之路上的文化回流》，《西域
研究》2008 年第 2 期。（ISSN：1002 - 4743. CN：65 - 1121）

当域外广大地区衍生出各自的丝绸文化后，就有大量的异域丝
绸文化流入中国。由于与中国在地理和文化关系上的差异，这些各
具特色的外来丝绸及其传说等文化现象汇成色彩纷呈的文化回流，
从不同地域、沿不同路线涌回到中国，对中国从生产技术到社会生
活产生了深刻而又广泛的影响。这种文化回流构成了中外文化交流
的重要环节，属于中西文明发展不可缺少的组成部分。探讨这一问

题有助于我们在认识上升华到这样一个高度：由于这种文化回流的涌动，丝绸文化不仅是中国的贡献，而且成为整个世界的宝贵财富；基于这种文化回流的作用，东西文明才得到深层交流和高度发展。

高山：《从唐联珠猪头纹锦看联珠纹样发展过程中的装饰演变》，《四川丝绸》2008 年第 1 期。（ISSN：1004 – 1265. CN：51 – 1214）

联珠纹是唐代织锦中最引人注目的外来纹样。传统的联珠纹样形式特点随着"丝绸之路"开放被打上了新的文明领地的审美烙印。从联珠圈内的单独纹样转向对称纹样，从萨珊式的猪头类神圣动物主纹题材被中国传统动物龙凤纹代替，从联珠纹圈被演化为中国的环式花卉或卷草，联珠纹完成了中国化过程中的样式改造，并产生了符合大唐帝国风范的具有时代特点和民族性的新的纹样形式——宝相花。

袁宣萍：《从浙江甲种工业学校看我国近代染织教育》，《丝绸》2009 年第 5 期。（ISSN：1001 – 7003. CN：33 – 1122）

鸦片战争后，中国民族手工业在洋货的冲击下陷入困境，尤以纺织丝绸业为最。随着近代工业在中国的发展，工业与工艺教育也在清末民初相应起步。以浙江甲种工业学校为例，可以考察中国近代染织教育走过的不平凡历程。该校创办于清末宣统三年（1911），创办人与校长是许炳堃，首开浙江工业教育之先河，且以染织为主科，在机织、染色和图案等教育上均颇有建树，办学成效显著。学校毕业生或从事工业或从事设计，与地方企业关系密切，促进了近代浙江丝绸与机械工业的发展，且不少艺术大家曾就读于该校。因此，浙江甲种工业学校在中国近代染织教育史上具有重要地位。

赵丰：《从唐诗看唐代丝绸图案》，《丝绸》1983 年第 8 期。

（ISSN：1001 - 7003．CN：33 - 1122）

诗莫盛于唐。单是《全唐诗》就收入唐人诗歌四万八千九百余首，可说是一部卷帙浩繁的大书。其中不少唐诗都直接或间接地记载了唐代丝绸生产、品种、技术、贸易、消费等各方面的情况，对于我们进行丝绸史的研究，有着相当重要的意义。本文就唐诗中有关丝绸图案的描述部分进行整理和总结，证实和补充出土文物及其他文献史料上的不足，以求对唐代丝绸图案的题材、应用及作用等有进一步的了解。

侯良：《打开丝绸历史的宝库（之一）——汉代的丝绸宝库》，《丝绸》1992 年第 4 期。（ISSN：1001 - 7003．CN：33 - 1122）

作为马王堆汉墓发掘的见证人，介绍了马王堆汉墓的发掘经过。出土丝织品文物及其研究成果。

彭浩：《打开丝绸历史的宝库（之二）——江陵马山一号楚墓发掘小记》，《丝绸》1992 年第 7 期。（ISSN：1001 - 7003．CN：33 - 1122）

1982 年，湖北省荆州地区马山一号楚墓出土了大批战国时期丝织品。这些丝织品不仅数量多，而且品种齐全，保存完好，许多织物局首次发现，因而被人们誉为"丝绸宝库"。文章叙述了这些丝织品的出土、整理和研究情况。

周迪人：《打开丝绸历史的宝库（之三）庐山脚下的丝绸宝库》，《丝绸》1992 年第 9 期。（ISSN：1001 - 7003．CN：33 - 1122）

1988 年 9 月，庐山脚下鄱阳湖畔的江西省德安县发现了一座南宋古墓，出土了大批精美的丝绸文物，为研究宋代丝织品及服饰提供了宝贵的实物资料。本文叙述了这一重要发现的概况。

赵评春：《打开丝绸历史的宝库（之四）金代齐国王墓出土

记——兼论服饰研究中的几点问题》，《丝绸》1992 年第 12 期。
（ISSN：1001 – 7003. CN：33 – 1122）

黑龙江阿城金代齐国王墓是 1991 年我国十大考古发现之一，出土了大批珍贵的金代丝绸服饰，其中织金锦尤其令人注目。文章描述了文物的出土和清理过程，并根据文献记载，对部分丝绸服饰的色地、质料、用途等做了考证，认为原定名不够确切。

赵丰：《打开丝绸历史的宝库（之五）神奇的法门寺地宫宝库》，《丝绸》1993 年第 6 期。（ISSN：1001 – 7003. CN：33 – 1122）

西安是古代"丝绸之路"的东方起点，1987 年西安附近扶风县法门寺地宫的发现弥补了丝绸文物较少的缺憾。法门寺地宫出有稀世宝物"佛指骨"，并伴出大量唐代精美器物，其中包括很多丝织品。本文主要从"衣物帐"及出土实物两方面，对地宫所藏丝织品的分类和初步分析整理情况做了介绍。

王岩：《打开丝绸历史的宝库（之六）定陵地宫——明代的丝织宝库》，《丝绸》1993 年第 8 期。（ISSN：1001 – 7003. CN：33 – 1122）

定陵是明代万历皇帝及其两位皇后的陵墓。地宫发掘于 20 世纪 50 年代，随葬物品十分丰富，其中丝织品在出土文物中占有重要地位，不仅数量多，而且品种齐全、织造精美。定陵地宫堪称一座明代的丝织宝库。文章对定陵地宫的发掘经过，及出土丝织品和服饰的研究整理成果做了介绍。

赵丰：《打开丝绸历史的宝库（之八）敦煌探宝录》，《丝绸》1993 年第 10 期。（ISSN：1001 – 7003. CN：33 – 1122）

敦煌是古代佛教圣地，丝绸之路上的重镇。21 世纪初莫高窟藏经洞的发现，使敦煌文物震撼国内外学术界，敦煌学遂成为专门的学科。敦煌文物中有大量古代丝绸实物，敦煌文书中亦有与丝绸有关的很多记载，有待人们系统地整理研究。文章介绍了敦煌的再发现，及其中的丝绣精品，对敦煌的实地考察以及目前对敦煌古代丝绸的初步研究情况。

汪榕：《傣族手工织锦的审美特征分析——基于云南部分傣族地区的调查》，《思想战线》2012 年第 5 期。（ISSN：1001 - 778X. CN：53 - 1002）

傣族手工织锦受到傣族传统纺织技术知识、民族审美文化心理积淀、宗教信仰习俗和社会文化交流情况的影响，其审美特征不仅经由静态的织锦产品体现，也存在于动态的织锦生产过程当中。直到现在，从纯粹审美角度考量的傣族手工织锦产品，尚未在一般意义上获得绝对的经典地位，因为它或多或少地尚未与它的产生所依赖的人群状况，以及它在实际生活经验中所产生的对人的作用分离开来。对傣族手工织锦的考察有助于从美学理论层面"恢复审美经验与生活的正常过程间的连续性"，因为其正是这样一种处于"经验"之中的艺术，其审美特征从极其微观的角度呈现了地方性、小传统族群社会中民族民间工艺在"美的生成""工艺之美""审美体验"以及"美的内涵"层面的价值。

邓文华：《丹阳丝绸溯源》，《丝绸》1991 年第 10 期。（ISSN：1001 - 7003. CN：33 - 1122）

丹阳丝绸的发展，当推于清代同治、光绪年间，而且与当时兴盛的浙江湖州地区的湖绸有着密切联系。文章叙述了那时起至新中国成立初期的丹阳丝绸业概况以及市内机户绸行、丝行的关系。

张玉良：《德清蚕桑习俗——"扫蚕花地"》，《浙江档案》2011 年第 5 期。（ISSN：1006 - 4176. CN：33 - 1055）

德清县是杭嘉湖地区蚕桑生产的主要产区之一，有着悠久的蚕桑生产历史。由于蚕桑生产在社会经济生活中占有特殊的地位，因此，当地的民俗活动大多与蚕桑活动有关。诸如"讨蚕花""照蚕花""抢蚕花"等。

岳树明：《鼎盛发展明王朝　风流美誉〈金瓶梅〉——山西潞绸"衣天下"》，《江苏纺织》1997年第9期。（ISSN：1005 - 6289. CN：32 - 1853）

明朝万历年间（公元16世纪中叶至17世纪初），潞绸已发展到鼎盛时期，潞州也成为我国北方最大的手工丝织业中心，潞绸就是因产地而得名的。从潞绸的兴衰中折射了历史的兴亡，对我们研究失传的纺织之品，指导今天的产品开发也是有意义的。

杨璐：《东 + 西 =？——以楚丝绸纹样为创意元素的图形重构》，《艺术与设计（理论）》2009年第7期。（ISSN：1008 - 2832. CN：11 - 3909）

图形语言分析是图形创意的基础，它以传统图形的现代化转换为研究目的。本文以楚丝绸凤扶桑纹样为创意元素，同时以现代设计大师乌韦·勒斯的设计作品的构成方法为参照，借助其形式语言，对凤扶桑纹样的现代性转换作可行性分析，探索现代化传统图形设计的方法，以实现图形意义的重构。

程长松：《东方的艺术之花——赞杭州丝绸》，《丝绸》1990年第2期。（ISSN：1001 - 7003. CN：33 - 1122）

风光秀丽的杭州，是中国丝绸生产和出口的一个重要基地，一向被誉为"丝绸之府"。国内外朋友们向往杭州，既倾情于波平如镜、繁花似锦的西子湖，又爱慕那色彩缤纷、优美华贵的丝织品；有的国际友人称杭州为"东方的日内瓦"，而赞美杭州丝绸为"东方的艺术之花"。杭州丝绸历史悠久，源远流长，相传在两千多年前的战国时期，杭州吴山一带就有农户种桑养蚕。唐宋之际，杭州丝绸逐渐兴盛；特别是南宋定都杭州，丝绸生产有了长足的发展，丝织技艺达到相当高超的水平，博得了"杭州所出，为天下冠"的赞语。在以后漫长的岁月里，杭州丝绸时兴时衰。进入近代，作为中国传统文化之一斑的杭州丝绸，以其制作精细，图像逼真而使西方世界叹服。20 世纪初，都锦生的得意之作——黑白丝织风景织锦，在美国费城博览会获得金奖。

程长松：《东方艺术之花——杭州丝绸的古往今来》，《丝绸》1990 年第 11 期。（ISSN：1001 - 7003. CN：33 - 1122）

中国是丝绸的故乡，风光秀丽的杭州是中国丝绸的重要生产和出口基地，素称"丝绸之府"。国内外游客向往杭州，既钟情于那波平如镜、繁花似锦的西子湖，又爱慕那色彩缤纷、华贵优美的丝织品。"千里迢迢来杭州，半为西湖半为绸"，道出了千千万万来杭游客的共同心声。有的国际友人称赞杭州丝绸为"东方的艺术之花"。

陈炎：《东海丝绸之路和中外文化交流》，《史学月刊》1991 年第 1 期。（ISSN：0583 - 0214. CN：41 - 1016）

丝绸是中国最早发明的。中国丝绸誉满天下，早在公元前就分陆海两路外传。中外学者偏重于对陆上丝绸之路的研究，并已取得了不少成果。而对海上丝绸之路的研究，特别是结合我国丝绸外传，论证它在中外文化交流中的历史地位和影响，以及它对人类社会的进步和对世界文明的贡献，还很少有人做过系统的专门研究。其实，中国丝绸通过海路外传，比陆路外传延续的时间更长，到达的地区更广，影响和贡献也更大。

王晨：《东周时期高经密织锦的丝织技术研究》，《丝绸》2012 年第 11 期。（ISSN：1001 - 7003. CN：33 - 1122）

以江西靖安大墓出土的东周时期高经密织锦"狩猎纹锦"为例，通过织物结构、织机装造工艺及织造工艺等复制实践研究，展开对古代丝织技术的深度探讨，从而揭示其 240 根/厘米迄今为止最高经密织锦的关键技术和其科学价值。通过复制实践，不仅证实了 240 根/厘米高经密织锦的存在，还可引证该工艺可织出宽幅高经密织锦，这一研究成果有力地说明中国古代的东周时期已拥有了织造高密度织锦的精湛技术，为中国古代织锦增添新的一页。

许新国：《都兰出土的含绶鸟纹织锦》，《柴达木开发研究》2003 年第 2 期。（ISSN：1005 - 6718. CN：63 - 1031）

1983 年，在都兰热水乡血谓一号墓中出土一件织有婆罗钵文字的织锦，都兰织有波斯文字的锦片的发现，使波斯锦这一领域的研究增添了新的资料，具有重要科研价值。

许新国：《都兰出土织锦——"人兽搏斗"图像及其文化属性》，《青海社会科学》2007 年第 2 期。（ISSN：1001 - 2338. CN：63 - 1001）

文章对都兰热水吐蕃大墓出土的北朝红地云珠太阳神织锦中"人兽搏斗"图像的历史渊源和文化属性，进行了图像学研究对比，论定其属波斯文化系统，但却是中原汉地制造的"外销锦"。

许新国：《都兰吐蕃墓出土含绶鸟织锦研究》，《中国藏学》1996 年第 1 期。（ISSN：1002 - 557X. CN：11 - 1725）

在都兰吐蕃墓出土的丝绸中，有一种含绶鸟织锦在我们所鉴别出的属西方系统的织锦中数量最多、比例最大，较为典型地揭示了东西方文化交流的若干重要问题。本文即以这批含绶鸟图案织锦资料为基础，对有关问题进行探讨，以就教于各位学者。

刘雁翔、王小风：《杜甫秦州诗题咏的丝绸之路说解》，《敦煌学辑刊》2010 年第 4 期。（ISSN：1001 - 6252. CN：62 - 1027）

唐代的秦州是陇右一大都会，人口稠密，经济发达。唐肃宗乾元二年（759）杜甫流寓秦州三月之久，成诗 90 余首，吟咏所及，时见驿道（丝绸之路）、驿使诗作或诗句，而历代杜诗注多不得要领。以史证诗，则会发现杜诗所咏既有塔克拉玛干沙漠北缘的丝绸之路中道，也有其南缘丝绸之路南道，还涉及张骞穷河源、张骞乘槎等中国地理探险大课题。而弄清了杜诗题咏的历史地理背景，则可还原杜诗题咏驿道的"深意"、充分理解杜诗的"诗史"韵味，同时有助于领略唐代丝绸之路的风情。

吕昉：《对当代丝绸服饰的符号学解读与消费文化分析》，《丝绸》2012 年第 6 期。（ISSN：1001 - 7003. CN：33 - 1122）

尝试运用消费主义文化理论，借助符号学和消费者行为分析，解释当代丝绸作为奢侈品和设计品的意义。提出国内的丝绸服饰设计应该关注年轻和大众消费者的需求，设计出有更丰富和多元符号意义的丝绸服饰，使消费者能通过丝绸服饰来建构身份、建构自我、建构与他人的关系。认为丝绸服饰品以及类似的传统服饰制品，除了在服用性能、穿着舒适性方面进一步适应现代生活之外，其设计、销售、品牌传播等方面，也要适应现代消费者特别是感性消费、符号消费的特点，开发适合中端消费者的优质设计品，才能抓住年轻人的心，也才能实现本土丝绸品牌的振兴。

金建平：《对丝绸文化市场崛起的思考和建议》，《江苏丝绸》2005 年第 6 期。（ISSN：1003 - 9910. CN：32 - 1261）

作者对丝绸文化市场的崛起及其表现形式和市场的发展前景提出了自己的思考和建议。对湖州丝绸产业的发展和旅游产品的开发具有积极的推动作用。

王翔：《对外贸易与中国丝绸业的近代化》，《安徽师范大学学报》（哲学社会科学版）1992 年第 1 期。（ISSN：1001 - 2435. CN：34 - 1041）

丝织业是我国历史悠久的传统手工业，丝绸是我国在世界上久享盛誉的传统产品。自古以来，中国丝绸就成为对外贸易的大宗货品，丝绸外传的迅捷步伐与雄猛力度不仅开拓了几条古代世界最长的国际交通线——陆上与海上的丝绸之路，沟通了东西方之间的经济贸易和文化交流，也给中国的经济发展和社会进步，注入了强劲的激素和新的活力。

章之元：《对王翔著〈中日丝绸业近代化比较研究〉的评介》，《海南大学学报》（人文社会科学版）2004 年第 2 期。（ISSN：1004 - 1710. CN：46 - 1012）

王翔著《中日丝绸业近代化比较研究》一书，通过对中日两国丝绸生产和贸易发展历程的比较研究，为中日两国在近代史上的不同命运提供了一种新的解释，是近年来关于中日现代化比较研究的一部力作。

包铭新、巢晃、叶菁：《敦煌壁画和雕塑用于中国古代丝绸研究的可行性和方法论》，《敦煌研究》2004 年第 1 期。（ISSN：1000 - 4106. CN：62 - 1007）

在有大量古代纺织品实物和丰富文献资料的前提下，讨论敦煌的壁画和雕塑对于古代丝绸品种和穿着效果研究的重要性，分析了研究的可行性，归纳和提出了研究的具体方法。

诸葛铠：《敦煌彩塑中的隋代丝绸备案》，《丝绸》1981 年第 8 期。（ISSN：1001 - 7003. CN：33 - 1122）

我国是世界上生产丝绸最早的国家。从浙江钱山漾出土新石器时代的丝织品起，历代丝绸实物不断有所发现，特别是长沙马王堆汉墓和"丝绸之路"大量丝织物的出土，为阐明我国丝绸发展的历史以及丝绸图案的沿革和演变，提供了重要的实物证据。但是，其中隋代的遗物却不多，那么，这个时期的丝绸是什么样的面貌？它对后世发生过什么样的影响？这就成了值得探讨的问题。

赵丰、王乐：《敦煌的胡锦与番锦》，《敦煌研究》2009 年第 4 期。（ISSN：1000 - 4106. CN：62 - 1007）

本文通过对胡锦和番锦的考古研究证实：敦煌曾是丝绸之路上的重镇，敦煌市场上所见的丝绸不仅有来自东方的中国丝绸，同时也有来自西方的中亚系统织锦。敦煌文书中出现的胡锦和番锦之名，当与西北或西域地区有关。胡锦很可能不是在胡地生产的织锦，而是中原地区模仿西方题材或是有着某些西方风格的织锦，番锦则应该是与粟特锦等相类似的中亚系统织锦。

王乐、赵丰：《敦煌丝绸中的团窠图案》，《丝绸》2009 年第 1 期。(ISSN：1001 - 7003. CN：33 - 1122)

敦煌藏经洞中出土了大量图案精美的唐代丝绸，其中以团窠纹最为华丽。敦煌丝绸上的团窠纹主要有联珠团窠、宝花团窠和动物团窠。联珠纹源于西方，与从中国传统的花卉纹发展演变出来的宝花融合，演变出一种以"陵阳公样"为代表的新样。晚唐开始，一种以喜相逢形式排列的动物团窠开始流行，直至明清。

施敏锋：《多元并存与和谐共生：中国民间信仰的基本形态——以杭嘉湖地区蚕神信仰为个案的考察》，《民俗研究》2011 年第 2 期。(ISSN：1002 - 4360. CN：37 - 1178)

近年来，民间信仰的跨学科研究获得了长足进步，学术界不仅深入研究了民间信仰的性质、概况、特点等，而且也对其功能和作用进行了广泛关注和积极探讨，但民间信仰的基本生存形态研究仍需进一步拓展。笔者以杭嘉湖地区蚕神信仰为个案，通过长期的、深入的文献研究和田野调查证明，多元并存与和谐共生是当前中国民间信仰的基本生存形态。

王大方、马晓丽：《俄罗斯发现一批金帐汗国时期蒙古贵族的丝绸文物》，《内蒙古社会科学》（汉文版）2006 年第 5 期。(ISSN：1003 - 5281. CN：15 - 1011)

俄罗斯考古学家兹维思达纳·道蒂，公布了一批在伏尔加河、顿河流域出土的 13—14 世纪中叶蒙古金帐汗国贵族墓中出土的丝绸文物，引起了许多学者的关注。此次在伏尔加河、顿河流域出土的精美丝绸制品，证明了蒙古黄金家族在俄罗斯建立了长达 400 多年的统治，其经济文化与军事十分强盛，有许多来自中国、波斯和其他国家的匠师，为金帐汗国做出了贡献。

沈落雁：《法国纺织史专家 K. 里布夫人谈汉代织物》，《国外社会科学》1984 年第 8 期。（ISSN：1000 - 4777. CN：11 - 1163）

法籍印度人纺织史专家 K. 里布夫人于 1984 年 6 月来华做学术访问，访问期间为我国考古工作者做了题为《汉代织物——新的事实和观点》的学术报告。里布夫人是印度著名诗人泰戈尔的重孙女，现任国际纺织史研究中心副主任。20 多年来，她一直从事丝绸史和织造工艺的研究工作，长期以来，她对国外有关中国丝织品藏品尤感兴趣，并且从技术和图像学方面对各国发掘的中国丝绸文物进行了直接研究。

任新来：《法门寺地宫出土的丝绸与服饰》，《收藏界》2004 年第 2 期。（ISSN：1671 - 5055．CN：64 - 1046）

中国是丝绸古国，是世界上养蚕造丝的发源地，中国先民从脱离茹毛饮血的蒙昧时代，纺织业与农耕业一起就随之诞生。法门寺地宫丝绸是古代丝绸品类和工艺品种最多的而一次考古发现，对研究中国纺织史、服饰史以至宫廷生活等，提供了最为珍贵的实物资料。

王华：《非洲古代纺织业与中非丝绸贸易》，《丝绸》2008 年第 9 期。（ISSN：1001 - 7003. CN：33 - 11）

采用纺织科技史的分析方法，总结了古代非洲纺织业所使用的原料及纺织、染整技术，介绍了非洲古代纺织品的设计和生产。讨论了古代中非丝绸贸易的起源和发展，以及古代中非丝绸贸易中纺织技术的传播，其传播促进了古代非洲纺织业的发展。

池田宪司、周德华：《费达生与中国蚕业改革》，《国外丝绸》2002 年第 2 期。（ISSN：1005 - 7609. CN：32 - 1812）

池田宪司先生是日本蚕丝专家，20 世纪 30 年代前后曾在中国调查蚕丝业并从事生丝贸易。沦陷期间任职于日伪华中蚕丝株式会社。八九十年代作为友好人士频频来华参加丝绸学术交流及考察考古活动。池田宪司所著《昭和期间中国蚕丝技术交流史话》，其中《昭和初期之中国留学生》记述了我国蚕丝界前辈费达生、邹景衡、汤锡祥三人的事迹，对前者之记载尤为推崇。恰好今年是费达生女士百岁（虚龄）诞辰，摘译其中费女士事迹的部分，以贺寿庆。

蒋猷龙：《扶桑蚕》，《中国蚕业》1997 年第 2 期。（ISSN：1007 - 0982. CN：32 - 1421）

介绍了传说中的扶桑蚕，即以扶桑为饲料的蚕。

郭亶伯：《福建丝绸发展史话》，《丝绸》1987 年第 2 期。（ISSN：1001 - 7003. CN：33 - 1122）

文章介绍了福建省有利于栽桑养蚕和发展丝绸生产贸易的自然地理条件。列举了三千多年前武夷山古越族崖洞墓就有随葬家蚕丝织物，以及唐、宋、明时期丝绸生产贸易发达繁盛的史实。

吴潮海：《抚今追昔话蚕俗》，《民俗研究》2007 年第 3 期。（ISSN：1002 - 4360. CN：37 - 1178）

根据考古挖掘，证明丝绸文化与中国古代文明几乎是同步产生。换言之，丝绸也与小米、稻作、陶器等一起，共同开创了中国古代文明的源头。在公元前的希腊著作中，把中国称作"塞勒斯"（seres），意思是"蚕丝之国"。中国是世界上最早养蚕和织丝绸的国家，并且在相当长的时期内，保持着这一地位。丝绸从诞生那天起，本身就成为一种文化，包括对蚕神的顶礼膜拜。

罗铁家、张毅、徐铮、张国伟：《复兴中国蚕桑丝织技艺 构建中国丝绸文化遗产综合保护体系》，《中国文化遗产》2011 年第 3 期。（ISSN：1672 - 7819. CN：11 - 5191）

丝绸的生产和贸易关系国计民生，丝绸科技是古代创造发明中独特的一部分，养蚕的生物学知识、织机的机械学原理、染料化学等都是古代社会中的高科技，纺织科技对传统科技特别是造纸、印刷术的发明，对音乐、美术等亦有很多直接的贡献。中国丝绸文化遗产既有极其丰富的内涵，包含有丰富的可移动文物（丝织品与服装及其相关文物）不可移动文物特别是工业遗产（在蚕桑丝绸产区内的近代蚕种场茧站、缫丝厂和丝织厂等）和非物质文化遗产（蚕桑丝织传统工艺和习俗）。可以说，丝绸文化已经渗透到中华文明的方方面面，仿佛一个全息体，五千年的蚕丝穿越古今，用经纬织成天地世界。因此，构建中国丝绸文化遗产综合保护体系意义重大、刻不容缓。

钱小萍：《富有特色的泰丝绸》，《丝绸》1992 年第 5 期。（ISSN：1001 - 7003. CN：33 - 1122）

通过对泰国的考察，介绍了泰国丝绸的历史，泰丝绸的结构、工艺、特点和用途。

林健、赵丰、薛雁：《甘肃省博物馆新藏唐代丝绸的鉴定研究》，《文物》2005 年第 12 期。（ISSN：0511 - 4772. CN：11 - 1532）

近年来，甘肃省博物馆新收藏了一批唐代丝织品，种类包括锦、绫、印花绢等。本文拟就其组织结构、织造工艺、纹饰图案等进行初步研究，并探讨其历史价值和艺术价值。

包铭新：《葛类丝织物的起源与发展》，《丝绸》1987 年第 3 期。（ISSN：1001 - 7003. CN：33 - 1122）

葛类丝织物是中国丝绸的一个重要品种类别。它曾以较低成本获得高级丝绸品种的外观，与绨类丝织物有很多共同之处。本文探讨了葛类丝织物的名称、起源、分类及其组织和品种发展情况。

单正平：《工艺决定的经典图式——海南黎族织锦艺术形式的生成》，《新东方》2012 年第 3 期。（ISSN：1004 - 700X. CN：46 - 1023）

黎族织锦的图案以几何图形为基本图式。而在黎族文化的其他方面，几何图形很罕见。造成黎锦造型几何形图式的根本原因，可能与织造黎锦的工艺有关，即工艺和织机决定了黎锦的图式。

李平：《荀家垭庙会与嫘祖文化》，《三峡文化研究丛刊》2001 年。

荀家垭庙会是人们祭祀蚕神嫘祖这一民间活动的沿袭，而这一风俗在民间已传承多年，甚至可推至上古时代。作为三峡地区特殊的民俗现象，它从一个侧面揭示了三峡地区文明的发端，说明三峡地区是我国农耕社会较早的发祥地之一。

闫廷亮：《古代河西桑蚕丝织业述略》，《古今农业》2011 年第 4 期。（ISSN：1672 - 2787. CN：11 - 4997）

位于甘肃西部的河西地区，既是古代丝绸之路的重要通道，也曾一度有过一定规模的桑蚕养殖和丝织业生产。考古和文献资料表明，河西的桑蚕丝织业始于两汉，发展于魏晋，兴盛于隋唐，宋元以后走向衰落。

李并成：《古代河西走廊桑蚕丝织业考》，《敦煌学辑刊》1997 年第 2 期。（ISSN：1001 - 6252. CN：62 - 1027）

古丝绸之路的河西走廊，历史上不仅是丝绸流播的干道，而且其本身还曾有过一定规模的桑蚕丝织生产。尽管今日河西各地早已与蚕桑无缘，但于当地所出考古资料和各种文献记载，特别是于敦煌遗书中见，自两汉迄宋初，河西走廊的桑蚕丝织业一直沿而无衰，凿凿有据。

司伟、沈云彩、任克：《古代诗词中的吴江丝绸》，《苏州丝绸

工学院学报》1999 年第 3 期。（ISSN：1000 - 1999. CN：32 - 1673）

本文从吴江县和嘉兴县地方志书及文集中，辑录出有关丝绸的诗词，分析其与吴江丝绸的关系，这些丝绸诗词从各个角度和侧面忠实记述了这些地区丝绸生产和贸易的情况。

刘欣如：《古代丝绸贸易与宗教活动》，《世界历史》1993 年第 2 期。（ISSN：1002 - 011X. CN：11 - 1046）

丝纺织品及原料是古代世界的长途贸易中的重要商品。罗马帝国、印度、波斯、中亚各国以及中国古代的上层人物都很喜欢这种美丽的纺织品，用穿戴丝绸锦绣来表现自己的高贵身份。宗教信徒们选择最好的丝织品用来装饰他们的崇拜对象以表示自己的虔诚，这类的需求使丝绸贸易大有利可图。这项贸易的繁荣与世界上两大宗教—佛教与基督教的兴起和发展有着密切的关系。本文探讨了影响这个贸易的社会因素，特别是它与各个时期的宗教运动的联系。

袁杰铭：《古代四川丝绸贸易史话（续）》，《四川丝绸》1997 年第 3 期。（ISSN：1004 - 1265. CN：51 - 1214）

论述了自先秦农耕文化时期到丝绸之路兴起直至清康乾时期，四川蚕丝贸易的发展历史及其对中国丝绸发展史的贡献。

王翔：《古代中国丝绸发展史综论——中国丝绸史研究之一》，《苏州大学学报》1990 年第 3 期。（ISSN：1001 - 4403. CN：32 - 1033）

作为四大天然纤维——棉、毛、麻、丝之一的蚕丝，是中国人最早生产的，吐丝的蚕是中国人民最先驯化而家养的，蚕丝织品也是中国人最早织造的。这些，目前已在世界上得到了普遍的承认。这是独特而灿烂的中国古代文明的一个见证，也是中华民族对人类文明史做出重大贡献的又一实例。出现于中国古代社会的蚕桑丝绸生产，从它产生的那一天起，就一直受到人们的百般青睐，在人民生活和社会经济中有着十分重要的意义。

严勇：《古代中日丝绸文化的交流与日本织物的发展》，《考古与文物》2004 年第 1 期。（ISSN：1000 - 7830. CN：61 - 1010）

丝绸作为中国古代伟大的发明之一，通过古老的丝绸之路对世界文明贡献良多。同时，对日本也产生过重要且深远的影响，它在中日两国长达两千年的政治、经济和文化交往中担当了不可或缺的重要角色，中日两国不同特色的丝绸文化在长期交流与融合中，迸发出灼人的文化创新魅力。

杨波：《〈古兰经〉与中国丝绸》，《丝绸之路》2010 年第 8 期。（ISSN：1005 - 3115. CN：62 - 1115）

丝绸是《古兰经》之天堂想象中的重要物品。《古兰经》对天堂的描绘中，不少地方提到人们将在乐园穿上丝绸。穆罕默德出生于商业重镇麦加，又多年经商，无疑接触过丝绸，彼岸世界是此岸世界的反映，《古兰经》体现了古代阿拉伯人对丝绸的无比喜爱，中华文明也借丝绸与《古兰经》发生了联系。

刘艺、林志远：《古罗马丝绸服装禁令浅析》，《饰》2007 年第 3 期。（ISSN：1005 - 1848）

丝绸服装出现在古罗马人的生活中时，古罗马人对其评价是毁誉参半。一方面，丝绸服装以其轻薄柔软的质感受到古罗马女子的青睐；另一方面，由于丝绸质料的与众不同及其价格的昂贵，使得古罗马当局对丝绸的穿用颁下禁令，但禁令仅针对限制男子对丝绸服装的穿用，对女性却并未作相应的规定。

黄修忠：《古蜀锦花楼织锦机工艺》，《四川丝绸》2005 年第 3 期。（ISSN：1004 - 1265. CN：51 - 1214）

纹样和锦的产生与发展，必须具有相应的生产工具与技术，也就是有相应的提花织锦机和生产技艺，才能实施提花织锦。而织锦机和生产技艺同样经历了织锦工匠们多次改革的漫长历史进程，从现有的考古史料或实物分析，蜀地的花楼织锦机从踞织机、斜织机、多综多蹑、丁桥花绫织机、束综纹样提花机发展到四川成都"蜀江锦院"的仿制清代嘉庆、道光时期的蜀锦花楼织锦机。蜀锦花楼织锦机是代表古代传统的织锦机，其生产的蜀锦产品，具有独特的风格，掌握了它的织造技术，就掌握了蜀锦几千年的技术传承。

胡筱瑜：《古泽州养蚕习俗与蚕俗信仰调查——以阳城、沁水两县部分村落为例》，《大众文艺》2011 年第 12 期。（ISSN：1007 – 5828. CN：13 – 1129）

阳城古称"获泽"，栽桑养蚕历史悠久，最早可上溯到商周时代，距今已有 3000 多年的历史。《竹书年记》载："汤二十四年，大旱，王祷雨于桑林，雨。"《穆天子传》载："天子四日休于获泽。""甲寅，天子作居范宫，以观桑者，乃饮于桑林。"桑林在今阳城县的蟒河镇，是当时蚕桑集中产地，至今这里的大山中还有成片的古野桑树林。沁水县南阳村家家户户栽桑养蚕，蚕桑作为一项传统产业在全村经济中有着举足轻重的地位和作用。不论从文献资料还是从实地考察结果来看，古泽州都是北方蚕桑技术基地。本文将以阳城沁水两县为例，从生态文化、民俗信仰方面，通过田野调查、访问等形式，运用民俗学理论分析研究蚕桑生产带来的一系列蚕风民俗。

李琴生：《关于"丝绸之路"形成的历史考察》，《丝绸》1999 年第 3 期。（ISSN：1001 – 7003. CN：33 – 1122）

"丝绸之路"是炎黄子孙的骄傲，是中华民族悠久历史和灿烂文化的象征。本文在修编《浙江省丝绸志》的过程中，查阅了大量有关中国丝绸历史的资料。尤其对丝绸之路形成的政治背景，丝绸之路的起点、路径及中国丝绸向外传播的过程等做了一番考察，现将有关想法整理成文。

包铭新：《关于缎的早期历史的探讨》，《中国纺织大学学报》1986 年第 1 期。（ISSN：1671 - 0444. CN：31 - 1865）

缎类织物是我国丝绸的一个大类品种。缎纹组织是三原组织中最复杂和产生最迟的，其应用非常广泛，历来文献以及出土和传世的实物都可以证明，缎类织物和缎纹组织是我国古代劳动人民的发明创造。这一点已被国内外科技史研究者所一致承认。但是，关于缎的早期历史，还有许多问题不很清楚。例如，缎类织物的产生年代，有着从汉代到明代各种不同的说法；缎纹组织的产生形式，还需要进一步讨论。本文从三个方面论述：缎类织物的名称与实质、缎纹组织的产生、缎类织物的形成。

林浩：《关于宁波"海上丝绸之路"各个时期特点的探讨》，《东方博物》2005 年第 2 期。

宁波"海上丝绸之路"开通于东汉晚期，发展于唐代，鼎盛于宋元，后续发展于明清，本文就各个时期的特点进行了探讨。

王秦：《关于丝绸与女性文化的思索》，《美术观察》2007 年第 9 期。（ISSN：1006 - 8899. CN：11 - 3665）

从甲骨文时代开始，中国便已有了关于蚕桑丝帛的记载。那含蕴内敛的光泽，能把女性易逝的年华和永恒的梦想揉在一片水雾般的釉色里。蚕吐丝结成茧、煮茧抽丝，丝绸诞生的所有过程都像是女性命运的暗示。

孙佩兰：《关于新疆、甘肃出土织绣物的考证　丝绸之路话刺绣、缂丝》，《上海工艺美术》1994 年第 4 期。（ISSN：1005 - 071X. CN：31 - 1198）

刺绣与缂丝是中国古老的手工艺品，以精湛的技巧和古朴的艺术风格著称于世。丝绸之路上出土的刺绣与缂丝大都是汉、唐珍贵的文物，是研究早期刺绣与缂丝的重要资料。新疆地区的文物、考古工作者与国内有关专家为发掘与研究这批文物付出了辛勤的劳动。

　　滕书筼：《广西少数民族织锦图案的审美意蕴及现代价值》，《广西民族大学学报》（哲学社会科学版）2011 年第 1 期。（ISSN：1673 - 8179. CN：45 - 1349）

　　广西少数民族织锦图案的审美主要表现在本色之美、自然之美、形式之美和个性之美。在现代设计领域中，通过直接提取、化繁为简、重视意象表现、解构与重构、中西合璧等方式学习和借鉴优秀少数民族织锦图案的审美表现形式，保护和利用民族文化资源，弘扬和创新发展民族原生态文化。

　　胡进：《贵州蚕桑史话》，《文史天地》2002 年第 2 期。（ISSN：1671 - 2145. CN：52 - 1135）

　　本文记述了清乾隆初年，陈德荣上任贵州布政使后，凭借多年来对贵州天时、地利和民情的了解，把发展蚕桑作为兴黔富民的一项重要措施。贵州蚕桑业的兴起，在一定程度上改变了黔省的经济结构，极大地促进了地方经济的发展，是贵州经济史上的一个重要事件。

　　曾杨：《贵州的蚕桑业兼及大定蚕桑史》，《六盘水师范高等专科学校学报》2003 年第 1 期。（ISSN：1671 - 055XCN：52 - 5032）

　　本文探讨了贵州蚕桑业和丝织业的起源及发展。

　　周建宏、刘丹丹：《海南黎锦图案元素符号解读》，《大舞台》2012 年第 11 期。（ISSN：1003 - 1200. CN：13 - 1004）

　　黎锦图案这一无言的载体通过图腾织锦承担了文字的功能，为历史的发展提供了证据。其永恒魅力正在于，它集传统美、自然美与艺术美于一体，同时又反映了本民族的文化习俗、宗教信仰和审美情趣，黎锦已被列为急需保护的世界非物质文化遗产。

王瑞莲：《海南黎族织锦的现代变迁》，《贵州民族学院学报》（哲学社会科学版）2012 年第 2 期。（ISSN：1003 – 6644. CN：52 – 1155）

代表黎族传统文化的黎锦，随着时代发展到今天，其在工艺织造过程、图案题材、原材料、品种、功能、传承方式等方面都发生了巨大的变化，这种变迁既是时代的需要，也是黎锦发展的需要。黎锦只有紧跟时代的脉搏，随着社会的发展而变迁，才能经久不衰，走得更远。

郭凯：《海南黎族织锦艺术中人形纹饰的造型美》，《美术大观》2011 年第 4 期。（ISSN：1002 – 2953. CN：21 – 1173）

"黎锦"是黎族纺、染、织、绣四大织造工艺的总称，工艺特质清新朴实又简便实用。黎锦图案造型源于生活现实，这就有了直观单纯的艺术特性；同时，又因为地域特征明显，少有外来文化的介入和影响，这就保有了其审美的原始和朴拙，具有洗练大气、象征性明确的艺术特性。

陈惠平：《"海上丝绸之路"的文化特质及其当代意义》，《中共福建省委党校学报》2005 年第 2 期。（ISSN：1008 – 4088. CN：35 – 1198）

"海上丝绸之路"是古代中国走向海洋、走向世界的主要通道，它的历史甚至于超过"陆上丝绸之路"。文章对"海上丝绸之路"的文化特质及其成果作了分析归纳，从弘扬与培育民族精神、坚持文化开放、建立高势能文化等方面论述"海上丝绸之路"的文化价值对于当代的若干意义。

楼婷：《汉朝提花技术和汉朝经锦的研究》，《丝绸》2004 年第 1 期。（ISSN：1001 – 7003. CN：33 – 1122）

以国宝级文物"王侯合昏千秋万岁宜子孙"五色换色经锦为研

究依据，从组织结构分析到成品复制，通过理论与实践相结合的方法，提出了可以采用最原始的手段，即在不用束综提花机、多综多蹑提花机的情况下，只要两个固定支架就可以制织汉锦的论点，突破了该研究领域中仅用提花机才能制织汉锦认识上的局限性。

展梦夏：《汉代丝绸上的茱萸纹与穗云纹》，《装饰》2010 年第 2 期。（ISSN：0412 - 3662. CN：11 - 1392）

茱萸纹和穗云纹是汉代丝绸上极富代表性的装饰图案。前者是目前唯一能明确指认的植物纹样；后者则最为常见。本文通过仔细比对实物，梳理了两者各自的演化脉络，指出它们之间千丝万缕的联系，推测穗云纹是由茱萸纹演化而来，并顺带指出马王堆三种著名绣品的命名可能并非根据纹样。

王厉冰、赵丰：《汉代丝绸纹样中的祥瑞意念及题材》，《丝绸》2007 年第 11 期。（ISSN：1001 - 7003. CN：33 - 1122）

祥瑞是预兆或印证吉祥的、罕见而奇异的事物，它源自人们对美好生活的祈求。汉代是祥瑞思想最盛行的时期，绘画和装饰中祥瑞题材丰富多彩。汉代织绣纹样中所见的祥瑞题材亦十分丰富，灵鸟、神兽、云气和植物，各有蕴意，长寿、富贵、子嗣兴旺、帝王圣明、国家安泰和降服天灾外敌等一应俱全。在汉代通行的夸张与适度写实相结合的手法之下，祥瑞纹样形成了富有韵律和气势、风格浪漫而古拙的特征，成为我国传统纹样的重要代表。

李垂军、潘尚琼：《汉阴蚕桑史话》，《北方蚕业》2007 年第 4 期。（ISSN：1673 - 9922. CN：61 - 1297）

汉阴兴桑养蚕历史悠久，据史料记载和出土文物考证，始于西周，盛于汉唐，宋元衰落，明清后期再度兴起，新中国时期有长足发展。本文论述了汉阴历史上直至 20 世纪 80 年代蚕桑生产的发展概况。

翟培德：《汉中民间丝绸挑绣"五果花"》，《汉中师范学院学报》（社会科学版）1996 年第 1 期。（ISSN：1007－0842. CN：61－1443）

由儒家、道家、佛家思想合为一体的中国传统文化，是东方文明的重要组成部分。丝绸挑绣"五果花"图，作为东方文化的一个重要方面的中国民间艺术，它似像非像，借物传情，与西方美术求真写实的直接表现相比较，显得东方文化含蓄而容量无限，文雅而耐人寻味。

韩惠卿：《杭州"丝绸之府"的由来（史料）》，《蚕学通讯》1994 年第 3 期。（ISSN：1006－0561. CN：50－1065）

唐朝晚期有位叫褚载的扬州人，千里迢迢来到杭州宝善桥一带传授纺织云锦的技术，这里的丝织业迅速发展，杭州从此成为举世闻名的"丝绸之府"。褚载在杭州活动过的地方——现在的体育场路宝善桥至美梅登高桥一带，依然是杭州乃至整个浙江省丝绸业的重心，从东到西这里云裳、东丝印、幸福、福华等四家大中型丝绸印染企业还有全省丝绸经营的"龙头"企业、省进出口公司和省最大的丝绸市场——今天的杭州丝绸城。

白志刚：《杭州现代丝绸制品传统纹样研究》，《科技创新导报》2009 年第 3 期。（ISSN：1674－098X. CN：11－5640）

本文在分析杭州丝绸产业背景的基础上，提出了如何应用传统纹样于现代丝绸产品设计中的问题。阐述了随着人们对民族的认同感增强，传统纹样将会化繁为简，体现出全新的生活状态，在分析中国哲学思想及传统纹样构成规律的基础上否定了时下流行的"只要在中国传统纹样上汲取西方现代构成的一些构成法就可以创造出一种具有中国特色又具有现代风格的纹样设计作品"的看法。同时提出保持传统纹样结构、创造现代情感的丝绸纹样题材的新见解。

李卫平、刘铮：《河北丝绸古今谈》，《丝绸》1991 年第 6 期。

（ISSN：1001 - 7003. CN：33 - 1122）

河北的丝织业起源于仰韶文化时期，唐宋两代达到极盛，上贡丝织品占全国之首。丝织珍品缂丝也以河北生产为先。明代以后，由于北方植棉排桑和棉织业的发展，河北的丝织业逐渐衰落。新中国成立后，又经历了兴起、发展、徘徊的曲折历程。党的十一届三中全会以后，河北丝绸工业犹如枯木逢春，得以全面发展，迈出了新的步伐。

李吟屏：《和田蚕桑史述略》，《新疆地方志通讯》1987 年第 2 期。（ISSN：1004 - 1826CN：65 - 1128）

和田蚕桑历史悠久，在古代西域久负盛名。考古资料证明，我国黄河长江流域的居民约在 5000 年前就已经会养蚕、织绸。和田蚕桑始于何时，没有可靠资料说明。关于蚕桑传入和田河流域的唯一原始文字资料，就是唐玄奘在《大唐西域记》中记录的一则和田民间传说。本文记述 1949 年前和田蚕桑业的发展历史。

周丽艳、孙伟：《〈红楼梦〉中的丝织物分析》，《纺织学报》2008 年第 8 期。（ISSN：0253 - 9721. CN：11 - 5167）

参考清代名著《红楼梦》中对丝织物的细致描写，研究中国古代明末清初服饰特征及其文化内涵，主要从丝织物的色彩运用、穿着特征和纹样的运用入手，通过对原著场景的再现和归纳分析，揭示各类丝织物的发展状况和纹样的文化内涵。研究结果对了解清代的纺织业发展状况、服饰制度和文化特征可提供一定的帮助，有助于挖掘和弘扬传统的丝绸文化，同时为现代丝织业的发展以及纺织材料的研究提供参考。

陆松平：《湖州蚕桑丝绸地名溯源》，《丝绸》1996 年第 5 期。（ISSN：1001 - 7003. CN：33 - 1122）

湖州丝绸历史悠久。在漫长的发展过程中，沉淀了丰富厚实的蚕桑丝绸文化，其中诸多地名、山水、桥梁都与蚕桑丝绸结下不解之缘，成为湖州人文景观的一大特色。

张吉林：《湖州蚕文化》，《东南文化》1997 年第 2 期。（ISSN：1001 - 179X. CN：32 - 1096）

湖州（吴兴）为东南望郡，山水清远，素称丝绸之府。从浙江湖州钱山漾发掘新石器时代遗址时，在乙区第四层获得不少绢片、丝线和丝带，经科学测定可证实这一带先民利用蚕丝已有 4700 多年的历史。这里流传的《十二月》歌说："四月好养蚕。"四月俗称"蚕月"，是养蚕的忙月，湖州蚕文化源远流长，颇具特色。

秦晓帆：《湖州蚕文化的诗性品格》，《文艺争鸣》2009 年第 3 期。（ISSN：1003 - 9538. CN：22 - 1031）

植桑养蚕，对于有"丝绸之府"美誉的湖州来说，真是最惯常不过的农事。据乾隆《湖州府志》记载："蚕事……而湖人尤以为先务，其生计所资视田几过之……"清代湖籍诗人董蠡舟在《南浔蚕桑乐府》中这样描述："家家户外桑阴绕，不患叶稀患地少""无尺地之不桑，无匹妇之不蚕"。湖州世代养蚕的历史经验，使此地形成了独具地方特色的蚕业文化。

张爱萍：《湖州地区民间蚕神故事及蚕神信仰》，《温州师范学院学报》2005 年第 3 期。（ISSN：1674 - 3563. CN：33 - 1344）

浙江湖州素有"丝绸之乡"的称誉，早在 7000 年前的河姆渡时期就开始养蚕。民间蚕神故事及蚕神信仰历史悠久，影响广泛，尤以明清两代为最盛，上至皇宫官府，下至普通百姓，牵涉政治、经济、文化以及民风民俗等各层面。本文通过田野调查，着重论述以下三个方面：第一，通过对湖州地区丝织业发展的考察，揭示民间蚕神信仰兴盛的重要原因。第二，透视民间蚕神故事及蚕神信仰从嫘祖到马头娘的历史演变，揭示蚕神信仰在地域上的差异性及其包容性。第三，纵观蚕神信仰的广泛影响，探讨蚕神信仰对社会所产生的体现以农为本的思想，求得心理安慰，传播蚕业知识，产生新的人生礼仪习俗等积极作用。

蒋琦亚：《湖州丝绸发展的历史思考》，《历史教学问题》1993年第 4 期。（ISSN：1006 - 5636. CN：31 - 1016）

浙江省湖州市素以"丝绸之府""鱼米之乡"著称全国。湖州丝绸有着悠久的历史传统，自远古以来，盛名不衰。湖州绫绢以其精美绝伦远销全国、世界，享有"衣被天下"之美誉，其间也经历了艰难的曲折。以古鉴今，回顾湖州丝绸发展的历史之路，对于振兴我国的传统工业，弘扬祖国丝绸文化，具有重要意义。

周德华：《华中蚕丝业调查》（1—7），《丝绸》1999 年第 10—12 期。（ISSN：1001 - 7003. CN：33 - 1122）

1925 年，上海万国生丝检验所在美国生丝协会的授意和资助下，对我国中部地区的蚕丝业进行全面调查。调查涉及华中地区江苏、浙江、安徽三省蚕丝业，其中江浙两省是当时中国丝绸的主产区，在丝绸经济中举足轻重。调查者对三省城镇乡村进行实地考察，获取第一手资料，相当客观地反映了 20 世纪 20 年代中期华中地区蚕丝业全貌，随文附载的表格列出各项技术经济指标，科学而详备，不失为一份珍贵的近代丝绸史料，现将译文分期刊载。

段渝：《黄帝、嫘祖与中国丝绸的起源时代》，《中华文化论坛》1996 年第 4 期。（ISSN：1008 - 0139. CN：51 - 1504）

中国是世界上蚕桑、缫丝、丝绸的原产地，素有丝国之称。从公元前第一个千年或更早开始，中国丝绸就已横穿欧亚大陆，远播至西方。西方世界对中国的认识，也是伴随着中国丝绸的西传逐步形成的。从某种意义上看，丝绸或许是中国对于世界物质文化最大的一项贡献。由于丝绸对包括东西方在内的世界文明的发展和繁荣做出了重要贡献，在世界文明史上占有特殊地位，因此长期以来对于中国丝绸的研究一直是中外学术界所共同关心的重大课题。

曹丹雯：《徽州古老蚕乡绩溪的蚕桑文化》，《黄山学院学报》2012 年第 2 期。（ISSN：1672 – 447X. CN：34 – 1257）

丝绸是沟通中外文化的使者，古往今来，湖州、杭州、苏州都是众所周知的蚕桑之乡，但不可忽视的是在徽州腹地也有一个古老蚕乡以及蚕乡所孕育的独特地域绚烂文化。

尹睿婷：《基诺族服饰与织锦探究》，《南宁职业技术学院学报》2011 年第 3 期。（ISSN：1009 – 3621. CN：45 – 1268）

基诺族是云南独有的少数民族，是古代氐羌族群的后裔，其着装方式仍保持着男子"麻布短衣裤，以红黑藤篾缠腰及足"，女子"麻布短衣筒裙"，服装布料织造等也保留着旧时古朴的文化风貌，是弥足珍贵的民族文化遗产。通过对基诺族族源和传统衣着样式的考察溯源，以及基诺族的染色工艺、织造工艺及织锦纹样的研究，充分展现基诺族所承载的独特民族文化。

林黎元：《辑里丝与南浔蚕文化》，《浙江丝绸工学院学报》1993 年第 3 期。（ISSN：1673 – 3851. CN：33 – 1338）

南浔因辑里丝而扬名，成为江南集镇之首。辑里丝蜚声海内外，从而也形成了特有的南浔蚕文化，也促使聚书收藏、建造园林成为富有的丝商崇尚风雅的一种时尚，使南浔成为历史文化名镇。

金琳：《嘉湖蚕俗蚕花》，《中国蚕业》1999 年第 3 期。（ISSN：1007 – 0982. CN：32 – 1421）

位于浙江北部的嘉湖地区是我国蚕业发源地之一，在漫长的500 多年的岁月里，蚕丝是当地农民的主要经济来源，他们以蚕为业，以蚕为生，代代相传，蚕业已渗透到生活生产中的各个领域，逐渐形成了多姿多彩的蚕丝文化，至今还保留或风行着许多与蚕丝密切相关的民间习俗。因处于科学不发达的时代，人类依附于自然，他们对自然力和自然物的人格化的描绘及神话般的想象，形成了"万物有灵"的概念，往往寄希望于蚕神的帮助来解决蚕丝生产过程中出现的一些问题。凡此，对带有封建迷信色彩的都应批判地吸收，有的则随着社会进步发生演变，并具有新的含义。本文就蚕花习俗予以介绍。

刘文：《嘉兴蚕桑文化的形成条件与特点》，《丝绸》2012 年第 3 期。（ISSN：1001 - 7003. CN：33 - 1122）

嘉兴蚕桑文化的形成有着其得天独厚的条件，湿润的气候、畅通的水系为蚕桑业提供了保障，也促进了蚕桑经济和文化的空前繁荣；古老的神话传说及祭祀蚕神的历史文化遗存，表征着蚕桑文化的悠久与丰富。嘉兴蚕桑文化最鲜明的特点是历史性、自发性、地域性、多元性和传承性。

闻玲安：《嘉兴丝绸发展小史》，《丝绸》1990 年第 7 期。（ISSN：1001 - 7003. CN：33 - 1122）

文章叙述了明清以来嘉兴地区蚕茧、缫丝、丝织生产的发展概况，濮院等著名商业性市镇的兴起和近代机器缫丝业的发展。

包铭新：《间道的源与流》，《丝绸》1985 年第 6 期。（ISSN：1001 - 7003. CN：33 - 1122）

间道，是宋元时期流行的织物，现在国内已少为人知。间道的生产技术约在 14 世纪传入日本，此后其品种花色发展很快，成了日本妇孺皆知、雅俗共赏的产品。本文试对间道的源与流做一粗浅的考证，并介绍其中一些优秀的代表品种，以供丝绸品种开发参考。

李登峰：《简论明清时期广东对外丝绸贸易》，《五邑大学学报》（社会科学版）2002 年第 1 期。（ISSN：1009 - 1513. CN：44 - 1470）

丝绸是我国传统的最大宗输出商品，广东作为"海上丝绸之路"的主要起点，其对外丝绸贸易在明代、清前期和清后期三个阶段经历了曲折的发展过程。

李师漫：《简论丝织凤纹与瓷器凤纹》，《大连民族学院学报》
2011 年第 2 期。（ISSN：1009 - 315X. CN：21 - 1431）

凤是中国古代先民崇拜的对象，也是皇室身份的象征。在丝织
品和瓷器上，凤纹更以其独特的风采脱颖而出。简述了不同历史时
期丝织品和瓷器的凤纹图案特点，并对丝织凤纹与瓷器凤纹进行了
比较，以进一步把握凤纹的特点。

李琴生：《江南"丝绸之府"地位的形成和发展》，《中国蚕
业》1999 年第 1 期。（ISSN：1007 - 0982. CN：32 - 1421）

余姚河姆渡村发现的新石器时代重要遗址中出土的盅形雕器上
刻有的四条蚕纹，以及吴兴县钱山漾发掘出土的丝线、丝绳、麻
布、稻谷、细麻绳、棕丝刷子，以及盛有绸片、丝线、丝带、麻布
片等物的竹筐，据考证年代约为公元前 2735—前 2175 年，经科学
鉴定，认定是以家蚕捻合的长丝为经纬交织而成的平纹织物，其表
面细致光洁，丝缕平整，这是中国乃至世界迄今为止出土最早的丝
织品。本文以此为线索，探讨了江南丝绸之府地位形成的历史及其
发展。

韦庆远：《江南三织造与清代前期政治》，《史学集刊》1992 年
第 3 期。（ISSN：0559 - 8095. CN：22 - 1064）

清初，因袭明朝的制度而略有更张，除在北京设置织染局外，
又在江宁、苏州、杭州三处设立织造衙门，即所谓江南三织造。三
织造是清代前期规模最大的官营手工业中心之一，它们既承担了皇
帝御用的、宫廷使用的和部分公用纺织品的供应（当时称为上用、
内用、官用），又一度承担过特殊的政治职能，与当时的国计民生、
宫廷生活、皇族内部的倾轧密切相关，又从不同侧面反映着顺、
康、雍、乾诸帝统治时期不同的政治形势，个人作风和统治特点。
见微知著，一斑或可窥全豹。对江南三织造的机制、地位、职务内

外的活动，前后不同的影响和作用，与清代前期政局国运的关系，等等，实亦属清史研究中一项值得注意的课题。

林永匡、王熹：《江南三织造与清代新疆的丝绸贸易》，《辽宁师范大学学报》（社会科学版）1986 年第 3 期。（ISSN：1000 - 1751. CN：21 - 1077）

明清时期，江宁（南京）与杭嘉湖地区一带，是我国江南地区重要的丝绸产地之一。清代前期，这些地区的丝织手工业随着蚕桑事业的发展，较之明代，又有了新的发展和技术进步。其中，江宁、苏州、杭州每年生产出来的大批缎绸绸锦，除专供皇家内廷使用及一般商业交易外，还有相当一部分是作为运往新疆进行官方贸易之用的。而置办这些缎匹及具体运往新疆进行贸易等事务，则是由清代江宁、苏州、杭州等江南三织造衙门具体负责的。

徐新吾：《江南丝绸业历史综述》，《中国经济史研究》1991 年第 4 期。（ISSN：1002 - 8005. CN：11 - 1082）

中国是世界蚕丝业最早发源地，可追溯到远古的新石器时代。当时在黄河流域与长江流域均已出现原始的蚕丝事业。当奴隶社会末期的西周，已有了丝绸业商品经济的记载。战国时丝绸生产与贸易发达，西汉武帝时张骞开辟丝绸之路，对沟通与西域以及西方各国的经济文化交流，起着重要的作用。此后，历经隋、唐宋、元、明、清诸代，蚕丝事业在全国各地续有发展，而以江南为最盛。直到 19 世纪中叶以前，中国始终是世界蚕丝与丝绸最主要的生产与供应国家。本文博古论今，对远古到新中国成立以后中国丝绸业的历史概况进行整理和研究，希望对于现实问题的研究，有一定的借鉴参考意义。

王水生：《江南丝绸咏叹调》，《丝绸》1995 年第 2 期。（ISSN：1001 - 7003. CN：33 - 1122）

江南丝绸咏叹调江南的杭州、苏州、吴江、湖州、嘉兴和绍兴一带，历来被称为鱼米之乡和丝绸之府，这一带的丝绸工业一直代表了中国丝绸的最高水准，影响和支配着中国几千年的丝绸文化及丝绸文明史。

罗永平：《江苏丝绸史话》（1—7），《江苏丝绸》2011 年第 3—6 期、2012 年第 2—4 期。（ISSN：1003 - 9910. CN：32 - 1261）

江苏是中国丝绸发源地之一，数千年历史积淀铸就了卓越不凡的江苏丝绸和丝绸文化，并使其薪火璀璨夺目。历史，需要抚今追昔；创新，需要继往开来；发展，需要承前启后。江苏省丝绸协会罗永平先生潜心多年，撰写了《江苏丝绸史话》书稿，阐述了江苏丝绸从发源至新中国成立前的漫长历程并延及至 1992 年，探究了江苏丝绸成功经验和发展规律。文章纲目清晰史料翔实，可供丝绸业内人士及研究丝绸的专家学者参考。

罗永平：《江苏丝绸业发展简况（一）——从远古到宋元》，《丝绸》1988 年第 6 期。（ISSN：1001 - 7003. CN：33 - 1122）

江苏丝绸业历史悠久，其起源可追溯至新石器时代晚期。1958 年南京北阴阳营遗址和 1960 年连云港二涧水库遗址都曾出土过陶纺轮、石纺轮；吴江梅堰遗址出土的黑陶器壁上也发现了"蚕纹"图饰。可见远在五千多年前，江苏境内就已有了原始的蚕桑业。春秋战国时期，江苏丝绸业逐步发展。隋唐宋元时期，全国蚕桑丝绸业重心逐步南移，并最终形成了以江浙一带为中心的布局，同时也是江苏丝绸业大发展的时代，并为明清两代丝绸业的高度繁荣发达奠定了坚实的从础。

罗永平：《江苏丝绸业发展简况（二）——明清时期》，《丝绸》1988 年第 7 期。（ISSN：1001 - 7003. CN：33 - 1122）

本文从官营织造、民间织造及丝织品种等方面叙述了江苏丝绸在明清时期的蓬勃发展和繁荣情况。

周德华、周寄韵：《江苏丝绸与世博会》，《档案与建设》2003年第6期。（ISSN：1003 - 7098. CN：32 - 1085）

自古以来，江苏丝绸以其精湛的工艺和华美的质感，在国外享有盛名，被誉为纺织物之皇后，乃是送展海外的首选产品。1910年，吴江县盛泽镇汪永亨昌记绸行及张益源生记绸行选送优质绸样，送展于意大利都灵博览会，皆被评为优等奖。本文记录了江苏丝绸与世博会的渊源。

朱涵芬、周德华：《解放后吴江丝绸业的发展》，《江苏丝绸》1997年第3/4/5期。（ISSN：1003 - 9910. CN：32 - 1261）

吴江丝绸业根深叶茂，源远流长，久负盛名，但至1949年，这一富有地方特色的传统产业陷入困境、步履艰难。新中国成立之后，党和政府关注丝绸业的振兴和发展，使之焕发青春，行成现代工业体系，以其崭新风貌受到举世瞩目。

董怡：《借鉴传统民族服饰思考——谈丝绸服装的设计》，《蚕学通讯》2003年第1期。（ISSN：1006 - 0561. CN：50 - 1065）

回顾唐宋时期的捣练图、宫乐图、夜宴图、丽人行等老轴画，以及敦煌壁画和许多陶俑中的唐代服饰，对丝绸服装设计中如何借鉴民族形式进行了探讨。

蒋猷龙：《金蚕》，《中国蚕业》1998年第1期。（ISSN：1007 - 0982. CN：32 - 1421）

金蚕，即指金蚕、铜蚕及羹金蚕。《本草纲目》引《蔡枚丛话》谓金蚕是一种专啮蜀锦的虫，其粪能毒人。今广泛所指的是以金或铜制成的蚕形陪葬品。

孔柱新：《锦纶会馆与广州丝织业史》，《岭南文史》2003年第2期。（ISSN：1005 - 0701. CN：44 - 1004）

锦纶会馆位于广州市荔湾区西来新街，现位于康王路西侧。锦纶会馆是广州市硕果仅存的行业会馆，已有近三百年历史。锦纶会馆是广州丝织业的阖行会馆，是目前广州市内唯一幸存的行业会馆。锦纶会馆在广州丝织业与手工业史中位置重要，亦为资本主义萌芽、对外贸易的重要物证。

徐铮、赵丰：《锦上胡风　丝绸之路魏唐纺织品上的西方影响》，《收藏家》2010 年第 1 期。（ISSN：1005 – 0655. CN：11 – 3222）

本文介绍了 2009 年 11 月在北京开幕的"锦上胡风——丝绸之路魏唐纺织品上的西方影响展"上展出的出土于丝绸之路沿途的丝绸织物和服饰，特别是带有胡风的织锦。

孙先知：《近百年（1895—1994）四川蚕丝业》，《四川丝绸》1997 年第 1 期。（ISSN：1004 – 1265. CN：51 – 1214）

文章论述了 1895—1994 年，近百年的四川蚕丝业的发展历程，特别是新中国成立后，四川蚕丝业无论从规模上、装备上、产品数量、质量上、在国内及国际的地位上，均发生了重大变化。

孙先知：《近百年（1895—1995）四川蚕丝业》，《四川丝绸》1997 年第 2 期。（ISSN：1004 – 1265. CN：51 – 1214）

文章论述了 1895—1995 年，近百年的四川蚕丝业的发展历程，特别是新中国成立后，四川蚕丝业无论从规模上、装备上、产品数量、质量上、在国内及国际的地位上，均发生了重大变化。

袁宣萍：《近代服装变革与丝绸品种创新》，《丝绸》2001 年第 8 期。（ISSN：1001 – 7003. CN：33 – 1122）

发生在 20 世纪初的服装变革以及随后的人造丝和进口面料的冲击曾经使丝绸行业面临困境，但丝绸行业顺应时代发展要求，靠技术进步和品种创新走出一条生路。回顾历史，有许多东西在今天仍然值得我们借鉴和思考。

梁惠娥、程冰莹、崔荣荣：《近代江南民间丝绸的色彩流变及其诱因》，《丝绸》2009 年第 10 期。（ISSN：1001 – 7003. CN：33 – 1122）

在文献分析的基础上，利用江南大学民间服饰传习馆中的馆藏服饰进行色彩验证，对近代江南民间丝绸的色彩变迁进行探究，并分析其原因。研究表明，江南丝绸在中国历史上占据及其重要的地位，在近代中国曲折波澜的社会背景下，它的色彩在传承先代的基础上又进行了一系列的改良和创新。

程冰莹、程军：《近代江南民间丝绸服饰纹样语义流变的研究》，《辽宁丝绸》2009 年第 3 期。（ISSN：1671 – 3389. CN：21 – 1276）

近代以来，西方的文化艺术在传入中国后，对服装用丝绸的纹样形式产生了深远的影响。在对江南大学民间服饰传习馆内馆藏服饰统计整理的基础上，结合相关的符号学知识，企图探讨出江南民间丝绸服饰纹样在外在形式改变的同时，其内在的符号语义产生的相应变化：它们有的进行了语义的固定，有的产生了语义的延伸与传承，有的甚至进行了语义的替换及转化。

王翔：《近代丝绸生产发展与江南社会变迁》，《近代史研究》1992 年第 4 期。（ISSN：1001 – 6708. CN：11 – 1215）

古往今来，丝绸生产一直与江南地区的社会生活息息相关。19 世纪中叶以后，江南丝绸行业率先开始了由传统手工业向近代机器工业的蜕变，在促进经济发展、文化转型和社会进步的过程中发挥着积极的作用，为江南社会的变迁注入了源源的活力。

袁杰铭：《近代四川丝绸贸易（续）》，《四川丝绸》1997 年第 4 期。（ISSN：1004 – 1265. CN：51 – 1214）

四川历史悠久，是我国古代经济文化发展较早地区之一，也是我国丝绸生产贸易发祥地之一。本文为系列篇，本篇论述了鸦片战争后直至清末，四川蚕丝贸易的发展历史及其对中国丝绸发展史的贡献。

袁杰铭：《近代四川丝绸贸易（续）》，《四川丝绸》1998 年第 1 期。（ISSN：1004－1265．CN：51－1214）

四川历史悠久，是我国古代经济文化发展较早地区之一，也是我国丝绸生产贸易发祥地之一。本文为系列篇，本篇论述了民国前期（1912—1930 年），四川蚕丝贸易的发展历史及其对中国丝绸发展史的贡献。

袁杰铭：《近代四川丝绸贸易》，《四川丝绸》1998 年第 2 期。（ISSN：1004－1265．CN：51－1214）

四川历史悠久，是我国古代经济文化发展较早地区之一，也是我国丝绸生产贸易发祥地之一。本文为系列篇，本篇论述了民国后期四川蚕丝贸易的发展历史及其对中国丝绸发展史的贡献。

袁杰铭：《近代四川丝绸贸易》，《四川丝绸》1998 年第 4 期。（ISSN：1004－1265．CN：51－1214）

四川历史悠久，是我国古代经济文化发展较早地区之一，也是我国丝绸生产贸易发祥地之一。本文为系列篇，本篇论述了 20 世纪 50—90 年代，四川蚕丝贸易的发展历史及其对中国丝绸发展史的贡献。

周德华：《近代吴江丝绸合作化》，《丝绸》1989 年第 7 期。（ISSN：1001－7003．CN：33－1122）

自 20 世纪 20 年代始，吴江有识之士为推进丝绸事业发展，倡导科学养蚕和土丝改良运动，继而组织蚕业、丝绸合作化，发展到相当规模，成为以后农业合作化的先驱。文章详述了吴江丝绸合作化发展过程及其经验。

王翔:《近代中国丝绸业的结构与功能》,《历史研究》1990 年第 4 期。(ISSN:0459 - 1909. CN:11 - 1213)

近年来,人们日益重视对近代中国多元经济结构的研究。探讨多元经济结构的内涵及其变化,研究它的生存环境及其转换机制,不仅是研究中国近代经济史的基础,也是研究整个中国近代史的基础。综观近年的研究结论,多数学者对之持否定态度。笔者无意证明近代中国经济的多元结构有助于资本主义生产方式的成长,只是感到不宜对之一概否定,而需要进行深入具体的分析,在看到它的缺陷和弊端的同时,也应看到它存在的必然性与合理性。在本文中,笔者将选择丝绸行业作为考察对象,而这无疑正是整个近代中国社会经济结构的一个缩影。

李平生:《近代周村蚕桑丝绸业》,《文史哲》1995 年第 2 期。(ISSN:0511 - 4721. CN:0511 - 4721)

近代周村蚕桑丝绸业的发展,得力于当时中国的大环境和山东的小环境所造成的生丝出口贸易、机器缫丝与织绸、蚕业教育与研究、蚕业管理与协调等有利条件,同时也得力于周村拥有悠久的蚕业传统和发达的交通、金融业等地方优势。民国初期,周村蚕业发展到黄金时代,已成为系统性工程,并以其机器缫丝工业最发达、丝织品产量最多,以及丝绸贸易集散中心这三大特色而称雄于山东乃至整个长江以北地区。

蒋琳娜:《近十多年来丝绸史研究成就》,《浙江丝绸工学院学报》1993 年第 3 期。(ISSN:1673 - 3851. CN:33 - 1338)

本文概述了近十多年来国内外学者对丝绸史研究所取得的成果,认为近十多年来对丝绸史的研究,经历了开创和发展两个时期。

王永礼、屠恒贤：《经锦、纬锦与中外文化交流》，《哈尔滨工业大学学报》（社会科学版）2006 年第 4 期。（ISSN：1009 - 1971. CN：23 - 1448）

经锦是春秋战国以来我国传统的织造技术，而料纹纬锦则是在唐代从西方纺织技术吸收来的。从经锦到纬锦的技术发展，代表了中国古代织锦技术的发展变化过程。从经锦到纬锦的发展变化反映了中西技术交流与相互促进的关系，中西丝绸文化的交流，促进了中西文化交流和世界纺织技术的发展。

戴鸿生、冯文娟：《荆楚"丝绸宝库"》，《中国农史》1988 年第 1 期。（ISSN：1000 - 4459. CN：32 - 1061）

在我们古老的楚文化中心——荆州，1982 年在江陵马山砖瓦厂一号墓出土了距今两千三百年左右的战国中期的丝织珍品，考古学家们称此为"丝绸宝库"。这座罕见的"丝绸宝库"主要的丝织物有绣、锦、罗、绢、纱、绦等。就其年代的久远、品种的繁多、工艺的精致、保存的完好等方面，均属前所未有，旷世无比，堪称"冠带衣履天下"的国宝。

王义亭：《荆州丝绸数千年》，《丝绸》1992 年第 3 期。（ISSN：1001 - 7003. CN：33 - 1122）

荆州是我国古代丝绸生产较为发达的地区，江陵马山一号楚墓出土的大量丝织品，表明早在战国时期，荆州地区的丝绸织造技术已相当高超，且纹样具有典型的楚文化特征。文章叙述广荆州地区丝绸生产几千年的发展历史。

左建：《恺撒长袍与丝绸之路》，《文史杂志》1990 年第 2 期。（ISSN：1003 - 6903. CN：51 - 1050）

文章从斯图加特霍克杜夫村发掘出的一些丝绸纺织品残片为线索，论述了中国古代丝绸之路对古罗马帝国及欧洲丝绸业发展的影响。

　　胡祉：《抗战时期的四川蚕业》，《四川丝绸》1995年第4期。（ISSN：1004-1265. CN：51-1214）

　　介绍了1930—1945年抗战时期，四川蚕丝业所经历的复兴、繁荣、管制、减产四个历史阶段。

　　邵晨霞：《缂丝服饰品的传承与发展探析》，《丝绸》2009年第10期。（ISSN：1001-7003. CN：33-1122）

　　缂丝服饰品是中国传统丝绸珍品，具有悠久的历史，但如今缂丝服饰品的生存状况堪忧。通过分析缂丝服饰品的现状，就缂丝保护传统工艺、进行缂丝服饰品产品的创新开发进行了探讨，以期再现缂丝昔日的辉煌。

　　蔡正邦：《嫘祖丝绸文化的形成过程》，《文史杂志》2001年第4期。（ISSN：1003-6903. CN：51-1050）

　　黄帝元妃嫘祖为我国丝绸文化创始人，《嫘祖文化与四川丝绸发展及开展国际旅游战略研究》考订认为，西陵嫘祖故里在四川盐亭。此丝绸文化形成，非孤立产生，更非一蹴而就，有其孕育、形成过程。本文从地域、地缘文化角度，论嫘祖丝绸文化形成之过程。

　　金鑫、王德奎：《嫘祖丝绸文化研究——兼论中华远古文明》，《攀枝花大学学报》2002年第2期。（ISSN：1006-4834. CN：51-1637）

　　近百年来，嫘祖故里绵阳盐亭县境内发现与丝绸源头有关的数十处古山寨城邦和地下文物，成了可以开发中华万年古史的试点工程，引得海内外数批专家到此考察，研究以揭开城邦之母、金融之母、外贸之母、开发之母和中华远古文明与人类文明大爆炸的联系。

廖仲宣：《嫘祖研究刍议》，《丝绸》1995 年第 1 期。（ISSN：1001-7003. CN：33-1122）

中国是世界蚕丝业的发源地。关于蚕丝的起源，历史上有许多动人的传说。其中嫘祖教民养蚕治丝的故事史书中记载较多，流传也最广。文章以嫘祖的故乡——西陵关于嫘祖的传说为基础，叙述了嫘祖发明蚕丝业的完整故事。这对我们认识和发展丝绸文化具有一定借鉴。

陈兰：《黎族传统织锦的美育功能》，《琼州学院学报》2011 年第 1 期。（ISSN：1008-6722. CN：46-1071）

本文从培育人的主体意识，创造意识及生态意识等层面论述黎族传统织锦的美育功能。

罗文雄：《黎族传统织锦技艺研究》，《中南民族大学学报》（人文社会科学版）2011 年第 5 期。 （ISSN：1672-433X. CN：42-1704）

黎族是海南岛的原住民族，在开发和建设海南岛过程中创造了灿烂的织锦文化。黎族妇女通过弹、纺、染、织、绣等纺织技艺，织造出丰富多彩的织绣品，不但满足了黎族人民衣饰和美化生活的需要，而且为我国棉纺织业做出了重大贡献。

林毅红：《黎族织锦"人形纹"探析》，《贵州民族研究》2012 年第 5 期。（ISSN：1002-6959. CN：52-1001）

黎族织锦大量出现"人形纹"不得不引起学术界的关注，黎族民间和学术界有不同观点。从祖先信仰这一角度，认为黎族织锦"人形纹"深受黎族民间信仰特别是"祖先信仰"这一文化因子的影响，是这一民族心理和原始宗教观念的外在反映，从现实的功用看，对祖先的追忆往往是氏族人群调整社会关系、加强族群、群体认同的一种方式和手段，有利于团结血缘共同体和识别外族的作用。织锦纹样成为保存和传承民族信仰以及民族心理的重要载体，同时也是他者了解一个民族文化和民族心理的重要因素。

周德华：《历史的再现——桃园乡私营丝织业调查手记》，《丝绸》1995 年第 4/5 期。（ISSN：1001 - 7003. CN：33 - 1122）

浙江嘉兴北部和江苏吴江南境接壤地带，农村家庭丝织业素称发达，织绸为乡民的主要副业。改革开放以来，随着市场经济的逐步推进，这一带的私营丝织业又重新兴起，再现了近代历史上"机杼之声，比户相闻"的盛况。作者以桃园乡为对象，对乡村私营丝织业做了深入而翔实的调查，追溯历史，对照现实，进行一番考察比较。

张志康：《历史上的盛绸主要品种》，《丝绸》1989 年第 3 期。（ISSN：1001 - 7003. CN：33 - 1122）

盛绸，即盛泽绸，是江苏吴江县南部盛泽镇及周围乡村所产丝织物的总称。各类盛绸在中国丝绸品种谱上占有重要地位。文章概述了历代所产盛绸的主要品种及其发展历史。

耿建明：《历史上的丝绸贸易与文化》，《沧桑》2000 年第 5 期。（ISSN：1008 - 7060. CN：14 - 1378）

丝绸文化是一种社会文化。丝绸的织造、服饰风格的流行，常常折射出某一历史时期的经济、政治和文化的状况。丝绸从某一种意义上讲，是一种物化了的文化。它的生产、加工具有文化的内涵，而丝绸产品的贸易不仅是物的交换，更是一种生活风格与生活方式的塑造，也是一种文化的交流。因此，了解丝绸文化，也就在某种程度上了解了中华文明。

卓宜安：《历史悠久格调雅致的泰国丝绸》，《丝绸》1991 年第 1 期。（ISSN：1001 - 7003. CN：33 - 1122）

泰国的东北部地区，桑蚕业与丝织业融为一体，成为几百年来的一项文化活动。泰国手维丝外观呈不匀卷曲状，显得更为高贵，成为一类颇具独特风格的传统织品。

赵丰：《连烟和云　众兽群聚：汉代的云气动物纹锦》，《浙江工艺美术》1999 年第 2 期。（ISSN：1008 - 2131. CN：33 - 1106）

汉代织锦在艺术风格上带有极强的个性，当时的统治者十分热衷于源自道家荆楚巫术的神仙学说，不停地登山封禅，建仙阁灵宫，到处画以云气饰以云气，创造出一种连烟和云的仙境氛围。其时生产的织锦受其影响，其图案也大都为云气动物纹锦。云气、动物纹锦在中国丝绸艺术史上占有独特的地位，其纹样之奔放、古拙，独树一帜，空前绝后，广为流传。

王富松、龙佳义：《辽代契丹民族繁荣的丝绸文化解读》，《大众文艺》2011 年第 12 期。（ISSN：1007 - 5828. CN：13 - 1129）

辽代虽然在历史上只存在两百多年，但却有着极其丰富的服饰文化，在契丹服饰的各种展览上，一件件绚丽精美的丝绸服饰藏品令观赏者赞叹不已，这些反映了契丹纺织事业的繁荣昌盛。可以说，辽代在丝绸史上占有十分重要的历史地位。

赵丰、袁宣萍：《辽代丝绸彩绘的技法与艺术》，《文博》2009 年第 6 期。（ISSN：1000 - 7954. CN：61 - 1009）

彩绘是中国一种古老的织物装饰工艺，文献上有记载并有历代出土实物的佐证。迄今为止，我国考古发现的数量最多、技术最完善、图案最丰富的彩绘丝绸属于辽代。从辽代耶律羽之墓出土彩绘丝织品的鉴定和分析来看，辽代丝绸手绘色彩中最常见的为金、银、红、黑色和白色等，均为矿物颜料，用毛笔在绢地或绫地上以勾勒着色和线描的手法进行彩绘，特别是在提花纹样的轮廓上做线描是辽代丝绸彩绘的特色。图案风格较丰富，体现了辽代艺术的时代气息。

袁宣萍：《绫的品种及其演变》，《丝绸》1987 年第 5 期。

（ISSN：1001－7003. CN：33－1122）

绫起源于战国时期，并在唐宋时获得了极大的发展，沿至现代而不衰。本文介绍了这一发展历史及其组织结构的演变。

张玉安：《六朝"锦帔"小考》，《艺术设计研究》2012 年第 9 期。（ISSN：1674－7518. CN：11－5869）

六朝时期，"帔"大约有三种形制：一曰帔巾，又称巾帔、领巾，形体较小，披之肩背不及臀部；二曰大帔，也就是披风，长可及膝关节上下；三曰帔领，形体最小，主要围系于肩颈部位。这三种帔，男女均有佩戴，唯第一种和第三种多见于女性。锦帔即用织锦做成的帔巾，这种领巾虽没有多大的实际用处，但却可以增加女性的魅力和韵味，属于装饰性服装样式。

孙晓芳、邹锦华：《龙凤纹样在丝绸织物中的流变》，《池州学院学报》2011 年第 4 期。（ISSN：1674－1102. CN：34－1302）

龙和凤作为古老的丝绸图式题材，体现了我国劳动人民在意识形态领域内艺术创造的辉煌成就。在当今多元文化浪潮的冲击下，创新性、多样性必然成为今天丝绸纹样设计的发展方向。深入研究并发扬中国传统龙凤文化的精髓，用发展的眼光重新诠释龙凤精神并赋予其新的内涵，对促进当代丝绸图案艺术的发展、弘扬民族精神，具有积极的意义。

赵丰：《楼兰古城中的断简残帛》，《丝绸》1994 年第 9 期。（ISSN：1001－7003. CN：33－1122）

著名的楼兰遗址，20 世纪初由瑞典探险家斯文赫定发现。遗址中出土了许多丝织品，其年代大多为东汉至魏晋时期，包括锦、绮、罗、绢、绉、绣、织成等品种。另外在楼兰发现的文书上也记载着不少与丝绸有关的资料。文章叙述了探寻楼兰遗址的经过、遗址中出土的丝织品及有关文书的概况。

李青、张勇：《楼兰两汉织物艺术论》，《新疆艺术学院学报》2010 年第 3 期。（ISSN：1672 - 4577. CN：65 - 1243）

两汉时期从内地输入楼兰的艺术品种主要有丝绸、漆器、铜镜、书法等，这些艺术品的面貌基本与同期中原艺术相一致，反映着汉文化的基本特征。但是，在楼兰地区所发现来自内地的丝绸织物在艺术上却展现出了一个全新的面貌。这些丝绸织物将东西方艺术图像融为一体，品种繁多、工艺精美，纹饰图案十分丰富，在艺术上达到了一个极高的境地，不但是楼兰艺术的经典作品，同时也是人类文明史上的珍贵遗产。

洪毅：《鲁西南织锦的艺术表现与发展》，《现代装饰（理论）》2012 年第 10 期。（ISSN：1003 - 9007. CN：44 - 1031）

鲁锦是山东鲁西南地区民间手纺、手织、天然染色的一种纯棉织物，俗称粗布、土布、土花布，它因织工精细、图案古朴、像织锦一样绚丽多彩，1985 年被山东省工艺美术研究所定名为"鲁西南织锦"，简称鲁锦。鲁锦具有悠久的发展历史，具有浓郁的地方特色，是我国优秀的非物质文化遗产。鲁锦不仅具有很高的历史文化价值、美学价值、社会价值，还具有很高的经济价值。但鲁锦在现代文明的冲击下，面临即将消失的状况。

芦苇、杨小明：《潞绸的艺术风格及其技术美特征》，《丝绸》2011 年第 4 期。（ISSN：1001 - 7003. CN：33 - 1122）

作为明清两代的皇室贡绸，潞绸素有"南松江，北潞安，衣天下"之美誉。在系统梳理潞绸历史的基础上，探讨了其色彩和图案的艺术风格，并从功能、形式、材质和工艺等方面对其技术美的特征进行了发掘和提炼。

喻星：《泸州蚕业史初探》，《四川蚕业》1993 年第 2 期。（ISSN：1006 - 1185. CN：51 - 1202）

泸州蚕业兴衰起伏，源远流长。早在战国时期（公元前 475—

前 221 年），称江阳古地，已经盛产桑蚕麻等物品。本文简述了这一历史。

哈艳秋、鄢晨：《略论古"丝绸之路"的华夏文明传播》，《国际新闻界》2001 年第 5 期。（ISSN：1002 - 5685. CN：11 - 1523）

古"丝绸之路"已经成为历史，但其在中国历史上开始的中西文明的接触碰撞，并在以后的历次碰撞中相互激发、相互学习，互相从对方的体系中汲取本文化发展需要的养分，使人类在征服与被征服中不断向前发展。本文通过媒介分析、控制分析、内容分析、效果分析等，试图呈现华夏文明沿着丝绸古路传播的图景，并进一步证明文明只有在交流中才能更加发展。在今天开发西部的热潮中，古丝绸之路在传播华夏文明（现代文明）中将焕发生机。

陈国飞、楚瑜：《略论明清时期浙江的丝绸贸易》，《浙江树人大学学报》（人文社会科学版）2006 年第 6 期。（ISSN：1671 - 2714. CN：33 - 1261）

浙江素有"丝绸之府"美称。良渚文化遗址出土的文物表明，早在四千多年前浙江已经生产丝绸。浙江的丝绸贸易历史悠久，浙江丝绸产品历来畅销海内外，被西方人誉为"东方艺术之花"。本文简要介绍明清时期浙江丝绸业概况，着重论述明清时期浙江丝绸贸易的三大特点。

詹艳：《略论泉州"海上丝绸之路"与中外文化交流》，《黔东南民族师范高等专科学校学报》2005 年第 5 期。（ISSN：1002 - 6991. CN：52 - 1147）

福建泉州作为中国古代"海上丝绸之路"的起点，在东西方经济、文化交流中做出过伟大贡献，有重要的研究价值和现实意义。

刘咏清：《略论染缬》，《丝绸》2005 年第 12 期。（ISSN：1001 - 7003. CN：33 - 1122）

我国传统丝绸手工印染以其历史悠久、技术先进、制作精美、色彩绚丽而在世界印染史上独树一帜，产生过巨大影响。染缬技艺蕴含着丰富的科学文化内涵，其独具的艺术和审美价值是现代机械化的筛网和滚筒印花的单一性及重复性所不能比拟的。

张世均：《17 世纪中国丝绸对拉美的影响》，《求索》1992 年第 1 期。（ISSN：1001 - 490X. CN：43 - 1008）

商业贸易的通道也是传播文化的通道。17 世纪，中国丝绸大量销往拉美各地，为拉美人民了解中国古老的丝绸文化提供了有利的条件。同时，丝绸文化作为中国传统文化象征之一对拉美社会经济文化等众多方面产生了深刻的影响。本文试就 17 世纪中国丝绸在拉美的销售状况及其对拉美社会所产生的影响做一分析，以探讨中国丝绸文化在中国和拉美文化交流史上所应占有的地位。

梁加龙：《蚕业起源》，《浙江丝绸工学院学报》1992 年第 3 期。（ISSN：1673 - 3851. CN：33 - 1338）

在中国南方（1958 年）和北方（1983 年），印度中部（70 年代）、越南北部（70 年代）先后发现了新石器时代晚期的蚕丝遗存，这些发现为探索蚕业起源问题提供了新材料。本文讨论了这些发现，认为蚕业的出现可以追溯到新石器时代晚期。而蚕业的起源可能是多中心的。作者利用中国和印度的历史文献以及在中国西南少数民族地区所进行的民族学调查所得到的材料，支持这一论点。

宋晓云：《葛逻禄诗人廼贤的丝绸之路诗歌》，《新疆师范大学学报》（哲学社会科学版）2008 年第 2 期。（ISSN：1005 - 9245. CN：65 - 1039）

廼贤是蒙元时期丝绸之路汉语文学领域一位重要的色目诗人，他的丝路诗歌作品以表现丝路北方区域的历史名物、社会生活为主，感情沉郁苍凉，形式、风格多样，语言清丽浅显，体现出蒙元丝绸之路汉语文学后期的特质。

刘兴林、范金民：《论古代长江流域丝绸业的历史地位》，《古今农业》2003 年第 4 期。（ISSN：1672 - 2787. CN：11 - 4997）

长江流域丝绸的生产历史悠久，丝绸品种繁多，名品迭出，在中国乃至世界丝绸文化史上占有突出重要的地位。早在先秦时期，长江上游的川渝、中游的两湖和下游的江南就已是我国蚕桑丝绸生产比较集中的地区，从汉代开始，在这些丝绸生产一向发达的地区递次出现了三大名锦和三大名绣，它们是我国丝绸文化的突出代表。大约从宋代开始，我国丝绸生产的重心南移，江南、四川和黄河流域共同成为我国丝绸生产的三大中心，特别是江南地区，至明代成为我国最为重要的丝绸生产基地，这里蚕桑丝绸的商品化生产起步早，程度高，丝绸以贸易为主要传播形式，成为对外影响较大的商品，在世界经济大流通中扮演了极其重要的角色。

程勤、程长松：《论杭州"丝绸之府"的形成》，《丝绸》1998 年第 4 期。（ISSN：1001 - 7003. CN：33 - 1122）

文章从历史上杭州"府"建制的形成及杭州丝绸生产的规模、技术水平、产品及内外贸易等几个方面，论述了在南宋定都杭州的 140 多年间，杭州已成为名副其实的"丝绸之府"。

曾谦：《论河南丝绸之路的文化内涵》，《沧桑》2011 年第 5 期。（ISSN：1008 - 7060. CN：14 - 1378）

丝绸之路是一条连通亚欧大陆的交通线路。丝绸之路河南段具有丰富的文化内涵，是佛教文化最发达的地区，在中国佛教发展史上具有很高的地位。丝绸之路河南段具有鲜明的中原文化和域外文化交融的特点，它所蕴藏的战争文化气势十分磅礴。

张爱萍、上官素荣：《论湖州民间蚕神信仰及其社会影响》，《江西科技师范学院学报》2005 年第 2 期。 （ISSN：1007 - 3558. CN：36 - 1325）

通过湖州地区民间蚕种故事及蚕种信仰田野调查，着重论述湖州地区丝织业发展与民间蚕神信仰兴盛的关系；透视民间蚕神故事及蚕神信仰从嫘祖到马头娘的历史演变，揭示蚕神信仰在地域上的差异性及其包容性；纵观蚕神信仰的广泛影响，探讨蚕神信仰对社会所产生的体现以农为本的思想，求得心理安慰。传播蚕业知识，产生新的人生礼仪习俗等积极作用。

陈友益：《论湖州丝绸文化》，《湖州师专学报》1993 年第 4 期。（ISSN：1009 - 1734. CN：33 - 1018）

湖州位于长江下游、太湖南侧，境内河流纵横，水网密布，苕言两溪之水流经境内。气候温和（年平均温度在 16℃ 左右），雨量充沛（年降水量 1240 毫米上下），全年无霜期为 245 天，日照达 2125 小时，具有栽稻养鱼、育蚕缫丝得天独厚的自然地理条件。千百年来，湖州人民辛勤耕耘，创造了灿烂的文化，使湖州享有"鱼米之乡、丝绸之府"的美称。其中丝绸文化更负盛名，蜚声海内外，并对湖州的经济、文化、思想观念产生了深远的影响。本文试图对湖州丝绸文化作综合探讨，以加深对湖州丝绸文化的认识及弘扬丝绸文化精神。

王翔：《论江南丝绸业中的资本主义萌芽》，《苏州大学学报》1992 年第 2 期。（ISSN：1001 - 4403. CN：1001 - 4403）

明清时期丝绸生产与交换的发达，社会商品经济的繁荣，终于在中国丝绸行业中引发出一种新生产方式的孕育和萌生。在中国传统社会，丝绸行业中孕育着的资本主义生产方式的胚芽，不可避免地要受到封建社会土壤的制约，带有丝绸行业传统生产结构的特点。它的典型形态，是商业资本向生产领域的渗透，商业资本向产业资本的转化。

徐晓慧：《论六朝的丝织技术与丝织物》，《山东纺织科技》2012 年第 3 期。（ISSN：1009 - 3028. CN：37 - 1127）

文章总结了六朝丝织技术的发展，介绍了六朝丝织物品种及艺术特色。

李叶：《论南京云锦服饰中"云"和"龙"图案所蕴含的中国传统文化》，《南京工业职业技术学院学报》2011 年第 3 期。（ISSN：1671 – 4644. CN：32 – 1635）

南京云锦集历代织锦工艺艺术之大成，被称作是中国古代织锦工艺史上最后一座里程碑。作为一种元、明、清三朝皇家御用的丝织工艺品，龙和云这两种传统文化的形象是南京云锦服饰的典型装饰图案。南京云锦中云和龙图案体现了"王权神授""意象造型""天人合一"的观念和哲学思想，说明了云锦在我国传统文化中的重要地位。

张建宏：《论丝绸的文化隐喻与符号特征》，《丝绸》2011 年第 9 期。（ISSN：1001 – 7003. CN：33 – 1122）

丝绸文化在中国是一种高度概念化、符号化的隐喻系统，在中国古代的神话传说、风土民俗、礼仪制度、文学艺术、审美意识中无不渗透了丝绸的文化隐喻。丝绸之所以能成为民族国家符号、社会身份符号、艺术符号和国人审美理想的标志符号，是因为丝绸文化源远流长、博大精深，且具有无限的意义增殖性。

陈子豪、徐英莲、陈建勇：《论丝绸服装民族化风格设计》，《丝绸》2005 年第 11 期。（ISSN：1001 – 7003. CN：33 – 1122）

从设计性质、设计角度以及设计方法三方面，对民族丝绸服装设计研究进行综合性分析，并指出当前设计中存在的问题。目的是在设计方法上，促进对设计理念的系统理解与深入思考，以充分挖掘民族丝绸服装设计的潜在空间。

邢庆华：《论丝绸图案的审美价值》，《南京艺术学院学报》（美术与设计版）2001 年第 3 期。（ISSN：1044 – 2709. CN：32 – 1008）

本文旨在阐述丝绸图案审美价值的本质。中外历史上的丝绸图案其审美价值主要是由装饰形式、道德观念和功利性这三大层次所构成，它们是一个不可分割、相互作用的审美价值连体。此外，论述了当代中国丝绸图案与古代丝绸图案在审美价值结构上的差异性，在指出古代丝绸图以道德观念为内驱力对其价值结构造成历史局限性的同时，提出建立一个合乎当代审美心理、以科学形式美学原理为基础的丝绸图案审美价值的新体系。

周文杰：《论丝绸与中国传统审美文化的关系》，《丝绸》2003年第 6 期。（ISSN：1001 - 7003. CN：33 - 1122）

分别从色彩、材质、纹样和象征寓意四个方面阐述了丝绸与中国传统文化之间的关系。并由此提出，丝绸不仅是传统审美文化的表现载体，同时也是传统审美文化的构建主体。

卢华语：《论丝绸在唐代经济生活中的作用》，《江苏社会科学》1995 年第 6 期。（ISSN：1003 - 8671. CN：32 - 1312）

唐代是我国丝绸生产的高潮期，丝绸产量大、品种多、质量高，在政治、经济、社会生活等方面都有举足轻重的作用。本文仅就其在经济生活中的主要作用做粗略探析。

周慧：《论中国古代丝绸纹样的主要寓意方式》，《丝绸》2008年第 10 期。（ISSN：1001 - 7003. CN：33 - 1122）

中国丝绸纹样历史悠久、绚丽多彩，表号、谐音、象征等方式的运用使纹样富有深沉的文化与寓意，反映了当时人们的思想观念、等级观念、宗教信仰、生活习俗和审美情趣等，充分体现了古代人们的聪明才智，成为中国传统文化的珍贵组成部分，在现代艺术设计中为继承和发扬传统文化精神、提升设计作品的文化内涵提供了宝贵资料。

王翔：《论中国丝绸的外传》，《苏州大学学报》1991 年第 2

期。（ISSN：1001 - 4403．CN：32 - 1033）

中国丝绸的发展，是中国古代文明的见证。中国丝绸向外传播，是中华民族在世界文明史上的一个不可磨灭的丰功伟绩。丝绸外传的迅捷步伐与雄猛力度，不仅开拓了几条古代世界最长的国际交通线——陆上与海上的"丝绸之路"，沟通了东西方之间的经济贸易和文化交流，进而辗转导致"地理大发现"等一系列世界历史性的伟大转折；而且把丝绸生产这一中华民族的光辉发明，传布到世界各地，使之成为全人类共有的利数和富源；同时，也给本国的经济发展和社会进步，注入了强劲的激素和新的活力。

王法林：《论时代流行与民族特色》，《丝绸》1983 年第 8 期。（ISSN：1001 - 7003．CN：33 - 1122）

每个民族都有自己的文化历史和艺术宝库，这是长年累月、祖辈形成的传统特征，是一定范围内的人们共同劳动创造的物质财富和精神食粮，它决定着那一部分人的生活习性、艺术风尚和民族爱好。这是色彩艺术的民族个性；同时，为了生活得更美好，所有的人都在不断地探索、创造、奋力步入新的境界，渴望在传统的基础上变化更新。今天的人们并不乐意用石斧、铜镜，更不会茹毛饮血，以叶当衣了。可见，"求新"是色彩艺术的共性。丝绸色彩艺术随着人类文明史的章节而演绎。

陈显丹：《论蜀绣蜀锦的起源》，《四川文物》1992 年第 3 期。（ISSN：1003 - 6962．CN：51 - 1040）

蜀绣和蜀锦，是我国古代传统纺织工艺中技术成就较高，具有地方特色的一种刺绣手工艺和提花工艺。本文从我国纺织工艺的生产，历史的发展和文献记载及田野考古发现来综合分析研究、探讨蜀绣和蜀锦的起源。

张永枚：《罗马·中国丝绸（上）》，《源流》2003 年第 3 期。（ISSN：1009 - 5616．CN：44 - 1494）

本文记述了汉朝使者出使古罗马帝国，随身携带与穿着的中国丝绸对罗马文化的影响。

宋晓云：《马祖常丝绸之路诗歌创作谫论》，《西域研究》2008年第1期。(ISSN：1002 - 4743. CN：65 - 1121)

马祖常是蒙元时期一位重要的西域少数民族后裔诗人，其丝路诗歌以描绘丝路西北段、吟咏上都、表现大都等地的风光、习俗为主，语言清雅、感情清醇，为蒙元丝路文学由前期歌吟西域转向后期表现北方的发展做出了重要贡献。

兹维思达纳·道蒂、顾幼静：《蒙古时期丝绸装饰中的中国、伊朗和中亚艺术传统的鉴别——从术赤·兀罗斯(Ulus Djuchi)出土的黄金部族的遗物来看》，《东方博物》2006年第2期。

蒙古人迁移从中国、伊朗和中亚俘获的工匠的政策导致了当时的丝绸文化交流。近年来，伏尔加、顿河流域的北高加索术赤·兀罗斯地区13—14世纪中叶的游牧贵族墓葬中出土了一批纺织品，通过对发现于诺沃巴甫洛夫斯基(Novopav Lovsky)、朱赫塔(Dju-hta)、凡尔勃费·老格(Verbovy Log)的纺织品的内容、结构、技法的分析，可以判断出其各自的艺术传统。

伊然：《梦系丝绸文化——记苏州丝绸博物馆馆长钱小萍》，《今日科苑》2002年第5期。(ISSN：1671 - 4342. CN：11 - 4764)

《璇玑图》织锦是我国晋代十六国时期产生的一件极为珍贵的文学艺术和丝绸珍品，它出世距今1600多年前的一位才女苏惠之手，由于原诗锦失传，诗文尚存，从未有丝绸专家研究过它，更谈不上把它重新织出来。当代才女钱小萍，经过反复研究试制，终于使这一丝绸文化的奇迹得以复原。在中国的文化界和丝绸界传为美谈。

魏佑功：《缅怀我国丝绸事业的开拓者——朱新予教授》，《丝

绸》1997 年第 9 期。(ISSN:1001 - 7003. CN:33 - 1122)

朱新予教授是我国丝绸界德高望重的老前辈、老专家,从年轻时抱着"实业救国""教育救国"的理想为振兴丝绸业奔走出力,到新中国成立后积极协助党和政府大力恢复丝绸生产、发展丝绸科研,并致力于丝绸教育,为办好丝绸院校,设置新的学科,培养丝绸人才做出了重要贡献。编发此文,缅怀我国丝绸界的老前辈朱新予教授,并以此激励后人,为振兴我国丝绸业共同奋斗。

赵庆长、余述人:《缅怀郑辟疆校长办学和创业的事迹》,《四川蚕业》1991 年第 1 期。(ISSN:1006 - 1185. CN:51 - 1202)

郑辟疆老校长是我国近代茧丝绸事业的教育家和革新家,他倾注一生精力,培养了蚕桑丝绸事业的近代优秀人才,他为我国茧丝绸事业的改进和发展创立了不朽的功勋。本文讲述了郑辟疆老校长艰苦办学和创业的事迹,以缅怀、弘扬他的爱国精神和教育思想,为祖国茧丝绸事业的更大发展而继续奋斗。

方园:《苗族织锦的视觉传达探究》,《美术教育研究》2012 年第 2 期。(ISSN:1674 - 9286. CN:34 - 1313)

苗族织锦是灿烂的中华织锦文化的有机组成部分,至今仍保有传统艺术风格和织造技术。它是融于生活的艺术,依附于实用的审美。苗族织锦作为一种文化的物化形式,自始至终反映了苗族人民的审美情趣、审美观念和审美理想。在它的独特表现形式中,包含着丰富的平面构成元素,给我们现代纺织品设计师提供了许多有益的启示。

龚建培:《民国前期杭州丝织品种发展特征研究》,《丝绸》2012 年第 6 期。(ISSN:1001 - 7003. CN:33 - 1122)

本文分两个阶段探讨了民国前期杭州丝绸品种的特征。民国前期的杭州丝织业通过丝织设备的更新、国外产品的借鉴,以及新纤维材料的运用等,使丝绸产量和品种都达到了前所未有的发展高度。在 1912—1918 年的兴盛时期，丝织设备的更新换代及经营方式转换，引发了丝织品种的近代变革；在 1919—1937 年的低落与鼎盛并存期，新兴纤维材料的运用和丝织、染整技术的进步，带来了丝织品种风格、织物结构上更大的创新与突破。

徐铮：《民国时期的缎类丝织物》，《丝绸》2004 年第 11 期。（ISSN：1001 - 7003．CN：33 - 1122）

缎类丝织物是中国丝绸的一个重要品种类别，也是民国时期应用最为广泛的品种之一。民国年间，由于新原料的采用和织机的改进，大量新型缎类织物被开发出来，而传统的缎类织物在新产品的冲击下，虽市场不断丢失，但也出现了一些创新。

陶水木、林素萍：《民国时期杭州丝绸业同业公会的近代化》，《民国档案》2007 年第 4 期。（ISSN：1000 - 4491．CN：32 - 1012）

杭州丝绸业行业组织由会馆、会所向同业公会的转变适应了近代中国经济结构转型及行业组织近代化的要求。公会在发展过程中呈现了以下几方面的特点：一是组织机构具有相对的独立性；二是对行业的管理具有权威性；三是业务活动具有较强的专业性；四是活动范围具有超地域性。总体而言，杭州丝绸业同业公会的内控机制与外联效应对维护行业发展、促进经济进步起了积极作用。

朱英：《民国时期江苏茧行纷争与省议会被毁案》，《历史研究》2005 年第 6 期。（ISSN：0459 - 1909．CN：11 - 1213）

民国时期江苏的丝绸业和丝茧业围绕限制和开放茧行的设立，进行了长期的纷争，商会、官厅乃至省议会都先后卷入其中，并于 1920 年引发了南京机工捣毁省议会和殴掳议员的暴力案件，受到社会舆论的关注。结合当时的实际情况，纷争各方各有理由，很难简单而明确地分辨出谁是谁非。不过，此案足以表明，要想单纯通过政府实施带强制性而又与公平竞争原则相悖的行政命令，来解决市场经济发展过程中遇到的纷争，虽可暂行一时，却不能行之久远，而且也无法从根本上解决问题。

王翔：《民国苏州丝绸业的捐税》，《民国档案》1988 年第 3 期。(ISSN：1000 - 4491. CN：32 - 1012)

苏州丝绸业长期在苏州社会经济中占据举足轻重的地位，是"税入大宗"。历代政府纷纷把之当作摇钱树，重征苛敛，予取予求，严重地窒息了丝绸业的生机，阻碍了丝绸业的发展。研究苏州丝绸业的捐税负担，不仅可以帮助我们了解苏州丝绸生产由盛而衰的历史过程，而且有助于加深我们对旧中国民族资本主义工商业艰难处境的认识。本文根据一些文献和档案资料，对民国时期苏州丝绸业的捐税情况做一探讨，以为引玉之砖。

陈娟娟：《明代的丝绸艺术》，《故宫博物院院刊》1992 年第 1/2 期。(ISSN：0452 - 7402. CN：11 - 1202)

明代是我国丝绸织花工艺技术高度发展的时代。它继承发扬了唐宋以来多彩提花的优秀传统，又充分利用了元代织金的技艺，使之与彩织技术相融合，并在织物组织上广泛采用五枚缎地结构和在织物反面抛绒的粧花技术，大大地加强了丝绸的实用效果和艺术效果。随着棉花种植的逐渐普及，棉布已成为一般人穿着的衣料，丝绸则作为织造高级服装的面料和高级室内陈设用品的原料而被精细加工，从而促使明代丝绸不断地向更高的档次变化。

杨旸：《明代东北亚丝绸之路与"虾夷锦"文化现象》，《社会科学战线》1993 年第 1 期。(ISSN：0257 - 0246. CN：22 - 1002)

明代有关内地彩缎等物远达东北亚北域的史料甚少，本文作者在过去研究的基础上，钩沉补阙，对山旦交易与"虾夷锦"文化现象进行了阐述，以期对明代东北亚地域经济、文化交流的研究有所裨益。

郭寅伯：《明代户部尚书马森墓出土丝织品的研究》，《丝绸》

1985 年第 10/11/12 期。（ISSN：1001 - 7003. CN：33 - 1122）

1980 年 9 月，福州市文物管理委员会在福州西禅寺附近发掘了明代户部尚书马森墓。墓内保存极为良好的各种衣着丝织品，显示了我国明代丝织工业的精湛技艺。为了对明代的丝织品遗存有一个深入的了解，并为当前丝织品种设计与生产提供一些有价值的资料，福州丝绸印染联合厂组织了有关人员与市文物管理委员会共同开展了分析研究活动。通过参阅有关资料，考证了疑难问题，进行了分类整理。现对明代丝织物的品种图案以及丝织工艺技术等方面做一简单的分析与介绍。

范金民、夏维中：《明代江南丝绸的国内贸易》，《史学月刊》1992 年第 1 期。（ISSN：0583 - 0214. CN：41 - 1016）

明清时期，江南丝绸贸易的记载俯拾皆是。丝绸商品交换不但制约着其本身的发展，而且影响到社会经济生活的各个方面。遗憾的是，对于明代江南丝绸的国内贸易，至今尚未见有专文探讨，这显然与江南丝绸应有的历史地位不相符合。本文将较为系统地考察江南丝绸的国内贸易，希望通过对明代江南丝绸国内贸易的兴盛、主要形式、商品量的估算以及兴盛的原因等方面的探讨，勾画出这种贸易的基本线索。

吴明娣：《明代丝绸对藏区的输入及其影响》，《中国藏学》2007 年第 1 期。（ISSN：1002 - 557X. CN：11 - 1725）

丝绸一直在汉藏艺术交流中占据着重要地位，明代丝绸通过官方赏赐和民间贸易大量输入西藏及其他藏区，被广泛运用到藏族的宗教活动和社会生活中，不仅改善了藏族人民的物质生活，而且对其精神生活也产生了显著影响，这在藏族金属工艺、佛经装帧、绘画、雕刻等艺术上得到体现。

郑丽虹：《明代应景丝绸纹样的民俗文化内涵》，《丝绸》2009 年第 12 期。（ISSN：1001 - 7003. CN：33 - 1122）

明代晚期宫廷中流行与节令相适应的应景补子蟒衣和应景纹样的面料,它的出现既有中国古老的"天人相应"思想,也反映了晚明民俗文化极为活跃的状况。这些应景纹样生动地体现了民间象征文化的一个侧面,也说明当时宫廷生活深受民俗活动影响的方面。这种影响首先来自帝王后妃,同时出身民间的太监宫女也是将民间习俗带入宫内的重要因素。

陈友益:《明清湖州丝绸专业市镇群的形成及其历史作用》,《湖州职业技术学院学报》2003年第1期。(ISSN:1672 - 2388. CN:33 - 1314)

丝绸专业市镇群的形成,是明清时期湖州重大的社会经济现象。它的兴起有着浓厚的历史背景和经济基础。湖州丝绸专业市镇具有鲜明的江南水乡特色,它的形成既加速了湖州农业商品化进程和农村经济结构的变革,又使湖州确立了全国蚕丝贸易中心的地位,影响深远。

陈学文:《明清江南蚕俗和蚕文化》,《农业考古》1992年第3期。(ISSN:1006 - 2335. CN:36 - 1069)

江南蚕桑以苏杭嘉湖为基地,并成为四府经济重要之源、区域富繁荣的基础与动力,就蚕桑至丝织生产系列而言,杭嘉湖已形成完整的程序,产品的数质均居首位。本文择杭嘉湖三府蚕桑丝绸鼎盛的明清二代来研讨。

樊树志:《明清江南市镇的"早期工业化"》,《复旦学报》(社会科学版)2005年第4期。(ISSN:0257 - 0289. CN:31 - 1142)

现今旅游者们所见到的江南市镇的硕果仅存者,如周庄镇、同里镇、南浔镇、乌镇、直镇、西塘镇、朱家角镇等,都是经历了几百年辉煌之后,留下来的一个空壳。它们在明清时代曾经是充满经济活力的工商业中心,一度引领时代潮流,带动社会变革。本文选取"早期工业化"这一视角,展现它们给传统社会带来的变革,诸如：以丝织业、棉织业为代表的早期工业化，生丝、丝绸、棉布出口驱动的外向型经济所带来的巨额白银资本，江南市镇雇用工人群体与劳动力市场的形成，地权分散化趋势与田面权、田底权的分离。从而显示社会转型过程中，江南市镇在城市化、近代化进程中的历史地位。

樊树志：《明清江南丝绸业市镇的微观分析》，《史林》1986 年第 3 期。（ISSN：1007 – 1873. CN：31 – 1105）

太湖流域是传统的蚕桑丝织区域，号称"湖丝遍天下"，丝绸行销于各地市场，名冠一时。明清时代，大批丝绸业市镇分布于太湖东南的扇形地带，其星罗棋布的分布密度，在全国各经济区域中是罕见的。在丝绸商品流通过程中，太湖周边的市镇网络的集散功能与贸易机制，起着特殊的作用，令人瞩目。

张铠：《明清时代中国丝绸在拉丁美洲的传播》，《世界历史》1981 年第 6 期。（ISSN：1002 – 011X. CN：11 – 1046）

中国丝绸，早在汉代就向西输出，沿着举世闻名的"丝绸之路"，经中亚抵西亚，运销至希腊、罗马。自明代起，又向东输出，经菲律宾，循太平洋"丝绸之路"，运抵墨西哥，行销于拉丁美洲广大地区，并渡过大西洋传入西欧。从此，以中国为中心展开的国际丝绸贸易遍及全球，具有世界性的规模和意义。

戴迎华：《明清时期的镇江商业》，《江苏大学学报》（社会科学版）2007 年第 3 期。（ISSN：1671 – 6604. CN：32 – 1655）

镇江因长江、运河之利，商业向来发达。明清时期，镇江地处江南两大经济中心——苏杭和南京之间，商业发展受到发达的江南商品经济的辐射和影响，镇江发展成为"舟车络绎之冲，四方商贾群萃而错处"的区域中心市场。中转贸易、米粮业、丝绸业、木材业和水上客运业是明清时镇江商业的主要组成部分。作为区域中心市场，明清时期的镇江商业在江南商业经济中占有一席之地，但由于中转贸易的特殊性、本地商品生产水平和手工业水平的限制，与苏杭、南京等商品经济发达的商业都市相比，镇江商业水平逊色不少，影响了近现代镇江商业经济的发展。

陈学文：《明清时期杭嘉湖地区的蚕桑业》，《中国经济史研究》1991 年第 4 期。（ISSN：1002 - 8005. CN：11 - 1082）

明清时期杭嘉湖是全国蚕桑业最发达的地区之一，蚕桑是江南地区经济发展的重要基础。杭嘉湖城乡经济之所以高度发展很大程度上得力于蚕桑业的发展。因此，研究它就具有巨大意义：通过对蚕桑业发展的研究，可以发现该地区农业经营方式的演变，经济结构的变化，以及推进城镇的发展等经济史上的重要问题。本文所论蚕桑业是指桑、蚕的商品生产（包括技术）与商品交换，同时亦涉及茧、丝、丝织中若干方面的问题。

陈剑峰：《明清时期江南丝绸贸易的缩影——湖丝贸易发展探析》，《浙江经济》2003 年第 10 期。（ISSN：1005 - 1635. CN：33 - 1007）

湖州位于太湖南端的浙北平原，毗邻苏杭嘉，河流纵横，交通便利；土地肥美，气候宜人，宜蚕桑。所谓"尺寸之堤，必树以桑"，"傍水之地，无一旷土"，"其树桑也，自墙下檐隙，以暨田之畔，池之上，虽惰农无弃地者"。蚕桑丝绸业的发展，是湖州社会经济发展的基础和原动力，极大地推动了专业市镇的产生和发展，至宋元开始至明清，湖州地区涌现了大量的丝绸专业市镇，形成了市镇群体效应，从而在当时国内外贸易中确立了独一无二的经济地位。

陈学文：《明清时期江南丝绸手工业重镇菱湖的社会经济结构》，《浙江师范大学学报》1988 年第 3 期。（ISSN：1001 - 5035. CN：33 - 1011）

明清时期江南市镇大量的勃兴和发展，表明商品经济发展到了一个新阶段。城乡经济结构中商品经济比重渐次增加，自然经济的地位渐次下降。市镇是作为商品生产与商品交换的社会职能而大量涌现的，大小市镇形成一个群体，组成一个繁密的各级市场网络，把江南经济推向全国领先的地位。对江南市镇做一具体历史的考察，探索其周围的环境、发展的历史过程并对社会经济结构进入内层的剖析，研讨其职能性质。

范金民：《明清时期中国对日丝绸贸易》，《中国社会经济史研究》1992 年第 1 期。（ISSN：1000 – 422X. CN：35 – 1023）

明清时期，以江南丝绸为主体的中国丝绸畅销于世界各国。中国丝绸对日贸易的兴衰消长，实质上体现了中日生丝及丝货生产格局的前后根本变化。今就这种贸易的经营者、过程、数量、利润率及其兴衰原因等问题略做探讨，以期行家指正。

芦苇、杨小明：《明清泽潞地区的丝织技术与社会》，《科学技术哲学研究》2011 年第 3 期。（ISSN：1674 – 7062. CN：14 – 1354）

泽潞地区地处山西省东南部，是中华农耕文明、蚕桑文化的重要发祥地之一，栽桑养蚕的历史源远流长。明清时期作为皇家贡绸的"潞绸"，是支撑晋商发展的重要贸易品。文章从技术演进路线作为出发点，探讨明清时期泽潞地区科学文化、社会与丝织技术的内在必然联系，力图廓清明清潞绸技术与泽潞地区社会、文化的互动关系。

赵丰、薛雁：《明水出土的蒙元丝织品》，《内蒙古文物考古》2001 年第 1 期。（ISSN：2095 – 3186. CN：15 – 1361）

内蒙古自治区达茂旗明水乡的蒙元墓群属于蒙古时期到元初（13 世纪）汪古氏部落的墓群。1978 年前后，在这一墓群中出土了大量丝绸品。文物现存内蒙古文物考古研究所，本文是这批丝织品的情况介绍。

刘安定、李斌、邱夷平:《铭文锦中的文字与汉代织造技术研究》,《丝绸》2012 年第 2 期。（ISSN:1001 - 7003. CN:33 - 1122）

汉代的铭文锦在中国古代纺织史上具有重要的地位,它产生于西汉末年,贯穿整个东汉时期,影响至魏晋南北朝时期。汉代铭文锦中的文字不仅反映了当时人们的风俗习惯、社会心理、艺术风格等,而且这些织造文字和图案纹样的完美结合也体现了汉代织造技术的发展水平。

朱昌利:《南方丝绸之路与中、印、缅经济文化交流》,《东南亚》1991 年第 3 期。（ISSN:1000 - 7970）

南方丝绸之路是中国西南地区对外交往的重要陆上通道,也可能是中国通向外国最早的陆上通道。在当前对外开放的形势下,对这一商道的研究不仅有历史意义,而且有现实意义。南方丝绸之路日益引起国内外学者的兴趣和注意。但是,长期以来,由于种种原因,对这条商道研究不够。国内已有的研究偏重四川、云南一段,较少涉及缅甸和印度一段,至于南方丝绸之路的历史作用更缺少研究。上述情况的出现,有多种因素在起作用,而最突出的问题是资料贫乏,分散在有关国家历史文献中的不多资料难以收集,加之,这一广阔地区地下发掘甚少,因而严重地阻碍了研究工作的深入开展。

高安宁:《南京白局》,《江苏地方志》2012 年第 3 期。（ISSN:1003 - 8485. CN:32 - 1011）

南京白局是世界非物质文化遗产"南京云锦"的派生物。南京云锦发端于东晋时期的秦淮河畔,当时的"斗场锦署"是南京历史上第一个官办织锦机构,明清之时已发展到鼎盛时期。南京白局发端于明末清初的织锦业。起初,它是云锦机坊工人一边劳动、一边说唱的表演形式,多以明清俗曲、江南小调为主。至清末民初,演唱内容不断丰富，特别是配合社会新闻、民间趣事、民俗风情编写唱词，拓展了白局的社会内容，使白局从当初云锦工人的自娱自乐，发展成一种风行街头市井的大众曲艺演唱艺术。

蒋猷龙：《南亚、东南亚蚕业起源的研究》，《蚕业》1990 年第 3 期。（ISSN：1007 - 0982. CN：32 - 1421）

蚕业乃指人类利用蚕丝资源的一种经济活动。本文介绍南亚、东南亚地区开始利用蚕丝的最初记载。实则也是家蚕起源研究的前奏。

蒋猷龙：《南亚、东南亚蚕业起源的研究（续）》，《国外农学 - 蚕业》1991 年第 1 期。（ISSN：1007 - 0982. CN：32 - 1421）

蚕业乃指人类利用蚕丝资源的一种经济活动。本文介绍南亚、东南亚地区开始利用蚕丝的最初记载。实则也是家蚕起源研究的前奏。

周德华：《南洋劝业会与丝绸（1—2）》，《丝绸》1998 年第 1—2 期。（ISSN：1001 - 7003. CN：33 - 1122）

南洋劝业会是中国历史上第一次规模庞大的全国性博览会，标志着中国社会向近代化方向的发展，也是中国丝绸业走向外部世界的开端。丝绸行业包括蚕桑、制丝、织造的茧、丝、绸缎等产品等参与了南洋劝业会的展销，对推进中国丝绸业的近代化进程起到了积极的作用。

王其书：《南诏奉圣乐、骠国乐与隋、唐燕乐——西南丝绸之路音乐文化考察研究之二》，《音乐探索》2009 年第 1 期。（ISSN：1004 - 2172. CN：51 - 1067）

西南丝绸之路的开通，对我国中央政权与西南少数民族及南亚国家的文化交流有着巨大贡献，特别是《南诏奉圣乐》及《骠国乐》，融合了汉族和西南少数民族艺术的精华，其内容到形式不啻为当时的一种创新。

马莉：《宁夏固原北朝丝路遗存显现的外来文化因素》，《丝绸之路》2010 年第 6 期。（ISSN：1005 - 3115. CN：62 - 1115）

北朝时期，宁夏固原是丝绸之路东段北道的咽喉孔道。随着固原考古工作的深入，该地的丝路遗存的不断被发现，显现出诸多的外来文化因素。

李荣汉：《邳州现代蚕业发展简史》，《江苏蚕业》2010 年第 2 期。（ISSN：1003 - 9848. CN：32 - 1203）

从恢复发展、徘徊起伏、稳定增长和快速发展时期分析和研究了江苏邳州现代蚕业的发展的不同历史时期，是对邳州蚕业发展的一个考证。

刘旭青：《祈蚕歌与蚕桑文化——以杭嘉湖地区为例》，《湖州师范学院学报》2009 年第 5 期。（ISSN：1009 - 1734. CN：33 - 1018）

杭嘉湖地区，蚕桑历史悠久。栽桑育蚕的兴旺发达，形成了种种与育蚕有关的习俗，进而形成了蚕乡独特的蚕桑文化。这些蚕桑文化已渗透人们的日常生活中，蚕乡的岁时习俗、人生礼仪习俗等都常常与蚕桑文化有关。通过养蚕的一系列蚕事活动和祈蚕、酬蚕等一系列祭拜活动所留下的许多反映蚕桑习俗的歌谣，可以更好地解读杭嘉湖地区的蚕桑文化。

姚培建：《千年丝绸见唐风——唐代丝绸评述》，《丝绸》1997 年第 4 期。（ISSN：1001 - 7003. CN：33 - 1122）

从陕西扶风法门寺出土的大量唐代丝织品入手，对精美绝伦的唐代丝织品种，高超卓绝的唐代丝绸工艺，繁荣兴盛的唐代丝绸贸易和兼收并蓄的唐代丝绸文化做了较全面的评述。

丁一：《千年云锦　艺脉相传——档案揭示百年中兴源》，《中

国档案》2011 年第 7 期。（ISSN：1007 - 5054. CN：11 - 3357）

"南京云锦"继承中国丝织工艺的精华，是独特的织造工艺的杰作，正如一代云锦大师陈之佛所赞誉的："南京云锦"是中国丝织工艺史上最后一个里程碑，也是艺术成就的高峰。它浓缩了中国丝织工艺的历史、文化和技艺，在蜀锦和宋锦已被机器生产取代的今天，它是唯一的中国织锦工艺的"活文物"。

叶志如：《乾隆年间新疆丝绸等贸易史料（上）》，《历史档案》1990 年第 1—2 期。（ISSN：1001 - 7755. CN：11 - 1265）

从准噶尔叛乱平定以后，新疆与内地的贸易经济往来日趋繁荣。其对内地的丝绸、布匹、瓷器、茶叶等商品的需要大为增加。本文从馆藏军机处录副奏折档案中选出的丝绸布匹贸易史料，主要反映了乾隆二十八年至乾隆五十一年间，清政府组织各处织造备办乌鲁木齐、伊犁、乌什、永宁及叶尔羌所属地区等处所需丝绸等项数量、实行专卖等情形。可供研究清中叶新疆与内地的经济联系情况参考。

周文军：《浅论蚕文化及其表现形式》，《江苏蚕业》2004 年第 3 期。（ISSN：1003 - 9848. CN：32 - 1203）

本文通过介绍蚕文化的概念及其在古今农业、经济、文化和社会等方面的形式特征，阐述了蚕文化强大的生命力、影响力和凝聚力，对挖掘、保护、弘扬蚕文化与健康发展蚕业、农业促进社会全面进步的关系进行了剖析。

张琨、孙明艳：《浅论丝绸之路上的文化交流及其意义》，《吉林广播电视大学学报》2010 年第 1 期。（ISSN：1008 - 7508. CN：22 - 1297）

本文主要描述丝绸之路的由来、丝路上文明的交流史和文明的传播，浅析东西方民族间的交流融合，促进社会经济的发展及丝路文化在人类的文明史上所做出的不可磨灭的贡献。

杨长跃：《浅谈蜀锦传承与保护》，《四川丝绸》2007年第4期。(ISSN：1004 - 1265. CN：51 - 1214)

蜀锦是中华民族古代文明中一颗璀璨的明珠。蜀锦生产历史源远流长：西汉时，花色品种繁多的蜀锦已行销中原。到了唐代，蜀锦已通过海运外销日本，通过"丝绸之路"远销西方各国。早在1908年蜀锦就在巴拿马博览会上荣获金奖；1917年在南亚博览会上夺得国际金奖；1937年又在美国纽约的万国博览会上获得"东方美人奖"。蜀锦有着厚重的文化内涵，被世人誉为"东方瑰宝，神州一绝"。

冯雁：《浅谈丝绸文化的内涵及产业意义》，《国外丝绸》2005年第6期。(ISSN：1005 - 7609. CN：32 - 1812)

丝绸业是我国重要对外贸易产业。近年来我国丝绸业及丝绸贸易面临着严峻的挑战。本文简要论述了中国丝绸文化的丰富内涵，提出从弘扬丝绸文化入手，通过提高丝绸产品的附加值，创立中国丝绸品牌，来开拓市场，提高丝绸企业在国际市场的竞争力。

周德华：《浅谈丝绸志书编纂》，《丝绸》1993年第12期。(ISSN：1001 - 7003. CN：33 - 1122)

目前，各地编写丝绸志书方兴未艾，文章以一编纂人员的体验，就指导思想、篇目设置和工作中值得注意的几个问题，对丝绸志书的编纂提出一些看法。

卢耿华：《浅谈丝路控制权之争与中华武术》，《西安体育学院学报》1999年第1期。(ISSN：1001 - 747X. CN：61 - 1198)

古丝绸之路的开辟架起了东西方文化交流的桥梁，为人类社会的文明进步起到了不可估量的作用，亦对沟通我国中原汉族与西域少数民族的政治、经济、军事文化交流及促进中华武术的形成、发展有着不可磨灭的功绩。本文仅就汉唐时期丝路的沿线诸国彼此间为争夺丝绸之路控制权长期征战不休的角度，对中华武术的形成、发展产生的作用和影响进行了初步分析、探讨。

卢华语：《浅谈唐代绢和锦的地方特色》，《中国社会经济史研究》1994年第4期。（ISSN：1000 - 422X. CN：35 - 1023）

唐代的丝绸生产，在前代基础上已进一步形成区域专业化趋势，绢、绫、锦等几种主要丝织品生产的地域分工，更加明显。由于各地丝绸纺、织、染整的技术水平和生产能力有异，以及文化背景略有不同，故形成浓郁的地方特色。本文拟从质量、品种、花形图案等方面，对绢和锦的这一特色做粗略分析。

陈亮：《浅谈我国先秦的丝绸及其西运》，《宝鸡师院学报》（哲学社会科学版）1990年第2期。（ISSN：1008 - 4193. CN：61 - 1343）

中国素有丝绸王国之称，丝绸生产及其西运在科技史和中外关系史的研究中，以其显赫的地位和丰富的内涵而为中外学者所注目。但长期以来，由于史料和实物资料的缺乏等原因，对于该问题的研究甚为薄弱。本文试图通过近年来的考古成果和一定的史籍资料，对我国先秦丝绸的生产和西运情况做一浅析，以期能对廓清这一问题的全貌有所裨益。

孙玉琳：《浅谈周秦丝绸》，《文博》1993年第6期。（ISSN：1000 - 7954. CN：61 - 1009）

周秦时期蚕丝生产的大发展，促进了丝绸在商品流通中的大量出现，丝绸销售量也日益增多。致使蚕丝生产日益成为农业生产的重要组成部分，而且也积极推动着社会经济和手工业生产的发展。一般来说，商品交换的发展与手工业的发展是相适应的。周秦时期的丝绸生产已较为发达，丝绸便以商品形式出现于商品交换市场。

宫秋姗、郭平建：《浅析18世纪法国女服形制变革的文化内涵——以法国里昂丝绸博物馆藏品为例》，《艺术设计研究》2012年第 S1 期。(ISSN：1005 - 1848. CN：11 - 5869)

从 1715 年"太阳王"路易十四集权的衰落，到 1792 年法国大革命最终的爆发，以及 1815 年拿破仑一世波旁王朝复辟的最终失败，整个法国社会在这约 100 年间经历了前所未有的巨变。这一点，从法国女装形制的变革中就有所体现。从某种程度上说，服装形制的变革就是一个社会政治变革、文化发展的最好体现。本文以里昂丝绸博物馆馆藏为例，试图从女服形制的改变中窥探当时法国社会的发展。从服装具象出发，总结社会宏观上的一些发展态势，将有助于我们更加清晰地了解当时社会的发展脉络。

张晓霞：《浅析春秋战国时期楚国的丝绸植物纹样》，《丝绸》2004 年第 8 期。(ISSN：1001 - 7003. CN：33 - 1122)

春秋战国时期楚国丝绸上的植物纹样极具特色，本文就其形成的人文背景因素和纹样的造型特征及内涵进行分析讨论。

黄官飞、张琦、朱飞凤：《浅析非物质文化遗产的经济效应——以湖州新市蚕文化开发为例》，《商业文化（学术版）》2010年第 9 期。(ISSN：1006 - 4117. CN：11 - 3456)

在当前经济全球化的大背景下，保护非物质文化遗产对传统文化保护、文化独立等方面具有重要意义。我们建议在非物质文化遗产保护基础上进行开发，但以非物质文化遗产保护为最终目的，通过非物质文化遗产的开发去促进非物质文化遗产的保护。本文以湖州新市蚕文化开发为例，对非物质文化遗产的保护与利用进行探讨，分析非物质文化遗产的经济效应。

赵晨：《浅析嘉祥鲁锦纹样中的民俗审美风尚》，《美术观察》2011 年第 4 期。(ISSN：1006 - 8899. CN：11 - 3665)

位于黄河中下游冲积平原的山东西南广大地区自古就是重要的产棉区，勤劳智慧的鲁西南人民因材施艺，编织出"鲁锦"这种织工精细、绚丽似锦且具有浓郁乡土气息和鲜明地方特色的纯棉手工纺织品。其中，作为孔孟之乡、曾子故里的嘉祥鲁锦更是其中的典型代表。嘉祥织锦的历史源远流长，最早的记载可以追溯到春秋战国时期。至今，以嘉祥为代表的鲁西南织锦已然呈现出浑厚大气，繁丽多姿的艺术特色，并在其最显著的视觉外观表现——鲁锦纹样的衍生变幻中折射出鲁西南民众的民俗审美风尚。

程冰莹、陈嘉毅、陆平、程军：《浅析近代江南丝绸的流变历程》，《轻纺工业与技术》2011 年第 5 期。（CN：45－1379）

江南丝绸在中国历史上占据极其重要的地位，在近代中国曲折波澜的社会背景下，它在传承先代的基础上又进行了一系列的改良和创新。现在资料汇总及文献分析的基础上，对江南丝绸在近代发生的历史变迁进行探究，并试图分析出其经历的发展阶段及各阶段的风格特征。

姜宾虹：《浅析中国丝绸纹样之云气纹》，《大众文艺》2011 年第 5 期。（ISSN：1007－5828. CN：13－1129）

云气纹是汉代丝绸中常见的装饰纹样，根据图样不同可分为单独云气纹、穗状云、山状云等，它代表了汉代人的一种生活状态，在我国丝绸图案史上占有重要的地位，为我们研究汉代艺术提供了很大帮助。云气纹不仅充分体现了道家学说的升仙思想，更是中国古代哲学思想"天人合一"的集中反映和表现。

俞敏敏：《浅议南宋丝绸和服饰文化》，《丝绸》2002 年第 5 期。（ISSN：1001－7003. CN：33－1122）

本文介绍了南宋时期的丝绸面料及其纹样特点，南宋时期的杭州丝绸业，以及南宋时期的服饰文化。

马伟林：《浅议桑蚕业在浙江的发展》，《湖南农机》2010 年第 3 期。（ISSN：1007－8320. CN：43－1525）

浙江地区的桑蚕业一直是全国具有明显区域优势的产业，茧丝绸产品更是浙江省在国际上可以主导市场的少数出口产品之一，是出口创汇的重要产业。保持蚕业的高速发展，开辟新兴蚕桑生产基地，一直是浙江农业工作的重点。

何烨：《秦蜀毗邻地　嫘轩丝联姻》，《四川丝绸》1994 年第 3 期。（ISSN：1004 - 1265. CN：51 - 1214）

辕黄帝曾来蜀地盐亭，与养蚕始祖嫘祖结婚的故事传出后，有人质疑说：黄帝在中原，路远交通不便，怎会到你盐亭来？为回答这一问题，笔者查阅了一些有关资料，做了考查，分三个问题和提问与同人商榷。

林海村：《青海都兰出土伊斯兰织锦及其相关问题》，《中国历史文物》2003 年第 6 期。（ISSN：2095 - 1639. CN：10 - 1005）

本文根据西亚新发现的早期伊斯兰织锦的艺术风格，从青海都兰吐蕃随葬品中分辨出一组以鹰纹和凤纹图案为特点的伊斯兰织锦。这个发现进一步证明，伊斯兰艺术不仅受拜占庭、波斯和粟特艺术影响，而且得益于遥远的中国文化，伊斯兰艺术中的凤凰就源于唐代艺术。

许新国：《青海都兰吐蕃墓出土太阳神图案织锦考》，《中国藏学》1997 年第 3 期。（ISSN：1002 - 557X. CN：11 - 1725）

1982—1985 年，青海省文物考古研究所在海西州都兰县热水乡发掘出唐代吐蕃墓葬群 1 处，发掘出大墓封堆遗迹 1 处，中小型墓葬 20 余座。墓葬中出土了大量的丝绸文物，其数量之多，品种之全，图案之美，技艺之精，时间跨度之大，均属罕见。其中 M1 大墓出土的太阳神织锦，在我国系第一次发现，也是研究东西方文化交流的重要资料，尤为重要的是这类织锦出土在吐蕃墓葬中，当更具特殊地位。

穆红、顾韵芬、陈舒宁:《清代服用丝织品纹样与服装款式的相关研究》,《辽东学院学报》2008 年第 3 期。(ISSN:1673 -4939. CN:21 - 1533)

以清代服用丝织品纹样为研究主线,通过对这一历史时期,典型的丝绸服装款式与结构的相关分析,总结出由服装为主导因素所影响的丝织品纹样构成与设计制作等相关性,和由织物纹样决定的款式造型与裁剪使用等方面的特点。对服装款式造型进行分类解析,同时也从主纹样到局部装饰纹样进行分类阐述,比较明晰的展示织物图案的应用特点和使用方法,从而归纳出清代丝织服装纹样的构成要素和使用方法,为中国丝织品的设计与应用,民族服装的复兴与发展奠定一定的研究基础。

范金民:《清代江南丝绸的国内贸易》,《清史研究》1992 年第 2 期。(ISSN:1002 - 8587. CN:11 - 2765)

在考察了清代江南丝绸国内贸易的盛况及其经营主体基础上,探讨了清代江南丝绸贸易的兴盛,是与江南丝绸生产的特有优势、各地对江南丝绸的依赖和社会时尚对丝绸的追求分不开的。证明清代以江南丝绸为主的中国丝绸的消费市场主要是在国内,而不是在国外。直至终清之世,受到了来自大洋彼岸的丝织品的挑战,不但国外市场逐渐退出,而且国内市场也深受影响。

范金民:《清代江南与新疆官方丝绸贸易的数量、品种和色彩诸问题》,《西北民族研究》1989 年第 1 期。(ISSN:1001 -5558. CN:62 - 1035)

乾隆二十二年(1757),清政府平定了准噶尔贵族叛乱,清朝内地与新疆哈萨克等民族两种不同经济之间的交流得以直接进行。为得到价格低,质量高的马匹牛羊等,清政府组织人力置办江南绸缎,开展了与哈萨克等族的贸易。自乾隆二十五年(1760)到咸丰三年(1853),这种江南和新疆地区之间大规模的官方丝绸贸易持续了近百年。这是清代商业贸易史和地区经济交流史上较为重要的一个问题。本文单就丝绸贸易的具体数量，品种和色彩等做一番考察。

袁宣萍：《清代丝织品中的西洋风》，《丝绸》2004 年第 3 期。（ISSN：1001 - 7003. CN：33 - 1122）

17—18 世纪欧洲丝绸中流行"中国风"，与此同时，欧洲丝绸也开始进入中国，有些纹样出现在中国丝绸织物上，形成一股"西洋风"。西洋风的形成与当时中西贸易与文化交流的扩大密切相关，但与欧洲大规模流行中国风相比，西洋风无论在流行强度和广度上都非常有限，从中反映出来的差异性值得人们思考。

费建明：《让我们用丝绸来彰显生活品质之美》，《杭州通讯》（生活品质版）2007 年第 5 期。（CN：33 - 1361）

"丝袖织绫夸柿蒂，青旗沽酒趁梨花"，和西湖一样，丝绸是杭州的另一张金名片，西湖是天然的，需要我们去经营去保护，而丝绸的美是人类创造的，西湖的段段佳话铸就了无数人的心灵的天堂，而丝绸的连绵也织成了杭州的部分历史。从四五千年前的良渚文化时期的织帛到春秋时代越王勾践以"奖励农桑"为富国政策，再到唐时绫类的"天下为冠"，以及南宋时"机杼之声"。

周德华：《人造丝与中国近代丝绸》，《丝绸》2004 年第 6 期。（ISSN：1001 - 7003. CN：33 - 1122）

近代，人造丝进入我国可以说是把双刃剑。优点：虽对传统丝绸行业造成冲击，但促进了整个行业的变革，丰富了品种结构，带动了工艺和设备的提升，其积极影响不容忽视，接受人造丝是中国丝绸业界接受新事物的必然。缺点：在旧中国人造丝全额进口，利源外流。内则税捐苛重，抗战胜利以后人造丝货源受官僚资本机构控制，供求紧张，严重困扰着江浙沪丝绸企业，成为行业凋敝的一个主因，本文概述了 20 世纪前期人造丝对我国丝绸业的影响。

王翔：《日本侵华战争对中国丝绸业的摧残》，《抗日战争研究》1993 年第 4 期。（ISSN：1002 - 9575. CN：11 - 2890）

古往今来，丝绸生产一直在中国的社会经济中占有极其重要的地位。尽管曾经历过坎坷不平的发展道路，但是到民国前期，中国丝绸主要产区的丝绸行业已经发生了显著的变化和历史性的进步。缫丝业由传统的农家手工土法制丝发展为大型的机械化缫丝工厂；丝织业也由旧式木机的分散织造过渡到使用电力织机集中生产的丝织工厂，形成资本主义的机器大工业。中国的传统丝绸业至此已经跨入了近代工业的门槛。但是，日本帝国主义发动了全面侵华战争，中国丝绸工业遭受到一场空前的浩劫。

周德华：《"日出万绸，衣被天下"考辨》，《丝绸》1991 年第 11 期。（ISSN：1001 - 7003. CN：33 - 1122）

"日出万绸，衣被天下"一词用来形容盛泽丝绸业兴旺发达的景象。文章对这八个字的来源及演变做了一番考证，认为在引用时应注意时代背景，不可不顾年代轻率用之。

陈真光：《赛里斯》，《丝绸》1983 年第 1 期。（ISSN：1001 - 7003. CN：33 - 1122）

我们的祖国统称中国是人人皆知的，但古希腊却给我国起了个优美的名字，称"赛里斯"。据说公元前 1 世纪，罗马皇帝恺撒大帝，穿着一件中国丝袍去看戏，艳丽华贵的中国丝绸吸引了戏场观众，引起剧场大哗，纷纷站立围观，都为明亮鲜艳、华丽高雅的中国丝袍所折服，纷纷赞叹不已。而后中国丝绸不断输向西方，立即博得了西方各国富裕阶层的高度赞赏，它们都把中国丝绸视为无上珍品，称之为"东方绚丽的朝霞"。

顾希佳：《桑蚕生产民俗的文化生态保护：以杭嘉湖为例》，《文化遗产》2011 年第 1 期。（ISSN：1674 - 0890. CN：44 - 1645）

"中国蚕桑丝织技艺"已被联合国教科文组织公布为"人类口

头和非物质文化遗产代表作名录"。本文以杭嘉湖地区为例，讨论蚕桑生产民俗的内涵和外延分别包含哪些内容？在现代化进程中，蚕桑生产民俗的生存状况如何？并在此基础上着重探讨如何对其实施保护？提出建立文化生态保护区，实施整体性保护的一系列建议。

黄亮永：《桑蚕丝绸对联集》，《四川丝绸》2002年第4期。（ISSN：1004 - 1265．CN：51 - 1214）

摘录了与桑蚕茧丝绸息息相关的蚕茧丝绸的对联，供同行爱好者鉴赏。

任光辉、廖雪林：《"桑基鱼塘"中诞生的丝绸染色技艺——香云纱的文化遗产与保护》，《丝绸》2011年第6期。（ISSN：1001 - 7003．CN：33 - 1122）

"桑基鱼塘"是明清时期发展起来的一种生态农业模式，香云纱生产技术就是从这个生态系统中逐渐催生演化出来的独特染色技艺，是中华民族优秀的文化遗产。随着"桑基鱼塘"式的生产方式在佛山地区日渐消失，香云纱的生产和销售举步维艰，这种独特丝绸染色工艺的传承面临着后继乏人的窘境。保护人类非物质文化遗产是全世界普遍的意愿和共同关心的问题，因此要进一步探讨香云纱的染色技艺，发掘其内在价值，使其重放异彩。

赵丰：《桑林与扶桑》，《浙江丝绸工学院学报》1993年第3期。（ISSN：1673 - 3850．CN：33 - 1338）

中国古代的桑林不仅是蚕桑生产的场所，而且也是进行祈雨求子等重大巫术活动的场所。先民们从桑树中引申出扶桑神树的概念，认为在桑林中，人们特别容易通过扶桑神树而与上帝鬼神进行沟通，得到神赐。这说明早期蚕业是中国古代文明的重要组成部分之一。

蒋猷龙：《桑落》，《中国蚕业》1996年第3期。（ISSN：1007 -

0982. CN：32 – 1421）

介绍了古代蚕桑业的时间概念，指农历九月。

王茜龄、余亚圣、余茂德：《桑文化价值浅析》，《蚕学通讯》
2012 年第 1 期。（ISSN：1006 – 0561. CN：50 – 1065）

桑文化是我国传统文化中一朵绚丽的奇葩，它以桑为载体，并
通过这个载体来传播各种文化，是桑与文化的有机融合。在绵延的
历史进程中，桑文化始终与国政、经济、贸易及文化传播丝丝相
连，在一定程度和范围内勾勒了中华民族生息繁衍的脚步，展现了
我国传统宗教、信仰、礼俗等历史文化形态，是我国优秀传统文化
的组成部分。

朱亚非：《山东早期的纺织业与北方海上丝绸之路》，《管子学
刊》1993 年第 1 期。（ISSN：1002 – 3828. CN：37 – 1079）

古代中国通往中亚、西亚、欧洲的丝绸之路和通往日本、东南
亚的海上丝绸之路已是举世闻名，毋庸赘言。至于丝绸之路的源头
起于何地？开始于何时？仍是一个悬而未决的问题，本文试就早期
山东纺织业的发展状况与北方海上丝绸之路的关系阐述一点看法。

徐允信、贾满库、张翠娥、淮颖社：《山西蚕业史考小札
（1917—1937）》，《北方蚕业》2001 年第 2 期。（ISSN：1673 –
9922CN：61 – 1297）

1917 年，山西推行包括蚕桑在内的"六政三事"改良运动，
把蚕桑列为重要内容，并成立了"六政"考核处，负责"六政"
的实施执行。这些对当时山西的蚕业发展起到了一定的积极作用。
据《山西六政三事汇编》所云：晋省河东、泽潞两处，蚕桑事业较
为发达，蚕桑职业学校和丝织业也曾有过一段兴盛时期。从各地
县、市近年编著的地方志中也可窥见一斑。本文将其主要内容加以
综合分析和整理，并简要略述。

韩先英:《山西刺绣业的历史、现状和未来》,《丝绸》2011 年第 8 期。(ISSN:1001 - 7003. CN:33 - 1122)

通过对山西刺绣业历史的回顾和现状的描述,结合国家带给山西刺绣业的发展机遇,提出了未来发展的规划设想,并从传统艺术的挖掘和整理、人才的培养、绣品的创新、龙头企业的扶持及品牌的培育和宣传推进等方面进行了积极探索,以求山西刺绣业早日走上健康发展之路。

岳树明:《山西潞绸兴衰史》,《丝绸》2000 年第 7 期。(ISSN:1001 - 7003. CN:33 - 1122)

明朝万历年间(公元 16 世纪中叶至 17 世纪初),潞绸已发展到鼎盛时期,潞州也成为我国北方最大的手工丝织业中心,潞绸就是因产地而得名的。潞绸的兴衰是一面镜子,对现在纺织业和其他各行业的发展历史均可借鉴,这也是笔者草就本文的初衷。

杨志兴:《陕西民间的丝绸手工技艺》,《丝绸》1995 年第 9 期。(ISSN:1001 - 7003. CN:33 - 1122)

主要介绍了陕西民间流传的丝绸手工技艺及机具,包括前期准备、织机结构及各机构(件)的工作原理、简单的后处理加工工艺等,以此作为研究中国古代丝绸机具的补充及佐证。

屠恒贤、张培高:《商周时期的提花技术》,《丝绸》2004 年第 5 期。(ISSN:1001 - 7003. CN:33 - 1122)

商周时期是我国丝绸生产技术发展中的一个重要时期,丝织技术在这个时期逐渐成熟,织物组织也日趋复杂。一些新品种开始出现、成熟、完善,尤其是在春秋战国时期,更出现了工艺复杂的大提花丝织物,充分展示了我国古代高度的丝织技术。本文着重对商周时期的提花技术展开论述。

屠恒贤、张实:《商周时期丝绸的外传》,《东华大学学报》

（社会科学版）2006 年第 2 期。 （ISSN：1009 - 9034. CN：31 - 1848）

中国古代丝绸向域外传播的通道自商周时期就已经存在。中国古代丝绸通过中亚大草原，输入印度、波斯、希腊等国。这条商贸大道将中国古代文明与域外文明连接起来，创造了一部宏伟的人类文化、经济交流史。

吴岚、钱德海：《尚玉习俗与蚕文化》，《内蒙古文物考古》2000 年第 2 期。（ISSN：1001 - 6406. CN：15 - 1361）

红山文化中发现的玉蚕，不仅说明了该地区先民们早在新石器时代红山文化时期就已经用玉石制作形象逼真，生动自然的各种礼器和动物图腾。更重要的是对中华民族自古以来就尚玉，并为探讨桑蚕史的起源研究都提供了珍贵的实物证据。

孙可为：《绍兴丝绸史概述》，《丝绸》1992 年第 6 期。（ISSN：1001 - 7003. CN：33 - 1122）

绍兴是中国丝绸的发祥地之一。在六七千年前的河姆渡文化时期已透出蚕织信息；唐宋时代为绍兴丝绸业的鼎盛期，珍品迭出，产品剧增，以"越罗"总其名而为朝野所重，成为东南丝织业的中心。宋末至元明，绍兴丝绸业受挫，日渐落于杭、嘉、湖之后。进入近代以来，先后有过三次较大的发展势头，但最后均遭摧抑。新中国成立后，尤其是改革开放以来，绍兴丝绸业获得了空前的发展，重新成为浙江省最重要的丝绸生产基地之一。

陈述：《生命的意识——维吾尔族装饰图案探微》，《美术研究》2005 年第 1 期。（ISSN：0461 - 6855. CN：11 - 1190）

植物花卉图案装饰是维吾尔民族在新疆独特自然环境中社会实践的产物，是西域社会发展过程中不同民族与多元文化融合、改造的结果，因而具有显著的维吾尔民族特点。以"丝绸之路"为主线，维吾尔民族在西部社会历史发展进程中主要经历了两个重要发展阶段，即汉唐时期以佛教文化为主的多元文化并存、传播、吸收的阶段；10 世纪左右西域喀拉汗王朝的建立标志着维吾尔民族进入对伊斯兰文化、阿拉伯文化的接受与改造阶段，并最终实现西域民族融合。维吾尔族装饰图案形式多样，变化丰富，具有民族特色，在西部社会历史进程中的变化、多元文化交织、融合以及严酷的自然条件下，表现出对人类顽强生命力的赞扬与歌颂。

周德华：《盛泽绸市的兴衰》，《丝绸》1989 年第 5 期。（ISSN：1001 - 7003. CN：33 - 1122）

盛泽镇不仅盛产丝绸，而且是历史上著名的四大绸市之一。盛泽绸市的兴衰，也形象地反映了我国近代丝绸业的起落。

周德华：《盛泽绸市庄面及商业行会》，《丝绸》1989 年第 6 期。（ISSN：1001 - 7003. CN：33 - 1122）

盛泽绸市，是我国近代重要的丝绸集散地。本文仅就盛泽绸市的庄面及商业行会的情况再做一简单介绍。

姚军：《盛泽丝绸发展史话》，《丝绸》1982 年第 5 期。（ISSN：1001 - 7003. CN：33 - 1122）

盛泽是江南享有盛名的丝绸之乡，具有悠久的发展历史，古代与苏州、杭州、湖州等著名丝市齐名，是我国丝绸工业的重要基地之一。在我国丝绸工业发展史上，曾有过光彩夺目的一页。

周德华：《盛泽丝绸发展史料补缀——并与姚军同志商榷》，《丝绸》1983 年第 1 期。（ISSN：1001 - 7003. CN：33 - 1122）

本文对姚军所著《盛泽丝绸发展史话》一文中的若干观点进行了细心求证，及事实澄清。

廖伦旭：《诗词歌赋誉丝绸》，《四川丝绸》2000 年第 4 期。（ISSN：1004 - 1265. CN：51 - 1214）

博大精深的中国丝绸文化，又为源远流长的中国诗词歌赋提供了创作的源泉。丝绸美化生活，生活创造了诗词；丝绸为诗词创作提供灵感，诗词又为发展丝绸推波助澜。中国丝绸蜚声全球，有关赞美栽桑养蚕、制丝、织绸的诗词歌赋也传遍了五洲四海。在浩若烟海的中国诗词歌赋之林中，有关描绘、赞美丝绸的诗词随处可见，信手拈来，以供欣赏。

杨逸文、蔡志伟、沈亚萍、章本学：《〈诗经〉蚕歌杂谈》，《蚕桑通报》2008年第2期。（ISSN：0258-4069. CN：33-1081）

《诗经》中的蚕歌，应是有历史记载的最早的蚕歌。有直接或间接描写蚕、桑、丝、绸等诗歌共计达49篇之多，约占整部《诗经》的六分之一。本文是我们作为蚕桑业内人士在拜读《诗经》之余，从专业的角度，对《诗经》蚕歌的一些粗浅感悟，仅作为当今研究蚕文化之众焰中的一根柴火而已，希望得到大家的指正。

黄仁钰：《〈诗经〉与丝绸》，《中南民族学院学报》（哲学社会科学版）1988年第3期。（ISSN：1672-433X. CN：42-1704）

我国丝绸生产的悠久历史，可以上溯到夏代，《尚书·禹贡》中有兖州"桑土既蚕""厥贡漆丝"的记载，然周代丝绸集产状况古代史书中记载甚少，因而增加了对其研究的困难。我国的第一部诗歌总集——《诗经》，留下了不少周人植桑、采繁、养蚕、织绢、染帛、贸丝的诗篇，本文试图从三方面阐述周代丝绸生产状况。

纪向宏：《〈诗经〉中的丝绸描写》，《苏州大学学报》（工科版）2007年第1期。（ISSN：1673-047X. CN：32-1673）

《诗经》中有许多关于丝绸的描写，通过这些描绘，使我们更加形象地了解周代丝绸的知识。通过对"《诗经》中的丝绸生产过程""《诗经》中的丝绸种类""《诗经》中的丝绸颜色""《诗经》中的丝绸用途"四个方面进行具体论述，使人们对当时丝绸的生产状况、色彩、种类、用途等有一个全面的认识，从而为了解古代丝绸的历史与文化提供宝贵资料。

王翔：《十九世纪中日丝绸业近代化比较研究》，《中国社会科学》1995 年第 6 期。(ISSN：1002 - 4921. CN：11 - 1211)

19 世纪中叶，中日两国先后被迫打开了国门，但由于两国政府所采取的政策不同，因而，发展的结局也截然相反。本文从一个具体行业——丝绸业入手，系统考察了 19 世纪下半叶中日两国丝绸业出现的不同结局；中国丝绸业丧失了实现近代化的良机，陷入了衰象毕呈、危机频仍的困境；而日本丝绸业则在桑、蚕、丝、绸各个环节全面实现了近代化，成为日本对外贸易的"王牌"和实现工业化的"摇钱树"。作者从六个方面分析了造成这种巨大反差的原因：政治变革的同步与错位；对外交接的精明与愚钝；"刀剑换算盘"与"盲人骑瞎马"；"民营官助"与"官督商办"；"外贸直营"与"间接贸易"；"文明开化"与抱残守缺。

黄建谋：《世界丝绸世纪回眸》，《丝绸》2004 年第 3 期。(ISSN：1001 - 7003. CN：33 - 1122)

回顾与总结了世界丝绸行业自 20 世纪以来的发展状况，对新世纪的行业发展进行了预测与展望。

梁玉美：《试论海南黎锦工艺及其传承》，《大舞台》2012 年第 6 期。(ISSN：1003 - 1200. CN：13 - 1004)

黎族历史悠久，在其所有的文化载体中，最值得赞赏的就是黎族织锦了，大力挖掘、开发黎族织锦工艺对弘扬黎族文化、发展黎族自治区的经济起着至关重要的作用。作为海南人，我们要想尽一切办法传承与弘扬海南的传统文化遗产，让更多的人了解黎锦，喜欢黎锦，传播黎锦，使海南黎族织锦走得更远些。

缪良云：《试论汉唐期间中国丝绸纹样风格的演变》，《苏州丝绸工学院学报》1984 年第 1 期。(ISSN：1000 - 1999. CN：32 - 1673)

新中国成立前后，我国新疆、湖南等地出土了大量汉唐织物。这些丝织物，不但工艺先进、质地精良，而且，纹样的题材广泛、风格多样。为中外学者提供了极有价值的研究资料，是我国工艺美术宝库中的一份珍贵遗产。观察这些丝绸纹样，前后阶段的变化颇大，特别是在魏晋南北朝和唐代的一些丝绸纹样上，可以明显地感觉到有别于其他历史阶段纹样风格的熠熠风采，这种纹样风格的急剧演变，在我国丝绸纹样史上有着重要的意义。丝绸纹样是染织技术和艺术的结晶，它在整体上所呈现出来的艺术风格，是时代经济、政治和文化特征的反映，本文试从汉唐期间中外丝绸的交流着手，对纹样的艺术风格及其演变进行一些分析，以期从一个方面了解这一时期社会生产、审美理想和艺术的发展情况。

白燕：《试论丝绸对世界文明的贡献》，《丝绸之路》2010年第20期。（ISSN：1005 - 3115. CN：62 - 1115）

丝绸伴随着人类文明的诞生与发展，有着丰富的文化内涵。丝绸的生产技术，满足了人们物质和精神的双重需要。本文主要论述了古代丝绸在文化传播和科学技术上对世界文明的贡献。

张爽：《试论五世纪至六世纪拜占庭的丝绸贸易与丝织业》，《古代文明》2009年第1期。（ISSN：1004 - 9371. CN：22 - 1213）

为了控制丝绸贸易和保证丝织业生产，5—6世纪的拜占庭国家垄断了生丝交易。由于拜占庭的桑树种植地主要处于容易受波斯进攻的叙利亚和小亚细亚山区，正常的种桑活动往往得不到保障，因此拜占庭所需生丝仍然依赖进口。为了获得较为廉价的生丝，拜占庭利用国家权力对丝绸贸易和丝绸价格实行了严格的控制，并建立了一支身份世袭的织工队伍。拜占庭的丝织业采取集约化的生产方式，形成了集种桑、养蚕、纺纱、染色、绘图等一系列完整流程为一体的生产体系。丝绸贸易在拜占庭经济结构中虽然不占主导地位，但紫色丝绸却是拜占庭国家中央集权和社会等级制度在经济和社会生活中的反映。

孙丽英：《试论中国古代织金织物的发展》，《丝绸》1994 年第 4 期。（ISSN：1001 - 7003. CN：33 - 1122）

中国古代织金织物的发展大致可分为四个时期，即隋唐以前滥觞期，隋唐至宋转折期，元明至清初鼎盛期，晚清以后衰退期。中国织金织物在发展过程中，对西域织金技术的消化吸收是重要的一环。

朱曼：《试析唐代丝绸图案中的农耕意识》，《兰台世界》2012 年第 13 期。（ISSN：1006 - 7744. CN：21 - 1354）

任何一种艺术都起源于民族传统，都是民族心理和民族风俗的积淀，因此丝绸设计图案这种极富民族精神的艺术产品，也同样包含着深厚的民族传统，是中华民族艺术宝库里的重要组成部分。中华民族自商周时代已进入以农业经济为主的社会，在数千年农业文化影响之下，唐代丝绸的图案设计自然会带着古代先民的农耕意识，体现着中华民族以农为本的传统，因此，唐代以来丝绸图案里有了明显的农耕意识。

孙先知：《蜀锦》，《四川丝绸》2000 年第 3 期。 （ISSN：1004 - 1265. CN：51 - 1214）

锦是由多种颜色蚕丝织成的具有彩色花纹的熟丝织物，其原料蚕丝须经脱胶、染色；其图案须经构思画出肖样、再通过挑花结本等多种技术处理过渡到织物上。汉以后至唐宋约 1000 年间，蜀锦在中国丝织业独占鳌头，尽领风骚，其间，又发展起云锦（南京产）、宋锦（苏州产）、僮锦（广西产），清同治、光绪年间，合称四大名锦，延誉至今，其中，以蜀锦历史最悠久，影响最深远。

黄修忠：《蜀锦的月华、雨丝晕裥锦技艺》，《四川丝绸》2007 年第 4 期。（ISSN：1004 - 1265. CN：51 - 1214）

唐代是我国封建社会鼎盛时期，也是蜀锦发展史上品种、图案纹样、组织及织锦技艺最灿烂的一个篇章。这个时期，就晕裥锦的品种已十分繁多，唐代的云头鞋的里料——晕裥花鸟纹锦就开始应用了蜀锦的"晕裥技艺"。这在蜀锦中又成了一支具有独特的艺术风格的产品，使其他锦类望尘莫及。晕裥艺术发展到清代晚期已到了顶峰。色彩变化莫测，色彩与图案的结合已成为清代蜀锦的三绝之一。在蜀锦中独树一格，本文将产品发展的沿革及生产技艺作一简单的分析。

张冯倩、赵敏：《蜀锦织物纹样结构形式的演变》，《纺织科技进步》2011 年第 6 期。（ISSN：1673 - 0356. CN：51 - 1680）

受织造技术和社会演变发展影响，蜀锦纹样形式及结构在中国历史各阶段各具特点；通过对蜀锦纹样结构形式特点及其文化表征的研究，可为发扬传承蜀锦技艺和文化，创新蜀锦设计及生产提供一定的思路和方法。

冯盈之：《〈说文解字〉"系部"丝绸文化探析》，《丝绸》2007 年第 8 期。（ISSN：1001 - 7003. CN：33 - 1122）

《说文解字》作为第一部词典，不仅是文字符号的集成，更是文化信息的承载体。《说文解字》系部字 259 个，为人们研究古代丝绸文化提供了宝贵资料。从"系"部探析，古代丝绸文化可简要归纳为品种繁多、工艺高超、色彩丰富这三个特点。

张吉林：《说一说湖州的蚕文化》，《华夏文化》1995 年第 2 期。（ISSN：1007 - 7901. CN：61 - 1274）

湖州为东南望郡，西吴胜地，山水清远，素称丝绸之府。考古工作者从吴兴县（湖州）发掘新石器时代遗址时，在第四层获得不少绢片、丝线和丝带，经测定可证实这一带先民利用蚕丝已有 4700 多年的历史。湖州的蚕文化源远流长，极富研究价值。

王华龙：《丝绸，中国文化的珍品》，《丝绸》1990 年第 6 期。

（ISSN：1001 - 7003．CN：33 - 1122）

人们常说："像丝绸一样光滑。"用蚕儿吐出的银白色的丝制成的光亮、滑爽的丝织品，在古罗马曾是一种奢侈品，而今仍然如此。中国是丝绸之邦，早在新石器时代晚期，中国人就学会了栽桑养蚕，生产丝绸。在山西省夏县发现了丝绸生产的最早证据，那是一棵大约经历了 6000—7000 年的蚕茧化石。浙江省吴兴县出土的古代丝绸制品的残片，证明早在 4500 年前，长江流域就有了丝绸织造业。

何玉屏、熊家利：《丝绸、丝路和中西奴隶社会的灭亡》，《湖南师范大学社会科学学报》1996 年第 4 期。 （ISSN：1000 - 2529．CN：43 - 1165）

学术界对丝绸的发明及其引发的丝绸之路的发现的历史作用还估价不足。本文认为，交往是人类历史发展的动力，丝绸特殊的使用价值和交往价值使之成了联系古代中西文明的纽带；继之人们为运丝绸又走出了一条丝路。从此，人类交往突破了仅限一毗邻地区的状况，开始了远距离洲际交往，从而给人类历史发展以有力的推动。这种推动，在中国表现为奴隶社会延续较短，封建社会较早形成；在西欧则促进了罗马奴隶社会的灭亡。丝路的发现是世界范围内奴隶社会灭亡和封建社会开始的标志。

苏彬：《丝绸：中国文明发展的见证——评〈中国丝绸通史〉》，《国外丝绸》2006 年第 2 期。 （ISSN：1005 - 7609．CN：32 - 1812）

评论指出，该书史料充足、内容翔实、分析透彻、言语精练，是一部集学术性和可读性于一体的理论著作，不仅使读者了解到中国丝绸的辉煌历史以及丝绸在我国对外文化交流方面所起到的巨大作用，也为中国的广大丝绸生产人员、科研人员、教育工作者提供了一部重要的参考书，同时对于我国丝绸产业的发展将起到积极的推进作用。

裘愉发：《丝绸被面琐谈》，《丝绸》1985 年第 5 期。（ISSN：1001 - 7003. CN：33 - 1122）

俗话说"日衣夜被"，这说明被子与衣服同样不可缺少。随着人民物质生活水平的不断提高，人们除了在穿着方面注意打扮自己外，越来越讲究起房间的摆设来了，丝绸被面也越来越为广大城乡人民所采用。在陈设整齐的房间内，在干干净净的床毯上，摆上一条色彩调和、图案富有情趣的丝绸被面，会给你的房间带来一派生机。而逢喜庆之日，象征着吉祥如意图案的丝绸被面，更会给你增添无限的乐趣。

赵丰：《丝绸博物馆与丝绸史研究》，《丝绸》1987 年第 12 期。（ISSN：1001 - 7003. CN：33 - 1122）

综述丝绸类专业博物馆发展的现状，并就筹建丝绸博物馆的一些基本问题谈了看法，最后阐述了丝绸博物馆与丝绸史研究之间的关系。

丁伟：《丝绸发展历程》，《丝绸》1990 年第 1 期。（ISSN：1001 - 7003. CN：33 - 1122）

据传，约公元前 2640 年中国黄帝时代，中国人偶然发现了从树上掉落下来的茧子，并从茧上理出丝来。这就是缫丝的开端。随后发现了蚕茧的生长周期，其后 3000 余年，中国在丝绸方面占据独特地位。公元前 3 世纪，中国丝绸遍及亚洲，经陆路西传欧洲，经海路东传日本。公元 552 年，东罗马帝国派遣两名僧侣访问亚洲，他们返回时在竹杖中藏匿蚕种带回，从此养蚕业传入中亚和希腊。

武英敏、宋莹：《丝绸服装的造型研究》，《辽宁丝绸》2004 年第 4 期。（ISSN：1671 - 3389. CN：21 - 1276）

从服装造型的基本要素入手，并结合丝绸服装的特性，讨论进行造型设计的基本原理。

凌雯：《丝绸服装设计探讨》，《丝绸》2006年第10期。（ISSN：1001－7003. CN：33－1122）

通过研究国际丝绸服装设计的创新理念，从丝绸面料的材质设计、图案设计以及丝绸服装造型三方面，对国内外丝绸服装设计研究进行综合性分析，并找寻中国丝绸服装设计中的薄弱环节。目的是在设计方法上促进设计理念的更新，寻求我国丝绸服装设计的新出路。

徐惠珍：《丝绸服装中的黑与白》，《丝绸》1985年第6期。（ISSN：1001－7003. CN：33－1122）

作为无彩色系的黑与白，在当今色彩世界里占有独特的位置。黑白作为一种简练的艺术语言，单纯明快，格调清新，使无彩的黑白图案能达到有彩色所不能表现的生动情趣。黑白在丝绸时装中的运用，无论在服装的组合或与其他附件的搭配运用，均能愈见高贵而不落俗套，因而受到国内外人士的广泛欢迎。黑白镶拼近年来服装上利用镶拼工艺，使不同花色、不同质地的纺织面料相互拼配，可以产生印染所达不到的效果。镶拼一般以块面效果为佳。简单的块面由于花色或用料的不同，形成新颖别致的面貌。

曾艳红：《丝绸工艺中的"捣练"与唐诗中的"捣衣"——兼论非物质文化传承中的文化意象及其转换》，《内江师范学院学报》2009年第3期。（ISSN：1671－1785. CN：51－1621）

"捣衣"是唐诗中经常出现的一个美丽意象。它是古代对丝绸进行处理的一个重要工序，此工序的存在是由丝绸本身的特点所决定的。从丝绸文化的角度出发，能够对唐人"捣衣"的目的、唐代中何以有"万户捣衣"的场面及这一文学意象在文学史上的兴衰流变进行释疑。非物质文化中文化意象的传承及转换是文学创作中的普遍现象。在文学研究时，从物质文化的角度出发，追本溯源，有助于更好地理解一些文学现象。

张康夫：《丝绸花色设计中的构成意识、文化意识研究》，《丝绸》2007 年第 5 期。（ISSN：1001 - 7003. CN：33 - 1122）

以构成意识和文化意识研究为视角，对现代环境下丝绸花色的创新设计进行了探讨和分析，指出加强花色设计中的构成意识和文化意识研究是体现丝绸产品现代性的重要因素，也是增强丝绸产品市场竞争力的有效策略。

周德华：《丝绸计量演变杂谈》，《丝绸》1994 年第 5 期。（ISSN：1001 - 7003. CN：33 - 1122）

古代丝绸计量具有贡赋、派货、赏赐、出使蛰礼、外藩回赠、媾和条约、交易结算、物产统计等多种功能。数千年来，丝绸计量制度和计量单位的演变甚为复杂，尤以绸类为甚。文章对历史上丝、绸两类计量的演变做了初步归纳分析。

吴云发：《丝绸美术与中国画》，《丝绸》1980 年第 11 期。（ISSN：1001 - 7003. CN：33 - 1122）

丝织品的花色问题——丝绸美术设计，与中国画有着密切的关系。中国画的题材内容和表现方法，都直接或间接为丝绸美术设计所采用。加之丰富多彩的图案纹样，形成我国民族特色的精美丝绸美术，为国内外广大人民群众所喜爱。为在丝绸美术设计中继承发扬民族绘画传统、推陈出新、发展民族特色的丝绸美术抛砖引玉，本文就丝绸美术与中国画的关系分别从"手绘""织绣""印花"方面进行叙述。

赵丰：《丝绸起源的文化契机》，《东南文化》1996 年第 1 期。（ISSN：1001 - 179X. CN：32 - 1096）

本文经过对大量史料的收集、整理、分析，认为：中国蚕桑丝绸业起源的契机，在于中国独特的文化背景。起初，属于新石器时代早期或到中期的先民们对广泛生长于原始桑林之中的蚕产生了浓厚的兴趣，他们观察着蚕自卵至蛹并化蛾飞翔的生态变化，把它与人的生死、天地的沟通相联系。于是，蚕成了通天的引路神，桑树就成为通天的工具。人们对蚕桑崇敬备至，在桑林中进行重大的祭祀活动。至迟在新石器时代中期，人们开始对蚕桑有意识地加以保护并护养，以免人们的通天之路因自然环境或天敌而被阻。同时，人们把蚕茧视作羽化的基地，开始了对茧丝的利用，利用的最初目的是事鬼神。这样的情况可能一直延续到商或西周。直到春秋战国时期，随着思想的逐步解放和生产力的进一步提高，丝绸的用途才渐渐普及起来。

曲诺：《丝绸情深》，《中国民族》1982 年第 4 期。（ISSN：1009 - 8887. CN：11 - 4606）

古代人发明了养蚕、缫丝和织绸，并通过各种交换活动，开拓了丝绸之路。它不仅促进了中外经济文化的相互交流，也加强了我国各民族间兄弟般的亲密团结。今天，我国盛产丝绸的江苏、上海、浙江等地的汉族工人，通过丝绸的生产和供销，更体现了民族团结、手足深情。

赵丰：《丝绸史与考古学》，《丝绸》1987 年第 9 期。（ISSN：1001 - 7003. CN：33 - 1122）

本文系统地论述了中国考古发掘中出土的丝绸文物以及考古学对丝绸史研究的重要作用。

周膺：《丝绸史与美学》，《丝绸》1987 年第 7 期。（ISSN：1001 - 7003. CN：33 - 1122）

丝绸既是物质产品，也是精神产品。几千年来，对其形式美的向往和追求，记录了人类对自然法则的认识水平；其中也积淀了一定社会、阶级的审美意识和审美理想；而丝绸的美学意义，则是在作为商品物质的发展史中显现出来的。

高作庆：《丝绸手绘产品的文化内涵发掘与产品创新》，《丝绸》2009 年第 3 期。（ISSN：1001 - 7003. CN：33 - 1122）

就丝绸手绘产品的文化内涵发掘与产品创新进行了探讨。结合丝绸手绘产品研发提出了文化内涵区隔定位的观点，对丝绸手绘文化内涵产品创新的具体案例进行了分析，论述了文化元素的融入对凸显产品价值的关键作用。

袁宣萍、裘海索：《丝绸手绘的历史与传统》，《丝绸》2006 年第 5 期。（ISSN：1001 - 7003. CN：33 - 1122）

手绘是我国历史最悠久、传承最古老的一种丝绸装饰工艺，与传统绢本绘画同出一源。两者在材料、工艺与技法上有颇多类似之处。从各地出土的历代丝绸实物看，虽然手绘织物数量不多，但几千年来绵绵不绝，直至 18 世纪，手绘工艺仍在外销丝绸上发挥着重要作用。文章从历史文化的角度，对我国古代丝绸手绘的记载与考古文物作了梳理，阐述了其发展脉络。

林耀中：《丝绸手绘的魅力》，《浙江工程学院学报》2002 年第 2 期。（ISSN：1000 - 2103. CN：33 - 1338）

通过对丝绸手绘的历史、特点、表现技法、工艺技术等几方面的探索，阐述了丝绸手绘所具有魅力。

缪良云、张晓霞：《丝绸手绘艺术研究》，《南京艺术学院学报》（美术与设计版）2008 年第 4 期。（ISSN：1008 - 9675. CN：32 - 1008）

中国丝绸手绘艺术源远流长，"帛"与"绘"是其两大要素。各个历史时期的帛画、绢本画在中国美术史上占有重要地位。在现代艺术理念和科学技术的推动下，丝绸手绘也获得了新发展。

赵丰：《丝绸图案的早期风貌——中国古代丝绸图案研究之

一》，《浙江丝绸工学院学报》1987年第2期。（ISSN：1673 – 3850. CN：33 – 1338）

殷商时期的丝绸图案包括织花和绘绣两大类：前者以几何纹为主，后者以动物纹为主，题材不同，风格各异。其产生和演变一方面受到当时造型艺术的影响，但更重要的是与早期丝织技术有关，由此形成的独特风格，在中国古代丝绸图案史上占有重要地位甚至对早期造型艺术的发展也起到过重要作用。

郭廉夫：《丝绸图案色彩的形式美》，《丝绸》1982年第1期。（ISSN：1001 – 7003. CN：33 – 1122）

丝绸图案色彩的审美需求，是一个比较复杂的问题。对于同一只花样，有人可能是喜爱的，有人可能是厌恶的，也有人可能是既不欢喜也不讨嫌。丝绸图案色彩审美需求与人们的性别、年龄、性格、文化教养、政治地位、经济水平、宗教信仰、地理环境、风俗习惯以及流行趋势（即所谓时髦）有着密切的关系。

薛洪文：《丝绸图案与中国画》，《丝绸》1982年第9期。（ISSN：1001 – 7003. CN：33 – 1122）

丝绸图案设计同绘画艺术息息相关，而与中国画更有亲缘。在表现形式上有其共性，本文试作初步探讨，与专家和同行们商榷并批评指正。线的运用中国绘画艺术中的线，有其独特的概念和作用。线在国画与丝绸图案设计中直接成为造型的基本因素，也是基本技法之一。

张静：《丝绸文化产业与浙江旅游的发展》，《商业经济与管理》2001年第8期。（ISSN：1000 – 2154. CN：33 – 1336）

"发展文化产业、建设文化大省"是浙江省"十五"期间的重要任务。本文结合浙江省丰富的人文旅游资源，尤其是其中璀璨夺目的丝绸文化，联系文化产业的发展理论，试图从必要性、优越性和现实性等方面出发，论述丝绸文化产业在浙江的发展。

钱小萍：《丝绸文化的主要特征》，《丹东师专学报》2001 年第 1 期。（ISSN：1006 - 5695. CN：1006 - 5695）

丝绸文化作为中国整个文化领域的一部分，源远流长，它极大地推动了我国纺织业的不断进步，对世界纺织业具有重要的影响，本文从几个方面叙述了纺织文化主要特征。

王玄瑜、赵凯、高绘菊、牟志美：《丝绸文化及在社会发展中的作用》，《中国蚕业》2011 年第 2 期。（ISSN：1007 - 0982. CN：32 - 1421）

本文阐述了丝绸文化的含义、起源与发展过程，以及丝绸文化、丝绸所具有的历史悠久、精美丰富、雍容华贵、环保自然的特征，叙述了丝绸之路及对丝绸文化传播的影响，丝绸文化对纺织业、文字文学、工艺美术的发展、民俗文化的衍生以及世界文化的融合所产生的积极作用。提出我们要继承并在创新中发展传统丝绸文化，加速确立与形成新时期丝绸文化，使其更具生命力并对社会发展发挥其更加积极的作用。

俞敏敏：《丝绸文化记忆的再现——中国丝绸博物馆的展览与实践》，《国际博物馆》（中文版）2011 年第 1 期。（ISSN：1674 - 2753. CN：32 - 1788）

中国丝绸文化遗产的内涵尤为丰富，不仅有大量可移动文物（丝织品与服装及其相关文物），还有丰富的不可移动文物，特别是工业文明遗产（在蚕桑丝绸产区内的近代蚕种场、茧站、缫丝厂和丝织厂厂房等）和非物质文化遗产（丝绸生产传统工艺和习俗）。中国丝绸博物馆是国内最大的丝绸专业博物馆，致力于对以丝绸为特色的中国纺织文化遗产进行综合保护、研究、展示、传播与振兴。中国丝绸博物馆以自己独特的方式，再现并诠释着中国丝绸文化记忆，为人类守护并书写着一段段柔软的故事。

曾艳红：《丝绸文化视阈中的唐代丝绸与唐诗》，《广西民族大学学报》（哲学社会科学版）2010 年第 2 期。（ISSN：1673 - 8179. CN：45 - 1349）

中国自古被称为"丝国"，拥有着丰富的丝绸文化。作为中国古典诗歌的杰出代表，唐诗以特有的深度和广度反映丝绸文化。唐诗中蕴含丰富的丝绸文化。丝绸意象是唐诗的重要组成部分。而丝绸文化为唐诗提供了创作素材，它是田园诗风、缛艳诗风出现的物质基础，并使唐诗呈现新的审美特质。丝绸与唐诗的联姻也影响了唐诗的接受与传播。

罗永平：《"丝绸文化"随想》，《江苏丝绸》2011 年第 1 期。（ISSN：1003 - 9910. CN：32 - 1261）

延绵六千年的丝绸文化不仅对促进人类文明的发展做出了不可磨灭的贡献，也为中华民族锦绣增添了光辉的篇章，更深深地烙在中国人心中。今天的丝绸人，更应努力继承、发扬、创新丝绸文化，为中国的丝绸再创辉煌！

郑敏华：《丝绸文化要在继承中创新》，《丝绸》2001 年第 12 期。（ISSN：1001 - 7003. CN：33 - 1122）

西博会第二届中国国际服饰设计与丝绸博览会于 2001 年 11 月 1—4 日在浙江展览馆举行。开幕那天，浙江电视台编辑朱琪华在《丝绸》杂志社展位，就丝绸文化为题采访了资深专家钱同源。谈话颇具深意，本文记录了此次谈话的主要内容。

任克：《丝绸文化与东方女性美》，《苏州丝绸工学院学报》1999 年第 5 期。（ISSN：1000 - 1999. CN：32 - 1673）

丝绸文化与东方女性美之间有着天然的联系——丝绸劳动生产美丽的产品，美化我国人民，其中首先是美化具有爱美天性的女性的生活。同时，以丝绸劳动为主体的丝绸文化的种种内容，又是我国女性许多美好的品德和聪明才智的源泉之一。本文分析了丝绸文化对东方女性美重要的糅塑作用。

解晓红：《丝绸文化与汉代诗歌的交融及成因分析》，《丝绸》2011 年第 1 期。（ISSN：1001 - 7003. CN：33 - 1122）

汉代丝绸业的发展和贸易空前繁盛，从而形成了深厚独特的汉代丝绸文化，并扩展到影响文学艺术领域。汉代丝绸文化在两汉诗歌中广泛而深入的渗透就是有力的证明。文章以融合了丝绸文化意象的两汉诗歌为切入点，深入探讨丝绸文化与两汉诗歌的交融渗透，并剖析此现象形成的主客观原因，为深入研究汉代的丝绸文化提供了丰富的佐证材料。

余涛：《丝绸文化与文化丝绸》，《浙江丝绸工学院学报》1993 年第 3 期。（ISSN：1673 - 3851. CN：33 - 1338）

本文从联系和发展的角度出发，论述中国丝绸文化的发生、发展以及中国丝绸的文化价值和世界性意义。认为中国丝绸文化是浩瀚的民族文化的重要内容之一，而且持续的、恒久的和丰富多彩的，在民族文化的系统中，蚕缫丝织技艺又起着推动文化发展的促进作用，并直接体现了文化的社会意义和社会价值。中国的丝绸文化，具有自身的发展规律；但同时也是特定文化内容所呈现的标志。

廖伦旭：《丝绸文化中的词语故事》，《江苏丝绸》2003 年第 2 期。（ISSN：1003 - 9910. CN：32 - 1261）

中国丝绸悠久灿烂的历史，推动了中国古代文化教育向前迅猛发展。在我国文学史上，有关丝绸典籍十分丰富，不仅如此，中国丝绸日臻完善还铸造出大量铭文碑碣、人物、遗址、神话传说、丝绸专著、文学艺术、丝绸教育等为主要内容、博大精深之中国丝绸文化。中国丝绸有关词语故事、成语典故是中国丝绸文化瑰宝重要组成部分。她是我们中华民族祖先，利用蚕、茧、丝、绸某些自然现象、生产现象和营销现象而发明创造出的文化。她的出现，极大地丰富了祖国语言文字表达能力，她的故事，教育、鞭策、催人奋进并潜移默化着一代又一代中华民族子孙的情操。

邓学基、孙迎庆：《丝绸文献引文的研究》，《苏州丝绸工学院学报》1994年第S1期。（ISSN：1000－1999. CN：32－1673）

本文运用文献计量学中引文分析的研究方法，对三种学报丝绸论文的引文进行了统计和调查，对引文的文种分布、年代分布、数量分布、类型分布及重点著者和文献进行了统计，试图通过对引文的分析与评价，探索丝绸科学文献的规律。

张会巍：《丝绸行业习俗的特征与传承——以杭嘉湖地区为例》，《丝绸》2011年第12期。（ISSN：1001－7003. CN：33－1122）

通过研究杭嘉湖地区的丝绸行业习俗，认为丝绸习俗具有复杂与多样、神秘与实用、稳定与变异的特征，并进行了详细的剖析，探讨了丝绸习俗应随时代变迁而传承的重要意义。

刘立人：《丝绸艺术赏析》（1—3），《江苏丝绸》2011年第4—6期。（ISSN：1003－9910. CN：32－1261）

艺术品是人类社会不可缺失的精神财富，也是人类社会文明进步的重要标杆。作为中华国宝的丝绸，如绸缎、丝绸制品、服饰工艺品等都具有艺术和艺术品的共同属性，即超常的制作技艺和外表华美的表现力。丝绸凭借自身精湛的技艺和魅力，沿着古代陆地和海上的丝绸之路走遍世界，享誉全球。不但促进了东西方文化的交流，丰富了人类的生活，更是给社会和全人类带来了美好的艺术享受。

邱景衡：《丝绸印花漫谈》，《丝绸》1981年第9期。（ISSN：1001－7003. CN：33－1122）

我国的印花绸缎，以它的品种繁多、印制精美、花色新颖而闻名于国内外市场，特别是近几年发展起来的真丝印花绸，畅销世界各地，享有很高的声誉。其中列为上品的印花双绉，色调柔和，姿态万千，像湖波，似朝霞，若彩虹；印花真丝缎，手感柔软，晶莹夺目，似刺绣，像植绒，美不胜收。色彩多的竟达 16 套色，印工日趋精良，已形成了一套比较完整的工艺，正在焕发出灿烂夺目的光华。

安妮、谭远彬、张瑞萍：《丝绸与现代礼服设计的碰撞、兼容和升华》，《丝绸》2009 年第 12 期。（ISSN：1001 - 7003. CN：33 - 1122）

通过对大量设计案例的分析，阐述了丝绸在现代礼服设计中的应用与表现。重点分析了丝绸刺绣工艺在现代礼服设计中的装饰方法，丝绸形成的蝴蝶结、荷叶边、褶皱等立体造型在现代礼服设计中的造型表现，以及丝绸手绘艺术在现代礼服设计中的应用。并以印第安图腾纹样为素材，选择手绘方式进行了丝绸礼服的设计实践。

顾晓梅、李晓鲁：《丝绸与中国人的审美意识》，《设计艺术》2001 年第 2 期。（ISSN：1674 - 2281. CN：37 - 1299）

丝绸在中国历史上具有极为重要的地位。"天子躬耕、皇后亲蚕"，以丝绸织造为主的纺织业在长时期里一直是重要的基础产业，丝绸制品也一直是国家主要的实物贡赋之一，是权势和财富的标志。在现实生活中，植桑养蚕、缫丝织绸、绘染刺绣是人们的重要的生产和生活的内容。丝绸的存在和广泛运用，影响着中国人的生产和生活方式与内容，也以其优良的使用性能和视觉、触觉性参与了中国人的独特的审美意识的建构，并成为中国人审美理想的标志性符号。

任克：《丝绸与中国文学艺术的关系撷零》，《丝绸》2001 年第 7 期。（ISSN：1001 - 7003. CN：33 - 1122）

丝绸与中国文学艺术有着相当重要的关系，尽管这些关系多数表现为间接的形式。丝绸与中国文学艺术的重要关系，是丝绸系中华文化重要源泉之一的见证。

蒋猷龙：《丝绸之路的开拓——周穆王首传丝绸至西方》，《中国蚕业》1995 年第 3 期。（ISSN：1007 - 0982. CN：32 - 1421）

文章叙述了周王朝时期，周穆王率众出镐京直至西王母之邦，沿途馈赠随带的名贵丝绸，以此开创中国最早丝绸之路的史实。

孙荪：《丝绸之路对中国染织图案的影响》，《东华大学学报》（社会科学版）2002 年第 2 期。 （ISSN：1009 - 9034. CN：31 - 1848）

从染织图案的题材、形式、风格和色彩等方面分析了在丝绸之路开辟后，东西方文化交流对中国染织图案的影响。题材方面主要体现在新的植物形象、珍禽异兽形象、神的形象的出现；形式方面，西域文化对染织图案影响最大的是联珠形式；色彩方面的影响，织金织物的出现和发展使织物在用色上变得更为华美和富贵。

徐四清：《"丝绸之路"对中国西部服装业的影响》，《纺织导报》2007 年第 2 期。（ISSN：1003 - 3025. CN：11 - 1714）

经济发展必须要与文化建设相结合，服装产业集群能否形成与当地的文化氛围关系密切。"丝路文化"是西部服装产业集群能否形成和快速发展的一个关键因素。

徐红、单小红、刘红：《丝绸之路多元文化交融的活化石——艾德莱斯绸》，《新疆大学学报》（自然科学版）2007 年第 3 期。（ISSN：1000 - 2839. CN：65 - 1094）

文章主要介绍了丝绸之路上多元文化的典型代表——艾德莱斯绸，重点介绍了艾德莱斯绸的历史和传说，扎经染色工艺，各类艾德莱斯绸的特点及典型的艾德莱斯绸图案。

蒋猷龙：《丝绸之路话丝绸》，《丝绸》1993年第2期。（ISSN：1001－7003. CN：33－1122）

丝绸之路是历史上中外经济往来和文化交流的通道，为世界文明的发展做出过巨大贡献。然而大部分人对丝绸之路及其以丝绸命名的含义是模糊不清的。文章分别介绍了我国历史上几条著名的丝绸之路，包括早期丝路、草原丝绸、西南丝路、西北丝路、东方丝路和南海丝路等，并为我们描绘了在那些遥远的年代里曾经有过的、繁忙的丝绸交易之盛况。

蒋猷龙：《丝绸之路话丝绸》（续），《丝绸》1993年第3期。（ISSN：1001－7003. CN：33－1122）

丝绸之路是历史上中外经济往来和文化交流的通道，为世界文明的发展做出过巨大贡献。然而大部分人对丝绸之路及其以丝绸命名的含义是模糊不清的。文章分别介绍了我国历史上几条著名的丝绸之路，包括早期丝路、草原丝绸、西南丝路、西北丝路、东方丝路和南海丝路等，并为我们描绘了在那些遥远的年代里曾经有过的、繁忙的丝绸交易之盛况。

孙佩兰：《丝绸之路上的刺绣与缂丝》，《西域研究》1995年第2期。（ISSN：1002－4743. CN：65－1121）

刺绣与缂丝是中国古老的手工艺品，以精湛的技巧、古朴的艺术风格著称于世。丝绸之路上出土的刺绣与缂丝大都是汉、唐珍贵的文物，是研究早期刺绣与缂丝的重要资料。

赵丰：《丝绸之路上的纺织艺术》，《饰》2009年第2期。（ISSN：1005－1848）

本文根据作者在北京服装学院举办讲座的录音整理而成。主要介绍丝绸之路上的纺织艺术，包括丝绸之路的概况、丝绸之路上的重要墓葬及出土文物和丝绸之路上东西方艺术的交流等。

刘曼春:《丝绸之路上的汉唐丝绸》,《丝绸》1982 年第 8 期。(ISSN:1001 - 7003. CN:33 - 1122)

作者(在西北师范学院任教)于参加丝绸之路考察队工作期间,通过亲身实地调查,大量文献考证,整理出系统丰富而具有参考价值的丝绸史料。本文是作者参加 1981 年唐史研究会第一届年会时提出的研究论文。本刊拟将全文分为《丝绸之路上的丝绸》《丝绸之路上的贸易》《丝绸之路上的汉唐丝绸》三次刊完。以飨读者。

张梅:《丝绸之路上的汉唐丝绸及丝绸贸易》,《西北成人教育学院学报》2000 年第 2 期。(ISSN:1008 - 8539. CN:62 - 1149)

中原王朝与西域的关系,我国古代史籍中有丰富的记载。特别是 21 世纪以来,丝绸之路沿线已发现的大量古代丝绸,进一步证明和丰富了历史文献的记载。这些考古新成果,为进一步研究汉唐丝绸以及当年中原与西域乃至中亚、西方的丝绸贸易提供了宝贵的资料。本文结合考古资料和历史文献,试就汉唐间丝绸贸易及丝绸种类、生产规模等问题做一初步的介绍与探讨。

牛汝极、王红梅:《丝绸之路上纺织业术语的东西方借用》,《西北民族研究》1996 年第 1 期。(ISSN:1001 - 5558. CN:62 - 1035)

丝绸之路,两千多年前就已开通,并成为许多世纪东方诸族与西方诸族间,甚至在较大程度上,也成为东西方诸族与中亚沿丝绸之路居住的民族间进行文化和语言交流的主要路径。这在沿丝绸之路从一端到另一端的大量借词,尤其是与纺织品贸易有关的借词方面得到了很好的反映。

吴丰培:《丝绸之路史料钩沉》,《西北民族研究》1988 年第 2 期。(ISSN:1001 - 5558. CN:62 - 1035)

文章介绍了我国汉代、晋、魏、唐、宋、金、元、明时期记载有关丝绸之路发展史的典籍。

吴高泉：《丝绸之路为何是中西文化交流之路——蚕桑文明与中国的审美意识》，《湛江师范学院学报》2010 年第 5 期。（ISSN：1006 - 4702. CN：44 - 1344）

丝绸与中华民族的生活、文化有极为密切的关系，它对中国审美意识的形成有很大的影响。丝绸丰富的色彩以及各种不同的编织方法再配以不同形式的花纹图案，形成一个色彩绚烂的感性世界，对中国审美意识形式感的形成和完善具有重大的影响；同时丝绸在质感上给人柔软、舒适、细致的感受和清新、自然、轻盈等情感上的愉悦，滋生人的自由意识和审美体验，对中国艺术气韵灵动、空灵圆融审美精神的形成影响尤其大。探究蚕桑文明对中国审美意识形成的影响，有助于我们深入地了解中国的审美精神的根源及其表现，深入地了解中国审美精神与西方审美精神的区别，理解中国美学的特色。

屠恒贤：《丝绸之路与东西方纺织技术交流》，《东华大学学报》（社会科学版）2003 年第 4 期。（ISSN：1009 - 9034. CN：31 - 1848）

唐以前，丝绸之路上，中国与西方的纺织技术交流可分为两个阶段：第一阶段中国丝织品与纺织技术的西传（约公元前 10 世纪—公元 6 世纪），西方从拆解丝织品获取丝线，织造胡绫开始，到公元 4 世纪的下半叶后，萨珊波斯的丝织业兴起，开发了斜纹纬锦的新品种，西方丝织技术逐渐成熟。第二阶段为西亚纺织技术的发展与东传（约公元 6—10 世纪），公元 7 世纪后斜纹纬锦开始在中国流行，中国织工在束综提花机上制作斜纹纬锦，织锦技术达到一个新的水平。

张晓霞、缪良云：《丝之禅》，《丝绸》2008 年第 1 期。（ISSN：

1001 – 7003. CN：33 – 1122）

养蚕、缫丝、织绸是中国对世界文明的伟大贡献，文章从丝的本因、丝的知性、丝的诠释、丝的遐想等方面来解说丝文化。

周颖：《丝之源——湖州钱山漾》，《丝绸》2006 年第 6 期。（ISSN：1001 – 7003. CN：33 – 1122）

湖州钱山漾遗址因其与丝绸起源的密切关系，而在中国丝绸发展史上具有极其重要的地位。20 世纪 50 年代，钱山漾遗址曾出土了丝线、丝带和绢片，轰动考古界，最近钱山漾遗址又有新的丝绸文物出土，为丝绸早期历史的研究提出了新的课题。

孙先知、胡祉姓：《四川蚕织业诗词歌赋选（1）》，《四川丝绸》2001 年第 4 期。（ISSN：1004 – 1265. CN：51 – 1214）

收录了《蜀都赋》《绵州巴歌》《上皇西巡南京歌》等 13 首诗词歌赋。

孙先知、胡祉姓：《四川蚕织业诗词歌赋选（2）》，《四川丝绸》2002 年第 1 期。（ISSN：1004 – 1265. CN：51 – 1214）

收录了《估客乐》《江上雨寄崔碣》《怀钟陵旧游四首》等 22 首诗词歌赋。

孙先知、胡祉姓：《四川蚕织业诗词歌赋选（3）》，《四川丝绸》2002 年第 2 期。（ISSN：1004 – 1265. CN：51 – 1214）

收录了《三月九日大慈市前蚕市》《一寸金》《织妇怨》等 12 首诗词歌赋。

孙先知、胡祉姓：《四川蚕织业诗词歌赋选（4）》，《四川丝绸》2002 年第 3 期。（ISSN：1004 – 1265. CN：51 – 1214）

收录了《岳池农家》《戏题索桥》《望江南·蚕市》等 26 首诗词歌赋。

孙先知、胡祉牲：《四川蚕织业诗词歌赋选（5）》，《四川丝绸》2002 年第 4 期。（ISSN：1004－1265．CN：51－1214）

收录了《红花》《蜀锦曲》《祀谢蚕神竹枝词》等 37 首诗词歌赋及民谣。

孙先知、胡祉牲：《四川蚕织业诗词歌赋选（6）》，《四川丝绸》2003 年第 1 期。（ISSN：1004－1265．CN：51－1214）

收录了《赞盐亭鹅溪绢》《蚕云吟》《织绸厂印象》等 9 首诗词歌赋及部分楹联。

赖武：《四川丝绸古今谈（一）嫘祖与丝绸》，《今日四川》1996 年第 2 期。（ISSN：1005－2097．CN：51－1124/Z）

文章考证了蜀中盐亭蚕业发展史，从育蚕治丝的源起发展印证了炎黄始祖一脉在四川的活动及蜀中与中原的交往。

赖武：《四川丝绸古今谈（二）锦绣成都》，《今日四川》1996 年第 3 期。（ISSN：1005－2097．CN：51－1124）

织锦业在蜀汉时已非常繁荣，其生产和贸易对于当时的政治经济产生了极大的影响，当朝遂设锦官加以管理。宋史谓四川"织文纤丽春，穷于天下"。丝绸及丝织品的发达促进了商贸兴盛。若无时代蚕农锦工织妇的辛苦创造，无成都的富饶繁华，也无锦江畔的赏心悦事。

叶农：《四川丝绸古今谈（三）西南丝绸之路》，《今日四川》1996 年第 4 期。（ISSN：1005－2097．CN：51－1124）

本文作者对西南丝绸之路进行历时三个月的实地拍摄采访，对西南丝绸之路的历时与现状进行了描述。

诸葛明：《四川丝绸古今谈（四）发展中的四川丝绸业》，《今

日四川》1997 年第 1 期。（ISSN：1005 – 2097. CN：51 – 1124/Z）

文章论述了 20 世纪 50 年代末至 21 世纪初四川丝绸业的变化和发展，及其经历的恢复、调整和蓬勃发展的不同阶段。

袁杰铭：《四川丝绸贸易历程与特点（上下）》，《四川丝绸》1999 年第 4 期、2000 年第 1 期。（ISSN：1004 – 1265. CN：51 – 1214）

在中国贸易史上丝绸占有重要地位。四川丝绸贸易历史悠久，影响深远，在我国丝绸贸易史上举足轻重。

袁杰铭：《四川丝绸贸易史话》，《四川丝绸》1997 年第 2 期。（ISSN：1004 – 1265. CN：51 – 1214）

四川历史悠久，是我国古代经济文化发展较早地区之一，也是我国丝绸生产贸易发祥地之一。本文及其续篇论述了自先秦农耕文化时期到丝绸之路兴起直至 20 世纪 90 年代，四川蚕丝贸易的发展历史及其对中国丝绸发展史的贡献。

袁杰铭：《四川丝绸文化与嫘祖文化研究》，《四川丝绸》2001 年第 1 期。（ISSN：1004 – 1265. CN：51 – 1214）

一个地区的文化精神和文化传统，能起到振奋精神，增强人们凝聚力、意志力和协同力，对激发人民的归属感、安全感和自豪感会起到十分重要的作用。嫘祖文化研究无疑会对促进四川丝绸文化研究的深入，对盐亭地区经济发展、文化进步和旅游业开拓产生积极影响。

余涛：《四川丝绸史话》，《丝绸》1990 年第 1 期。（ISSN：1001 – 7003. CN：33 – 1122）

四川的丝绸业发源很早，三国时即以名产蜀锦著称于世。唐宋两代是四川丝绸业鼎盛时期，成都也因之成为全国丝织业的中心之一，尤其是锦等高档丝织品的生产，更非四川莫属。但从元明之后，四川的丝绸业逐渐衰落，失去了其在全国的显赫地位。直至近代，四川丝绸业重新得以迅速发展，川丝之名，传播天下。

余明泾：《宋元时期福建丝绸纺织业发展的研究》，《丝绸》2009 年第 11 期。（ISSN：1001 - 7003. CN：33 - 1122）

介绍了宋元时期福建丝绸纺织业的发展状况，从丝绸纺织业的生产规模、品种、质量以及海外贸易几方面加以论述，结合史料的记载和历史遗存的有力证据，对宋元时期福建丝绸纺织业的发展原因进行分析，进一步证明了福建在中国乃至世界丝绸纺织发展史上的历史地位。

解晓红：《〈搜神记〉与丝绸文化》，《丝绸》2008 年第 6 期。（ISSN：1001 - 7003. CN：33 - 1122）

丝绸文化意象在晋代志怪小说《搜神记》中不时出现，直接或间接地反映出当时的丝绸发展状况。通过对《搜神记》中丝绸文化的剖析，可以了解到魏晋时期丝绸生产技术的进步和丝绸品种的丰富，同时还能感受到丝绸文化对文学等其他文化的交融和影响。

郑丽虹：《"苏式"生活方式中的丝绸艺术》，《丝绸》2008 年第 11 期。（ISSN：1001 - 7003. CN：33 - 1122）

明代中晚期在苏州形成了以奢华、娴雅、舒适为特点的"苏式"生活方式，在明清两代风靡大江南北。它与盛产于江浙的优质丝绸关系密切。丝绸"吴服"的广为流传代表了"苏式"生活方式的传播，与文人精神生活相适应的"苏裱""苏绣"和戏衣也从一个侧面反映了丝绸与"苏式"生活方式不可分割的联系。同时，丝绸纹样还辐射到江南"包袱锦"建筑彩画上，成为"苏式"环境装饰的重要部分。

叶万忠：《苏州丝绸与丝绸档案》，《档案与建设》1995 年第 2 期。（ISSN：1003 - 7098. CN：32 - 1085）

在苏州市档案馆馆藏丰富的商会档案中，丝绸档案藏量是最为丰富和珍贵的一部分，可谓全国同类档案馆之最。探其源流，主要得益于丰厚的历史积淀，和前辈档案工作者为此做了大量收集整理工作。

章克红、刘作义、丁佳丽：《谈丝绸织花的云纹图案》，《丝绸》1989 年第 11 期。（ISSN：1001 - 7003. CN：33 - 1122）

云纹图案以其悠久的历史、独特的风格，在丝绸织花纹锦中占有重要的地位。近年来，金银织锦地子花云纹的流行，说明云纹图案魅力犹在，光彩不减。云纹起源于商代。从出土丝织品看，当时已能织出有规律的回纹（云雷纹）图案，显示出一种朴素的韵律美。

解晓红：《探析〈红楼梦〉中的丝绸文化》，《丝绸》2003 年第 1 期。（ISSN：1001 - 7003. CN：33 - 1122）

中国四大名著之一《红楼梦》的作者曹雪芹出身于清代江宁织造局世袭织造之家，从小对丝绸文化耳濡目染，文章通过对《红楼梦》中丝绸品种和丝绸纹样的探讨，反映了清代中后期的丝绸发展状况和丝绸文化折射出的人文思想。

曹尔琴：《唐代长安的丝绸》，《中国历史地理论丛》1991 年第 3 期。（ISSN：1001 - 5205. CN：61 - 1027）

长安是唐朝的国都，是全国的丝绸中心，也是当时丝绸之路的起点。丝绸的用途广泛。唐长安的这种特点有其形成的原因，也有深远意义。

卢华语：《唐代成都丝织业管窥》，《中国社会经济史研究》2009 年第 4 期。（ISSN：1000 - 422X. CN：35 - 1023）

唐时巴蜀丝绸重镇成都的丝织业规模可观，唐后期仅官府和非官府丝织作坊工匠、工人总数在 12 万左右，约占当时当地人口总数的 3.5%；花色品种新颖，瑞锦、新样锦、单丝罗、蜀缬等独领风骚，工艺精绝，价值连城；丝绸产量巨大，每年约产绫、罗、锦等高级丝织物 11 万多匹，产绢约 170 万匹，即每年生产各种丝织品当在约 200 万匹。成都丝织业极负盛名，与该地的历史积淀，技术人才储备丰富以及勇于创新等密不可分。

赵丰：《唐代的蚕桑生产技术》，《中国农史》1991 年第 4 期。（ISSN：1000－4459．CN：32－1061）

唐代蚕桑技术史向来鲜为学者重视，原因是史料太少，本文通过对唐诗的索查、钩沉，辑录了大量唐代蚕桑技术史料，勾画了唐代蚕桑生产技术的轮廓。

郑学檬、卢华语：《唐代丝绸图案的民族特色》，《社会科学战线》1994 年第 1 期。（ISSN：0257－0246．CN：22－1002）

任何民族的历史艺术，都是该民族的经济生活、政治生活、民族心理、民族性格的艺术反映和民族艺术传统的继承与创新。精美绝伦的唐代丝绸图案，作为中华民族历史艺术的重要组成部分，以其浓郁的民族特色而著称，为此，本文特试做探析。

杨希义：《唐代丝绸织染业概说》，《西北大学学报》（自然科学版）1990 年第 3 期。（ISSN：1000－274X．CN：61－1072）

本文结合考古发现和历史文献，从丝绸产地的扩大、丝绸产量的增加、丝绸织染业内部分工的细致、丝绸花色品种的繁多以及丝绸织染技术的不断更新五个方面，详细论述了唐代，尤其是中唐以后丝绸织染手工业技术发展的概况。

杨希义：《唐代丝绸织染业述论》，《中国社会经济史研究》1990 年第 3 期。（ISSN：1000－422X．CN：35－1023）

唐代丝绸织染业的高度发展，主要表现在丝绸产地的不断扩大，丝绸产量的迅速增加，丝绸织染业内部的分工更加细致，丝绸款式品种的日益繁多以及织染技术的更新改进方面等，本文对此进行了叙述。

杨希义：《唐代丝绸在社会生活中的地位和作用》，《西北大学学报》（哲学社会科学版）1987 年第 4 期。（ISSN：1000 - 2731. CN：61 - 1011）

唐代丝绸是我国丝绸发展史上的重要时期。唐代丝绸不仅在产地范围、产品数量及织造技术等方面比前代有了很大扩大和提高，而且在经济、政治及文化生活中发挥着极其重要的作用。文章从经济、政治和文化生活等方面，对唐代丝绸的重要作用做了论述。

卢华语：《唐代四川蚕桑丝绸业特点刍议》，《西南师范大学学报》（哲学社会科学版）1996 年第 1 期。（ISSN：1000 - 2677. CN：50 - 1188）

四川蚕桑丝绸业历史悠久，是我国丝绸发祥地之一。早在战国时期，锦的生产即很兴盛，成都因此被美称为锦城，所产特称蜀锦。汉魏以降，蜀锦享誉海内，有口皆碑。在历史发展中，蜀锦工艺不仅对今贵州境内少数民族的纺织业有重要影响，而且对江南锦的兴起也有一定的促进作用。

李明伟：《唐代文学的嬗变与丝绸之路的影响》，《敦煌研究》1994 年第 3 期。（ISSN：1000 - 4106. CN：62 - 1007）

唐代文学的嬗变与丝绸之路的影响李明伟由于丝绸之路对唐代文学的影响是那样广泛、深刻，特别是对唐诗、敦煌词和变文的繁荣发展起过决定作用的影响，而这几样文学在中国文学史上有着极其特殊和重要的地位，以至于我们不能不专门来探讨它们。本文就中世纪中西经济文化交流背景下唐代文学的嬗变进行研究。

袁宣萍：《唐绫略说》，《丝绸》1986 年第 3 期。（ISSN：1001 - 7003. CN：33 - 1122）

唐绫在我国丝织品种发展史上占有重要地位。本文在简要地回顾了绫的历史发展以后，对唐绫的定名及其组织结构作了探讨。认为：唐绫统指以平纹或斜纹组织为地的暗花丝织物。本文还对唐绫常用的几种典型组织做了分类。

刘佳莹：《唐诗中的丝绸文化与唐代社会生活》，《文化学刊》2010年第1期。（ISSN：1673-7725. CN：21-1545）

唐代丝绸文化在我国文化历史上占据着重要的地位。通过发掘研究唐诗这一具有重要史料价值的文献形式，分析唐代桑蚕纺织业的发展和唐代丝织品的种类、纹饰及功能、地位，从而研究唐代丝绸纺织业的发展对唐代社会经济文化生活的影响。

邓咏梅、吕钊：《唐宋时期丝绸织物中的植物纹样》，《四川丝绸》2004年第2期。（ISSN：1004-1265. CN：51-1214）

本文分析了唐代和宋代丝绸织物上植物纹样的类型和特点，从整体风格、造型、色彩等方面比较了二者的差异。

洛水：《唐装　影响世界的服饰》，《黄河·黄土·黄种人》2007年第4期。（ISSN：1004-9495. CN：41-1195）

唐装近几年颇为流行，频频出现在报纸、网络、杂志，电视上。唐装热让江南一些在生存边缘苦苦挣扎的丝绸厂"枯木逢春"，让北京久受冷落的中式服装制衣店门庭若市，让丝绸店销售量大增。身着"唐装"悠然过市的男男女女让大街小巷平添了一道道民俗画般的风景。

黄赞雄：《"天上取样人间织"——记浙江丝绸业发展轨迹》，《今日浙江》2003年第12期。　（ISSN：1008-0260. CN：33-1213）

本文从浙江丝绸的源头——距今6700多年前浙江余姚河姆渡新石器时期，论述了几千年来直至"九五"期间，浙江丝绸业的发展历史。

李海龙、李君：《通经断纬织绣罗》，《上海工艺美术》2011 年第 2 期。（ISSN：1005 - 071X. CN：31 - 1198）

绫罗绸缎，天下皆知，其中，"罗"是一种文化、一种艺术，一种珍稀纺织丝绸产品，是中国古代文化的象征。"罗"在整个中华纺织、丝绸文化中是一个特殊种类，具有它独特的工艺技巧，在工艺美术界堪称一枝独秀的奇葩。

陈良文：《吐鲁番文书中所见的高昌唐西州的蚕桑丝织业》，《敦煌学辑刊》1987 年第 1 期。（ISSN：1001 - 6252. CN：62 - 1027）

吐鲁番，地处古老的东西商路——丝绸之路上，为历史上东西贸易中心之一。汉以来，我国大量的丝织品通过这里，源源不断地运到中亚、西亚乃至欧洲。在历史上，我国蚕桑产地虽因时代不同而变更，但著名的产地都集中在内地。随着大批高昌郡、高昌国、唐代西州文书的出土，为这个问题研究提供了新资料，某些学者也开始注意到这个问题。本文就吐鲁番文书，结合考古实物资料及史籍记载，对这个时期吐鲁番的蚕桑丝织业略做探论。

刘永连：《外来丝绸与中国文化》，《丝绸》2006 年第 4 期。（ISSN：1001 - 7003. CN：33 - 1122）

外来丝绸无疑是中国丝绸文化流传并影响异域所产生的结果。反过来，当它流入中国境内之后，又对中国文化造成一定的影响。从生产技术的改革，经物质生活的丰富，到精神文化的充实，诸多领域的变化无不反映着外来丝绸的明显作用。与中国丝绸影响异域相呼应，外来丝绸影响中国构成了中外丝绸文化交流的另一重要环节。正是在这种一往一返，互动交流的过程中，丝绸文化得到不断的发展。

赵丰：《魏唐织锦中的异域神祇》，《考古》1995 年第 2 期。
（ISSN：0453 - 2899. CN：11 - 1208）

汉魏至隋唐之际，丝绸之路将中国与西方紧密相连。中国的锦绫刺绣源源不断地流传异域，刺激了丝路沿途蚕桑、丝绸业的发生和发展。同时，异域的文化也反向地传入中国，影响了中原丝绸艺术的风格。这种影响不仅体现在纤维加工方法、织物组织结构等技术方面，而且体现在丝绸图案采用了天马、羚羊、狮象、骆驼、野猪、鹰鸷、葡萄、石榴、忍冬等异域题材和套环、簇四、对波、团案、缠枝等带有异域风格的构图骨架。其中最能反映当时中外文化交流的广度和深度的，莫过于出现在东方织锦上的异域神祇了。本文就其中最为突出的宗教神祇的影响作一剖析。

曾艳红：《温庭筠作品中的丝绸物事及其绮艳诗风》，《许昌学院学报》2011 年第 1 期。（ISSN：1671 - 9824. CN：41 - 1346）

唐代诗人温庭筠的作品中充满着密集的丝绸物事。丝绸物事与他诗歌当中的女性形象紧密联系在一起：丝绸对其刻画女性的外在形象之美、揭示人物的内心世界及描摹人物的居住环境方面起着重要作用。以大量丝绸物事入诗是温庭筠形成"绮艳"诗风的重要原因。丝绸物事与温庭筠的作品形成的密集交融可以从社会及个人两个方面找到原因。

田阡：《文化生态学视角下的中国蚕文化及其保护》，《中国蚕业》2011 年第 2 期。（ISSN：1007 - 0982. CN：32 - 1421）

"今天的文化源于昨天的经济，昨天的文化成就今天的经济。"这两句话辩证地阐明了文化与经济的密切关系，蚕业经济与蚕文化正是一个活生生的例证。蚕文化的内涵可以从纵向和横向两个方面来理解。认清蚕文化的价值是振兴当代蚕业经济的基础。构建蚕文化研究框架、扬弃和发展蚕文化、宣传蚕文化，重塑丝绸新形象，促进蚕业经济的全面昌盛是蚕文化对于蚕业经济的意义之所在。

刘晓萍：《文艺复兴时期与唐朝女装服饰文化比较研究》，《艺海》2012年第1期。（ISSN：1673-1611. CN：43-1208）

中西服饰文化一直以来就在进行激烈地碰撞和融合，文艺复兴时期与唐朝是中西方的鼎盛时期，其服装形式反映了当时的文化特征，通过对这两个鼎盛时期服装文化的比较，让大家了解在不同文化背景下女装的演变以及穿衣文化的异同，在对比中提炼出中西服饰的精神内涵及它的相同和不同之处，将之总结作为对服饰发展的一点探讨，以便在今后的设计中更加科学对待东西方服饰文化的互补，相互渗透，相互借鉴，使东西方服装设计得到共同发展。

许才定、孔育国：《我国蚕丝业与丝绸业的发展》，《国外丝绸》2006年第1期。（ISSN：1005-7609. CN：32-1812）

系统地介绍了我国蚕丝业的发展简史；从丝绸业发展的历史和现状，指出了我国现在仍然是世界丝绸大国，但还不是世界丝绸强国；我国的丝绸业仍然是发展潜力巨大、前途光明、任重而道远的产业。

蒋猷龙：《我国蚕文化中的艺术》，《蚕桑通报》1992年第2期。（ISSN：0258-4069. CN：33-1081）

《蚕桑通报》1991年第4期发表了陈清奇同志的《我国蚕文化初探》一文，热情歌颂了祖国蚕业生产与人民生活息息相关，从而留下了浩瀚的精神遗产——蚕业文化，成为世界文化宝库的重要组成部分。本文就艺术方面对陈文以补充，使大家进一步了解蚕文化更为广泛的内涵。

袁宣萍：《我国古代的扎经染色绸》，《丝绸》1991年第12期。（ISSN：1001-7003. CN：33-1122）

扎经染色绸是丝织品中的一个特殊类别，其制作工艺是根据预先设计好的纹样，将经丝分段扎染，经拆结、对花后再进行织造，绸面花型轮廓朦胧，具有独特的艺术魅力。扎经染色织物在国内外都有生产，如日本的绊及我国新疆地区的爱得丽斯花绸等。文章初步探讨了我国古代扎经染色绸的源流、其名称的演变以及出土和传世的织物遗存。

孙燕谋：《我国近代丝绸业的兴衰》，《丝绸》1997年第12期。（ISSN：1001－7003．CN：33－1122）

从鸦片战争到新中国成立的一百多年近代史，是我国丝绸业从手工生产向以机器生产为特点的近代工业发展的时期。其中前期（1929年前）随着近代缫丝业的兴起，丝绸生产发展较快，创下了近代史上的最高纪录，而后期由于世界经济危机的冲击，历次侵略战争的摧残，日丝在国际市场上的竞争等多种原因，中国的丝绸业又迅速衰败。在这曲折艰难的过程中，由于丝绸界前辈的努力，丝绸业在困境中维持了下来。近代丝绸业兴衰成败的历史，值得后人鉴析。

裘海索、袁宣萍、杨杰、蔡作仪：《我国丝绸手绘产品的历史、工艺与艺术表现》，《浙江工艺美术》2009年第2期。（ISSN：1008－2131．CN：33－1106）

蚕丝织物手工绘染工艺在我国具有悠久的历史，既可用作观赏，也可用作日用衣着，并以其自由的表现形式和丰富的艺术效果而著称，是我国传统艺术领域的重要门类。我国丝绸手绘的历史积累十分深厚，在当代科技进步的基础上，满足人们物质和文化生活的需要，丝绸手绘产品又重新获得了发展的机遇，生发出新的勃勃生机。20世纪50年代以来，因很多人与事的机缘努力，丝绸手绘产品的发展很快，材料与工艺不断改进，在艺术表现力方面也做了大量探索，已成为我国当代丝绸产品中的一朵奇葩。

周匡明：《我国早期蚕业史研究的几个问题》，《中国农史》2011年第3期。（ISSN：1000－4459．CN：32－1061）

我国历史悠久的蚕桑生产技术，上下贯穿七千年，蚕事自古以来便有"农桑"并称之美誉,"田、蚕、耕、织"已成为华夏民族形成和发展中的中流砥柱,古书赞誉为"农桑为立国之本"。考古发现与史料记载,留下了远古蚕事的宝贵史迹,为后世蚕桑生产的走向起到了引领作用。

李兴宇、闵思佳:《吴服与东方之美》,《丝绸》2007 年第 4 期。(ISSN:1001 - 7003. CN:33 - 1122)

本文讨论了吴服对东方之美的体现,吴服的美既缘于美丽的丝绸,也缘于在这个载体之上的文化内涵。在日本的文化艺术中,东方之美处处有体现,吴服就是一个很好的代表。从吴服的和谐、意境、简约这三个角度来探讨其与东方美学的关系,同时也关注和服这种传统文化的保存对于我国的借鉴意义。

仇怀耕:《吴江蚕桑丝绸档案》,《档案与建设》1999 年第 12 期。(ISSN:1003 - 7098. CN:32 - 1085)

吴江市档案馆收藏的蚕桑丝绸档案共有 4000 余卷,内容丰富,历史悠久,其中历史蚕桑丝绸档案 3000 余卷,形成最早时间是明弘治十八年(1505),新中国成立后的蚕桑丝绸档案 1000 余卷,其内容比较系统地反映了吴江植桑、养蚕、制丝织绸、印染生产经营等情况。

周德华:《吴江蚕桑丝绸风俗》,《浙江丝绸工学院学报》1993 年第 3 期。(ISSN:1673 - 3851. CN:33 - 1338)

蚕桑丝绸风俗是蚕桑丝绸经济的产物,又反过来影响蚕桑经济,同时还是农村经济和商业、手工业经济的一个社会侧面反映。江苏是江地区是我国著名蚕丝产地,在数千年的栽桑养蚕历史中,产生了丰富多彩、情趣淳朴的蚕桑丝绸风俗,带有强烈的社区文化特色。

周德华:《吴江蚕桑丝绸风俗漫笔》,《丝绸》1991 年第 8/9 期。(ISSN:1001 - 7003. CN:33 - 1122)

随着吴江蚕桑丝绸业的发展，派生出许多与此有关的风尚习俗，情趣淳朴，饶有风味，如今虽大多已不复存在，但从社会文化和民俗文化的角度来透析丝绸历史和社会经济仍有相当意义和研究存史价值。

司伟、沈云彩：《吴江的桥联与丝绸》，《苏州丝绸工学院学报》2000 年第 6 期。(ISSN：1000 - 1999. CN：32 - 1673)

吴江现有 300 余座古石桥，大多刻有浮雕桥联。桥上的桥联有很多与丝绸相关，这些沉淀着浓郁丝绸文化的内涵的丝绸桥联是当时吴江地区丝绸生产和贸易状况的历史印证。本文辑录了吴江地区有代表性的丝绸桥联，从中分析当时该地区的丝绸状况。

周德华：《吴江桥梁楹联与丝绸》，《江苏地方志》1996 年第 4 期。(ISSN：1003 - 8485. CN：32 - 1011)

吴江地处水网地带，全境现有石桥 200 余座。年代最早者为宋代。建筑式样及风格各异，大致分拱式和梁式两种。不少桥上刻有浮雕楹联（以下简称桥联），它们如实概括地描述了当地的地理形胜、风土人情、交通水利等。吴江自古为丝绸之乡，自然也有不少反映蚕桑丝绸风貌的桥联。

周德华：《吴江丝绸地名杂谈》，《丝绸》1996 年第 10 期。(ISSN：1001 - 7003. CN：33 - 1122)

吴江既为丝绸之乡，丝绸特色无处不在，甚至地名和桥梁楹联都打上了丝绸烙印，实在是十分有趣的丝绸文化风情现象。最直接明显的地名是以丝织配件、工序和产品为标志，如盛泽的梭子弄、茹店弄、运经弄和震泽的打线弄，以及坛丘的子浜等。

周德华：《吴江丝绸桥联赏析》，《丝绸》1996 年第 5 期。(ISSN：1001 - 7003. CN：33 - 1122)

吴江为丝绸之乡，又处水网地带，境内石桥众多。其上所刻桥联，概括地描述了当地的地理形胜、风土人情、交通水利等。文章辑录了与蚕桑丝绸有关的桥联，与吴江蚕桑丝绸盛况进行对照分析，从而展示出吴江地区丝绸文化的又一层面。

李炳华：《"五四"时期吴江知识界对发展盛泽丝绸的思考》，《浙江丝绸工学院学报》1993 年第 3 期。（ISSN：1673 - 3851. CN：33 - 1338）

"五四"新思潮给予政治、文化以至经济以深刻影响，在"五四"新思潮的推动下，吴江的知识界对振兴盛泽丝绸业的思考，不仅领域较广，而且内涵深刻，不仅继承了戊戌维新和辛亥革命时期的先进思想，而且有许多新的突破，新的构想，虽然这些思考在当时不可能实现，但仍给人以深刻的启示。

张晓平、张国华：《"五星出东方利中国"锦见证丝绸之路的畅通》，《四川丝绸》2007 年第 2 期。（ISSN：1004 - 1265. CN：51 - 1214）

"五星出东方利中国"这一文字织锦，见证了古丝绸之路的畅通，佐证了一段史实，是东西方物质文化交流的体现。

顾希佳：《吴越蚕丝文化向日本的流播及其比较》，《农业考古》2002 年第 3 期。（ISSN：1006 - 2335. CN：36 - 1069）

随着吴越先民将蚕丝生产方式和生产技术的带往日本和朝鲜半岛，必然导致蚕丝民俗文化的交流，从而使得在蚕神信仰及其神话、蚕神祭祀和祛祟等民俗事象方面，中日两国之间都存在着许多相似之处，值得予以比较研究。

王娟：《五指山黎族传统织锦服饰特色浅析》，《琼州学院学报》2011 年第 6 期。（ISSN：1008 - 6722. CN：46 - 1071）

五指山黎族传统服饰以黑为美，服饰以黑色或蓝黑色作为主基调。笔者试以色彩艳丽与黑白对比、图案装饰与纹样形式多样、文化寓意内涵丰富等三个方面，阐述五指山黎族传统织锦服饰的特色，对五指山黎族传统织锦服饰特征及其图案特点加以浅析。

张茵：《西方文艺复兴时期的丝绸服饰》，《丝绸》2005 年第 7期。（ISSN：1001 - 7003. CN：33 - 1122）

服装史上的文艺复兴时期确立了西方铸塑式的造型特征，奠定了性别对立的格局，完善了各种附加的装饰手法，文章试从那个时期丝绸的生产、风格、图案、造型、装饰和种类几个方面来描述当时丝绸服装的样貌概况。

龚缨晏：《西方早期丝绸的发现与中西文化交流》，《浙江大学学报》（人文社会科学版）2001 年第 5 期。（ISSN：1008 - 942X. CN：33 - 1237）

丝绸是古代中国的主要外销产品，也是古代东西方文化交流的象征。近年来，国外发现了一些早期丝绸，为研究中西文化交流提供了实物依据。古代地中海地区曾利用野蚕丝进行过纺织，西方文献所说的"科斯丝绸"就是指这种野蚕丝，而不是指中国丝绸。至少在公元前 6 世纪，中国丝绸已经传到了欧洲，并且很可能是沿着草原通道西传的。

周德华：《西湖博览会与丝绸——纪念西湖博览会 70 周年》，《丝绸》1999 年第 1 期。（ISSN：1001 - 7003. CN：33 - 1122）

1929 年 6 月 6 日至 10 月 10 日，规模宏大的西湖博览会在杭州举行。参展展品均为国货，其中丝绸展品设有专馆。从参展丝绸展品的数量、地区及获奖情况，反映出我国 20 世纪 20 年代末丝绸行业的地理配置及其制造工艺和产品的质量水平。西湖博览会对当时处于危机之中的中国丝绸业是一个促进，它增强了丝绸行业的忧患和竞争意识。

井菲、郝云华、赵媛媛：《西双版纳傣族织锦及其在现代服饰

设计中的运用》,《中国报业》2012 年第 16 期。（ISSN：1671 - 0029. CN：11 - 4629）

织锦在傣族的宗教文化中起到了不可磨灭的传承和符号表征。从古到今,傣族织锦和宗教信仰是形影不离的。织锦和宗教文化传承到现在,人们仍旧不难从傣族织锦中寻找到信仰的痕迹;有的即使已经脱离了宗教的本来含义,但是其符号象征的表征意义仍在,从未被放弃。傣族织锦和宗教文化相互交织,经过岁月的锤炼和历史的积淀不断地透露出傣族人民的思想、精神和情感。

梁加龙:《夏鼐的丝绸史考古研究》,《考古》2000 年第 4 期。（ISSN：0453 - 2899. CN：11 - 1208）

夏鼐（1910—1985）是新中国最负盛名的考古学家,他具有多方面的学术成就,丝绸史考古研究即是其中一个重要方面。夏鼐的丝绸史考古研究,包括了汉唐时代和汉代以前丝绸生产技术水平的一般情况。比较突出的成就包括两方面:一是对新疆出土织锦的中西比较研究;二是对汉代织机做了新的复原。

向春香、陶红:《先蚕礼在中华农耕社会中的组织传播分析》,《蚕学通讯》2011 年第 3 期。（ISSN：1006 - 0561. CN：50 - 1065）

先蚕礼在中华农耕社会自上而下的组织内传播中,其礼教内涵对于中国古代社会的价值观、情感、社会秩序以及行为方式等产生了重要影响。先蚕礼通过符号化的传播,对中华传统社会这一超稳定的组织起着重要的维护作用,在组织内部起到了社会整合、规范、教育以及文化传承的传播功能。

袁杰铭:《现代四川丝绸贸易》,《四川丝绸》1999 年第 1 期。（ISSN：1004 - 1265. CN：51 - 1214）

本篇论述了 1950—1957 年,四川丝绸对外贸易的发展过程与成就。

袁杰铭：《现代四川丝绸贸易（续）》，《四川丝绸》1999 年第 3 期。（ISSN：1004 - 1265. CN：51 - 1214）

本篇论述了 80 年代后期，四川丝绸外贸的成就与展望。

袁杰铭：《现代四川丝绸贸易（续）》，《四川丝绸》1999 年第 2 期。（ISSN：1004 - 1265. CN：51 - 1214）

本篇论述了 1985—1990 年，四川丝绸对外贸易的发展过程与成就。

白志刚：《现实题材丝绸装饰纹样研究》，《丝绸》2011 年第 2 期。（ISSN：1001 - 7003. CN：33 - 1122）

在当今多元审美观念下，丝绸装饰纹样无论从题材到表现方法都呈现出多种形式的发展趋势，并逐渐同中国社会的当前文化语境相吻合，表现人们对社会、对生活的不同态度和感受。通过对传统丝绸装饰纹样的解读，从吉祥观念、表现题材、造型方式、空间结构、色彩与光等方面论述了现实生活题材在当代丝绸装饰纹样中的空间拓展。

卢娜：《香云纱的艺术表现及其传承研究》，《国外丝绸》2009 年第 4 期。（ISSN：1005 - 7609. CN：32 - 1812）

香云纱是中国丝绸的一种传统面料，色彩沉静，质感独特，具有独特的艺术风格和深厚的历史文化底蕴，以及较高的审美和研究价值。香云纱的服装设计要充分考虑面料本身的特点，其设计作品适用于表达传统风格，又能体现时尚感。本文在分析香云纱面料特征的基础上，对香云纱服装设计在风格、配色、款式等方面的适应性进行探讨，并针对香云纱的传承提出了几点建议。

吴想：《湘西土家织锦吉祥纹样研究》，《数位时尚》，《新视觉艺术》2012 年第 3 期。（ISSN：1673 - 9914. CN：32 - 1738）

湘西土家族织锦工艺中的吉祥纹样是土家族文化的载体，也是中华民族传统文化的重要组成部分，在设计艺术研究领域具有重要意义，本文通过分析湘西土家织锦吉祥纹样的文化寓意、骨式和设色特点，揭示了土家族织锦吉祥纹样的传承价值，并通过对土家织锦吉祥纹样特点的认识与掌握，获得现代设计的部分灵感和创意。

杨蓓、肖弋：《湘西土家织锦——西兰卡普纹样研究》，《美术》2012 年第 4 期。（ISSN：1003 - 1774. CN：11 - 1311）

土家织锦是湘西土家族审美文化延续及活态传承的产物，以生命为美的审美观念让织锦在土家族的服饰、居住、祭祀等民俗活动中成为不可或缺的生活艺术必需品。在多元文化共存与交融的现代社会，传统文化的延续和融通发展离不开对典型艺术形式的溯源及内容具体阐释。

夏荷秀、赵丰：《镶黄旗哈沙图古墓出土的丝织品》，《内蒙古文物考古》（草原文物）1992 年第 Z1 期。（ISSN：2095 - 3186. CN：15 - 1361）

1988 年 9 月，内蒙古锡林郭勒盟镶黄旗宝格都勿拉苏木哈沙图嘎查被洪水冲毁一座古墓。墓葬距地表约 2 米，墓内有年轻女性骨骼 1 具，随葬品有金马鞍饰 4 件，金耳环 1 只，金手镯 1 对，金杯 1 只，铜镜 1 面及丝绸残片若干。从随葬品的形制、特点判断，此墓当属金元时期蒙古汪古部的墓葬。本文主要介绍出土的丝织品。

袁宣萍：《像景织物的起源与流布》，《丝绸》2007 年第 8 期。（ISSN：1001 - 7003. CN：33 - 1122）

像景织物的起源与近代丝绸史上贾卡式提花织机的问世是分不开的。19 世纪前期的法国最早发明了这项工艺，英国则将像景织物称为"斯蒂文画"。贾卡织机在 20 世纪初传入中国，1911 年在杭州创办的省立中等工业学堂成为传播新技术的摇篮。毕业于该校的都锦生首创了中国像景织物，产品多以描绘西湖风景为主。因此，从世界范围内考察像景织物的起源与流布，有利于我们对中国近代丝绸工业史有更清晰的认识。

凌光汉：《新昌蚕业史之二、三事》，《蚕桑通报》1993 年第 1 期。（ISSN：0258 - 4069. CN：33 - 1081）

20 世纪 30 年代前，新昌蚕业曾有两事名扬全国：一是龙皇堂的蚕种；二是新昌制种业。本文叙述了笔者在编纂新昌县农业志时，从《中国实业志》、新昌籍蚕业界老前辈求良儒先生以及我县龙皇堂村群众中了解到一些鲜为人知的资料。

王翔：《辛亥革命期间的江浙丝织业转型》，《历史研究》2011 年第 6 期。（ISSN：0459 - 1909. CN：11 - 1213）

鸦片战争后，作为中国最主要的丝绸织造中心，江浙地区丝织业的发展虽时有起伏，但大体呈现发展态势，并一直维持着传统生产形态未变。其间虽时有以近代科技改造丝织业的提议和设想，但时迄清末，并未迈出实质性的一步。辛亥革命期间，江浙丝织业遭受严重冲击，迫使其合群抱团，奋力抗争，一面推动"服用国货"，维护丝织业的市场地位和销售份额；一面开始"建厂购机"，拉开了传统丝织业近代转型的帷幕。

梁加龙：《新出丝绸与中西交通》，《史学月刊》1991 年第 6 期。（ISSN：0583 - 0214. CN：41 - 1016）

丝绸在中西交通考古学上具有突出的意义。从古代丝绸的出土地点、年代、数量、品种、纹样、技法及共出器物等来研究中西交通的时间、路线及其影响，是中西交通考古学不可忽视的领域。斯坦因（A. Stein）、普菲斯特（R. Pfister）、西尔凡（V. Sylwan）、鲁金科（Rudenko），夏鼐等的研究和著作，从不同的国家向人们揭示了考古发现的丝绸对于中西交通考古研究的意义。

赵丰：《新疆地产棉线织锦研究》，《西域研究》2005 年第 1 期。（ISSN：1002 - 4743. CN：65 - 1121）

本文对人们所认为的新疆地产棉线织锦包括平纹纬锦和棉线锦绦两个大类做了较为详细的研究，分析了这两种织物的织造特点。

魏长洪：《新疆丝绸蚕桑的传入与发展》，《新疆大学学报》（哲学社会科学版）1979 年第 Z1 期。（ISSN：1000 - 2820. CN：65 - 1034）

新疆各族人民从远古的时代起，就和内地人民有了友好的往来，在大量的汉文古籍历史文献里都有记载。内地劳动人民长期辛勤培育的蚕桑和丝织品传来新疆，在历史上占有重要的一页。本文试就丝织品和蚕桑技术传入新疆与发展的问题，进行初步探讨，说明祖国的新疆与内地的亲密关系，源远流长。

陈修身：《新疆丝绸史初探》，《丝绸》1987 年第 1 期。（ISSN：1001 - 7003. CN：33 - 1122）

自公元二、三世纪中原蚕桑丝绸生产技术传入新疆之后，新疆丝绸业走过了一个吸收中原技术、结合民族特色、重视贸易交流的发展过程。南北朝时期就开始生产织锦，在唐代成为丝绸之路上的贸易和生产重镇。到清末仍大力发展养蚕、缫丝和丝织业，成为我国丝绸生产的重要产区之一，为丝绸宝库中增添许多"国宝"。

李琴生：《新中国浙江丝绸业回眸》，《丝绸技术》1998 年第 4 期。（ISSN：1009 - 265X. CN：33 - 1249）

中华人民共和国成立后，浙江丝绸业走上了稳定发展的轨道，丝绸生产、科研、贸易、文化等领域发生了深刻变化。通过近 50 年努力，浙江丝绸业生产技术显著进步，花色品种丰富多彩，内外贸易蓬勃发展，浙江丝绸业进入了一个崭新的发展时期。

孙文飚：《胸中锦绣 指下芬芳——江南刺绣与刺绣才女的艺术生涯》，《江苏地方志》2004 年第 2 期。（ISSN：1003 - 8485. CN：32 - 1011）

气候和人性均以温润著称的江苏，自古蚕桑发达，苏南地区更是"日出万绸，衣被天下"的锦绣之乡。优越的地理和人文环境，绚丽丰富的锦缎丝绸，不仅为刺绣的发展，更为女性才艺的展示、智慧的发展和生存的独立创造了条件。源深流长，江苏刺绣流派有苏绣、扬绣、锡绣、通绣等，苏绣则是其中突出的代表，被誉为中国艺术宝库中的明珠。

杨世君：《雪域奇葩——"唐卡"艺术广受关注》，《西藏艺术研究》2010 年第 3 期。（ISSN：1004 - 6860. CN：54 - 1017）

唐卡是卷轴画的藏语音译。汉语译意为以宗教佛像类题材为主题内容的卷轴画，通常绘制于布帛、丝绸、皮革之上，是西藏及四川省藏区民间绘画的主要形式，也是藏族绘画和工艺美术的代表性艺术品种，历史渊源流长，工艺技法独特，艺术水平精湛，深为各界人士喜爱。唐卡艺术的演进过程，是吸收融合中外绘画艺术的漫长历史进程，是不同国度与不同民族文化交流的有利鉴证。

邱家尧：《扬州丝绸史记》，《丝绸》1992 年第 10 期。（ISSN：1001 - 7003. CN：33 - 1122）

扬州丝绸有悠久的历史，夏代就出产"织贝"，到汉朝已经达到了很高水平。唐代有"番客袍锦"为贡品，鉴真和尚东渡日本带去了不少丝绸制品。明代栽桑、养蚕、缫丝、织绸遍及扬州府所属各州、县，是地方官府的重要田赋收入。

赵丰、齐晓光：《耶律羽之墓丝绸中的团窠和团花图案》，《文物》1996 年第 1 期。（ISSN：0511 - 4772. CN：11 - 1532）

辽代丝绸的发现似乎一直没有引起人们的重视。在很长一段时间内，人们知道的只有辽宁法库叶茂台出土的零星资料。其他如内蒙古赤峰市大营子的辽赠卫国王墓和解放营子辽墓中虽然也出土了不少珍贵的丝绸，但一直未见详细报道。近年来，内蒙古境内辽墓出土的丝绸逐渐引起越来越多的注意。巴林右旗辽庆州白塔塔顶天宫、巴林左旗大康二年墓、哲盟小努日木辽墓等均有精美的丝绸文物发现。特别是这次阿鲁科尔沁旗耶律羽之墓出土的大量丝绸，品种齐全、技艺高超、图案精美，具有极高的研究价值。现仅就其中的团窠和团花图案来谈谈辽代丝绸。

李之檀：《一部以文化为中心的中国丝绸史——〈中国丝绸科技艺术七千年——历代织绣珍品研究〉评介》，《中国图书评论》2003 年第 4 期。（ISSN：1002 - 235X. CN：21 - 1035）

由清华大学美术学院黄能馥教授和故宫博物院陈娟娟研究员合著的《中国丝绸科技艺术七千年——历代织绣珍品研究》于 2002年 12 月沈从文先生诞辰一百周年之际隆重出版，其意义尤显不凡。该书共 37 万余字，插图千余幅，大 16 开，彩色精印。

赵翰生：《一段飘逸的历史——漫谈桑蚕丝绸史话》，《生命世界》2005 年第 2 期。（ISSN：1673 - 0437. CN：11 - 5272）

中国是养蚕织帛的发源地，这项发明，比人们熟知的中国古代四大发明火药、指南针、造纸和印刷术，要古老得多，而它对人类文明的贡献又绝不稍逊于后起的这四项科技发明。我国传统的、高水平的蚕织技术，不仅对世界纺织技术的进步曾产生过相当深远的影响，与西方国家的丝绸贸易，还铺就了沟通古代东西方文明的大通道——丝绸之路。

廖伦旭：《楹联佳句赞丝绸》，《四川丝绸》2003 年第 4 期。（ISSN：1004 - 1265. CN：51 - 1214）

在烟波浩渺的中国丝绸文化历史长河中，历代文人墨客热衷于用诗词、歌赋、传说、民谚、楹联、佳句等文学艺术形式来宣传、赞美、讴歌中国丝绸。在诸多体裁文学艺术形式中，短小精悍，明白如话的楹联、佳句，宣传中国丝绸、传播织造技术、发挥丝绸经济价值。

顾秋萍、张建波：《用刀刻过丝绸》，《中华手工》2008 年第 3 期。（ISSN：1672 – 6766. CN：50 – 1166）

非物质文化遗产系列报道之七故宫珍宝万历皇帝龙袍意外破损，几十年后才找到能够修复龙袍的缂丝大师王嘉良，让古老的缂丝工艺引起了世人的关注。

杨旸、柳岚：《有清一代中华服饰经由黑龙江及库页岛地区东传北海道溢彩》，《黑龙江社会科学》2001 年第 6 期。（ISSN：1007 – 4937. CN：23 – 1407）

清继明，对黑龙江下游及库页岛地区实行噶珊制度，这是清朝用以代替明代卫所制度对这一地区进行辖治的一项重要措施。噶珊制度其一重要内容是"贡貂与赏乌林制"，致使内地蟒袍、锦缎、面料丝绸诸品，通过黑龙江下游及库页岛地区少数民族传入北海道，它们被称为"虾夷锦"。噶珊制度是北海道虾夷锦来源和发展的主要缘由，经库页岛南端"中国式土城"白主土城"至西山国穿官"是中国诸品进入北海道的主要渠道。中国蟒袍等东传北海道具有重要历史意义和学术意义。

蒋猷龙：《与蚕丝业有关的古人》，《中国蚕业》1998 年第 1 期。（ISSN：1007 – 0982. CN：32 – 1421）

蚕丝业历史悠久，在没有文字的时代，靠口头传说，把古事一代代地传下来，其中有的是信史，有的是后人托古塑造的，蚕丝作为吉祥物，文人们总要把我国创业史上的名人与蚕丝业联系起来，作为时代的代表人物，作为蚕丝文化的内涵值得我们思考。

尚刚：《元代的织金锦》，《传统文化与现代化》1995 年第 6 期。（ISSN：1004 – 8618. CN：11 – 3175）

中国织金锦的初起和繁盛同西域国家和游牧民族密切相关。织金是元代丝绸的最大特点，织金锦的问题也集中反映了元代丝绸的基本问题。织金锦的风靡，织物饰金的时髦代表了元代丝绸，乃至工艺美术对精丽华贵的追求。这种追求与通常认为元代工艺美术粗犷豪放的笼统结论似乎正相反。

廖军：《元代丝绸纹样的艺术特色及尚金习俗》,《中国纺织大学学报》2000 年第 4 期。(ISSN：1671 - 0444. CN：31 - 1865）

元代是中国历史上第一个由少数民族贵族统治的封建王朝,统治者一方面弘扬民族文化；另一方面大力推崇西亚艺术,加上中国根深蒂固的传统文化的影响,形成了三种文化并存,相互借鉴的新的风尚。丝绸纹样的艺术正是在这种情形下发展兴盛、出现了中西合璧的新趋势。元代丝绸纹样中的尚金习也是在这个特定的背景中广泛流传并完善起来的。

嵇发根：《源远流长的蚕文化》,《今日浙江》2002 年第 18 期。(ISSN：1008 - 0260. CN：33 - 1213）

湖州市南浔区含山,是江南蚕文化的发祥地之一,久享"蚕花圣地"之美称。本文讲述了含山蚕花节的来历,及其蚕丝的起源和先民对神的崇拜。

倪孔宣、石金昌：《源远流长的山东丝绸》,《丝绸》1988 年第 12 期。(ISSN：1001 - 7003. CN：33 - 1122）

山东丝绸在春秋战国时期已有相当大的发展,形成了以纨、缟等素织物为代表作的品种群。山东率先放养柞蚕,制成茧绸,成为兼营桑柞的丝绸产区。山东丝绸经济体制已走上茧丝绸、产供销、农工商一条龙实体化道路。传统的、新型的丝绸品种正在日益翻新。

许才定、王安泉：《源远流长的陕西哑柏真丝刺绣》,《丝绸》1994 年第 7 期。(ISSN：1001 - 7003. CN：33 - 1122）

陕西周至县的哑柏真丝刺绣,具有悠久的历史。哑柏绣品色彩亦富于理想化,对比强烈,在对比强烈的色彩上,用金、银、黑、白、灰色丝线勾勒，使色彩鲜艳而协调，具有浓郁的民间艺术特色。它植根于民间，并在改革开放的今天焕发出蓬勃生机。

章江心：《源远流长的蜀锦工艺》，《文史杂志》2002 年第 5 期。（ISSN：1003 – 6903．CN：51 – 1050）

蜀锦是中华民族丝绸百花园中开放得较早的一朵丝绸奇葩，它以织造精致、图案丰富、色彩绚烂著称于世，与苏州的宋锦、南京的云锦、广西的壮锦并称为中国四大名锦。在古代丝织物中，锦是一种五彩蚕丝提花织物，是丝织品中最华美名贵的品种，是代表丝织最高技术水平的织物。蜀锦集历代织锦工艺之大成，是中华民族和全世界最珍贵的文化遗产之一。

刘艳：《远安嫘祖庙会祭祀蚕神民俗略观》，《文学教育（上）》2011 年第 7 期。（ISSN：1672 – 3996．CN：42 – 1768）

随着中国对嫘祖文化研究的深入，蚕神嫘祖受到越来越多人的敬重和祭拜。本文对远安嫘祖庙会祭祀蚕神民俗文化现象进行了初步考察，并对嫘祖精神在湖北远安的发扬光大做了纵向式的略观。

祁开寅：《粤丝史话》，《丝绸》1989 年第 9 期。（ISSN：1001 – 7003．CN：33 – 1122）

广东的蚕桑丝绸业历史悠久，广州港更是我国历代对外贸易的著名港口，是海上丝绸之路的起点。在生产技术和产品等方面，广东丝绸具有鲜明的岭南特色。

王宝林：《云锦的文化表现形式及其功能》，《东南文化》2002 年第 11 期。（ISSN：1001 – 179X．CN：32 – 1096）

云锦集传统丝绸工艺之大成，并与中国吉祥文化相辅相成。具有功利、吉祥、审美等多重功能。

曲鸣飞：《云南傣族织锦》，《科学之友（A 版）》2010 年第 1

期。（ISSN：1000 - 8136. CN：14 - 1032）

谈到云南美女，傣族美女必不可少，身材窈窕的她们是街头流动的风景。而她们身上一梭一线织出的傣裙，就是被公布为第二批国家级非物质文化遗产的"傣族手工织锦技艺"的作品之一。"锦"在字典中指"精美鲜艳的纺织品"，傣族人早有棉布和丝绸织锦，现在，我们看到的通常是棉布织锦。傣族手工艺人用这一布上的"美丽云霞"，做出了傣裙、围巾、沙发垫等各种各样的生活用品，它们也成为许多游客必买的纪念品之一。

龙博、赵丰、吴子婴、彭婕：《云南傣族织锦技艺的调查》，《丝绸》2011 年第 12 期。（ISSN：1001 - 7003. CN：33 - 1122）

通过对云南省傣族地区使用的傣锦织机、织物及其织造技术进行实地调查研究，将现存的傣族低花本织机进行了归类，研究了其织机的具体形制、工作原理及操作方法，并分析了其织物的组织结构、图案风格及色彩运用，有助于对这一国家级非物质文化遗产的充分了解及有效保护和传承。

石小花、马兴隆：《云南少数民族美术语言的特点分析——以傣族织锦图案为例》，《商业文化（下半月）》2012 年第 5 期。（ISSN：1006 - 4117. CN：11 - 3456）

云南拥有着独特的自然环境，地域特征和特有的少数民族风情为云南绘画的创作和发展提供了良好的素材。云南少数民族美术语言具有象征性、装饰性、主观表现性等特点。本文以傣族的织锦图案为例分析其美术语言的特点。

赵丰、罗群、周旸：《战国对龙对凤纹锦研究》，《文物》2012 年第 7 期。（ISSN：0511 - 4772. CN：11 - 1532）

1957 年，湖南长沙左家塘楚墓曾经出土一件对龙对凤纹锦，引起了古代丝织品研究者的关注。近年，中国丝绸博物馆又收藏了一件对龙对凤纹锦，其风格与左家塘发现的织锦相似。作者通过复制该件织锦，尝试复原了这种织锦的制造技术。同时，分析了战国时期对龙对凤纹锦上的纹样主题，对其中的龙纹、凤鸟纹、兽纹和几何纹进行了深入研究。

日知：《张骞凿空前的丝绸之路——论中西古典文明的早期关系》，《传统文化与现代化》1994年第6期。（ISSN：1004 - 8618. CN：11 - 3175）

所谓"张骞凿空"，仅能就中国和西方各国的官方关系言之，若民间往来，商贾贸易，则不仅早于公元前2世纪的张骞时代，而且也不限于这条干线。张骞在大夏时，见"邛竹杖蜀布"，是大夏贾人市之于身毒（印度），而印度商贾同中国川滇商人自古早有交往。本文通过历史考证，论述了"张骞凿空"之前，早在战国时代或更早些，中国同西域各国已有丝绸贸易和其他商品往来，早已存在经济文化的交往。

蒋猷龙：《浙江蚕品种推广的演变（续）——现代部分》，《古今农业》1992年第4期。（ISSN：1672 - 2787. CN：11 - 4997）

中国是世界上最早发明养蚕的国家，据研究已有近五千年的历史，浙江省蚕业亦有4701多年的历史。家蚕从桑蚕驯化之日起，蚕种就成为繁殖后代，扩大再生产的必要手段。在几千年的历程中，由于人工和自然选择，形成了许多性状各异的地方品种。此后，由于地区间相互引种并进行品种间杂交，性状间产生变异，从而越来越多地产生特殊性状和人们要求性状的品种，不断提高生产上的经济效果。

蒋猷龙：《浙江蚕品种推广的演变——古代至近代》，《古今农业》1992年第3期。（ISSN：1672 - 2787. CN：11 - 4997）

中国是世界上最早发明养蚕的国家，据研究已有近五千年的历史，浙江省蚕业亦有4700多年的历史。家蚕从桑蚕驯化之日起，蚕种就成为繁殖后代，扩大再生产的必要手段。在几千年的历程中，由于人工和自然选择，形成了许多性状各异的地方品种。此后，由于地区间相互引种并进行品种间杂交，性状间产生变异，从而越来越多地产生特殊性状和人们要求性状的品种，不断提高生产上的经济效果。

蒋猷龙：《浙江蚕丝业发展简史（二）》，《丝绸》1988 年第 9 期。（ISSN：1001－7003．CN：33－112）

本文为《浙江丝绸业发展简史》的续篇，记述了自宋太祖始至新中国成立初期，浙江蚕丝业发展与兴盛的历史。

袁宣萍：《浙江历代县织名产》，《丝绸》1986 年第 11 期。（ISSN：1001－7003．CN：33－1122）

唐宋以来，随着全国经济重心的南移，浙江一带逐渐成为丝织业的中心，出现了不少丝织名产。这些名产既和浙江在丝绸发展史上的地位相配合，同时从品种特色、织造技术上来说也有其自身的继承和发展关系。在新的历史条件下，研究这些丝织名产，对我们认识和继承浙江丝织品的传统特色，及其在全国丝织业中的地位，具有一定的意义。

梁加龙：《浙江丝绸工业小史》，《丝绸》1989 年第 11 期。（ISSN：1001－7003．CN：33－1122）

文章从良渚文化遗址中挖掘出的丝绸，论述了古代直至新中国改革开放初期，浙江丝绸业发展的历程。

蒋猷龙：《浙江丝绸业发展简史（一）》，《丝绸》1988 年第 8 期。（ISSN：1001－7003．CN：33－1122）

在余姚发掘的河姆渡遗址中，出土了许多用于纺织的木、骨、角以及牙器，特别是两件盅形骨器外壁，刻有编织纹和蚕纹图案，这虽不足以证明浙江的蚕业起源于七千年前，至少可说明当时居民对蚕的喜爱。发展到新石器时代的良渚文化、距今近五千年的吴兴钱山漾遗址中，发掘到较多的丝织品——绸片、丝线和丝带，为近代全国发掘的最早丝织品。作者以此为线索对浙江蚕桑治丝业的历史进行了深入的研究。

袁仄：《拯救丝绸：艺术·后现代·"80后"》，《丝绸》2008年第5期。（ISSN：1001－7003．CN：33－1122）

过去我们习惯称自己是丝绸人，也总是用丝绸人的老眼光来看待丝绸。习惯性的眼光未免有太多的局限，今天我们是否可以试着倾听另一种声音对丝绸的解读，或许我们可以从这种声音中听到更多的智慧之音。

伏兵：《织金锦》，《四川丝绸》1997年第1期。（ISSN：1004－1265．CN：51－1214）

锦，是用多种色线织出花纹的提花丝织物，织金锦由于大量采用纯金材料针织花纹或地部，其价更非一般织锦可以比拟。关于织金锦的起源，历来就有争论，主要集中在两个方面：一是起源的时代；二是起源的地域。织金锦在我国丝绸发展史上所占有重要地位，对它的探讨，会有利于我们更好地了解传统、发扬传统。

李莉莎：《质孙服之面料考》，《内蒙古师范大学学报》（哲学社会科学版）2011年第6期。（ISSN：1001－7623．CN：1001－7623）

蒙元时期，纺织面料丰富多彩。西亚的优质毛料和纳石失，中原的丝织品、北方的上等裘皮等，汇集于宫廷和贵族中，而这些服饰材料就成为著名质孙服的制作材料。《元史》对质孙服有比较详细的描述：天子质孙和百官质孙共有49款面料、色彩、装饰。质孙服的面料按材质可分成丝织品、毛织品和裘皮制品三大类，它们代表了元代服饰材料的精华和纺织技术的最高水平。

余广彤：《中国蚕丝教育家——费达生》，《苏州丝绸工学院学

报》1988年第4期。（ISSN：1000－1999. CN：32－1673）

费达生，我国著名女蚕丝教育家。早年毕业于江苏省女子蚕业学校。1921年赴日留学，入日本东京高等蚕丝学校制丝教妇养成科。毕业回国后，在女蚕校担任教员、推广部主任、制丝科主任等职。在郑辟疆先生指导下，她把教育、科研与社会生产相结合，走科学复兴之路，推广养蚕新拉术，深入吴江等地农村，组织蚕业改进社、合作社，推广改良蚕种与饲养秋蚕，宣传用科学方法养蚕，使蚕茧产量增加，品质明显提高。

金佩华：《中国蚕文化论纲》，《蚕桑通报》2007年第4期。（ISSN：0258－4069. CN：33－1081）

中国是世界蚕业的发源地，具有五千年以上的悠久历史，在神话传说、历史演进、文学艺术、科学技术、丝绸之路、蚕俗民风等方面蕴含了极其丰富的文化内涵，形成了独具风格的中国蚕文化，体现了蚕文化的满足功能、传递功能、教化功能和潜在功能。

袁宣、陈百超：《中国传统包装中的丝绸织物》，《丝绸》2010年第12期。（ISSN：1001－7003. CN：33－1122）

在中国传统艺术中，丝绸既是一种优美的织物，又是一种高档的包装材料，包装形式也多种多样。织物包装可分为三类：典雅的书籍与书画的包装，精致的高档器物包装，丰富多彩的生活用品包装。丝绸本身的质地、色彩、纹样与包装物陪衬，不但是实用与艺术的结合，而且在某种意义上还代表了一种文化。因此，丝绸在中国传统包装设计中具有重要作用。

王翔：《中国传统丝织业走向近代化的历史过程》，《中国经济史研究》1989年第3期。（ISSN：1002－8005. CN：11－1082）

在20世纪初中国丝绸生产中心的江、浙、沪一带，传统丝织业开始起步走向近代化，构成了中国资本主义发展的一个重要方面。在某种意义上说来，传统丝绸生产的内涵性变化，比棉纺织业和面粉业的外延性扩大更能说明中国资本主义的发展，理当引起我们的充分重视。

张晓霞：《中国典型传统面料——锦》，《苏州丝绸工学院学报》2000 年第 2 期。（ISSN：1000 - 1999. CN：32 - 1673）

中国古代的锦以工艺精致、色彩艳丽、图案精美而著称，是中国传统服饰中的主要材料。用锦制成的服饰，往往具有特定的意义。正由于此，许多著名品种屡见于史籍。

蒋猷龙、蒋琳娜：《中国古代蚕织妇女的卓越技艺》，《丝绸》1991 年第 Z1 期。（ISSN：1001 - 7003. CN：33 - 1122）

自古以来，妇女在蚕织劳动中担负着艰巨的工作，而传说中的蚕神，也往往是妇女形象的化身。文章从历代文献诗赋着笔，叙述了妇女在这一领域尤其是织绣方面的杰出技艺和卓越贡献。

赵丰：《中国古代的单层色织物》，《丝绸》1986 年第 1 期。（ISSN：1001 - 7003. CN：33 - 1122）

色织物是指将经纬丝线预先染好色彩后上机织造而成的多彩织物，织锦就是其中典型的一类，向以织工精致、色彩绚丽、纹样多变、其价如金而著称。中国古代的织锦一般均采用重组织通过表里换层来显示各种色彩，除此以外，还有一些属于单层组织的多彩色织物，它们在中国古代丝绸的数量中所占比重虽然较小，但其品种之多变、设计之巧妙、效果之独特却是不容忽视。它们不仅在我国丝绸科技史上占有一定地位，而且对现在新品种的开发也具有参考价值。

宋蕾：《中国古代的丝绸文化传播》，《华夏文化》2008 年第 1 期。（ISSN：1007 - 7901. CN：61 - 1274）

论述了汉代中国丝绸文化对外传播的三个途径，指出丝绸的传播已经超出了丝绸贸易的意义，也是文化、艺术和精神文明的传播。

蒋猷龙：《中国古代的养蚕和文化生活》，《浙江丝绸工学院学报》1993 年第 3 期。（ISSN：1673 - 3851. CN：33 - 1338）

从地下丝绸遗物的发掘，证明距今五千多年前就有丝绸生产，中国古代黄河流域和长江流域的不同民族，先后发明养蚕。公元前 4 世纪起，对蚕的生态和生活史有描述，至 19 世纪，已出版蚕书三百多种。论文从蚕的由来传说、诗歌、艺术、医药、丝绸之路和养蚕技术的传播等方面，论述了丰富的蚕文化。

阎玉秀、金子敏：《中国古代服装廓型的演变》，《丝绸》1995 年第 8 期。（ISSN：1001 - 7003. CN：33 - 1122）

廓型是服装造型的主要特征。分析中国古代服装的廓型演变及其存在规律，以便对中国五千年服装史及其对现代服装造型的影响有更深刻的认识。

何瑛：《中国古代丝绸的发展历程简析》，《四川丝绸》2003 年第 4 期。（ISSN：1004 - 1265. CN：51 - 1214）

我国新石器时代中晚期，丝绸在当时的社会生活中已占有一定的地位；商周时期丝绸业有了迅速的发展；经过辉煌的战国秦汉、转折的隋唐时期，到宋元明清时期丝绸业得到进一步发展。

毛莉莉：《中国古代丝绸服饰纹样特点》，《丝绸》2000 年第 9 期。（ISSN：1001 - 7003. CN：33 - 1122）

中国古代丝绸服饰纹样是民族文化的瑰宝。文章在翔实的史料基础上，整理出古代各个历史时期丝绸服饰纹样的特点，并据此认为：在特定的历史背景下，由先人们创造的丝绸服饰纹样对当今丝绸纹样设计的重大影响，实际上正体现历史的延续和文化的继承，显示了我国古代高超的丝织技艺水平，反映了我国劳动人民的聪明才智，它是中国和世界的科学文化遗产的珍贵组成部分。

黄赞雄：《中国古代丝绸文化的历史地位》，《浙江丝绸工学院学报》1993 年第 3 期。（ISSN：1673 - 3851. CN：33 - 1338）

中国古代丝绸文化，是中国传统文化的精华之一，它曾在中国文明史和世界文明史上占有相当重要的地位。本文论述了中国古代丝绸文化对中国物质文明和精神文明的影响，对世界文明的影响。

芦敏：《中国古代丝绸在东南亚的传播》，《四川丝绸》2005 年第 1 期。（ISSN：1004 - 1265. CN：51 - 1214）

丝绸源自古老的中华文明。自新石器时代开始，古代人民就不断地尝试与探索新的织造工艺，不断地推出更加精良与优美的织品，使得中国的丝绸在古代世界一枝独秀，成为享誉东西方的珍品。东南亚是中国的近邻，大批的丝绸经由朝贡贸易或者私人贸易传播到那里，不仅丰富了当地人民的生活，而且也将中国的丝织技术与中华文化播撒到那里，发展了中国同东南亚各国的友好关系。

周赳、吴文正：《中国古代织锦的技术特征和艺术特征》，《纺织学报》2008 年第 3 期。（ISSN：0253 - 9721. CN：11 - 5167）

以中国古代织锦的发展变革为线索，结合中国古代三大名锦——蜀锦、宋锦、云锦的产生、发展及其品种的主要特点，通过科学与艺术相结合的方法对中国古代织锦的主要技术特征和艺术特征进行梳理，并对表现在古代织锦上的深层次的技术美特征——材质和加工技术，和表面的艺术美特征——纹样和色彩进行分析。该研究成果有助于厘清中国古代织锦在变迁过程中科学与艺术的关系，为现代织锦的研究和开发提供借鉴。

陈工凡：《中国古老的丝绸文化对中国印刷发展的影响》，《丝网印刷》2000 年第 3 期。（ISSN：1002 - 4867. CN：11 - 2348）

丝绸的产生，它的历史贡献和价值并不比中国四大发明逊色，丝绸是我们的祖先对人类的重大发明。一般人的观点，丝绸只是一种技术发明，虽然人们也看到丝绸的艺术性、装饰性和美化生活方面的优势，事实上丝绸在中国文化史的地位远不止于此，作为一门独立的丝绸文化，从它诞生起就与中国古代文化的发生发展有着密不可分的关系，相互影响，相互促进。一方面，在中国历史上，蚕桑丝绸作为重要的生活内容，被历代艺术作品作为重要题材而采用；另一方面，它的发展曾对中国印刷文化发展和其他文化发展发挥了某种特殊作用，而其他文化的发展也对丝绸文化的发展有着不可忽视的影响。

戴亮：《中国近代丝绸品种史》，《浙江丝绸工学院学报》1993年第3期。（ISSN：1673－3851. CN：33－1338）

丝绸新品种的开发，提高了中国丝绸在国际市场上的竞争能力，丰富了中国的丝绸宝库。本文论述了新型纤维原料的进口，技术革新，织物结构的变革及国外产品的借鉴与新品种开发的关系。

周启澄：《中国人对丝绸文化的贡献》，《浙江丝绸工学院学报》1993年第3期。（ISSN：1673－3851. CN：33－1338）

四千多年前，中国发明了丝绸，在丝绸加工方面，中国人做出过许多创新。本文简要介绍其中最令人感兴趣的，如育蚕取丝、以缩判捻，上行捻丝、组合提综，人工程控、薯莨整理等十种创造发明。

吴涛：《中国丝绸的历史及丝绸与中国民族文化》，《山东蚕业》2006年第1期。

丝绸的出现，使养蚕织绸逐步发展成为中国古代非常重要并且具有高度创造性的手工业门类。丝绸的兴盛则开创了中华民族丝绸服饰文明的新时代，给中国古代民俗、习惯以巨大的影响。与此同时，丝绸对中国汉字的巨大影响，也是不可忽视的。

倪峰：《中国丝绸图案与现代抽象艺术》，《东方艺术》1996年第4期。（ISSN：1005－9733. CN：41－1206）

本文追溯中国的丝绸史，早在战国时期前后就已出现了变形的鸟兽龙凤。作为世界闻名的丝绸之国，早在殷商时代，我国劳动人民就能设计出回纹提花组织，来织造回纹花绢。在出土的殷商时期的青铜戈援上，已可见到具有几何花纹的绢帛。

余连祥：《中国丝绸文化概述》，《湖州师专学报》1994 年第 4 期。（ISSN：1009 - 1734. CN：33 - 1018）

文章从丝绸文化的世界意义、构成因素、特有品格及价值系统四个层面，阐述了丝绸文化的形成与影响意义。

回连涛：《中国丝绸纹样的美》，《美苑》1988 年第 3 期。（ISSN：1003 - 5605. CN：21 - 1079）

本文是作者编写的《中国丝绸纹样史》书稿的节选。中国丝绸纹样的审美特征是通过意象结合的形象表现特征和对立统一的构成表现特征得到准确、完美的表现。正是由于中国丝绸纹样的审美特征——致思性与表现特征——意象性的交融统一，表现出来情景交融、意象统一的意象美，造成了纹样的气势、运动和韵律的美，构成了热烈浓郁的纹样风格，形成了中国丝绸纹样特有的民族审美特色。

回顾：《中国丝绸纹样的民族美学特色》，《艺苑》（南京艺术学院学报美术版）1997 年第 2 期。（ISSN：1044 - 2709. CN：32 - 1008）

中国古代丝绸纹样在几千年的艺术发展长河中，呈现出千姿百态、绚丽多彩的繁荣景象，带给那个时代的人们莫大的物质与精神享受，留给我们无比丰富的艺术遗产。各代纹样相互继承而又有所扬弃，在各个不同时期和不同层次上呈现出千差万别、丰富多彩的不同面貌，例如商周几何纹饰的简约古朴，秦汉云气、鸟兽纹的质朴厚重，隋唐植物纹的丰满秾丽，以及宋元纹饰的轻淡端庄，明清纹饰的纤巧精细。但就总体而言，中国丝绸纹样又具有统一的中国民族特色。究其原因，除了染织工艺技术及其织物品种用途的制约（即丝绸纹样首先要和织物品种用途相适应，还要以提花、印花、染色、刺绣等工艺条件为基础）之外，中国古代社会特定的政治、经济结构生成的民族心理、哲学观念、审美意识，特定的地理气候条件形成的民族生活习俗等，对于丝绸纹样的内涵及形式风格形成，产生巨大的规范影响作用。正是在中国古代社会特定的文化氛围之中，丝绸纹样形成了自己特有的审美观念、表现语言和构成原则，表现出来致思性和意象性两大特征，而这两点又互融互为、互为依存，共同构成了中国丝绸纹样的民族美学特色，走向了与西方纹样截然不同的意象表现之路。

周德华：《中国丝绸行会的历史作用（1—3）》，《丝绸》2005年第10—12期。（ISSN：1001 - 7003．CN：33 - 112）

丝绸行会随中国丝绸业的发展而萌生，逐渐形成一支不可忽视的社会团体，一方面，它促进了丝绸商品经济的发展和行业的近代化；另一方面，由于其固有的保守性和落后性，又在一定程度上阻滞行业的进步，特别是新技术的推广和应用。文章阐述中国丝绸行会组织的起源、发展、演变和活动，从正反两方面评述其历史作用。

杨余春：《中国丝绸业的历史特点》，《丝绸》2000年第8期。（ISSN：1001 - 7003．CN：33 - 1122）

中国是世界四大文明古国之一，拥有悠久的历史和灿烂的文化。中国丝绸是最为璀璨的明珠之一。在长期的发展过程中，中国丝绸业与中华历史和中华文明的奇妙结合，逐步形成了独特而极具历史意义的特点。

朱华、范强：《中国丝绸艺术点面谈》，《四川丝绸》2004年第1期。（ISSN：1004 - 1265．CN：51 - 1214）

丝绸文化、丝绸艺术是中华民族文化之瑰宝，早在黄帝时代，已开始养蚕制丝，汉代开辟了与异域互通有无的，丝绸之路。随着时代的发展，丝绸繁衍出悠久历史、绚丽多彩的丝绸图案和丝绸制作工艺，形成独特的中国丝绸艺术文化。

王耿雄：《中国丝绸印花发展史概述》，《丝绸》1983 年第 11 期。（ISSN：1001 - 7003. CN：33 - 1122）

关于丝绸印染工艺技术的历史起源，过去传说不一，虽然"黄帝制玄冠黄裳，从草木之汁（合称植物素）染成文彩"的传说不一定可靠，但随着织物的普遍应用，印染工艺也随之而生，这种推想完全符合事物发展规律。本文论述了中国古代丝绸印花的发展简史，直至 20 世纪 80 年代初。

廖伦旭：《中国丝绸与民间诗赋、情歌》，《四川丝绸》2004 年第 3 期。（ISSN：1004 - 1265. CN：51 - 1214）

盐亭人民在长期的栽桑养蚕、缫丝织绸生产斗争中，不仅积累了十分丰富的经验，而且还创造出了大量以栽桑养蚕、缫丝织绸为内容的民谣、民歌。民歌是民间文学的一种，由劳动人民的诗歌创作而成，它的产生一般是口头创作，口头流传，并在流传过程中，不断地经过集体加工，使其更加完美。盐亭的丝绸民歌内容丰富多彩，有优美抒情的山歌。有节奏强烈的劳动号子，流丽畅达的小调等。

赵丰：《中国丝绸在瑞典的收藏和研究》，《丝绸》1994 年第 1 期。（ISSN：1001 - 7003. CN：33 - 1122）

中国古代丝绸通过丝绸之路，曾流传到世界各地。文章介绍了对瑞典各博物馆和纺织院校的访问，发现中国古代丝绸在瑞典的收藏十分丰富，而且瑞典学者在这方面的研究也很深入，并重点介绍了乌拉博士的研究成果。此外，瑞典崇尚自然和手工的风气很盛，包括对中国古代丝绸技术的再利用，都有值得称道的地方。

廖军:《中国丝绸织物吉祥纹样及审美思想探源》,《丝绸》2000 年第 10 期。(ISSN:1001 - 7003. CN:33 - 1122)

中国传统丝绸纹样中的吉祥纹样,以其含蓄、内在的形式表达人们的思想意识。其表现手法有物象化、象征性、寓意性等。从众多吉祥纹样中,我们可以看到人们对生活充满希望,求吉、避灾、保平安、长寿、多子等是吉祥纹样的基本题材。吉祥纹样是我国艺术宝库中一种独特而珍贵的文化遗产。

刘磊:《中国艺术设计教育中的地域性探索——以长治堆锦为例》,《长治学院学报》2012 年第 3 期。(ISSN:1673 - 2014. CN:14 - 1328)

设计教育的地域性是我国设计教育研究经常涉及的问题。如何立足本土发展具有我们民族特有的传统文化,并结合当地的社会需求,为本土培养设计人才,从而发展出具有中国特色的现代设计,是设计教育迫切需要解决的问题。长治堆锦是长治地区特有的传统工艺美术,文章以长治堆锦为例,分析了如何利用当地的历史、经济、文化资源,使设计教育实现地域性,并使长治堆锦这样的传统工艺美术找到属于它们自身的地位和生存空间。

夏正兴:《中国织锦》,《纺织学报》1982 年第 7 期。(ISSN:0253 - 9721. CN:11 - 5167)

织锦是用彩色经纬丝,以提花组织织成花型较复杂较厚实的织物,多用斜纹做花纹或地纹组织,是丝织物中比较华丽高贵的产品。中国是多民族的国家,丝绸有悠久的历史,织锦根据时代、民族、用途有很大的变化。各历史时期中,织锦的纹样有很大的变化,文章对我国历史上有名的织锦,如蜀锦、宋锦、云锦、壮锦、傣锦等分别进行了论述。

余刚:《中华丝绸:把文化穿在身上》,《纺织服装周刊》2009 年第 30 期。(ISSN:1674 - 196X. CN:11 - 5472)

丝绸承载着中华文明太多的历史文化符号。它作为一种高级服装面料，在古代中国只有皇家贵族才能穿得起，一般的平民百姓很难问津。今天，随着人们消费水平的提高，丝绸制品受到越来越多消费者的青睐。

周延红：《总体设计与丝绸艺术》，《丝绸》1985 年第 7 期。（ISSN：1001 - 7003. CN：33 - 11223）

各种艺术都是相互对比关系的统一整体。红、橙、黄、绿、青、蓝、紫七个色，经过恰到好处的并置、组合，精心探求色与色之间的配合和照应，可以构成各种各样的色调，当它们成为和谐的统一体时，人们才获得美感。在绘画中，始终顾及从整体到局部，又从局部到整体的作画观念，也正是整体设计的观念。中国的国画、书法、古典诗词文章，更是讲求统体的气、韵，首尾呼应，气势贯通，表现出整体和谐统一的效果，从而使人得到高度美的享受。在丝绸艺术领域中，总体设计的概念也在不断变化、充实、发展。

优秀期刊论文

从丝绸文化传播看丝绸
之路上的文化回流

刘永连

【内容提要】当域外广大地区衍生出各自的丝绸文化后，就有大量的异域丝绸文化流入中国。由于与中国在地理和文化关系上的差异，这些各具特色的外来丝绸及其传说等文化现象汇成色彩纷呈的文化回流，从不同地域、沿不同路线涌回到中国，对中国从生产技术到社会生活产生了深刻而又广泛的影响。这种文化回流构成了中外文化交流的重要环节，属于中西文明发展不可缺少的组成部分。探讨这一问题有助于我们在认识上升华到这样一个高度：由于这种文化回流的涌动，丝绸文化不仅是中国的贡献，而且成为整个世界的宝贵财富；基于这种文化回流的作用，东西文明才得到深层交流和高度发展。

在漫长的中外文化交流中，丝绸向来被视为中国文化的代表，因而当探讨这一问题时，我们往往专注于中国丝绸文化的外传。其实也有大量异质丝绸文化涌动在丝绸之路上，它们流入中国并产生重大影响。近些年来，始有学者涉及这一问题。如上海工程技术大学的孙荪探讨了丝路文化在中国染织图案中的反映；浙江工业大学的袁宣萍详细论述了欧洲丝绸在清代的流入和影响；故宫博物院的严勇就中日丝绸文化交流及日本织物发展做了专论。笔者则拟以较广的历史时空，从地理和文化关系入手，考察丝绸文化回流中国的情况，讨论其对中国社会的广泛影响，肯定文化回流在东西文明交往中的历史地位。

一　从地理和文化关系谈起

综观丝绸文化传播的过程和态势，我们首先可以看到丝绸外传过程就已具有突出的地域特殊性，即在地理和文化关系影响下，丝绸文化从中原地区沿丝绸之路外流，主要在东、西、南三个方向和地区呈现出明显的差异。

从中原地区向东，沿丝绸之路东线可以到达中国东北和朝鲜、日本等地区，这里素称"东夷之地"，地理上与中原相邻极近，文化上属中国文化圈内，历来与中原交往频繁、关系密切。因此，中国丝绸文化从中原辐射周围最先影响到这一地区，丝绸物品和丝织技术自远古时代就向这里传播。据载："殷道衰，箕子去之朝鲜，教其民以礼仪，田蚕织作。"到东汉时期，濊北"知种麻、养蚕，作绵布"；马韩人"知田蚕，作绵布"；辰韩"知蚕桑，作缣布"；倭国"土宜禾稻、麻纻、蚕桑，知织绩为缣布"。可见迟至2世纪这里已普遍发展起桑蚕丝织业。

从中原地区往西，沿丝绸之路主要干线特别是绿洲丝路，可以深入欧亚大陆腹地。这里属西域范围，包括中亚、西亚和欧洲等广大地区，与中原地理距离远近和文化关系疏密各不相同，丝绸文化传播也呈现出复杂性。据文献记载，丝绸物品早在周穆王西游之时（989年）就已流入中亚，考古发掘则证明公元前6—前5世纪欧洲人已得到中国丝绸，然而桑蚕丝织技术传播则相对缓慢，并呈阶段性发展。先是影响了中国西部，4—5世纪传播到高昌（今新疆吐鲁番地区）；5—6世纪，于阗也从中原获得养蚕技术；约在6世纪中期，东罗马获取了东方蚕种。

从中国南部入海，经东南亚、印度洋可到非洲东部和红海、地中海乃至大西洋沿岸，这里古称"南海或西洋"，以海上丝绸之路与中国相连，在海上交通发达之后构成中外文化交流的主要地区。丝绸文化在该地区传播的情况更为复杂：与中国比邻的越南等地区也较早受到丝绸文化的影响。晋代左思《吴都赋》和刘欣期《交州记》都有交州"八蚕"之说，北魏贾思勰《齐民要术》则明确记述"日南蚕八熟"，可以确定 6 世纪初这里的蚕桑生产已有基础。在 6 世纪中期以前养蚕技术可能已经传播到了印度，因为据张星烺所译柏罗科劈斯的史料可知，传播养蚕技术的僧人是从印度获取蚕种带给查士丁尼的。然而由于西洋地域广阔，国家众多，丝绸文化传播经历了漫长的时间。16 世纪，桑蚕生产才在英、法等西欧国家发展起来。大致与中国丝绸文化的外传相呼应，以上三个地区先后发展起蚕桑丝绸业，并将各具特色的丝绸产品和生产技术回馈到中国，在丝绸之路各线汇成一股股丝绸文化的回流。中国丝绸文化在这三个地区传播情况的差异，直接导致了其丝绸文化回流的不同特点。

二　丝绸文化回流的地域性特点

笔者从入贡、贸易等侧面，对异域丝绸流入中原的资料做了收集和整理，并由此发现，丝绸文化在丝路各线的回流显示出如下特点。

1. 丝路东线：丝绸文化的回流为时最早，且与中国丝绸文化比较接近。正始四年（243），倭国进献倭锦等是异域丝绸流入中原有确切纪年的最早案例。此外，倭国进献异文杂锦亦在曹魏时期，而女王国进献鱼油锦和龙油绫在东汉末年，应为时更早。就文化关系看，朝鲜半岛诸国接受蚕桑生产方式远在日本诸岛之前，且自东汉初起就不断进贡方物，其丝绸文化的回流似应还要推前。与此相比，西域首例丝绸进贡——滑国进献波斯锦是在南梁天监十五年（516），南海首例丝绸进贡——安南进献白抹绢是在北宋雍熙二年（985），皆迟数百年。从丝绸品种看，朝鲜、日本所贡丝绸包括绢、缣、绌、帛、绫、罗、绸、缎、锦及绵、罽等，品类丰富，且接近中国。这由双方密切的文化关系所致。而其较具地方特色者，新罗朝霞绸染色技术比较突出，以颜色鲜红，艳如朝霞而得名。美国学者谢弗也认为："朝霞是一组很常见的词组，它是指来自下方的光线的照射下，白云所显示出的耀眼的淡红色的光彩"，"正是因为这种朝鲜绸具有朝霞般美丽的色彩，它才会被称为'朝霞'"。女王国的鱼油锦和龙油绫"文彩多异，入水不濡，云有龙油、鱼油也"。这种丝绸以其奇异的加工原料和技术，竟取得施色和防水两方面的特殊效果。高丽的金罽是一种含有金线和丝、毛的混纺织品，可能由中国东北古代民族室韦和轺劫子国的毛锦发展而来，不但敦厚保暖，可以做成衣袍被褥，而且精致美观，可用来装饰鞍马刀剑。由于技术上的突出发展，这些回流丝绸也影响了附近地区。如新罗朝霞绸技术就传播到中国东北，契丹朝霞锦应是其继承和发展。

值得一提的是，日本丝绸文化的回流显得强劲而且持久。据研究可知，日本丝织业自 3 世纪后半期始不断发展，到奈良时期（710—781 年）达到繁荣，绯襟、薄物、阿波绢、常陆绸、博多织、兜罗绒等优良特产陆续出现。在此基础上，从曹魏时起日本丝绸贡品源源不断。史书所谓倭锦、倭缎，应是对日本丝绸的泛称，日本产锦有软锦、东京锦等，产绢有阿波绢、珍珠绢等，其他如绝、缎、绫、罗等也各有不同品种。到宋朝，日本细绢已是"薄致可爱"。而其所贡美浓绝、水织绝等动辄数百匹，可见生产技术和规模都达到了一定水平。到明清时期倭缎的进贡更为丰厚，日本之外荷兰等国也常以倭缎为贡品。如荷兰在顺治十二年（1655）和康熙二十五年（1686）等年份的进贡都有倭缎。

2. 绿洲丝路：丝绸文化的回馈以新异丰富为特征。以两河流域为中心，西至叙利亚，东到中亚腹地，本属纺织业发达之地，且从原料到技术都与中国内地大不相同。丝绸和蚕丝传入之后，该地区把丝绸纺织和原来的毛、麻纺织结合起来，创造出许多质地和性能皆称奇特的产品。同时，由于文化背景的巨大差异，西域纺织品在花纹图案方面也与中国大异其趣，故而流入中原的西域产品往往更引人注目。

据《后汉书》载，大秦国早就生产刺金缕绣、织成金缕罽、黄金涂等织金物品，还有用野蚕丝或所谓水羊毛织成的海西布等。而已有资料和研究表明，古波斯地区的纺织品更为丰富。仅以羊毛为主原料的纺织品就有氎㲲、㲲、越诺布、撒哈拉等，金银线与麻、毛混纺的罽、绣之类也是从这里起源的，此外还有护那、拓壁、檀等其他原料的织物。中亚地区驼毛和棉花织物则相当丰富。丝路凿通之后，中国丝绸大量涌入西域，蚕丝开始成为该地区的重要纺织原料。至迟在三国时期，罗马已经学会从现成的中国丝绸织物中分解抽丝以重新纺织。《三国志》引《魏略·西戎传》说，大秦"又常利得中国丝，解以为胡绫，故数与安息诸国交市于海中"。由于养蚕和丝织技术西传晚了很多，西域国家的丝织业是在其毛纺织基础上发展起来的。所出丝织品以锦类为主，染色、提花、刺绣一如毛纺。这些织锦流入中国之后，人们泛称为"胡锦""西锦"等。其织造技术上保持了毛纺的特点，采取斜纹组织和纬线起花等手段；原料上以混纺为特色，多加以金、银丝线和毛、麻等；花纹图案则基本属于西域传统文化的内涵，结构形式多连珠团窠或几何图形内填加动植物纹，题材内容多葡萄、忍冬、鹿、马、驼、象或西域神形象。在考古发掘中，新疆境内发现了7世纪一些与同时代中国丝绸风格迥异的猪头纹锦和立鸟纹锦等丝绸样式，据阿克曼等学者的研究，它们被认定为萨珊波斯东部的产品。

"波斯锦"是其中最有代表性和影响力的品种。劳费尔认为它是一种织金丝绸，看出土实物则还有纯丝或毛、麻混纺等，以织造精美、色彩绚丽著称。该品种源出波斯地区，后来影响了西亚、中亚广大地区，故而中亚的滑国和罽宾、中国西北的骨笃禄和突厥、西部的吐蕃，甚至今甘肃境内的归义军政权都有"波斯锦"进献。此外，波斯的冰蚕锦、女蛮国的明霞锦以及龟兹和高昌国的"龟兹锦"、疏勒国的"疏勒锦"等，都是西域著名的丝织品。蚕丝技术西传后，西域丝织业获得进一步发展。唐朝时期，中亚的康国（今撒马尔罕一带）发展成世界丝织品生产中心之一和最重要的丝绸集散地。到宋元时期，中亚地区"各种装饰盖布、马被、丝绸褥垫、镶金织锦、绸缎、谢纳尔（一种织物）、塔夫绸、撒马尔罕的薄绒驰名世界"；西亚许多地区如报达（今巴格达）、谷尔只（今格鲁吉亚）、毛夕里（今伊拉克北部摩苏尔）、忽鲁模斯（今伊朗东南部，波斯湾沿岸）等，也发展成为重要丝绸产区或集散地。这时候，西域丝绸便通过粟特和阿拉伯商旅更多地流入到中国境内来。大食"蕃锦"包括重锦、百花锦、碧黄锦、兜罗锦等是唐中期以后颇为中原所注目的西域丝绸，在宋朝曾频为大食人进献到中原。其中重锦一件有 20 橐驼之载重，必须分裁 20 块运输；百花锦多作帷幕，"其锦以真金线夹五色丝织成"，可见二者属织金丝绸无疑。兜罗锦与毛锦、越诺布和撒哈拉红布等类似，有学者认为是丝毛混纺织品，西亚、中亚甚至南洋国家都有出产和进贡。康国的赞丹尼奇锦，其运销范围北达今挪威地区，南至拜占庭，西达波斯，东到中国境内，我国青海都兰吐蕃墓中就发现了这种锦织品。

3. 海上丝路：丝绸文化回流较迟，然而对近代中国丝绸发展影响较大。早期进贡国较重要者有两个：一是安南，自北宋始贡其绢，称"安南绢"，一般为白绢或白抹绢。据载，其"绢粗如细网"，质量似乎不高。同时该国也织造丝棉混纺织物，"得中国锦彩，拆取色丝，间木棉挑织而成"。二是暹罗，既谙于丝织，又通东西商货，因而进贡丝绸较为丰富，明清两朝所进贡丝绸包括本国土产：暹罗红纱、剪绒丝、织杂丝、红花丝、红花文丝和兜罗锦等，多做成被面、手巾、帷幔等生活用品；西洋诸国产品：西洋闪金缎、西洋金缎、西洋金花缎、西洋锦缎带、大西洋阔宋锦、绞绡及撒哈拉、大西洋诸布等。为此明人严从简曾感叹："我朝四夷所献，如朝鲜品，布之贡十有三品，如此可谓知所重矣。"

宋元以降，西方丝绸多从海路而来，特别在欧洲蚕丝业兴起和新航路开辟以后，资本主义列强如葡萄牙、西班牙、荷兰、英国、意大利等国家的丝绸产品成为外来丝绸的主要组成部分。同时，中外贸易制度发生重大变化，16—17 世纪，私人贸易超越了朝贡贸易。从此，西洋丝绸大量涌入中国。其品种以缎类为主，有各种纯丝缎，如大花缎、荷兰花缎等；织金缎，如大紫金缎、红银缎、织金花缎、织金线缎、金银丝缎以及西洋闪金缎等；棉毛混纺缎，如大哔叽缎、哔叽缎、大红羽缎和其他各色羽缎等。此外还有绒毡类产品，如天鹅绒、洋剪绒、荷兰绒、哆啰绒、织金大绒毡等；锦绸绡纱等类产品，如大西洋阔宋锦、蕃斜纹、绞绡等。这股西洋风越吹越强，19—20世纪，更有各种廉价的混纺丝绸、人造丝绸充斥进来，机器纺织技术也引入中国，从而对中国丝织业发展和现代化历程产生了重大影响。

三　丝绸文化回流对中国的影响

丝绸文化的回流给中国社会造成了多方面的影响。如果从政治角度看，进贡丝绸起着缔结、维持和加强中国与进贡国之间友好关系的积极作用。然而，它在中国经济和文化方面的地位和影响更值得深究：一方面它在生产技术上为中国丝织业注入了新鲜血液，促进其进一步发展；另一方面则在社会生活上丰富了人们的物质需求，开阔了人们的精神视野。考察中国丝绸技术改革发展的历程，丝绸文化回流的直接影响确凿可证。《隋书·何稠传》云："波斯尝献金锦袍，组织殊丽。上命稠为之。稠锦既成，逾所献者，上甚悦。"这是中国匠人仿造波斯锦缎的典型例子。但就其关键作用而言，主要还在以下几点：

1. 传播了西域斜纹组织、纬线起花等技术。在纺织技术上，中西之间本来存在着截然不同的传统习惯：中国丝绸底纹的纺织采取平纹组织法，图案花纹的纺织采取经线起花。相反，西域丝绸底纹则是斜纹组织，图案花纹采取纬线起花。相比之下，纬线起花可以在织制过程中随时改动纬线的颜色，织出比较富丽的花纹图案，且不会像经线起花那样使丝线容易纠缠，或发生某种颜色的经线短缺的情况。至于斜纹组织，则比平纹组织更能展示出丝线的光泽和色彩。基于以上原因，中原在织锦技术上学习了西域纬线起花和斜纹组织的方法。考古研究表明，7世纪初期之前，中原丝绸都是经线起花和平纹组织法（织锦为"经畦纹锦"）；从7世纪中叶起，首先受到斜纹组织法的影响，流行一种采取斜纹组织法但仍经线起花的"经斜纹锦"；宋代以降，采用斜纹组织和纬线起花的"纬锦"成为中国丝绸的主流。以上改革肯定是在中原了解西域丝织技术的基础上完成的，而中原了解西域丝织技术无疑不能缺少丝绸文化回流这一前提。

2. 带来了异域图纹风格，丰富了中国丝绸的花纹图案。考古研究证实，早期中国丝绸在花纹图案上均采用传统文化题材，如排列整齐的云气纹、几何纹，中国常见的瑞兽、文字图案等。到南北朝时期则发生了明显变化，如在阿斯塔那古墓群中，高昌章和十一年（541）墓葬所出土的化生纹锦，织出了狮子等动物和佛教中的化生故事、莲花形象；延昌七年（567）墓葬所出土的蓝地兽纹锦则织出了狮形兽和菱形纹，显然都是波斯萨珊文化的艺术风格。进入隋唐时期，中国丝绸在花纹图案方面西域文化的色彩更为浓厚，题材内容上有忍冬、葡萄、生命树等植物形象，狮子、骆驼、羊、马、鹿、象、猪及孔雀等动物形象（其中马、狮等多带飞翼），太阳神、人马、武士等神灵、人物形象；花纹结构上采用环绕动物的联珠纹（又称"球路"纹或"团花连环形骨架"）、内含动植物的几何形纹（又称"几何类型骨架"）等，都成为常见的花纹图案。在阿斯塔那—哈喇和卓古墓群，仅就1959年发掘情况看，在7种类型的织锦花纹中，有鸟兽树木纹锦、双兽对鸟纹锦、树纹锦和对马纹锦等4种，"显然不是汉族风格，大约是波斯文化影响的产物"。以上变化也应与西域丝绸的回流不无联系。

3. 织金丝绸对中国工艺的影响。织金是源于上古波斯的西域传统工艺，多用于高级织物的织造。由于加入了金、银丝线，可以使织物光泽闪亮，赏心悦目。织金丝绸在古代西域丝绸产品中占有一定地位，更是西域进贡礼品中的重要组成部分。隋唐时期，中国工匠开始吸收西域织金丝绸的艺术风格，何稠仿造波斯金锦袍就是典型例子。据研究，"隋唐至宋是（中国）织金织物发展的重要时期，元明至清初为鼎盛期，中国织金织物的发展过程就是对西域织金技术的消化吸收过程"。

丝绸文化回流在中国社会生活上的影响也是多方面的。

1. 物质生活方面。由于以进贡为主要流入渠道，外来丝绸首先供应宫廷，然后以赏赐等方式进入皇亲国戚和高官重臣家庭。这样就在一定程度上满足了社会上层的奢侈需求。例如，唐宣宗宫中有女蛮国所贡明霞锦，"云练水香麻以为之也，光耀芬馥着人，五色相间，而美丽于中国之锦"。同昌公主有澄水帛，纳凉消暑功效奇特："一日大会韦氏之族于广化里，玉馔俱列，暑气将盛，公主命取澄水帛，以水蘸之挂于南轩，良久满座皆思挟纩。澄水帛长八九尺似布而细明薄可鉴云，其中有龙涎故能消暑毒也。"此澄水帛其实是用绞绡做成，产自波斯等地，与龙涎香同属舶来品。明清时期，倭缎对中国社会上层的影响更为深刻。由于大量流入和仿造，倭缎一度充斥于宫廷和贵族生活。如清廷对荷兰等国的回赠礼品中倭缎与大蟒缎、妆缎等并列；康熙和乾隆万寿盛典中对各亲王、郡王、贝勒、贝子以及边疆民族入觐大小首领的赏赐包括倭缎；亲王、郡王常服有倭缎袍，八至九品文武官吏朝服"领袖俱青倭缎……积冬夏皆用之"，櫜鞬等礼器也"皆以青倭缎为之"；典礼活动倭缎用量很大，仅康熙皇帝一次寿典中的赏赐一项就要用倭缎295匹，甚至清朝祭天典礼中也要供10匹倭缎。同时倭缎在官僚贵族阶层中的流通也极常见。康熙一份手谕中提到，一位三等侍卫用倭缎与蒙古作马匹交易被揭发，可见为数甚巨。

自唐宋起，波斯、粟特和阿拉伯等西域商人大量来华经商，中外商业贸易日趋发达，因而异域丝绸不断流入中、下层社会。杜甫曾受西北来客馈赠一件织成缎褥，歌咏道："客从西北来，遗我翠织成，开缄风涛涌，中有掉尾鲸，逶迤罗水族，琐细不足名。"仇注认为，这种翠织成来自大秦，并引《北堂书钞·异物志》云："大秦国以野茧丝织成氍毹，以群兽五色毛杂之，为鸟兽、人物、草木、云气，千奇万变，唯意所作。……织成缎褥，殆此类。"黄庭坚在一书跋中说："余尝得蕃锦一幅，团窠中作四异物，或无手足，或多手足，甚奇怪，以为书囊，人未有能识者。"高启《谢友人惠赠兜罗被歌》唱道："蛮工细擘冰蚕茧，织得长衾谢缝剪，蒙茸柳絮不愁吹，铺压高床夜香软。"有些异域丝绸甚至流入村坊间里。曾得冰蚕锦褥的康老子乃长安家道败落的商人子弟，他正是碰到一位老妪临街兜售而以半贯铜钱买到的。更有某些品种甚至深入千家万户。《西河记》载："西河无蚕桑，妇女以外国异色锦为袴褶。"伴随西方科技的进步和私人贸易的发展，到近代外来丝绸甚至以较国内更为价廉物美的优势倾销到中国城乡市场，成为司空见惯的生活用品。

2. 文化生活方面。伴随着丝绸文化回流，中国诗词歌赋中出现不少异域丝绸的影子。《梁太子谢敕赉魏国所献锦等启》较早知道"胡绫织大秦之草，绒布纺玄兔之花"，此后人们更将冰纨绞绡、织金锦绣之类作为咏叹的主题。如王起《冰蚕赋》曰："懿北极之寒劲，有珍蚕之处冰，匪柔桑之是食，匪幽室之是凭。"冯宿《鲛人卖绡赋》曰："皓如凝露，纷若游雾，爰洁尔容，不愆于素。"陆游《夏白纻诗》云："素绡细织冰蚕缕，清寒不受人间暑。"这是感叹冰纨鲛绡奇特的质地。李峤《绫诗》云："金缕通秦国，为裘指魏君"；杜甫《丽人行》云："绣罗衣裳照暮春，蹙金孔雀银麒麟"；乃贤《题张萱美人织锦图诗》云："双凤回翔金缕细，五云飞动彩丝长"；汪元量《湖州歌》"奏授虎符三百面，内家更赐织金袍"则是叙写织金丝绸的来历和发展。

有不少外来丝绸以异域神祥瑞或传说故事为图案内容，如新疆出土丝绸中的天王、太阳神、带翼天马、狮子兽以及化生故事等，无疑充满着文化和宗教的内涵。同时，一些质地和性能奇特的丝绸品种则伴随着神秘传说而来。如关于大轸国织成神锦衾的冰蚕丝，一种传说云："其国以五色石甃池塘，采大柘叶，饲蚕于池中。始生如蚊睫，游泳于其间；及长，可五六寸。池中有挺荷，虽惊风疾吹不能倾动，大者可阔三尺。而蚕经十五日，即跳入荷中，以成其茧，形如方斗，自然五色。国人缲之，以织神锦，亦谓之灵泉丝。"另有一种说法是："员峤山有冰蚕，长七寸，黑色有角有鳞。以霜雪覆之，然后作茧，长一尺。其色五彩，织为文锦，入水不濡，以之投火，经宿不燎。唐尧之世，海人献之，尧以为黼黻。"唐代宗曾编织为鞘的碧玉丝为东海弥罗国所贡，传说"其国有桑，枝干盘屈覆地而生，大者连延十数顷，小者荫百亩。其上有蚕，可长四寸，其色金，其丝碧，亦谓之金蚕丝。纵之一尺，引之一丈，捻而为鞘，表里通莹，如贯琴瑟，虽并十夫之力，挽之不断。为琴弦则鬼神悲愁忭舞，为弩弦则箭出一千步，为弓弦则箭出五百步"。绞绡本来是一种轻纱细罗，以轻盈透明为特点，由于来自海上，人们便传说出自海中神油。《拾遗记》记述三国吴主赵夫人仿制此物时说："夫人乃扮发以神膠续之。神膠出郁夷国，接弓弩之断弦，百断百续也。乃织为罗縠，累月而成，裁为幔。内外视之，飘飘如烟气轻动，而房内自凉。"

在中外文化交流中，人们最易关注文化主流的动向——不同文明区域互通有无，各以优势文化或特色文化向对方流动。不过如果再向深、细处观察，我们还会发现一个重要现象：当一种文化流入异域，在那里生根发芽，然后发展成另具特色的同类文化时，往往会产生一种回流现象，这种发展起来的新文化被回馈到其发源地。丝绸文化就是如此：它从中国发源向四周地区辐射，以丝绸产品本身或养蚕丝织技术加以影响，在各地区衍生出风格迥异的丝绸文化。这些异质的丝绸文化以丝绸产品等为载体很快回馈到中国境内，在丝绸之路各线形成一股股文化回流。特别是以萨珊波斯风格为典型的西域斜纹纬锦，在中国促动丝织业发生了一场变革，造就了唐宋时期中国丝绸文化的繁荣发展和以后对外传播更为强劲的潮流。海路丝绸文化的回流较为迟晚，然而，最后兴起的以西欧丝绸为主要内容和特色的"西洋风"却另具重要影响和意义，它既以残酷竞争和遏制造成近代中国桑蚕丝绸业的衰微，同时也以崭新的资本主义机器生产方式带动中国丝绸业向现代化的方向迈进。

总之，丝绸文化传播其实是一个在不断互动交流中向前发展的过程，而丝绸文化的回流无疑是其中不可忽视的重要部分。通过对丝绸文化回流及其影响中国这些史实的探讨，我们才能全面和深入了解整个丝绸文化的流动态势和发展历程，并真正提高到这样一个认识：丝绸文化不仅是中国的贡献，也是整个世界的宝贵财富。扩大到整个东西文明交往的视角看，正是在这种文化回流的基础上，东西文明才得到深层交流，并得到高度发展。

（文章来源：《西域研究》2008 年第 2 期。ISSN：1002 - 4743. CN：65 - 1121）

多元并存与和谐共生：中国
民间信仰的基本形态

——以杭嘉湖地区蚕神信仰为个案的考察

施敏锋

【内容提要】近年来，民间信仰的跨学科研究获得了长足进步，学术界不仅深入研究了民间信仰的性质、概况、特点等，而且也对其功能和作用进行了广泛关注和积极探讨，但民间信仰的基本生存形态研究仍需进一步拓展。笔者以杭嘉湖地区蚕神信仰为个案，通过长期的、深入的文献研究和田野调查证明，多元并存与和谐共生是当前中国民间信仰的基本生存形态。

近年来，民间信仰日益成为民俗学、宗教学、社会学、人类学、历史学等学科研究的热点之一。所谓民间信仰，是区别于制度化宗教而言的，它是指在民众中自发产生的一套神灵崇拜观念、行为习惯和相应的仪式制度。[①] 就其研究的重点而言，一是信仰领域的国家与社会；二是民间信仰与社会空间的建构、社区形成发展的历程；三是民间信仰与乡村社会的整合及秩序；四是民间信仰的演

---

① 对于民间信仰与制度化宗教的区别，学界一般认为主要是有无固定的组织机构，活动场所，专司神职教职的执事人员，完整的伦理的、哲学的体系，创教祖师等最高权威，自觉的宗教意识等。具体参见乌丙安《中国民俗学》，辽宁大学出版社1999年版，第78页；高丙中《民俗文化与民俗生活》，中国社会科学出版社2000年版，第9—10页；王健《近年来民间信仰问题研究的回顾与思考——社会史角度的考察》，《史学月刊》2005年第1期。

变与地方社会的变迁。当然，学者们对于这些问题的关注是完全必要的，但是民间信仰的研究还应包括其他一些重要方面，譬如，当前中国民间信仰的实际情况究竟是什么样的？不同的信仰对象在民间是否是对立的？民间信仰的各种神灵是否泾渭分明？为了弄清楚这些问题，笔者以杭嘉湖地区民间蚕神信仰为个案，进行了长期的文献研究和田野调查。笔者认为，杭嘉湖地区的民间蚕神信仰典型地展现了中国民间信仰的基本生存形态——多元并存与和谐共生。

一　多元并存的民间蚕神信仰谱系

位于浙江北部太湖流域的杭嘉湖地区是我国蚕业的发源地之一，养蚕历史非常悠久且在传统农村经济中有着举足轻重的地位，所谓"蚕事胜耕田"。[1] 在科学不发达的古代，蚕农们把蚕桑丰收的期望寄托于神灵的保佑，因此产生了对蚕神的信仰和崇拜。在调查中，我们发现杭嘉湖地区的民间蚕神信仰是极为多元化的，具体来说，民间蚕神信仰的谱系主要有以下几类：

一是帝王始蚕型，即假托封建帝王或地位近似于帝王的贵夫人种桑养蚕的传说故事，并将其作为神灵来信仰和祀奉。在杭嘉湖地区，比较著名的是嫘祖。嫘祖，相传是西陵氏之女，是传说中的北方部落首领黄帝轩辕氏的元妃，由于她有教民育蚕织丝的功绩，从北周开始，人们一直把她奉为"蚕神"。《隋书·礼仪志》引《后周制》云："皇后乘翠辂，率三妃、御媛、御婉、三公夫人、三孤内子至蚕所，以一太牢亲祭，进奠先蚕西陵氏神。"[2] 明清杭嘉湖地区蚕事最为兴盛之时，地方官府曾立嫘祖祠以供民众膜拜。如同治《湖州府志》载："湖州向先蚕黄帝元妃西陵氏嫘祖神位于照磨故署……嘉庆四年，抚浙中丞以浙西杭嘉湖三府民重蚕桑，请建祠以答神贶，奏奉谕允，乃建庙于东岳宫左，曰蚕神庙。"[3]《西吴蚕

---

[1] （清）程岱：《西吴蚕略》卷1《功令》。
[2] （唐）魏征等：《隋书》，中华书局1977年版，第1782页。
[3] 同治《湖州府志》卷30《蚕桑上》。

略》也载"湖州向奉先蚕黄帝元妃西陵氏嫘祖"。① 旧时每年的六月廿四"荷花生日"这一天，嘉兴四乡蚕农摇船来到烟雨楼观音阁（又名大士阁）烧香，祭祀嫘祖，祈求蚕花茂盛。② 在帝王始蚕型的蚕神信仰谱系中，蚕丛始蚕之说也是颇有市场的。旧时，在杭嘉湖地区以蚕花五圣作为蚕神的乡村颇多，其形象为男性，其形象有三眼六手，中间一眼为纵目，当是蜀地（四川）蚕丛氏青衣神的神话流传蜕变而成，③ 海宁、海盐一带常见供奉。光绪《海盐县志》载："民间蚕时，事蚕花五圣极虔，每眠必祀，至大眠或以鸭鹅祀之。"④ 收蚕至老蚕，蚕农有祀奉蚕花五圣的习惯，名曰"求蚕花"。是期蚕茧丰收者，再祀拜蚕花五圣，名曰"谢蚕花"。《南浔镇志》引《吴兴蚕书》云："出火后始祭神，大眠、上山、回山、缫丝皆祭之。称蚕花五圣，谓之'拜蚕花利市'。"⑤ 现在桐乡地区有些农村的婚礼上，还有民间艺人为新人吟唱蚕歌《接蚕花盆》的习俗。

二是死体化生型，指由死体化变为蚕而被后人尊为蚕神的传说故事。尽管嫘祖身份高贵，教民蚕桑有功，但她只是受到地方官绅礼节性的"拜访"，受杭嘉湖地区民众香火最盛的蚕神当属"马头娘"，这在地方文献中记述甚多。光绪《嘉兴府志》载："吴兴掌故所称马头娘，今佛寺中亦有塑像，妇饰而乘马，乡人多祀之。"⑥ 光绪《湖州府志》也引《西吴蚕略》云："下蚕后，

---

① （清）程岱：《西吴蚕略》卷3《风俗》。
② 吴藕汀：《烟雨楼史话》，浙江人民出版社1997年版，第348页。
③ 蚕丛氏青衣神到了杭嘉湖地区是如何转化为"蚕花五圣"的，至今仍是个难解之谜。据《陔余丛考》卷35《五圣宫》记载，吴俗中有"五通神"，其来历是明太祖定鼎后，梦中求封者甚众，于是，他下令在各地乡里立小庙，每祀五人，以仿照军中建制之意，俗称"五圣"。但"蚕花五圣"并非五个神，而只是一个神。国内学者认为可能是民间蚕农祭祀时借用"五圣"之名而引起的讹变，参见朱海滨《祭祀政策与民间信仰变迁——近世浙江民间信仰研究》，复旦大学出版社2008年版，第161—163页。
④ 光绪《海盐县志》卷11《坛庙》。
⑤ 光绪《南浔镇志》卷23《风俗》。
⑥ 光绪《嘉兴府志》卷18《寺观》。

室中即奉马头娘，遇眠，以粉蚕、香花供奉，蚕毕送之。"① 民国《双林镇志》亦载："祀马头娘，盖蚕神也，春时祷祭甚盛。"并引清李兆镕《蚕妇诗》云："村南少妇理新妆，女伴相携过上方，要卜今年蚕事好，来朝先祭马头娘。"② 笔者在杭嘉湖地区进行田野调查时发现，乡间至今还存在一定数量的专设小庙，供"马头娘"塑像（或画像），称为"蚕神庙"，农家也供"马头娘"神像。

在杭嘉湖地区，死体化生型的另一代表是三姑，又名"蚕三姑""蚕姑"。杭嘉湖地区蚕农对"三姑"的崇拜也是由来已久，元代湖州诗人马臻《村中即事》云："饷留儿女自喧呼，指点春禽又引雏。村妇相逢还笑问，把蚕今岁是三姑?"③ 可见至迟在元代已有此信仰。元代嘉兴人王祯《农书》插图中说蚕神为三姑，是三个女子共骑一马的形象。光绪《嘉兴府志》亦载："蚕神俗呼曰蚕姑。其占为：一姑把蚕则叶贱；二姑把蚕则叶贵；三姑把蚕则倏贱倏贵。"④ 三姑的功能主要是占卜蚕桑生产的丰歉，当是历史上道教的紫姑崇拜在杭嘉湖蚕乡的一种流变。紫姑崇拜最早见于南朝宋刘敬叔的《异苑》，《古今图书集成》卷31《神异典》引《异苑》："世有紫姑女……能占众事，卜未来蚕桑。"⑤ 南朝梁湖州籍文学家吴均在《续齐谐记》中则记载得更为详细："张成夜起，忽见一妇人……妇人曰：'此地是君家蚕室，我即是此地之神，明年正月半，宜作白粥泛膏于上祭我也，必当令君蚕桑百倍。'言绝失之。成如言作膏粥，自此后大得蚕。"⑥ 至今湖州、嘉兴地区的蚕农还有正月半以白膏粥祭祀蚕神的习俗。

三是化身变蚕型，就是叙述某个有神通法力的人自己变化为

① 光绪《湖州府志》卷22《蚕桑》。
② （民国）《双林镇志》卷13《农事》。
③ （清）顾嗣立：《元诗选》，中华书局1987年版，第2108页。
④ 光绪《嘉兴府志》卷32《农桑》。
⑤ （清）陈梦雷：《古今图书集成》卷31《神异典》。
⑥ （南朝梁）吴均：《续齐谐记》，载《钦定四库全书》子部12《小说家类二》，上海涵芬楼影印元大德刻本，民国十三年。

蚕，衣被天下的故事。我们认为，化身变蚕型是我国古代儒、佛、道三教在民间竞争"市场"的产物。隋唐以来，马头娘传说被道教利用，蚕神马头娘亦被作为"九宫仙嫔"而供奉于道教的宫观，香火颇盛，到宋代便出现了马鸣王化蚕的宗教故事。马鸣，原系印度古代高僧，相传其能言善辩，连马也"垂泪听法，无念食想"，后以马解其音，故名"马鸣"。他的生平与蚕并无关连，后来如何成为蚕神，现不得而知，但是杭嘉湖民间将马鸣王菩萨作为蚕神祭祀的传统却由来已久。[①] 嘉兴现有千年古村马鸣村，相传马鸣王菩萨的故事就诞生于此。明代田汝成的《西湖游览志》记载："石磴数百级，曲折三十六湾……山半有马明王庙，春日，祈蚕者咸往焉。"[②] 旧时杭嘉湖地区民间还流传有民歌《唱花蚕》，各地唱法不一。笔者曾在桐乡当地民间艺人家中见过清光绪二十九年（1903）的长篇蚕歌《马鸣王化龙蚕》手抄本，详细记载了当地蚕农在养蚕的过程中祭祀马鸣王菩萨的情况。海宁、桐乡、海盐等地很多村庄，在每年清明节前后或收获蚕茧后，必请羊皮戏艺人演蚕花戏祭神，演完整本羊皮戏后必加演一段《马鸣王菩萨》。演毕，蚕农向艺人讨取做纸幕的绵纸称"蚕花纸"，用以糊蚕匾，谓可致丰收。演戏点灯的灯芯，艺人分赠蚕农，称"蚕花灯芯"，谓置于蚕室，可保蚕事顺利。当然，流传在杭嘉湖地区的蚕神远不止这些，除以上诸神外，还有许多信仰习俗，如崇"蚕猫"、祭蚕母等，兹不赘述。

二　民间蚕神多元信仰的和谐共存

杭嘉湖地区的民间蚕神信仰不仅是多元的，更重要的是，如此多元的信仰却能够和谐地共存于该地区民众之中。杭嘉湖地区蚕神

---

① 可参见顾希佳《东南蚕桑文化》，中国民间文艺出版社1991年版，第134—136页；朱海滨《祭祀政策与民间信仰变迁——近世浙江民间信仰研究》，复旦大学出版社2008年版，第168—170页。

② （明）田汝成：《西湖游览志》，上海古籍出版社1998年版，第219页。

多元信仰和谐共存的情况主要表现在以下几个方面:

首先,一个宫庙可以同时供奉各路神灵。在杭嘉湖地区数以千计的蚕神庙(殿)中,不同宗教的神灵被供奉在同一庙宇中的现象相当普遍。光绪《嘉兴府志》载:"庙中设木主二,一轩辕黄帝位,一司蚕之神位。庙东隅设马头娘像,西隅设大姑、二姑、三姑像,皆附祀焉。"① 光绪《平湖县志》也记载了当地蚕王庙中塑有轩辕、神农及嫘祖三座神像。② 最为明显的就是湖州市含山的蚕花圣殿,殿正中有一顶布幔,里面供奉着一尊观世音像。左侧有一尊男子塑像,头戴皇冠,身披黄袍,盘膝而坐,长有三目(额中有一纵目),双手捧着一盘蚕茧,从男性形象看,应是蜀地蚕丛氏青衣神在杭嘉湖地区蜕变而成的"蚕花五圣"。再往左是身着战袍骑马的中年男子,身后站立着一位年轻女子,是"女化蚕"神话中的父女形象。最左边才是"蚕花娘娘",形象是一位年轻女子坐在一匹白马背上,手捧一盘蚕茧,塑像高一米五左右,系木雕彩绘,衣着与茧盘为实物。在嘉兴烟雨楼大士阁中,除木雕嫘祖的造像外,还有雷公、雷母,风伯、雨师的泥塑像,据说大致是清同治年间建大士阁时塑起来的。③

其次,同一信徒可以同时具有多种信仰。在杭嘉湖地区,你无法弄清楚蚕农们到底信仰哪一位蚕神,实际上他们也根本不去区分何种蚕神是何种宗教的。据《杭俗遗风》载,旧时西湖香市中的"下乡香市",其主要成员是杭嘉湖地区种桑育蚕的蚕妇,她们"见神就磕头,逢庙便烧香",一般先"行看天竺观音会,还更拈香到净慈",然后再到半山马王庙祭拜蚕神。④ 湖州含山的清明蚕花庙会当天,去山顶蚕神殿拜谒蚕花娘娘之前,当家人(往往是男性)要先去山脚下的觉海寺(佛寺)烧香,参加"藏蚕种包"仪

---

① 光绪《嘉兴府志》卷 10《蚕神庙》。
② 光绪《平湖县志》卷 25《外志》。
③ 吴藕汀:《烟雨楼史话》,浙江人民出版社 1997 年版,第 27—28 页。
④ (清)范祖述:《杭俗遗风》,杭州市图书馆藏六艺书局民国十七年刊本,第 65 页。

典，将今年自家头蚕蚕种纸置于随身携带的紫红"蚕种包"中，而这一仪式，却是由手拿黄色蚕经的老道士主持的。在农村，每当育蚕季节，蚕农们往往要在门上贴《蚕花茂盛》，画面为一头戴花冠，身穿袍裙，手捧一盘蚕茧，坐一花斑白马的"马明王"；缫丝后，则将新丝（或新茧）陈列于马头娘神位前，供三牲叩拜；到三月十六日蚕娘娘生日后，新丝上市，蚕农们又焚烧蚕神纸码《蚕姑宫》，刻印三蚕姑居上而坐，下有妇女养蚕，采栎叶等劳动情景，以祈福迎祥。

再次是各种蚕神平等相处、共享祭献。杭嘉湖地区蚕农们对蚕神的顶礼膜拜，形成了以接蚕神、谢蚕神、扫蚕花地、撒蚕花、轧蚕花、踏白船等祭祀活动为主要内容的"蚕花庙会"。在长期的演变过程中，"蚕花庙会"实际上已经成了众神的狂欢，所有的蚕神甚至包括许多不相关的神灵享受同等的供奉与献祭。如前文所述，杭嘉湖地区的蚕神庙中往往是各路神灵共享香火。湖州、嘉兴等地清明蚕花节，蚕农们以"庙界"（即一庙所辖之地域、村坊）为单位，用抬阁（一种饲养蚕的用具）抬着本地神祇的"行身"（如总管、土地、太均等）出游，华盖垂垂，族旗飘飘，簇拥"菩萨"到蚕神庙绕行，接受香火祭献，也称"扛菩萨"。旧时，一到辞旧迎新的腊月，湖州乡间田埂上，和尚、道士每每结伴同行，"以五色纸花施送，谓之结蚕花缘"①。在乡民们看来，无论该路神仙走的是哪条道，只要对蚕事有益，都要请来帮忙。对此，清代诗人董蠡舟在《南浔蚕桑乐府·赛神》中有详细的描述："孙言昨返自前村，闻村夫子谈蚕神。神为天驷配嫘祖，或祀菀窳寓氏主。九宫仙嫔马鸣王，众说纷纭难悉数。翁云何用知许事？但愿神欢乞神庇。年年收取十二分，神福散来谋一醉。"②

---

① 光绪《湖州府志》卷29《风俗》。
② （清）董蠡舟：《经辨斋集》卷5《蚕桑乐》。

三 民间信仰多元共生的基础

杭嘉湖地区民间蚕神信仰乃至中国民间信仰多元共生的原因是什么？为什么在中国会出现这种与世界上大多数国家各种宗教相互独立、相互排斥的状况不一样的现象？我们认为，这种民间信仰多元共生共存的现象是建立在特定的社会基础之上的。

一是民间信仰与制度化宗教的互融共生性。在佛教传入之前，中国的宗教是以儒教为代表的"国家宗教"及流传于各地的民间信仰。自汉代传入以来，佛教经历了漫长的演变过程，逐渐适应中国社会并实现中国化。而广大民众精神世界的实用性需求，也为佛教与本土民间信仰的互融共生，提供了广阔而持续蔓延的历史时空。马鸣王菩萨的神异事迹，显然与佛教宗旨是不相符合的。"生活在宗教的逻辑中进行，而宗教则在生活的脉络中展开。"① 这种编撰的神异，正是其迎合民间信仰在民众生活逻辑中的一种展开和体现。道教作为本土的教团宗教，本身是受佛教刺激、启发而产生的。在道教正式形成之前，中国各地民间遍布着大量方士，而后世的道士就是由这些方士演化而来的。道教系统里的许多神灵，原本就是来自民间神灵，如九宫仙嫔、城隍神等，可以说道教是与民间信仰最为接近的宗教。无论是制度化宗教还是民间信仰，都是关于超人间、超自然力量的一种社会意识与崇拜行为。实际上在民众的观念中并不存在不同宗教之间的分野。民众之所以相信宗教，是希望宗教能为他们带来现世的利益，期待灵验故事的发生。杭嘉湖地区蚕花庙会期间，村民祭祀观音、佛祖等神灵与一般的民间祭蚕神活动已不存在实质性的差别，二者均作为对所谓"神"的观念的信仰，在现实性和实用性的基础上达到了本质的融通。制度化宗教需要谋求生存空间发展与民众需要多重信仰这种双重功利性的契合，

---

① ［英］马林诺夫斯基：《巫术宗教神话与科学》，李安宅译，中国民间文艺出版社1986年版，第71页。

从而使得两者在本质相通的基础上能够长期保持神祇生态位的平衡，形成互利互惠、和谐共存的局面。①

二是民间信仰是民众实际生活境况的反映。"宗教不过是支配着人们日常生活的外部力量在人们头脑中的幻想的反映。"② 融多种神灵于一体的民间信仰形式，实际上也是对现实生活的一种反映。"诸神生活在超凡世界里，但其实他们一天也不曾离开过人间。神的世界，就是人的世界。神的世界是人间世界的一个组成部分，一个补充。人们在人间世界里找不到的期望、寄托、慰藉，还有报应，都可以到神的世界里寻找，并且往往可以找到。"③ 中国封建社会的底层民众，地位是极其低下的，一旦遭遇天灾人祸，境况更加艰难，甚至连生命也得不到保障。这样的社会地位，使他们受宗教的影响。而在信仰的世界里，往往有常年吃斋念佛的人却不得善终的现象出现，这就不能不让一部分民众对"举头三尺有神明"、"善有善报，恶有恶报"的"因果报应"理念产生怀疑——信奉单一神灵的实效性问题，因此寻求多重保护才是合适的选择。就信仰主体而言，民众之所以崇拜某神，是因为该神具有与其生产生活密切相关的职能。民间信仰有着世俗功利的动机，拜神必有所求，而其根本用意不外求吉避凶、祈福禳灾。他们对神的选择以实用、灵验为标准，有用则近，无用则疏；有灵则祭，不灵则弃。在其心目中，神灵的等级、来历等并不重要，具有并能履行满足世俗需求的职能才是关键所在。④ 此外，神灵信仰也可满足农忙的娱乐需求。杭嘉湖地区蚕神庙会，就均有演戏、赛船、杂耍等内容，百姓也大多借酬神而达到娱人的目的。

三是神灵功能的多样性满足了民众信仰需要。民众之所以崇拜某神，最根本也是最重要的是该神具有与其生产生活需求密切相关

① 俞黎媛：《论神祇生态位关系与民间信仰生态系统的平衡》，《民俗研究》2008年第3期。

② 《马克思恩格斯选集》第3卷，人民出版社1995年版，第35页。

③ 安德明：《天人之际的非常对话》，中国社会科学出版社2003年版，第208页。

④ 王守恩：《论民间信仰的神灵体系》，《世界宗教研究》2009年第4期。

的职司与功能。以蚕神信仰为例，嫘祖、马头娘诸神有保佑蚕花丰收的功能，却管不了喜欢吃蚕、咬坏蚕种纸、蚕茧的老鼠，因此民众祀奉"蚕猫"以驱鼠避害。倘若蚕事失利，民众往往归咎于鬼怪作祟，因此有的人家会延请僧道拜蚕花、祛蚕祟以消灾驱邪。在古代，蚕农们科学知识有限，靠天吃饭，因此嘉兴地区的民众在祭祀嫘祖的同时连风、雨、雷等神灵也一并敬拜，以祈风调雨顺，获得丰收。民间信仰中神灵的主要功用是让人们趋利避弊，即发挥保佑与惩戒的功能，这与人们的意识里随时保持着行为的二元分界标准相关，即好坏、因果、是非、运气灾难等。这种两两对应的认识分界，直接导入民间信仰中，表现为鬼神的分工。但是，所有的分工，体现的都是人们利己的需求，而不是二元分界的对立。因此，从机制上看，民间信仰中任何神鬼间的位置都是平行、平等的，求神保佑与求鬼别来惩罚的利益要求是同位的。"逢庙就烧香，见神就磕头"，民众出于实用产生信仰，又靠实用的结果来维系信仰，他们对神的选择是以有用、灵验为标准的，将各路神灵都纳入自己的信仰体系，目的就是最大限度地趋吉避祸。正如马克斯·韦伯所说："行动只由追求功利的动机所驱使，行动借助理性达到自己需要的预期目的，行动者纯粹从效果最大化的角度考虑。"① 杭嘉湖地区民间蚕神信仰的神祇，无论是从人物转化过来的，还是由民众自己杜撰出来的，当它们成为民众祭拜的偶像时，并没有等级的差别，不论是在人们定期祭拜的过程中，还是在人们的意识里，它们之间并无大小之分，都具有平等的被祀奉的机会和同等的地位，体现的是利己意识。②

四　结论与思考

通过杭嘉湖地区民间蚕神信仰状况的考察和论述，我们不难得

---

① ［德］马克斯·韦伯：《新教伦理与资本主义精神》，张云江译，中国社会科学出版社 2009 年版，第 62 页。

② 王晓丽：《民间信仰的庞杂与有序》，《西北民族研究》2009 年第 4 期。

出以下结论：

第一，中国的民间信仰是建立在地缘性基础上的多元并存与和谐共生。民间信仰作为原生性宗教与人们日常生活环境及活动中对"神"的体验与祈求密切相关，表达直接，不像制度化宗教那样将人的同类情感装扮成高深莫测的文化形式。[①] 民间信仰所表达的与其说是对"神"的敬畏，毋宁说是民众用最朴素的方式和最原始的创造力实现自己与自己心灵的相会。因为中国民间信仰具有强烈的地缘性特征，使这种直接体验和自主表述的特性，成为依附于主流传统文化之下的"小传统"。民间信仰的神灵作为地方的保护者，只在特定的祭祀圈内发挥作用。民间信仰的地缘性源于初民对根的深刻体验。每一个地方的神祇崇拜传统，都植根于特定地域，代表着共同的习俗、方言、血缘、思维模式、生活态度和人情关系。作为一种精神寄托或留恋民族文化传统的自觉或不自觉的行为，民间信仰的多元化形态在不同的地区也存在着一定程度的差异。一般来说，在藏传佛教或伊斯兰教地区，民间信仰的多元性显得相对简单些。在南方地区，自古以来"俗信鬼神，好淫祀"，围绕着民间神祇的社会与庙会活动历来十分盛行，因而民间信仰比较庞杂，其中又以客家分布地区最为普遍。

第二，中国的民间信仰中只有神灵的概念而无宗教的意识。对于民间信仰，国际汉学界的主流观点一直将其视为中国本土的宗教，以荷兰汉学家高延的多卷本巨著《中国的宗教制度》为代表。其实不然，中国民间信仰与五大宗教具有不同的特征——弥散性，其信仰、仪式及宗教活动都与日常生活密切混合，扩散为日常生活的一部分，所以其教义也与日常生活相结合，没有统一的教主，也就缺少系统化的经典，更没有独立自主的组织体系，在组织上与世俗组织难以分离。用杨庆堃的话说，制度化宗教"独立于其他世俗社会组织之外，它自成一种社会制度"，是"形式上有组织的"，代表了"自愿宗教的组织化体系"，而"民间信

---

① 曾传辉：《中国的民间信仰是不是宗教》，《中国社会科学报》2009 年 9 月 3 日。

仰"反而是"实质上有组织的",可以是官方祀典的一部分,也可以是社区、家庭私祀的一部分。① 作为在大传统价值意识的传播下被压挤到边陲地带的一种低次元文化,民间信仰本质上传承远古时代的原始宗教形态,偏重在鬼神崇拜与巫仪活动,建立在神人交通的灵感思维与神话传播,人们根据各自的需求,祀奉相应的神明;至于所供奉的是何方神圣,他们是很少去深究的。尽管他们的愿望不一定总能得到满足,但虚幻的幸福期待或多或少可以缓解其心理的紧张。

第三,中国的民间信仰内蕴着强烈的"唯灵是信"色彩。美国著名汉学家韩森曾将中国民众宗教信仰的特征概括为"唯灵是信",认为神祇是否灵验是他们选择的根本出发点。② 这是非常有见地的。在各类宗教的形形色色的神祇之间进行验证和选择,的确是中国式宗教精神的基本特性。民间信仰的对象、目的、祭祀仪式和信仰心理都与民众日常生活密切相关,是华夏民族工具理性在信仰上的集中体现。民间信仰将神灵看成是影响、操控现实的主宰,强调实际经验和操演是最重要的,原理和说教是从属的;神祇存在不是预设的,而是对行为结果解释的假定;决定神祇的选择不在教义的连贯,而在心理效能的检验;礼尚往来、知恩必报、慎终追远、敦厚笃实的互惠关系成为人神互动的基本准则。信则灵,不灵则不信。"唯灵是信"是中国民间信仰的区别性特征,如果没有这种实用性,民间信仰就不成其为民间信仰;如果实用性太强,其他宗教就会民间信仰化。

中国的民间信仰在心理根源上和创生性宗教如出一辙,它反映的是基层民众的心理需求和呼声。民间信仰的本质属性和特殊属性是一个硬币的两面,我们在制定民间信仰政策时,既要尊重其作为原始宗教信仰所应享有的宪法权利,努力保持和运用其宗教性中蕴

---

① 〔美〕杨庆堃:《中国社会中的宗教》,范丽珠等译,上海人民出版社 2007 年版,第 35 页。

② 〔美〕韩森:《变迁之神——南宋时期的民间信仰》,包伟民译,浙江人民出版社 1999 年版,第 27—44 页。

含的"神圣性"及"文化正统意识",① 从中国文化软实力战略的高度考虑将其正式纳入各级政府对宗教事务的管理范围,也要充分照顾其特殊属性,因俗施事,因地制宜,将民间信仰留在"民间",并依法制定"市场准入"的标准和"游戏规则",以便更好地调动民间信仰的文化整合功能,使之更有效地参与"宗教文化生态系统"的建设。

（文章来源：《民俗研究》2011 年第 2 期。ISSN：1002 – 4360. CN：37 – 1178）

---

① 高丙中：《民间文化与公民社会》,北京大学出版社 2008 年版,第 116 页。

黄帝、嫘祖与中国丝绸的起源时代

段　渝

【内容提要】中国是世界上蚕桑、缫丝、丝绸的原产地，素有丝国之称。从公元前第一个千年或更早开始，中国丝绸就已横穿欧亚大陆，远播至于西方。西方世界对中国的认识，也是伴随着中国丝绸的西传逐步形成的。从某种意义上看，丝绸或许是中国对于世界物质文化最大的一项贡献。由于丝绸对包括东西方在内的世界文明的发展和繁荣做出了重要贡献，在世界文明史上占有特殊地位，因此长期以来对于中国丝绸的研究一直是中外学术界所共同关心的重大课题。

一　概论

中国是世界上蚕桑、缫丝、丝绸的原产地，素有丝国之称。从公元前第一个千年或更早开始，中国丝绸就已横穿欧亚大陆，远播至于西方。西方世界对中国的认识，也是伴随着中国丝绸的西传逐步形成的。从某种意义上看，丝绸或许是中国对于世界物质文化最大的一项贡献。① 由于丝绸对包括东西方在内的世界文明的发展和繁荣做出了重要贡献，在世界文明史上占有特殊地位，因此长期以来对于中国丝绸的研究一直是中外学术界所共同关心的重大课题。

四川是中国丝绸的原产地之一，不仅以"嫘祖""蚕女"等古

---

① 夏鼐：《中国文明的起源》，文物出版社1985年版，第49页。

史传说饮誉海内，而且以蜀锦、蜀绣等丝绸织品驰名中外，在中国丝绸文化的起源和发展史上占有显著地位。文献和考古研究表明，嫘祖、蚕女等中国丝绸史上的里程碑式人物，均与古代巴蜀有关，尤其与今四川盐亭有着密切联系。毫无疑问，研究中国丝绸的起源和发展，不能不研究巴蜀丝绸的起源和发展，而研究巴蜀丝绸的起源和发展，不能不研究嫘祖文化的起源和发展。可以毫不夸张地说，对于嫘祖文化的深入系统研究，将是解决中国丝绸文化起源的关键性课题之一。本文试就中国丝绸的起源时代进行探讨，其他问题则将另文论述。

二 古史所见中国丝绸的起源时代

在先秦史籍中，关于早期丝织品和蚕桑的记载可以约略分作五类，即蚕桑类、一般丝织品类（缯帛类）、锦绣品类、蚕织管理类、丝绸文化类。这些内容散见于《禹贡》《诗经》、三《传》、三《礼》、诸子书以及《战国策》等文献中，既不系统，又不全面。把这五方面的材料相互串联起来，至多只能对中国早期丝绸文化的发展提供一个非常简略的印象，如要具体研究先秦丝绸的历史，仅凭这些资料是非常困难的。传世文献中，对中国丝绸的最早记载，见于《尚书·禹贡》。此篇记载的丝绸种类有丝、织文（有花纹的丝织品，应即绮）[1]、玄纤缟（纤细的黑缯和白缯）、玄纁玑组（黑色和浅红的丝织品）等。至于此篇提到的"织贝"，郑玄注以为"锦名"，即所谓"贝锦"，实误，应当是细纻和贝壳两种物品[2]，即把贝壳磨成小粒扁圆珠并缝缀于麻质（纻）衣物上，这种海洋文化的产物，在殷墟考古中曾有出土。[3] 不管怎样，《禹贡》的记载

---

[1] 郑玄以为"织文"是"锦绮之属"，但从锦产生于两周时代的史实看，所谓"织文"，其实应当是绮，即《说文》所说："绮，文缯也"，并不是锦。

[2] 《尚书·禹贡》孔安国《传》（《伪孔传》）。

[3] 林惠祥、凌纯声持此说，见凌纯声《中国古代海洋文化与亚洲地中海》，《海外杂志》1954 年第 3 卷第 10 期。

表明，早在中国文明兴起的初期，中国丝织品已经形成了多种类多样化的发展格局。显然，中国丝绸文化的起源时代，还远在《禹贡》的成书年代之前。

那么，《禹贡》成书于什么时代呢？这是一个颇有争论的问题。近世以来对此问题主要有五种意见：（1）西周前期说，以辛树帜为代表[1]；（2）战国说，以顾颉刚为代表[2]；（3）春秋说，以王成组为代表[3]；（4）汉代说，以日本学者内藤虎次郎和德国赫尔曼教授等为代表[4]；（5）不同时代说，其中的"九州"篇所记生态环境反映的是公元前 2000 年的情况，其蓝本当出自商朝史官对夏代的追记，此说最近由考古学界所提出。[5] 从《禹贡》所记贡丝织品的地域同古史的参验比较来分析，"九州"篇本出公元前第二个千年即夏商之际的看法，是最为接近历史实际的。基于这种认识反观先秦文献，可以看出，夏商时代的中国丝绸已经发展到了相当高的水平。

如果说先秦文献对于中国早期丝织品发展水平的有关记载十分简略的话，那么这些文献中直接反映丝绸文化起源的材料就更加贫乏，总共不过四五条。虽然如此，我们仍然可以从中获得有关丝绸文化起源时代的大致情况。

《礼记·礼运》记载：

> 昔者先王未有宫室……未有丝麻，衣其羽皮。后圣有作……治其丝麻，以为布帛，以养生送死，以事上帝鬼神，皆从其朔（按：朔，初也）。

---

① 《禹贡新解》，农业出版社 1964 年版。

② 《禹贡注释》，载《中国古代地理名著选读》第 1 辑，科学出版社 1959 年版。

③ 见《禹贡新解》所引。

④ 内藤虎次郎之说，见江侠庵《先秦经籍考》；赫尔曼之说，见《禹贡》2 卷 5 期引。参阅王世舜《尚书译注》，四川人民出版社 1982 年版，第 42 页。

⑤ 邵望平：《禹贡"九州"的考古学研究》，《考古学文化论集》（2），文物出版社 1989 年版，第 11—30 页。

此篇所说"后圣有作","治其丝麻",所指即是丝绸起源时代的情形。所谓"后圣",此篇未指明其人为谁,但在其他先秦文献里则有确定的记载。

《易·系辞下》记载:"黄帝、尧、舜垂衣裳而天下治。"孔颖达《疏》云:"垂衣裳者,以前衣皮,其制短小,今衣丝麻布帛,所作衣裳,其制长大,故云垂衣裳也。"这表明,中国丝绸的起源是在黄帝时代。

关于《礼记》和《易·系辞》的成书年代,论者或有争议,以为是汉代人的作品。但是关于《礼记》原出先秦,早在汉代就有清楚明确的记录。《汉书·景十三王传》载:汉景帝时,河间献王所得书皆古文先秦旧籍书《周官》《尚书》《礼》《礼记》《孟子》《老子》之属,《汉书·艺文志》和《说文·叙》亦并谓孔壁中有《礼记》,可见大小戴《礼记》本出古文①,原为先秦旧籍,并非西汉作品。至于《易·系辞》,《史记·孔子世家》记载:"孔子晚而喜《易》《序》《象》《系》《象》《说卦》《文言》",虽不一定完全可信,但《系辞》为先秦旧籍是可以肯定的。王充《论衡·正说》:"孝宣皇帝之时,河内女子发老屋,得逸《易》《礼》《尚书》各一篇奏之。宣帝下示博士,然后《易》《礼》《尚书》各益一篇。"所得逸《易》,应指《说卦》。《隋书·经籍志》:"及秦焚书《周易》独以卜筮得存,唯失《说卦》三篇。后河内女子得之。"这里所说三篇,即《说卦》《序卦》《杂卜》三篇,并不包括《系辞》。可见《系辞》并非汉代人伪作,而是传自先秦的文本。据此,《礼记·礼运》和《易·系辞》所记丝绸源自黄帝时代,这一说法应当就是先秦时代累世相传的旧说,可谓信而有征。

传出《淮南子》所引的《蚕经》,对蚕桑丝绸起源于黄帝时代也有明确的记载,其文曰:《蚕经》云:"黄帝元妃西陵氏始蚕。"对于这条《蚕经》的年代,论者有所争议,或以为出自宋元时期的伪作。但是,至少有两个证据可以表明,此条《蚕经》原为先秦旧

---

① 王国维:《汉时古文本诸经传考》,《观堂集林》卷7,中华书局1959年版。

本所传，决非宋元人伪作。

其一，《世本》（见《大戴礼记·帝系》引①）记载："黄帝居轩辕之丘，娶于西陵氏，西陵氏之子谓之嫘祖氏，产青阳及昌意。青阳降居泜水（按：《史记·五帝本纪》引作'江水'），昌意降居若水。昌意娶于蜀山氏，蜀山氏之子谓之昌濮氏，产颛顼。"这条材料本是先秦时代中原旧籍所传，并见于成书于西周中叶以前南方古史所传的《山海经·海内经》，表明有着真实的历史内容。而黄帝、嫘祖之子昌意娶于蜀山氏，恰恰显示了古代从利用桑蚕之丝到驯养家蚕并缫丝织帛这一重大历史性变革（另文），意味着中国丝绸文化起源于黄帝时代。这与上引《礼记·礼运》和《易·系辞》是恰相一致的。因此，不论从材料本身还是所反映的历史背景来看，这条《蚕经》都出自先秦，当可肯定。

其二，根据《荀子·赋篇·蚕》的记载，战国时已发展了关于蚕的义理，称为"蚕理"，而蚕理的形成年代足可追溯到"五帝"②时代。《荀子》既称蚕理，则当时已有总结和阐述关于蚕理的书籍传世，当可肯定。《荀子》此篇还提到一种流布广远的传说，即蚕与马的关系，它说："五帝占之曰：此夫身女好而头马首者"，并说这是蚕理之一，可知此说是一种来源久远的传说。《周礼·夏官·马质》"禁原蚕者"句下郑玄注云："原，再也，天文辰为马。《蚕书》：蚕为龙精，月直大火，则浴其种，是蚕与马同气也。"郑注引证的这部《蚕书》，虽然并未注明为何时之书，不过从它的内容与《荀子》所述蚕马关系有所关联来看，应当就是战国时代关于蚕理一类的书，出自先秦旧本，当无疑义。秦始皇时，尽烧天下《诗》《书》、百家语，"所不去者，医药、卜筮、种树之书"，有关蚕理一类先秦文献，即属"所不去者"之流，因而得以保存并流传下来，至汉初为淮南王刘安《淮南子》所取用。由于汉初并称先秦义理之书为经，所以淮南王刘安在引用此书时称其为《蚕经》，这是

---

① 《授时通考》卷72引。
② 此篇"五帝"二字，为宋本原文，元刻本则作"五泰"，见王先谦《荀子集解》引户文之弨说。

符合汉初风气的。至汉武帝时，设五经博士，只有经学称经，其他诸书则不再称经，所以东汉郑玄引用此书时称其为《蚕书》。由此可见，《淮南子》引用的《蚕经》，原为先秦旧本所传，并非后人伪作。这种情况，与汉初许多书籍抄自先秦旧本一样，不足为异。当然，除这部《蚕经》而外，刘安本人是否写过一部《淮南王养蚕经》，因文献阙如，难以考查，只能存而不论。

至于今本《淮南子》不见这条《蚕经》，亦不足怪，这是由于此书在传抄过程中有所脱漏而出现的现象，正如许多书籍在传抄中有所脱漏一样。问题的关键并不在于佚文辑自哪个时代的哪一部书，而在于佚文是否合乎它自身所反映的史实和背景，是否有可靠依据。以此来看这条《蚕经》，不难知道它出自先秦旧本，决非宋元之间人士的伪作。

总而言之，通过对上引各条先秦文献的考证和分析，可以确认这样一个事实，即中国蚕桑、缫丝和丝绸的起源是在黄帝时代，"西陵氏始蚕"，"冶丝茧以供衣服"等古史传说有着充分的历史根据，并非后人向壁虚构之说。至于某些学者因过分怀疑古史而否定黄帝、嫘祖时代的这一重大历史性发明创造，则是由于对古史传说的来源、流传和时代背景等缺乏认真精审的考订分析所致，因而不足凭信。

应当说明的是，正如我们在其他地方所指出过的，我们是将古史传说中的人物，作为族系或古国来对待的，这些传说人物及其史迹，反映了所处时代的背景和特征，因而是特定时代的象征及其典型人格化。假如重蹈前人覆辙，把古史传说人物一概作为特定的个人来对待，自然会对这些人物的个人作用等问题产生怀疑，从而引起对古史材料进行批判等极端化做法，以致否定古史传说及其时代。显然，这种必然导致中国将无古史可言的做法，无论从哪方面看，都是极不可取的。

三　考古所见中国丝绸的起源时代

如果说，对古史传说的研究结论还必须通过某种途径来加以验证，从而确定其信与否的话，那么，运用考古材料加以验证，无疑就是最佳方法之一。

迄今为止，在中国考古中发现的最早一件与蚕相关的实物资料，是1977年在浙江余姚河姆渡遗址第二次发掘中所出土的牙雕小盅。① 在这件牙雕小盅的外壁，雕刻着一圈编织纹和蚕纹图案。从蚕纹图像观察，首尾上翘，腹背向上弯起，整个体态呈明显的弓形，表现了活泼激烈的动态形象。从生物学知识可以知道，河姆渡蚕纹具有野蚕的诸种特征，还不是家蚕。野蚕的主要特征，除具有暗色斑等形体特征外，还具有行进活泼，动作激烈，腹背弓起幅度大等运动特征。河姆渡蚕纹与野蚕的这些特征恰相符合，表明是野蚕形象的刻画。值得注意的是，发掘中还同出土一批纺织工具，有木卷布棍、骨机刀和木经轴，均为织机的部件，表明已有织机。将野蚕纹与编织纹和织机等因素联系起来看，七千年前的河姆渡文化，可能已经开始利用野生蚕茧作为纺织原料。不过，即令如此，由于还不懂得将野蚕驯养为家蚕，所以它还停留在利用家蚕茧缫丝织绸这种真正意义上的丝绸起源时代之前，正如在中国家蚕种传入西方以前，西方曾利用野蚕茧得到丝一样。

另外几件与野蚕有关的考古实物资料，分别发现于山西夏县西阴村②和河北正定杨庄③，两个出土点的层位均属仰韶文化地层，距今五六千年。1928年，李济在西阴村遗址内发现了一个半割的茧壳，切割的部分"极平直"，有整齐的切割边缘。曾有学者据此

① 河姆渡遗址考古队：《浙江河姆渡遗址第二期主要收获》，《文物》1980年第5期。

② 李济：《西阴村史前遗址》，清华大学研究院第3种，1927年，第22—23页。

③ 唐云明：《我国育蚕织绸起源初探》，《农业考古》1985年第2期。

以为仰韶文化时期中国已有了养蚕业①，但夏鼐认为这个发现本身是靠不住的，更不能根据这个靠不住的"孤证"来断定仰韶文化已有养蚕业，当然也就谈不上与丝绸的起源有关。即使这件半割的蚕茧的出土地层可靠，也不是为了用蚕茧缫丝，因为一经剖开，它即成为废品②，所以有学者认为是取蛹供食用。③ 至于河北正定杨庄仰韶文化地层内出土的两件陶蚕蛹，只能说明人们对蚕蛹本身所具有的一种崇拜观念，而与利用蚕茧缫丝织绸谈不上有什么关系，自然也与丝绸的起源无关。可见，仰韶文化时期还没有进入丝绸的起源时代。

考古学上能够取得充分证据并加以确切断定的中国丝绸的起源时代，是龙山时代。1958 年在浙江吴兴钱山漾遗址的第 2 次发掘中，出土了一批盛在竹筐中的丝织品，有绢片、丝带和丝线等。④ 经鉴定，原料是家蚕丝，绢片为平纹组织，经纬密度为每厘米 48 根，丝带为带子组合，观察为 10 股，每股单丝 3 根，共计单纱 30 根编织而成。据研究，绢片的经纬密度显示出，必然已有了比较完备的织机，从丝线绞捻组合、单丝纤维平整光洁以及条纹等方面观察，织物无疑是先缫后织的。⑤ 钱山漾遗址属于长江下游的良渚文化，其年代与龙山文化大致相当，属于中国考古学上的龙山时代。根据对钱山漾遗址中与丝织品同一层位同一探坑内的稻谷标本所做的碳 14 测年结果，绝对年代距今 4715 ± 100 年，树轮校正距今 52601 ± 135 年，为公元前 2750 ± 10 年。⑥ 这表明，考古学上的龙山时代，就是中国丝绸的起源时代。

所谓龙山时代，是考古学上关于史前文化分期的概念，大约相当于公元前 2600 年到前 2000 年左右的一段时期。在这个时期，黄

① 夏鼐：《我国古代蚕、桑、丝、绸的历史》，《考古》1972 年第 2 期。
② 牟永抗、吴汝祚：《水稻、蚕丝和玉器》，《考古》1993 年第 6 期。
③ ［美］罗伯特·路威：《文明与野蛮》，生活·读书·新知三联书店 1984 年版。
④ 浙江省文管会：《吴兴县钱山漾遗址第一、二次发掘报告》，《考古学报》1960 年第 2 期。
⑤ 周匡明：《养蚕起源问题的研究》，《农业考古》1982 年第 1 期。
⑥ 夏鼐：《碳⁻14 测定年代和中国史前考古学》，《考古》1977 年第 4 期。

河流域和长江流域各地的考古学文化都有明显的进步，具有相似的发展水平，并且相互之间有着不同程度的联系，因而被统称为龙山时代。① 那么，考古学上的龙山时代与古史上的黄帝时代是什么关系呢？以下分析表明，所谓黄帝时代，其实相当于龙山时代的较早时期。对此，可以从三个方面加以论证。

首先，从考古学上看，在石器时代与青铜时代之间，有一个铜石并用时代，它的早期相当于仰韶文化的晚期，而它的晚期大体上与龙山时代相当。从古史上看，"轩辕神农赫胥之时，以石为兵"，"至黄帝之时，以玉为兵"，"禹穴之时，以铜为兵"。② 所说以石、玉、铜为兵的三个时期，分别与考古学上的石器、铜石并用和青铜三个时代相吻合，表明"以玉为兵"的黄帝时代，大约就相当于铜石并用时代。不过这个"以玉为兵"的时代，只是指铜石并用时代的晚期，却并不包括其早期。因为，所谓"以玉为兵"，反映的是一个特殊的"玉器时代"，它在中国考古学上并不具有普遍性，仅仅是长江下游良渚文化和长城以北西辽河流域红山文化的时代特点。"黄帝之时，以玉为兵"出自《越绝书》，而《越绝书》所记载的正是长江下游吴越之地的历史及其古史传说，可见这个记载表现的是东南地区的古史，它与良渚文化不论在时间还是空间上都是完全吻合的。作为东南地区史前考古上的这个玉器时代，如前所述，恰恰与龙山时代即铜石并用时代的晚期相当，而与仰韶时代的晚期并不同时。于此可见，古史上的黄帝时代，就是考古学上的龙山时代。

其次，龙山时代上下数百年，是一个相当长的时期，黄帝时代究竟处于这个时代的哪一阶段呢？我们知道，在古史传说中，黄帝、昌意、乾荒、颛顼之后分化为几大支系，其中的鲧、禹一系便是夏王朝的先公。对应于考古学，二里头文化（夏文化）之前的是中原龙山文化，则鲧的时代应为龙山时代的晚期。据《世本》记

---

① 严文明：《龙山文化和龙山时代》，《文物》1981 年第 6 期。
② 《越绝书》卷 1。

载："鲧作城。"恰恰在龙山时代的晚期，黄河流域和长江流域以及辽河流域出现了中国历史上第一批城堡，与《世本》的记载正相吻合，这不是偶然的，它表明了古史传说包含着真实可信的历史内容，不容轻易否定，同时也表明了鲧的时代确实是龙山时代晚期这一事实。既然如此，那么早于鲧在世数百年的黄帝，其所处时代必然就是龙山时代的早期。

最后，从古史上看，黄帝时代是中国史前历史发生重大变化的时代，不但社会分化加剧，战争加剧，各地区之间的文化交流和文化重组加剧，日益出现文明与国家起源的诸因素，而且在物质文化和科学技术上还产生了许多新的发明创造，如《世本·作篇》记载"作市""作兵器""作煮盐""始穿井""作旃""作冕旒""作占日""作占月""作占星气""造律吕""作甲子""作算数""作调历""作书""作图""作衣裳"，以及其他诸多发明创造，丝绸亦是其中的重大发明创造之一。

考古学上，恰恰是在龙山时代的较早时期，各地文化出现了若干明显的变化，这些变化与古史传说中黄帝时代的若干特征基本能够相互对应，如丝绸的起源就在这个时期，冶铜以做兵器乐器也始于这个时期，这个时期铜器的较多发现以及铜器制作技术的进步，也与古史所载黄帝采首山之铜以做九鼎的传说有着内在联系，而战争的加剧和各地文化的普遍进步以及相互之间交流的扩大等，也可以从这一时期各考古区系文化之间的深刻联系和相互影响中得到确切证明，社会分化的加剧则是这一时期考古学上常见的确定不移的事实。由此可见，黄帝时代便是龙山时代的较早时期，当是没有什么疑问的。

综上诸证，可以肯定地说，前述关于中国丝绸文化起源于黄帝时代即龙山时代较早时期的结论，既符合文献记载，又符合考古验证，因而是正确的。相反，因过分怀疑古史而否认中国丝绸文化起源于黄帝、嫘祖时代的看法，则与文献和考古均不相符，没有任何可靠的立论依据，因而难以使人凭信。

四　文化进化与丝绸起源

　　中国丝绸起源于龙山时代，这当然不是偶然的，它既与龙山时代中国各地的气候、生态等自然条件有关，更与当时中国文化的普遍进化有关，以至可以说是文化进化的直接产物。根据竺可桢对西安半坡和安阳殷墟动物群所做的气候变迁研究①，我们知道，仰韶文化时期和殷墟时期是中国的温暖气候时代。又据贾兰坡和张振标的研究②，我们更清楚地知道，仰韶文化时期的气温最为温暖，屈家岭文化中期和晚期，气温比仰韶文化时期呈下降趋势，而龙山文化时期气温又比屈家岭文化中期和晚期有所回升。这两份研究成果的结论是一致的，表明龙山时代的气温虽然比仰韶文化时期所处的温暖期有所差异，但总的看来，仍然属于温暖时代，是没有什么问题的。

　　至于稍早于仰韶文化（约公元前第五个千年前叶后段至公元前第四个千年中期）的河姆渡文化（约公元前5000年前后）时期的气候情况，根据王开发、张玉兰对孢粉组合变化的研究③，沪杭地区的史前气温，公元前5500—前3050年是第一暖期，气候湿热，基本上相当于现在珠江流域的气候条件。河姆渡遗址的动植物群也显示同样的气候结论。④

　　以上关于黄河流域和长江下游史前气候的研究成果表明，河姆渡文化所处的气温最高，犹如今日的珠江流域；仰韶文化和龙山时代，黄河流域的气温低于河姆渡文化时期长江下游的气温，但远比今日为高，其气温条件约与今日的长江流域大体相当。根据上述史

----

　　①　竺可桢：《中国近五千年来气候变迁的初步研究》，《考古学报》1972年第1期。

　　②　贾兰坡、张振标：《河南淅川县下王岗遗址中的动物群》，《文物》1977年第6期。

　　③　王开发、张玉兰：《根据孢粉分析推论沪杭地区一万多年来的气候变迁》，《历史地理》创刊号。

　　④　浙江省博物馆自然组：《河姆渡遗址动植物遗存的鉴定研究》，《考古学报》1978年第1期。

前的气候条件，我们再来看当时各地与蚕相关的事物，就会发现，在相似的气候条件和生态环境下，蚕桑丝绸的起源与演进在很大程度上取决于文化的进化。如前所述，河姆渡文化时人们可能已开始利用野蚕丝作为纺织原料，表明人们已发现了蚕丝的秘密。虽说当时的温暖气候条件极宜于蚕桑，但发现了野蚕的秘密并不等于可以驯养野蚕为家蚕，当时人们的知识和经验还没有演进到这样的程度。而河姆渡文化所经历的年代不长，使其对于野蚕的观察和野蚕丝的利用历程中新，因而无法从中直接发展到驯养家蚕的阶段，自然也就谈不上丝绸的起源。

仰韶文化时期的气候条件同样适宜于桑树的生长和野蚕的驯化、发育，山西夏县西阴村发现的"半割的茧壳"和河北正定杨庄发现的陶蚕俑，都表明了当时人们对于野蚕的不同方面的利用，但却并没有在这种有利环境下进一步发展出蚕桑和丝绸，这同样也是因为知识和经验的积累还没有达到足以导致丝绸起源的水平。但是在气温条件基本相同的龙山时代，西南的巴蜀和东南的良渚却几乎同时进入了丝绸起源时代。这种情况表明，龙山时代所取得的各种文化成就，推动着丝绸起源进程，是促使丝绸起源的诸种原因当中最重要的一个原因。从家蚕起源的角度看，中国的桑蚕驯养并不起源于一个地区和一个时期，它既是多中心的，又是不同期的。

但是，从目前的考古材料和古史传说来看，迄今为止可以确认的中国早期驯养桑蚕为家蚕的中心，似乎只有西南的巴蜀和东南的良渚，这两个中心均分布在长江流域，一在长江上游，一在长江下游。此外，中外一些蚕桑学者还认为，华北也是桑蚕驯化中心之一，甚至有的日本学者还提出中国北方是家蚕起源的唯一中心的看法①，但是这些意见却并没有取得考古材料和历史文献的充分证明，目前只能存疑不论。关于巴蜀驯养桑蚕为家蚕的诸问题，我们将另文详细论证，这里仅对良渚文化家蚕的起源稍做分析。

---

① 蒋猷龙：《就家蚕的起源和分化答日本学者并海内诸公》，《农业考古》1984 年第 1 期。

考古学和纺织学已经确认，良渚文化丝织物的原料是家蚕丝。从良渚文化时期另一个遗址吴江梅捻出土的一件黑陶器上，还发现了家蚕的浅刻图案①，确凿无疑地表明良渚文化是中国最早的家蚕饲养中心之一。良渚文化之所以能够取得从驯养桑蚕到家蚕这一重大进步，当然是同它明显的文化进化直接相关的。关于此点，只要了解到良渚文化时期被称为"玉器时代"就足够说明问题了，而它的物质基础是稻作农业和植物栽培业的极大发展和进步。此外，文化交流也是一个相当重要的原因。考古学界认为，长江下游的河姆渡文化与马家浜文化是两支并列发展的原始文化②，而马家浜文化和良渚文化有着十分密切的内在联系，良渚文化应是马家浜文化的发展和继续。③ 这一文化发展序列及其演变传承关系，当可说明良渚文化继承当地更早时期的文化传统，在长期观察的基础上进入驯养桑蚕并进一步发展到家蚕的饲养，从而进入家蚕的起源时代这一文化交流与演进的历史。虽然这一历史进程的具体细节我们已无法确知，但是它却大体说明了长江下游家蚕起源的情况。

既然巴蜀地区和东南地区是中国早期蚕桑丝绸起源的两大中心，那么为什么在《禹贡》"九州"所记贡丝织品的地区中却偏偏没有这两个地区，而均为中原和北方系统的兖州、青州、徐州、豫州，以及长江流域中部的荆州呢？

这个问题涉及中国古史的两大系统，比较复杂。简单说来，《禹贡》出自商朝史官对夏代的追述，对夏代以前的历史不可能有全面系统的了解和掌握。尤其是夏与商在古史中分别属于两大系统，西蜀与夏同系，它的丝绸起源史只见载于黄帝、颛顼系统所传古史，而不见载于帝喾系统所传古史，因此在帝喾系统的商朝史官那里无法知道西蜀丝绸起源的历史。至于东南地区，根据《史记·越王句践世家》的记载，"其先禹之苗裔，而夏后帝少康之庶子

---

① 江苏省文物工作队：《江苏吴江梅捻新石器时代遗址》，《考古》1963 年第 5 期。
② 浙江省文物考古研究所：《浙江省新近十年的考古工作》，《文物考古工作十年（1978—1989）》，文物出版社 1990 年版，第 117 页。
③ 《禹贡》扬州所贡"织贝"并非丝织品，见前文。

也"，在夏代时属于颛顼、禹的系统，而在此之前则略无史载，属于一个独立的文化系统。

其地与中原和其他文化区不同的玉器时代，便说明了它独立的文化性质，表明它既不属于颛顼系统，又不属于帝喾系统，因此商朝的史官同样无从知道良渚文化丝绸起源的历史。其他诸州由于丝绸起源较晚，距商不远，并且这些地区在商代时又多为商文化深刻影响的地区，与商王朝的关系比较密切，或本身就是商文化区（如豫州）或商文化亚区，所以这些地区的丝绸情况能被商朝史官熟知并掌握，而将其载入所做《禹贡》之中，乃是势有必致，理所固然。这种情况，自然不能与巴蜀和良渚同日而语。所以，《禹贡》所记贡丝织品的地区中，脱漏了作为早期丝绸起源地的巴蜀和良渚，是不奇怪的。

论丝绸的文化隐喻与符号特征

张建宏

【内容提要】丝绸文化在中国是一种高度概念化、符号化的隐喻系统，在中国古代的神话传说、风土民俗、礼仪制度、文学艺术、审美意识中无不渗透了丝绸的文化隐喻。丝绸之所以能成为民族国家符号、社会身份符号、艺术符号和国人审美理想的标志符号，是因为丝绸文化源远流长、博大精深，且具有无限的意义增殖性。

中国人养蚕、艺桑、缫丝与织绸，可能在几千年前的新石器时代就已经开始了。丝绸文化是中华民族的伟大创造，是中国人傲视于世界的独特的文化品牌。丝绸文化首先表现为桑、蚕、丝、绸、丝绸服饰，以及养蚕、艺桑、缫丝、织绸、服饰等工艺与科技等物质层面的文化；同时，还表现为丝绸制品生产过程中所积淀的中国人特有的人文、艺术、审美等精神层面的文化。可以说，丝绸文化是一种物质、科技、工艺和人文、艺术、审美的混合文化。本文力图通过对丝绸的文化隐喻和符号特征的研究，评估与开发丝绸文化丰富的文化资源，全面系统地梳理丝绸的文化意蕴，挖掘蕴藏于其中的"人类自身的思想、意志和情感"资源，探讨其转化为"生产文化产品、提供文化服务和创造社会财富的能力"的有效途径。

一　丝绸与文化生产力

丝绸是中国文化照亮世界的第一缕阳光，丝绸文化是中国文化走向世界的先导与绵延不绝的原动力。西方人关于中国人的最初认识都与丝绸有关，西方人首先是通过丝绸知道中国，"丝国"就是一个西方世界赋予中国的一个符号。"丝绸之路"是打通东西两个文明之间的通道。在漫长的人类历史上，因丝绸贸易而兴起的东西方人民的大规模经济文化交流，对推动整个人类文明的进程有着不可磨灭的影响。从此意义上说，丝绸的文化影响力又是超越国界而具有世界意义的。

毋庸置疑，丝绸的文化内涵是深厚博大的。换言之，丝绸文化可运用的文化资源是其他物态文化所无可比拟的。既然丝绸文化具有如此丰厚的文化资源，那么，对其文化生产力的评估与开发就是摆在人们面前亟须破解的重要课题。按照文化学者的表述：文化生产力是指人们围绕满足人类心理需求，运用文化资源，把人类自身的思想、意志和情感作为文化资源生产文化产品、提供文化服务和创造社会财富的能力。这里的文化资源已成为一种生产要素，可投入各类产业，提高产业附加值和创造财富。按照这一表述，第一，文化生产力是一种生产能力；第二，这种能力是生产文化产品、提供文化服务和创造社会财富的能力；第三，这种能力是把人类自身的思想、意志和情感转化为文化资源，从而运用文化资源来生产文化产品、提供文化服务和创造社会财富。因此，发掘一种文化对"人类思想、意志和情感"的影响力，开发其潜在的文化资源，使其转化为文化生产力就是文化产业的要义所在。

二　丝绸的文化隐喻

（一）隐喻的含义

隐喻，在亚里士多德看来，属于传统修辞学范畴。在文学中，隐喻作为一种修辞手段，常常是用一种事物来喻指另一种不相干的事物。夏丏尊为《鸟与文学》所作序中说道："文学不能无所缘，文学所缘的东西，在自然现象中要算草虫鱼为最普遍。"所谓文学"所缘"的东西即是其暗藏的比喻。"……民族各以其常见的事物为对象，颂为歌咏或编成传说，经过多人的歌咏及普遍的传说以后，那事物就在民族的血脉中，遗下某种情调，呈出一种特有的观感。这些情调与观感，足以长久地作为酵素，来温暖润泽民族的心情。"① 世界上各个民族都有其情有独钟的事物。在中国，蚕、桑、丝、绸就是吸引了中华民族目光和想象的事物。蚕、桑、丝、绸自从《诗经》时代就成为文学创作的来源与文学作品歌颂的对象，且至今流传不衰，歌吟不绝，温暖滋润了一代又一代中国人的心灵。随意翻阅一部中国文学史，在历代的诗、词、歌、赋中，描写和歌咏栽桑、养蚕、缫丝、织绸的篇章俯拾皆是。蚕、桑、丝、绸作为文学形象和文学背景温暖润泽了中华民族的文化心理和审美情趣，在中华民族的血脉中遗下了特有的情调、观感、趣味和艺术想象。如果说，隐喻是在一种事物的暗示之下感知、体验、想象、理解、谈论另一种事物的心理行为、语言行为和文化行为。那么，蕴含于有关蚕、桑、丝、绸文学作品中的特有的情调、观感、趣味和艺术想象等文化意味就是生成蚕、桑、丝、绸文学隐喻的酵素。例如，唐代诗人李商隐的诗句："春蚕到死丝方尽，蜡炬成灰泪始干。""春蚕吐丝"这一自然现象一经入诗便成了表达对爱情至死不渝的誓词了，而其中所蕴含的坚贞又被引申为鞠躬尽瘁死而后已的献身精神。隐喻的本质是用一种事情或经验理解和经历另一种事情或经验，"春蚕吐丝"的隐喻就这样生成了。又如"蚕蜕"这一现象用文学语言叫作"化蛹成蝶"，即隐喻了脱胎换骨、焕然一新之意。自《诗经》以来，在文学艺术作品中，有关描写蚕、桑、丝、绸的题材、故事、形象、意象、典故不胜枚举，由这些文学意象所生成的有关丝绸的丰富的文化隐喻也就可想而知了。

---

① 贾祖璋：《鸟与文学》，上海书店 1982 年版，第 2—3 页。

目前国外对隐喻的研究，已从传统的修辞学，进入当代的认知科学。隐喻不仅仅是传统意义上的语言修辞手段，在大多情况下是一种思维、经验和行为的方式。例如，杭州"钱武肃王庙"有一石碑，碑文中有"世方喋血以事干戈，我且闭关而修蚕织"之语。这是吴越国钱镠王的至理名言。"闭关而修蚕织"，不仅仅是隐喻，而是出于内政考虑的行为方式，是一项基本国策。这种与民休戚的做法无疑是因为丝织关系着吴越国的财政收入，关系着国家政权的巩固。这里，"我且闭关而修蚕织"不仅是语言修辞，而是一种思维、经验和行为的方式。

丝绸文化博大精深，在人类生活、经济、文化艺术领域里都占有重要位置。本文所论述的丝绸的文化隐喻与符号特征多集中于丝绸文化的精神层面，即千百年来积淀在中华民族心灵深处的人文、艺术、审美观念与情感。它涵盖了中国人的服饰制度、价值观念、道德评价、风俗习惯、文学艺术、审美情趣等精神层面的东西。

（二）丝绸的文化含义

事实上，丝绸文化在中国是一种高度概念化、符号化的隐喻系统。在中国古代的神话传说、风土民俗、礼仪制度、文学艺术、审美意识中无不渗透了丝绸的文化隐喻。

神话传说：作为世界蚕桑丝绸业的发源地，中国流传着许多有关蚕的神话和传说。如嫘祖教民育蚕、蚕马神话、天虫、牛郎织女传说等，都以天真美丽的幻想和清新质朴的风格，艺术地概括了人们对蚕桑丝绸的认识，反映了中国古代人民对蚕桑丝绸的亲情。嫘祖"养天虫以吐经纶，始衣裳而福万民"，这位教人蚕桑织丝的传说人物是中国女性的劳动和智慧的化身，是丝绸的人格化的形象；牛郎织女的美丽传说是中国古代男耕女织社会经济模式的一个隐喻；另一"天虫"传说则歌颂了为人类造福的殉道者形象。白龙大仙敢于违反天条，下凡为蚕吐出洁白晶莹的丝造福人民，可以看作是中国的普罗米修斯。

风土民俗：江浙等地以农历四月为"蚕月"。老百姓向各路蚕神祭祀，祈求蚕丝丰产。这期间的习俗，叫作蚕忌或蚕禁。关于蚕忌风俗的记载，可追溯到《礼记·月令》：季春之月，"后妃斋戒，亲东乡躬桑。禁妇女毋观，省妇使，以劝蚕事"。劝蚕礼仪，气氛神秘，其中蕴含着原始宗教礼仪的因子，积淀着许多原始的、祖先的经验。

礼仪制度：丝绸在古代是高贵、尊严的身份象征。帝王用丝绸彰显其权威，百官用丝绸标识其等级。《礼记》里有一句话"衣服以移之"，"移"就是使人有尊严，有气度。钱锺书认为，这说明衣服不仅用来遮盖身体，同时又是炫耀身体的装饰。钱穆在《中国文化史导论》中也申述了丝绸的文化意义："据古史传说，在很早的古代，中国人衣服上已有刺绣，分绘日月星辰、山、龙等物体，借以为政治上贵贱等级之分辨。"① 古人特别重视道德修养，认为君子应当表里一致，衣服常常用作内心世界的外在显现，也是个人修养的一个重要部分。

文学艺术：在浩若烟海的中国古典诗词里，不少诗篇是以蚕桑丝绸为题材的。如《诗经》中反映妇女从事农桑事业的情景："春日载阳，有鸣仓庚。女执懿筐，遵彼微行，爰求柔桑……"中国文学中的桑间濮上、采桑女、织女等文学意象、形象、典故，大量对蚕桑丝绸的描写，都印证了丝绸对中国古代诗词文化的巨大影响。

审美意识：丝绸的存在和广泛运用，影响着中国人的生产和生活方式与内容，也以其优良的使用性能和视觉、触觉参与了中国人的独特的审美意识的建构，并且成为中国人审美理想的标志性符号。凡此种种，这些流动着温润华丽的生命、寄寓在蚕桑丝绸中的隐喻都多方位地展现了丝绸的文化价值和意蕴。丝绸作为一种文化隐喻为中华民族所公认，并用它向外传达信息，说明了丝绸文化已具备了民族性，是一个绝好的国家符号。

---

① 钱穆：《中国文化史导论》，上海三联书店 1988 年版，第 64—65 页。

三　丝绸的符号特征

（一）符号的意义和价值

在《人论》中，卡西尔敏锐地指出："人不再生活在一个单纯的物理宇宙之中，而是生活在一个符号宇宙之中，语言、神话、艺术和宗教则是这个符号宇宙的各部分，它们是组成符号之网的不同丝线，是人类经验的交织之网。人类在思想和经验之中取得的一切进步都使这个符号之网更为精巧和牢固。人不再能直接地面对实在，他不可能仿佛是面对面地直观实在了。人的符号活动能力进展多少，物理实在似乎也就相应地退却多少。在某种意义上说，人是在不断地与自身打交道而不是在应付事物本身。他是如此使自己被包围在语言的形式、艺术的想象、神话的符号及宗教的仪式之中，以至于除非凭借这些人为媒介物的中介，他就不可能看见或认识任何东西。人在理论领域中的这种状况同样也表现在实践领域中，即使在实践领域，人也并不生活在一个铁板事实的世界之中，并不是根据他的直接需要和意愿而生活，而是生活在想象的激情之中，生活在希望与恐惧、幻觉与醒悟、空想与梦境之中。"① 据此，卡西尔对人的本质给出了全新的定义：人是会创造符号和使用符号的动物，人类文化产生发展的过程就是一个不断符号化的过程。

符号的创造、运用，在人类文化传播发展过程中发挥了重要的作用，它充当了心灵沟通的桥梁、文化交融的媒介。在人类全部生产交往和文明进程中，主客体通过思想、实体与符号之间的联系，产生出巨大的"文化生产力"。丝绸作为中华民族的一个重要的文化符号，它活跃在漫长的民族生活的语言、神话、艺术和宗教中，是中华民族生存智慧、生活经验的交织之网，是一个巨大的符号系统。深刻解读其符号意义对于提高丝绸文化的生产力意义巨大。

中国的丝绸衣被天下，成为中华文明最重要的一个符号，一个

---

① ［德］卡西尔：《人论》，甘阳译，西苑出版社 2003 年版，第 44—45 页。

文化基因。因此，2001 年首次在中国上海举办的 APEC 会议的闭幕式上，20 位国家元首身穿中式的丝绸服装出现时，引起了全场一致的赞叹，吸引了全世界的目光。2008 年北京奥运会开幕式上，在悠扬的乐曲中，再现了两千多年前丝绸之路的商队和地图，上千名水手手持黄色巨桨，组成巨大船队，再现郑和下西洋的盛况。丝路、四大发明、汉字和戏曲一起演绎了中华"灿烂文明"的诗篇。丝绸，这个古老的传统文化符号重吐芳华，再现辉煌。在这些重大的国际盛会上，丝绸无疑成了一个举世瞩目的民族国家符号。

鲍德里亚在解读现代消费行为时，扩展了马克思的商品二价值论，在商品的使用价值、交换价值之外，提出了商品符号价值。商品的符号具有两方面意义：一是市场营销意义的符号，即商品的品牌；二是社会学意义上的符号，即商品的社会象征性。丝绸作为一种商品，其商品的社会象征性是毋庸置疑的。自古以来，丝绸服饰就是身份地位的象征。丝绸服饰具有典雅雍容、华美高贵的美，这一特征为古今中外的成功人士所看重，丝绸服饰成为其显示身份地位的文化符号。据中国新闻网报道①：英国王子威廉和凯特的皇室世纪婚礼举行，远在中国的浙江也为英国皇室婚礼送去了礼物和祝福。一群来自英国曼彻斯特大学的学生和浙江理工大学的学生，共同参与了这个世纪婚礼的礼品由湖州某知名纺企制作的一套纯白的丝绸床上用品馈赠仪式。据悉，馈赠仪式结束后，礼品送达英国大使馆，转交英国皇室。丝绸见证了威廉和凯特的这一皇室世纪婚礼并为之锦上添花。丝绸还是中国人审美理想的标志符号。丝绸本身和附丽于它的服饰、艺术品，都具有一种柔和、优雅、飘逸的美。丝绸服装雍容典雅，潇洒舒意，被誉为"东方艺术之花"。丝绸服饰具有"随物赋形"的特征，更能体现人体之美。轻盈飘逸的丝绸服饰，使穿者倍添风韵，真可谓既华贵又潇洒。这即是闻一多所说东方的韵雅的美，遂成为中国艺术精神的一种原型意象。同时，丝

---

① 李飞云、俞萧：《中国丝绸走进英国王室婚礼 50 万元床品赠佳俪》［EB/OL］.（2011 - 04 - 29）［2011 - 05 - 30］. http：//www. chinanews. com/cj/2011/04 - 29/3009120. shtml.

绸之美的强大感染力通过丝绸之路的西传，"以美的产品使世界和人得以美丽"，也使中国人的审美理想得以传播风行天下。

（二）丝绸的符号学意义

丝绸之所以能成为民族国家符号、社会身份符号、艺术符号和中国人审美理想的标志符号，是因为丝绸文化源远流长博大精深，且具有无限的意义增殖性。从嫘祖到今天，在五千年悠久的历史长河里，丝绸和人们的精神世界血肉相连、是人类的图腾信仰，是人类文明的基因之一。丝绸作为中华民族最具代表性的传统文化符号，是经过时间洗涤之后沉淀下来的种族记忆或集体无意识，是潜藏在每一个中国人心底深处的超个人的内容。作为原型意象，这些思想、情感、信仰、理念可以随时随地地浮现出来，其浮现常常会将人们不易察觉的各种意象叠加在一起，使本来毫无联系的内容即被抑制的和被遗忘的心理素材有序地关联在一起，它的存在为丝绸文化的生产力提供了不竭的能量。美国未来学家托夫勒早在 1970 年出版的《未来的冲击》一书中即提出："我们正从满足物质需求的制度迅速过渡到创造一种与满足心理需求相联系的经济。"① 这种新的经济形态，会有更多的经济力量转向满足消费者对美和气派、个人爱好和感官享受等方面变化无常、五花八门和因人而异的需要。

制造部门将投入更大的财力、物力有意识地设计心理优势和心理满足。商品生产的心理成分将占越来越重要的位置。托夫勒所说的"对美和气派、个人爱好和感官享受等方面变化无常、五花八门和因人而异的需要"，即是对物质产品中文化含量的要求。例如产品的外观设计、包装、品牌，以及产品所传达的品位、观念、感情、故事等，即追求产品的观念价值。可以说，当今社会，消费不再是解决温饱问题的手段，而是已经逐渐成为某种文化宣言，一种能够表达个人价值观的方法。显然，人的这种理性的审美需要不是

---

① ［美］托夫勒：《未来的冲击》，新华出版社 1996 年版，第 189 页。

一般的物质产品所能满足的,这种消费是精神层面的消费,需要涵育深厚的历史文化积淀或能激发起消费者心理呼应的精神性的产品来满足。

四 结语

丝绸文化创意就是要利用丰裕厚重的丝绸文化资源,为丝绸产品和服务注入文化要素——观念、感情和品位等因素——以激活潜藏在消费者集体无意识中的心理素材,通过隐喻和符号为消费者提供与众不同的既熟稔亲切又新奇陌生的体验,从而提高产品与服务的观念价值。如果本文对丝绸的文化隐喻和符号的解读能为丝绸文化资源的开发略尽绵薄,于愿足也。

(文章来源:《丝绸》2011 年第 9 期。ISSN:1001 - 7003. CN:33 - 1122)

明代应景丝绸纹样的
民俗文化内涵

郑丽虹

【内容提要】明代晚期宫廷中流行与节令相适应的应景补子蟒衣和应景纹样的面料，它的出现既有中国古老的"天人相应"思想，也反映了晚明民俗文化极为活跃的状况。这些应景纹样生动地体现了民间象征文化的一个侧面，也说明当时宫廷生活深受民俗活动影响的方面。这种影响首先来自帝王后妃，同时出身民间的太监宫女也是将民间习俗带入宫内的重要因素。

在中国丝绸艺术的漫长发展史中，有一种与节令相适应的特殊纹样，这就是明代宫眷内臣随时节而变换的应景补子和应景的丝绸面料。明人刘若愚①曾详细描述了宫中的风俗和随节令变换的补子蟒衣，《明史》对此也有零星记载。刘若愚是生活在万历年间的内宫太监，因魏忠贤案而受牵连，先谪充孝陵净军，后被处斩监候，不久又获释。他在囚禁中为了给自己辩护，将宫内种种内部争斗写成《酌中志》二十四卷，其中十六卷至二十卷记录了内府职掌、大内规制、内版经书、饮食好尚等晚明宫中的诸多逸事，明人吕毖即将此五卷选编成集，取名《明宫史》并流传于世，多为史家采信，其中所写应景补子蟒衣以及应景纹样面料当是事实，一些传世和出土文物也印证了这种服饰的存在。补子是

---

① （明）刘若愚：《明宫史》，北京古籍出版社1980年版。

始于明代的一种官场服饰，即将某种规定的织绣花纹缝缀在外衣的前胸后背，以表示官员、命妇的品级，一般不会因节令而变化。但明代后妃太监的补子和服饰纹样却随时节而一年数变，这不仅与中国古老的"天人相应"思想遥相呼应，也反映了晚明宫廷弥漫着顺天道、图吉祥的气氛，与当时的民间风俗血脉相连，是一种值得探讨的文化现象。

一　顺应天时的古老服饰制度

明代宫内的应景服饰纹样反映了以服饰顺应天时的思想，而以人的行为顺应天时并不始于明代，儒家早就提出了"天人相通""天人相类"的思想。当代中国哲学家张世英说："儒家的天人合一思想又分为两类：一是发端于孟子、大成于宋明道学（理学）的天人相通的思想；二是董仲舒的天人相类的思想。"[①]"汉代的董仲舒持'天人感应'说的神学唯心主义，认为天人相类，人副天数。"董仲舒还在《春秋繁露·四时之副》中将帝王施政与四时联系起来，他说："天有四时，王有四政，四政若四时通类也，天人所同有也。庆为春、赏为夏、罚为秋、刑为冬，庆赏罚刑不可不具也，春夏秋冬不可不备也。"如此种种复杂的理论，在服装上被具体化为款式、纹样和色彩。

"天人相应"最典型的服饰是天子的冕服，冕服不但以玄衣纁裳象征天地，还有十二旒、十二章纹显示"天数"。十二章纹据《尚书》记载始于上古，实物见于明代。上衣六章（日、月、星辰、山、龙、华虫）与天相关，下裳六章（宗彝、藻、火、粉米、黼、黻）与地相关，合而为乾坤。这种纹样主要用于天子服饰，先秦时诸侯、大夫也可用，但各有差降。十二章纹的色彩则取与五行相应的"五色"（青、赤、白、玄、黄）。冕服制度在西汉前期似

---

① 张世英：《天人之际——中西哲学的困惑与选择》，人民出版社1995年版，第14、79页。

乎未能持续，直到东汉明帝时才得以恢复。但西汉前期帝后服饰顺应天时的思想并未减退，只是形式要简单一些，据记载有"五时服"。

周锡保在《中国古代服饰史》中，根据《汉书》的记载总结了西汉前期的帝王服饰："当时尝令群臣议天子服饰，但也不甚明白，大抵以四时节气而为服饰之别，如春青、夏赤、秋黄、冬皂。"① 东汉时则以"五时服"为朝服，《后汉书·舆服志》："通天冠，其服为深衣制，随五时色……"所谓"五时色"就是春青、夏朱、季夏黄、秋白、冬黑。当时虽有五时色朝服，至朝皆着皂衣，皂衣之色当是与"天玄"相应的颜色。当时的帝王为了显示顺应天时，不但随四时节气变换服色，据传还随四时节气变换明堂中居室的位置。这把方向的"东南西北中"和时令的"春夏秋冬"相配，天子按照"金木水火土"的运行，去做"天人相应"的工作。② 汉代不仅帝王朝臣服"五时服"，后妃也如此。据《后汉书》"东平显王仓传"记载，汉明帝一次到掖庭池阁，见到生母阴太后的遗物："乃阅阴太后旧时器服，怆然动容，乃命留五色衣各一袭，及常所御衣合五十箧。"上层社会服五色衣的习俗以后流向民间，并随南朝而传到江南。清代笔记小说即有记载："今江南人嫁娶新妇，必有五时衣……五时者，谓春青、夏赤、季夏黄、秋白、冬黑也。江南沿南朝之遗，故有此名。"③

由上可见，以服饰顺应天道是中国古老的传统习惯，既有深厚的思想根源，又有连绵不断的服饰制度。而到明代晚期，后妃太监的服饰出现了顺应时节的应景补子蟒衣，它比"五色衣"更华丽，随节令的变换更频繁，象征义也更明确。

---

① 周锡保:《中国古代服饰史》，中国戏剧出版社1991年版，第76页。
② 曹聚仁:《中国学术思想史随笔》，生活·读书·新知三联书店1986年版，第85页。
③ （清）梁绍壬:《两般秋雨庵随笔》，金陵古籍出版社1983年版。

二 应景补子的象征性民俗文化内涵

据《明宫史》和《明史》记载,晚明的应景补子和应景面料有八类(表1),它们的共同特点是选最有代表性的事或物,用相应的图像来象征这一节令,体现了民俗文化的内涵。从遗存的实物看,同一节令的补子纹样有的不止一两种。不同节令的纹样各有象征,虽然都离不开辟邪纳吉的主题,但各有侧重,约可分为四类。

表1 明代应景补子纹样一览

节令	应景补子名称	补子纹样内容	出处
祭灶至正旦	葫芦补子	以葫芦为主,附加各种吉祥纹样	《明宫史》
元宵	灯景补子	以灯笼为主,附加各种吉祥纹样	《明宫史》
清明(秋千节)	秋千补子	仕女荡秋千为主,附加各种吉祥纹样	《明史》
端午	五毒艾虎补子	虎、艾叶和蛇、蝎、蜈蚣、壁虎、蟾蜍	《明宫史》
七夕	鹊桥补子	(未见图像)	《明宫史》
中秋	天仙、玉兔补子	仙女和兔子为主,附加各种吉祥纹样	《明宫史》《明史》
重阳	菊花补子	以菊花为主,附加各种吉祥纹样	《明宫史》
冬至	阳生补子	以儿童骑羊为主,附加各种吉祥纹样	《明宫史》

(一)象征喜庆祈吉

宫眷内臣从年前腊月二十四祭灶后即穿葫芦景补子蟒衣迎接正旦。葫芦也称壶芦、匏瓜。壶字是"壹"字的原形,《说文》解释"壹":"从壶,吉声。"篆字的壹与壶字字形十分相近。匏是葫芦做的容器,形状也与壶相近,可见葫芦在这里表示"壹",象征万物之始。老子《道德经》说"道生一,一生二,二生三,三生万物";《淮南子·原道训》说"一立而万物生";《汉书·董仲舒传》说"一者,万物之所从始也"。正旦是一年之始,万物开始生长的时节,所以用葫芦景补子迎接正旦,与天时是相吻合的。正因为如此,明清以来以葫芦为题材的工艺品十分多见(见图1)。

a　黄铀女丝绵袄纹样　　　b　织金妆花缎女夹衣纹样

图1　定陵出土的皇后服饰葫芦景纹样

正月十五宫眷内臣穿灯笼景补子蟒衣迎接上元节(元宵节)。据考上元节观灯始于西汉,《史记·乐书》说:"汉家常以正月上辛祠太一甘泉,以昏时夜祠,到明而终。"汉武帝时谬忌奏请"祀泰一",因为泰一是天神之最尊贵者,于是武帝在甘泉宫设立"泰一神祀",从正月十五黄昏起通宵达旦地在灯火中祭祀,便形成了这天夜里张灯结彩的习俗,并在中国各地流传。① 而灯笼纹样用于丝绸首见于辽代夹缬,在史料中亦可见于宋元著作,当时又称"天下乐晕锦"或是"天下乐锦",它在明代得以广泛使用……所谓"天下乐"②,正反映了元宵观灯是官民同乐的节日(见图2)。

---

① 韩养民:《秦汉文化史》,陕西人民教育出版社1986年版,第122页。
② 赵丰:《织绣珍品》,香港:艺纱堂·服饰出版社1999年版,第244页。

a 灯笼景服装件料（局部）　　　　　　b 明万历刺绣灯笼景补子

图 2　明代灯笼景纹样

（二）象征辟邪禳灾

自五月初一至十三日宫眷内臣穿五毒艾虎补子，五毒即蛇、蝎、蜈蚣、壁虎、蟾蜍，艾虎即虎和艾叶。中国最晚在战国时已认为五月是"恶月"，五月初五就是端午（也称端五），是恶月中最不吉的一天。因为五月是仲夏之月，天气渐趋湿热，疾病可能流传，蛇虫开始活跃，所以避祸禳灾是这一时节民俗活动的重要内容。虎是驱邪的正面形象，五毒是邪毒的象征。北京民间还有吃五毒饼（模印五毒纹的饼）的习俗，象征驱毒辟邪（见图 3）。

图 3　定陵出土女夹衣绣端午景五毒纹样

重阳节宫眷内臣穿菊花补子蟒衣。菊花早已为中国人所关注，《礼记·月令》说"季秋之月，鞠有黄花"，就是把鞠（菊）花作为深秋的表征。古代把秋天称"菊天"，九月为"菊月"，重阳为"菊花节"。重阳节源于春秋战国，主要活动是戴茱萸囊、喝菊花酒、登高以辟邪。由于菊花酿酒有延年益寿的功效，菊花就成为重阳节的象征。

（三）象征拜神祈福

七月七日"七夕节"宫眷内臣穿鹊桥补子蟒衣。"七夕"是借牛郎织女故事向织女"乞巧"，也称"乞巧节"。是夜陈瓜果焚香祭拜牛郎织女双星，说牛郎织女故事，宫女比赛穿针技巧。

中秋节宫眷内臣穿天仙、玉兔补子蟒衣。八月十五日，宫中家家供月饼瓜果，月上后焚香拜月神。补子上的天仙应是嫦娥，嫦娥与玉兔都象征月神。汉代及以前，多以蟾蜍象征月亮，并以嫦娥为月神，形如蟾蜍。《楚辞·天问》说，月中有"顾菟在腹"。《淮南子》则说，姮娥（即嫦娥）"托身于月，是为蟾蜍，而为月精。"据闻一多考证"顾菟"即蟾蜍，但东汉王逸认为"顾菟"是"顾望之兔"。刘向则说"月中有兔与蟾蜍"。于是，蟾蜍和玉兔一起象征月神。到西晋时，月中仅有捣药的玉兔了，并从此把玉兔视为月亮的象征。[①] 玉兔和蟾蜍本来都是传说中西王母身边捣药的神兽，嫦娥又是偷食了西王母的不死之药而奔月，这些传说几经周转就演变为月中玉兔了。当时所说团圆，主要指夫妻团聚（见图4）。

（四）象征天时的阴阳转换

清明节明代也称"鞦韆节"（即秋千节），在冬至后106日，春天已真正到来。此时宫眷内臣穿秋千补子蟒衣，用仕女荡秋千图像象征清明。清明前二日是寒食节，《荆楚岁时记》记载有打球

---

① 袁珂：《中国神话传说辞典》，上海辞书出版社1985年版，第87页。

a　织锦中秋节令玉兔喜鹊纹方补　　　b　定陵出土织金妆花兔纹纱

图4　中秋月兔景纹样

（蹴鞠）、秋千、拔河（施钩）等运动。元代寒食清明已并为一节，且以荡秋千为乐，届时上至内苑，中至执宰，下至士庶，俱立秋千架，日以嬉游为乐。① 明代宫内从清明到立夏前一日，各宫都安秋千一架供宫眷内臣游戏。据说秋千从北戎传入，原是汉代宫中的游戏，也是"百戏"的一种，当时称"千秋"，有祝寿之意。清明原无扫墓习俗，汉明帝清明祭扫祖坟后历代沿袭，因此称清明为"千秋节"顺理成章。从时节看，清明后雨水渐多、杂草滋生，为先人坟墓添土除草，以防雨水浸漫和牛羊践踏恰逢其时。但唐玄宗将生日定为"千秋节"，明代称帝王后妃生日为"万寿圣节"和"千秋节"，把清明称为"千秋节"自是难以成立，千秋可能因此就被称为秋千，古代写法也变为"鞦韆"了。韩国端午祭也有荡秋千的习俗，时间早于中国端午一个月，想必与中国清明荡秋千的习俗有关（见图5）。

---

① 刘勇：《北京历史文化十五讲》，北京大学出版社2009年版，第271页。

a　洒线绣秋千仕女　　　　b　定陵出土绣仕女荡秋千膝袜（正面和背面）
　　清明应景纹样

图5　清明秋千景纹样

冬至节宫眷内臣穿阳生补子蟒衣，室内多挂"绵羊太子画帖"和"九九消寒诗图"①。所谓"阳生"，是十月的卦象为全阴，十一月卦象为一阳，即为"一阳生"，虽然冬至数九寒天开始，但也有阳气始生之意。此时以太子骑绵羊象征寒去春来，羊与"阳"谐音，太子身穿冬衣肩负梅花枝，预示寒将去春将来。冬至是数九的开始，昼最短而夜最长，此后便日日见长，数九一过春天也就到来。"九九消寒图"始自元代，最初是八十一朵梅花，冬至起每日染一朵，染完即数九结束。"九九消寒诗图"是九字诗九句，冬至起每日填一字，填完春天就到了（见图6）。

图6　冬至阳生景太子骑羊纹样

---

① （梁）宗懔：《荆楚岁时记译注》，湖北人民出版社1999年版，第64—65页。

三 民俗文化对宫廷习俗的影响

明晚期宫中应景补子，用图形象征节令，以与天时相应，而这种现象为前代所未见。沈从文在说到《明宪宗元宵行乐图》时，对比了《明宫史》关于应景补子的记录，并提出：《明宪宗元宵行乐图》虽彩绘，五色鲜明，惟完成于宪宗时，还看不到后来这些新鲜花样。内监宫女衣着均相对朴素，无多纹饰。同时认为：《明宪宗元宵行乐图》画的是宫廷过年，仿效民间习惯……这里透露了两个重要信息：一是应景补子明代晚明才出现；二是明代宫廷年节风俗"仿效民间习惯"。[①] 可见，晚明应景补子的出现与晚明的社会背景和民间风俗有着千丝万缕的联系。

（一）晚明市民文化兴起使民俗活动十分兴旺

明代中晚期是中国社会发展十分特殊的时期。经过明代前期的励精图治，中后期社会经济有了较大发展，但朝纲却日趋松弛。陈宝良在《明代社会史》中写道："明朝人生活在社会转型时期，尤其是明代中期以后的社会，是以极具变化为其特征的。若将其置诸'社会流动'与'都市化'等范畴下进行考察，其时代的特殊性就更容易显现出来。"[②] 商品经济的发展使市镇如雨后春笋兴起，以工商业者为主体的市民阶层日趋壮大，民俗活动也随之活跃，民间的节令风俗得到发扬。位居京都的北京是帝国经济文化中心，市民文化更为活跃，甚至影响了历来极为庄严的朝廷祀典。

首先是北京民俗活动极为繁盛，明代崇祯初年文人刘侗、于奕正撰写的《帝京景物略·城东内外·春场》就有不少记录。如正月元旦吃年糕、互相拜年，妇女"抓子儿"；正月八日至十八日集东华门外灯市，妇女"走桥""摸钉儿"；二月二"熏虫儿"，儿童抽

---

① 沈从文：《中国古代服饰研究（增订本）》，上海书画出版社 1997 年版，第472—473 页。
② 陈宝良：《明代社会史》，中国社会科学出版社 2004 年版，第 1 页。

陀螺、放空钟、踢毽子；清明扫墓郊游；五月一日至五日"女儿节"，"家家妍饰小闺女，簪以榴花"；五月"五日之午前，群入天坛，曰避毒也""无江城系丝投角黍俗，而亦为角黍，无竞渡俗，亦竞游耍"（角黍即粽子）。八月十五日祭月，"其祭果品饼必圆，分瓜必牙错瓣刻之，如莲花"，卖月光纸，上绘月光偏照菩萨趺坐莲花，"花下月轮桂殿，有兔杵而人立，捣药臼中"，向月供拜后，焚月光纸。九月九日登高、食花糕，"父母家必迎女来食花糕"；冬至"百官贺冬毕，吉服三日，具红笺互拜，朱衣交于衢，一如元旦"，民间"惟妇制履舄，上其舅姑"，贴"九九消寒图"。其他种种民间节令活动繁多，差不多每月皆有不同的民俗活动，较之明代初年提倡节俭已大不相同。

其次是朝廷祀典受民间"淫祀"的影响。所谓"淫祀"就是祭祀非正宗的神祇，一般指民间祭拜的神，不能列入朝廷祀典。但宋元以来已有松动，明代中期以来朝廷所祭祀的神祇更加泛滥，不但包含佛道，许多民间的神纷纷列入祀典范围。如"大小青龙之神"有祈雨之应，每年春秋，遣顺天府官致祭，大旱之年也遣官致祭；"孝女曹娥之神"明初已列入岁时祭祀，曹娥也是民间端午节祭祀的对象；出自民间的舟神萧公、晏公既为船家所祭，同时列入朝廷祀典；明初关羽列入国家祀典，称"汉前将军"，每年五月十三日遣官行礼祭拜，北京市民同样到关帝庙祈福。[①]

（二）明代宫廷生活与北京民间生活联系密切

在市民文化高涨的时候，森严的宫禁也难免吹进一些市民生活的气息。这股气息首先来自帝王、后妃，又波及太监、宫女。太监、宫女是宫中庞大的群体，"到万历初年，宦官的总数已逾二万，而且还在不断地膨胀""宫女的数字，至少也在三千以上"。[②] 他们直接来自民间，熟悉市民的习尚，他们的种种喜好难免会传达到宫

---

① 陈宝良：《明代社会史》，中国社会科学出版社 2004 年版，第 490—502 页。
② 黄仁宇：《万历十五年》，生活·读书·新知三联书店 2006 年版，第 15 页。

中，加深了民间习俗对宫中节日时令习俗的影响。

明代帝王生活受民俗影响，上文提到的《明宪宗元宵行乐图》已是确证。事实上，中晚明以来京城民俗活动的活跃不可能不越过宫墙而为皇帝所闻。黄仁宇在《万历十五年》一书中，多次透露有关信息。如万历皇帝 17 岁时在一次晚宴上要两个宫女唱新曲，但宫女不会，受到截去长发的惩罚①；两年以后，万历命令宦官在北京城内收买新出版的各种书籍，包括诗歌、议论、医药、剧本、小说等。② 这些都说明皇帝虽深居宫中，也难免受时尚的耳濡目染。万历皇帝对民间习俗的熟悉也有一例：他对首辅申时行有师生之情，几乎每个月都要"钦赐礼物"，除白银彩缎外，有时是"鲤鱼二尾、枇杷一篮、折扇一把、菖蒲数支"。这显然是端午节的礼物，与民间习俗相差无几。不仅如此，定陵出上万历的两件袜裤：一件绣"大吉葫芦"；一件绣"三阳开泰"。它们显然是正月祈吉纹样，与应景补子的意思完全相同（见图 7）。后妃除节令服应景补子外，还有多种应景纹样的匹料或衣饰，如定陵出土孝靖皇后随葬衣物中，不仅有刺绣月兔寿字吉服，上面出现了象征"洪福齐天"的蝙蝠，还有月兔纹匹料（见图 8）。引人注目的是两件刺绣百子衣，各有一百个童子在做各种游戏。其中"鞭陀螺""蹴鞠""跳白索""庆元宵""放炮仗""放空钟"等与《帝京景物略》记载的民间游戏完全相同。帝王后妃这些"俗化"的生活，也离不开身边太监宫女的影响。

太监是阉割之人，一般常人绝不愿意为之。但京畿一些无地可种又生性懒惰的人，见做太监可以有钱有势，就私自净身，托人到宫中找份差使。或家长将儿子净身做太监，以图借此发家致富。如明代太监魏忠贤，他是河间肃宁人。要无赖，喜赌博，不胜，为群恶少所苦，恨而自阉，改名李进忠，后复姓，赐名忠贤。③ 太监大

---

① 黄仁宇：《万历十五年》，生活·读书·新知三联书店 2006 年版，第 31 页。
② 同上书，第 34 页。
③ （清）张廷玉：《明史》卷 305《宦官传二"魏忠贤"》，中华书局 1994 年版，第 7842 页。

图7　定陵出土膝袜三阳开泰纹样

图8　定陵出土百子衣局部儿童放空钟纹样

都出身于农民或市民家庭，虽无文化，但对市井生活极为熟悉，空闲时的生活与市民没有两样。如斗鸡、看纸牌、耍骨牌、下棋、打双陆、聚餐等。他们在宫廷生活世俗化方面，必然推波助澜。少数身居高位的太监更会发生较大的影响，刘若愚《明宫史》曾说到逆贤（指魏忠贤）又创造满身金虎、金兔之纱，及满身金葫芦、灯笼、金寿字、喜字纻，或贴里每褶有小蟒者。然圆领也有金寿字、喜字，遇圣寿及千秋，或国喜，或印公等生日、搬迁则穿之。惟逆贤之服，奢潜更甚①……可见，魏忠贤虽不识字，但权倾一时，可以定夺某些宫中服饰。所有这些，无不说明太监虽生活在宫中，但精神生活依然与民间合拍一致，因为童年的生活已在他们身上烙下深深的印记，永远无法抹去。②

宫女也相当于宫内的"市民"。明代晚期，大量的宫女都出身于北京及附近郊区的清白之家。经过多次的甄别与淘汰，入选者被女轿夫抬进宫门，从此就很难跨出宫门一步。③ 她们中得到皇帝临幸而成为嫔妃的只是极少数，多数宫女只能过着漫长而枯燥的宫中生活。她们与太监的接触自然很多，甚至结成类似夫妻的"菜户"而共同生活，同样熟悉市井间的种种习气和风俗。虽然明代有官办织造衙门为朝廷制作服饰用品，但宫女仍然要分担一些精细的刺绣缝纫活计，有些刺绣的应景补子就有可能出自她们之手。

除织绣纹样外，明代晚期在各种宫廷用品的装饰中，普遍出现了与节令相适应的应景纹样和大量的吉祥纹样，这是当时极为活跃的民俗活动在宫廷生活中的折射，也是中国封建社会晚期市民文化蓬勃发展的缩影。

（文章来源：《丝绸》2009 年第 12 期。ISSN：1001 - 7003. CN：33 - 1122）

---

① 陈宝良：《明代社会史》，中国社会科学出版社 2004 年版，第 81 页。
② （明）刘若愚：《明宫史》，北京古籍出版社 1980 年版，第 68 页。
③ 黄仁宇：《万历十五年》，生活·读书·新知三联书店 2006 年版，第 32 页。

浅析近代江南丝绸的流变历程

程冰莹　陈嘉毅　陆　平　程　军

【内容提要】江南丝绸在中国历史上占据极其重要的地位，在近代中国曲折波澜的社会背景下，它在传承先代的基础上又进行了一系列的改良和创新。现在资料汇总及文献分析的基础上，对江南丝绸在近代发生的历史变迁进行探究，并试图分析出其经历的发展阶段及各阶段的风格特征。

自 1840 年鸦片战争以来，近代中国社会开始从传统的农业型社会解体转而进入现代工业社会，而这一过程同时也是西方现代工业化侵入我国并逐渐扩张的历史过程。有学者提出，晚清时期，中国社会面临着"紧迫的民族危机、社会变迁、中西文化之间的冲突与交融"① 三大历史性挑战，促使中国的精英分子开始思考和探索国家和民族的"求富""求强"道路。而在展开探寻社会变革的发展道路时，在新旧文化交替和社会转型的历史背景下，本土与外来、传统与现代之间的差异、矛盾、冲突开始出现，当时的工艺艺匠、设计大师们也开始思考并积极从国外的文化中汲取养分，江南丝绸文化作为一种典型的中国传统文化，也在不断地经历这种蜕变。

---

① 郭汉民：《晚清社会思潮研究》，中国社会科学出版社 2003 年版。

一　传统江南丝绸概述

　　丝绸作为一种质地高贵的面料，曾经为我国在世界服饰面料史上写下光辉的篇章。丝绸之路曾将中国的丝绸商品源源不断地送到世界各地，缫丝、织绸的生产技术也随着带到国外，中国因此拥有"丝国"的美誉。尤其是江南丝绸，在中国历史上占据着重要的地位，其质量之优、用途之广，在海内外声誉之隆，是为全国任何一地所不及的。据《杭州府志》记载，康熙三十八年（1699），玄烨曾对江南丝绸有过极高评价，"朕巡省浙西，桑林披野，天下丝缕之供皆在东南，而蚕桑之盛惟此一区"。[①] 江南丝绸传统技艺的精湛，纹样肌理的协调和装饰色彩的和谐，是技术与艺术的完美结合，蕴含深厚的文化底蕴。

　　江南丝绸发展至明清时期，当时的丝绒、漳缎、宋锦、苏缎、刺绣、缂丝等织物驰名全国。苏州织造的龙袍挂和官服丝织物品种多样，品种有：丝绒、抹绒、闪缎、闪锦缎、蟒缎、扬缎、花宫缎、江绸、宁绸、素缎、花缎、陀罗经被，等等。现选取《苏州织造局志》[②] 中康熙时期部分丝绸的产品规格记载，尤其是当时丝绸最高水平象征——上传特用的丝绸织物（专为当时封建最高统治阶级——皇帝、皇太后使用的服饰面料），用以说明清朝初期，江南丝绸在当时所达到的最高工艺水平及生产规格，详见表1。

表1　　　苏州织造局内织物产品规格一览表（康熙时期）

序	织物类别	名称及规格	单位	工料价格
1	丝绒漳缎	三则绒身大托装（金身大云鹤同）八托袍料	匹	（80工）
2	丝绒漳缎	六则绒身龙挨挨葫芦团龙装八托袍料	匹	（65工）

① 郑沄修：《杭州府志》，上海古籍出版社1995年版。
② 孙佩：《苏州织造局志》，江苏人民出版社1959年版。

序	织物类别	名称及规格	单位	工料价格
3	缎类	三润色九龙阔满装袍，长 4.4 尺，阔 2.8 尺单格梭，一件五身	件	（190 工）
4	缎类	三润色九龙阔满装挂，长 4.4 尺，阔 2.8 尺单格梭，一件四身	件	（170 工）
5	缂丝	缂丝水蟒袍	件	84 两
6	缂丝	缂丝水蟒挂	件	70 两
7	绒绣	绒绣实地蟒水风云地满装袍	件	90 两
8	绒绣	绒绣蟒水挂	件	72 两

二　近代江南丝绸的流变历程

鸦片战争使中国被迫打开国门，国外的许多先进的染织技术以及异域的文化艺术使中国人大开眼界，色彩丰富多样、花样新奇独特的服饰用品使中国大众目不暇接。辛亥革命的浪潮进一步扫除了封建的旧思想，提倡人们学习西方的先进技术知识，促使民国时期的江南丝绸在种类和加工方法上有了一定的变化。

（一）流变的初始期（1860—1890 年）

鸦片战争后的半个多世纪里，大量的西方事物进入中国，洋货也开始深入中国民众的日常生活。19 世纪 70 年代，上海众多的洋货品店铺（上海百货公司等）经营的商品品种已经非常繁多，如衣物类有洋布、洋袜、手帕、毛巾等；日用类有洋火、洋灯、洋油、洋针、洋线等；食品类有洋酒、洋面饼、洋饼包、洋蜜饯等；玩好类有玻璃器皿、各式精致钟表、八音匣、显微镜、洋琴等。而大量的历史文献资料反映出，在 19 世纪 60—90 年代这几十年间，国人对于洋货的新奇事物，除了惊讶外，还带有一种排斥及鄙夷。如上海很多文人就对日本"明治维新"后民间广为流行西服大表不满，讽刺道："外饰者可假，而生成者难改也。美发截之短而不能使之拳，须髯本黑而不能使之黄，顾盼流媚而不能使之碧黔，山根平坦而不能使之隆准，就令工于学步，亦不过大西洋葡萄牙人耳，岂能入欧罗巴哉？"①

通过这段时期的一些历史文献可以了解，当时的社会民众对于西方的新奇事物有了一定程度的接触，由此可知当时的社会上洋货日渐增多；而文人学者以及一些舆论的排斥，从另一方面表现了当时西方服饰观念的引进，并对以后国内服饰的中西结合、传统服饰的渐行转变以及江南丝绸的流变都埋下了伏笔。在洋布、洋呢纷纷涌入国内之际，一向推崇奢华的江南丝绸也发生了一些变化，当时在讲求新品种方面蔚然成风。道光时人钱泳说：江浙地区"不论富贵贫贱，在乡在城，男子俱是轻裘，女子俱是锦绣"。② 此话虽有夸大，但是从光绪元年（1875）的苏州物产会上的记载（见表2）来看，当时的确是出现一些追求装饰华丽之用的品种，且价格不菲、销量较广，这也从侧面反映出当时追求新奇、竞夸新样的社会风气取向。

表2   光绪元年（1875）苏州物产会调查表

品名	漳缎	生纺	花咽介	烂绢	烂纺	线花院
效用	制衣	衣服之华丽所用	华丽衣服之夹里所用	华丽衣服夹里所用	衣服之华丽所用	衣服之华丽所用
价值	每尺一元四角	每疋十二元	每尺三元	每尺二元三角	每疋十元	每疋五元
产地	苏城元邑谢衙前120号	苏州府吴江县盛泽镇	苏州府吴江县盛泽镇	苏州府吴江县盛泽镇	苏州府吴江县盛泽镇	苏州府吴江县盛泽镇

---

① 参见刘善龄《西洋风：西洋发明在中国》，上海古籍出版社1999年版。
② 钱泳：《履园丛话·臆论·骄奢》卷7。

品名	漳缎	生纺	花咇介	烂绢	烂纺	线花院
每年产额		五万疋	六万匹	一万疋	三十万疋	五万疋
每年销额		五万疋	六万匹	一万疋	三十万疋	五万疋
远销地方		各省以及东西各国通销	各省以及东西各国通销	各省以及东西各国通销	各省以及东西各国通销	各省以及东西各国通销

（二）流变的发展期（1890—1920 年）

1911 年的辛亥革命给中国社会的政治、经济、思想和文化都带来了巨大的变革。正所谓"事异则事变，事变则时移，时移则俗移"，而辛亥革命正起到了事变的作用，带来了时移和俗移的效果。上海《时报》在 1912 年 3 月 5 日发表的一篇评论文章《新陈代谢》，就形象地描述了这一新旧交替的时代现象："共和政体成，专制政体灭；中华民国成，清朝灭；总统成，皇帝灭；新内阁成，旧内阁灭；新官制成，旧官制灭；新教育兴，旧教育灭；枪炮成，弓矢灭；新礼服成，翎顶礼服灭；剪发兴，辫子灭；盘云髻兴，堕马髻灭；爱国帽兴，瓜皮帽灭。"这其中的一些关于服饰习俗的变迁，为后面江南丝绸装饰纹样的变化起到了推波助澜的作用。自辛亥革命以来，国人对西方服饰的态度由最初的对抗到开始逐渐的包容，这种包容体现得最为明显的是民国以来男装礼服的变化，中式袍服和西服并行不悖是这一时期男子着装的一大特色。而对于女装而言，西式服装的形式还没有完全渗透进来，往往还是以传统服装款式为主，"而真正的时装，谓之'番装'，那是完全洋式的服装，妇女们大多偶一穿之，以在照相馆的镜头前扮一回'番妹'，穿起来在街上走极少"①。

由此看来，1920 年以前，国人对西方新兴事物，尤其是服装的态度由开始的怪异、排斥逐渐转变为称羡，并为后面的效仿埋下

---

① 屠诗聘：《上海市大观》，中国图书编译馆 1948 年版。

了伏笔。而对于女式服装而言，面料上的单调反而激起了广大女性对于西式面料的极大兴趣，而商家们也逐渐开始注意这一"时尚趋势"，现将1911年江苏省商品陈列中所陈列出的苏州丝绸产品名称记载整理归纳，如表3，即可发现这一特点。

表3　　　　　1911年江苏省商品陈列所陈列的苏州丝绸产品

竹青纯绒一枝文明丹头号缎	京酱纯绒文明葵头号缎	湖色纯素段	深湖洋玉珍头号缎
湖色五彩二则蔷薇头号赛绣缎	雪月锦地富贵菊红斗缎	古铜斜纹素段	洋灰绒大一品缎
兰雪兰湖一枝文明丹头号缎	雪月锦地葵红斗缎	锦文绒	黑灰锦洋玉珍缎
深桃灰绸地大日新头号缎	浅湖闪兰雪长春缎	菜青闪元漳缎	雪白真金大三多织金缎
兰雪闪兰湖锦地新明葵头号缎	桃灰天鹅绒马褂料	闪色荫花缎	十景大四盒仿宋锦
杏黄二则升云地嵌黄绒凤寿缎	白地五彩葵花锦	闪五彩漳绒	泥金福寿地如意锦
品兰三闪元胡雪点梅地四季缎	仿外国货回龙锦	闪三色漳绒	泥锦绸地团龙锦
大红五彩嵌边锦春秋玻璃缎	泥金绸地四春改良锦	宋锦缎	茶录绸地团龙锦
品兰锦地十景五彩维新桃赛绣缎	银枪二只头号绒	兰地八宝龙锦	菜青柳条兰地缎
品兰银地十景五彩维新桃赛绣缎	录菜青格子斜纹缎	库灰鸳鸯线缎	菜灰方格子线缎
大红粗五彩嵌金如意仿古宋锦缎	雁灰紫薇丹真缎	墨菜青绉墨呢	桃灰荣华丹蝉翼纱

由表3可知，1911年江苏省商品陈列所陈列的苏州丝绸品种中

仍以缎类为主，基本上占总陈列数目的80%以上；其次为锦料，只有少数的纱料，可见当时的江南丝绸品种仍较为单一，没有能够大幅度地改变当时的丝绸面料主流。

但是也出现了一些"时髦"的西式面料，如"仿外国货回龙锦"；以及"京酱纯绒文明葵头号缎""品兰锦地十景五彩维新桃赛绣缎"，这其中的"仿外国货""文明""维新"等字样必定在传统江南丝绸名称中不会出现，这种变化在一定程度上体现了当时的丝绸商家为了招揽生意而迎合当时社会大众羡慕新式事物的心理。

除此之外，在当时的丝绸纹样上也体现了一定的变化，如在表3中出现了"蔷薇、洋玉珍、玻璃"等字样，而"蔷薇、玻璃"在旧式传统纹样中从没出现过，进而表现出当时江南丝绸装饰纹样在国外艺术文化影响下、惊异羡慕的社会环境下产生的发展。

（三）流变的成熟期（1920—1940年）

20世纪20年代之前，穿戴西式服饰品者多是显贵之家的太太小姐们，只有具备相当的经济实才可去洋人的服饰店定制行头。而这一时期，随着永安、先施等百货公司上海分公司的相继成立，各式各样的服饰舶来品大量进入上海。充足的货源，百货公司间的竞争都使得洋货的价位不再令人咋舌，稍有经济实力的女性都可添置些洋服、洋饰，从而使得国内的女装西化进入了一个重要的发展阶段。民国时期的海派女装就孕育产生于这一阶段，而江南丝绸的变迁也在这一阶段进入了成熟期。江南丝绸变化的成熟性体现在织造、色彩以及纹样三个方面。

1. 织造上，西式纺织技术与传统工艺结合应用而出现的新式织物

20世纪初，西方开始用人造丝代替蚕丝制造丝织品，起初中国拒绝和排斥这种工艺的革新。但是由于人造丝具备的以下种种优势使得国人抛弃了这种偏见，而接受了它。

人造丝属植物纤维，蚕丝属动物纤维，两种纤维的吸色性能不同，使用人造丝和蚕丝交织织成成品后，能在一匹织物上同时出现

两种不同的色彩，花底异色，鲜艳夺目；改变丝织产品先染色后织
造的传统生产方式，为先织造成"生坯绸"，然后随心所欲地染成
各种颜色，不但光泽漂亮，而且手感柔软飘逸；人造丝丝身粗细兼
备，有 16.5tex（150D）、13.2tex（120D）、11.1tex（100D）、
8.3tex（75D）等几种粗细规格，且分有光、半光、无光、醋酸等
多种性能，可直接用于织造，且经纬线都可适用；人造丝的价格较
土丝为廉，织造成本降低，据 1937 年前市价：人造丝每箱 200 磅，
合老秤 2467 两，每箱 400 元计算，每两合 0.17 元，土丝老秤百两
30—35 元，每两 0.30—0.35 元。因此，丝织行业在使用人造丝后，
排除了单纯用真丝原料织造的方式，开辟了新的品种途径，同时又
创造了先织造"生坯绸"的生织物，是江南丝织行业的一大突破。
而海关贸易中输入人造丝布匹的状况列表（见表 4）也从侧面反映
出这种新式丝绸织物在国内的畅销不殆，当时的中国称为名副其实
的"世界上重要的人造丝输入国"。

表 4　　　　　　　海关贸易中输入人造丝布匹的状况

年　份	输入人造丝布匹数（米）	价值（银两）
1919	273318	183409
1920	379992	193723
1921	298724	202401
1922	575605	317571
1923	1616637	814594
1924	2636398	1598087

2. 色彩上，化学染料及机器染色的畅行

中国的植物印染曾有着其悠久的历史，其中的靛蓝染料曾在 16
世纪由于大量的出口而引起法国亨利四世（Heinrich Ⅳ）的恐慌，
称其为是"恶魔的食物，有毒的药剂"，下令禁止进口。但与他的

愿望相反，欧洲的进口靛蓝不减反增。直至德国发明了合成靛蓝，使我国的植物染料受到几乎是毁灭性的冲击。以靛蓝为例，在未进口合成靛蓝以前，国内生产靛蓝的60%—70%用于染色，至德国合成靛蓝输入后，中国由染料输出国变为染料输入国，且输入量逐年增加。我国除进口合成靛蓝外，还从国外进口苯胺染料及硫化染料。有资料表明，民国二十年（1931），我国进口合成靛蓝总额达官银17424568两，苯胺染料和硫化元及其他染料的输入量约计官银1600余万两。[①]

化学染料染色方法便利、价格低廉且色彩鲜艳、色牢度高。因此原用的靛蓝、红花、苏木、姜黄、五倍子等植物染料，逐渐改用人造亚仁林染料，或植物染料和亚仁林染料混用。这是中国丝绸染料的根本性新变化。由于采用化学染料，一大批新的色彩产生，"阴地科素"（合成靛蓝）、"阴丹士林"的广告到处张贴，成为半封建半殖民地的旧中国苦难的标志。当然，从另一角度看，化学染料的输入也丰富了我国丝绸的色彩世界。

而染色方法方面，老式染坊大多采用手染：将颜料溶于染缸内，再盛以温水，将丝绸浸入，搓拎数次，直至达到适合的色度，再将织物取出晒干。这种方法全凭工匠的经验能力，所以误差较多，易出现染色不均等问题。而国外先进机器设备引入国内后，广大染厂开始采用新式染色机。上海美亚丝绸就运用了此种染色机，"先用适当之颜料试样，试准后，乃按适当之成分配合，溶解于桶内，再通以水汀，使其温度适宜。然后以绸浸入，依机械之回转，使其吸收适当之色度。再后用脱水机，烘干机，使其干燥"[②]。这种染色机器，染色均匀，工作效率高，适合于大批量的丝绸染色加工。

3. 纹样上，出现西式艺术风格的丝绸纹样

1920年以来的海派女装面料中，以中国传统母题为题材的纹

---

① 杨栋樑：《我国近代印染业发展简史》，《印染》2008年第12期。
② 《中国绸业概况》，美亚织绸厂，1940年。

样比重逐步减少，而具有外来因素的西化纹样则得到更为广泛的应用。而这些西化纹样多受到西方艺术风格的影响，具有"新样式艺术"和"迪考艺术"的丝绸面料纹样在当时的海派女装中使用较多。以下对这具有这两种艺术风格的面料纹样加以分析：

（1）具有"新样式艺术"风格的丝绸面料纹样

新样式艺术（Art Nuovcua）是19世纪末20世纪初流行于欧美的装饰艺术，倡导装饰化、图案化、象征性的艺术风格。"新样式艺术纹样以装潢优美的结构和多愁善感的情调著称，多使用蜿蜒曲折的线条和铺天盖地的构图，常用母题有藤本植物、盘绕的涤带、火舌、波纹、柔软的水草、脉络和枝杈、风中摇曳的青草、滚滚麦浪、年轮木纹、袅袅升起的炊烟、随风飘动的头发、兰科植物、樱草类植物、菊花类植物、百合花、老虎、斑马和天鹅等，线条婉转曲折，构图铺天盖地。"[①] 图1为20世纪30年代末海派女装中使用的面料，其纹样受到新样式艺术风格的影响。

图1　具有"新样式艺术"风格的丝绸面料

（民国时期样品，摄于无锡丝业博物馆，2009年12月）

（2）具有"迪考艺术"风格的丝绸面料纹样

"迪考艺术"（Art Deco）最早流行于20世纪初，是一种源于巴黎的装饰和建筑设计风格。曾对欧美时装和纺织品产生很大影

---

① 卞向阳：《中国近代纺织品纹样的演进》，《中国纺织大学学报》1997年第6期。

响，20 世纪三四十年代的上海旗袍明显受到迪考艺术的影响。"迪考艺术"风格稚拙单纯，色彩鲜艳清新，具有几何化的风格特征，由折线、弧线、放射状线条等元素构成，优美的几何线条借鉴了米罗抽象绘画的风格，且赋予花卉、植物、动物、风景和几何图案以工业化和工业机械的美感。

三　结语

综上所述，江南丝绸在近代鸦片战争之后随着时代的变迁而产生着变化，这种变化有着其独特的历史内涵，并且是一定文化积淀的反映。近代江南丝绸融于时代并积极求变，经历了初始期、发展期并逐渐成熟。在织造上，西式纺织技术与传统工艺结合应用而出现了新式织物；色彩上，化学染料及机器染色开始畅行；纹样上，出现了西式艺术风格的丝绸纹样。这些转变并不纯流于引进，而是具备兼收并蓄，贯通中西的特点，这种中西的兼收融合在人文气息和地域文化内涵上都是独树一帜的，具有典型的文化符号价值和意义。

（文章来源：《轻纺工业与技术》2011 年第 5 期）

四川丝绸文化与嫘祖文化研究

袁杰铭

【内容提要】一个地区的文化精神和文化传统，能起到振奋精神，增强人们凝聚力、意志力和协同力，对激发人民的归属感、安全感和自豪感会起到十分重要的作用。嫘祖文化研究无疑会对促进四川丝绸文化研究的深入，对盐亭地区经济发展、文化进步和旅游业开拓产生积极影响。

文化是综合国力重要标志，也是一个地区综合实力的重要体现。综合国力可概括为经济力、政治力、军事力和文化力。"文化力"是指国家文化发展和积累形成的力量及对经济、政治、社会生活等各方面的影响力。一个地区的文化精神和文化传统，能起到振奋精神，增强人们凝聚力、意志力和协同力，对激发人民的归属感、安全感和自豪感会起到十分重要的作用。嫘祖文化研究无疑会对促进四川丝绸文化研究的深入，对盐亭地区经济发展、文化进步和旅游业开拓产生积极影响。

一 四川丝绸文化源远流长

蚕丝有五千多年的历史，是我国六大发明（蚕丝、指南针、火药、造纸、瓷器、印刷术）之一，家蚕驯养丝纺织在新石时代晚期已经成型，是中国六大发明中最早的一种。从野蚕发现到家蚕驯养，再演绎为缫丝，进而制成帛、绢、纱、罗、绫、锦、绒、绸、缎等一系列精美丝绸及其服饰，是中华民族祖先经历漫长艰辛劳动，所创造的物质财富和精神财富，是人类的文明之花。丝绸是从农副业发展成为传统产业的，它包容了农业、工业、科技、贸易等各领域，还涉及生物学、医药学、纺织印染学、历史学、考古学、宗教学和工艺美术学等学科。丝绸的发展和进步体现了生产工艺的进步，也融入了科技、艺术、文学和教育的因素，从而使丝绸有了丰厚的文化内涵。丝绸越来越绚丽多彩，除了因为有生产器具的改进和工艺美术的创新外，还有文学、艺术的沉淀和积累。如今，丝绸的行迹已扩大到世界五十多个国家和地区，数十亿人口在享用丝绸带来的好处。丝绸无论在我国乃至世界产业史、科技史、文化史上都是独树一帜，具有重要的地位。

丝绸历史悠久，制作精妙，绚丽华美，流行广泛而深受各方面人士的崇拜、宠爱和青睐，从而造就了丝绸文化。丝绸文化是指有关丝绸的铭文碑碣、人物遗址、神话传说、丝绸专著、文学艺术乃至教育等，是丝绸发展历史进程中创造的精神财富的总和。蜀地是我国丝绸重要发祥地之一，从嫘祖时代算起，距今有五千年多年历史，期间有着丰富的文化积累，有关丝绸的遗迹、典籍、文献、文物、人物、著作、诗词歌赋、工艺珍品极多，亟待开发和研究，并弘扬光大。

目前在四川已发现重要的丝绸文化遗产有：

盐亭金鸡镇等地的嫘轩宫、嫘祖墓、唐碑、石斧、玉璧等；茂汶叠溪（古称蚕陵县）的蚕丛石、蚕丛关、蚕丛市；郫县的蚕丛祠、蚕丛墓；川西平原各县供奉的"青衣神""马头娘""蚕姑墓"；成通交通巷出土的西周蚕纹铜戈；成都百花潭出土的战国铜壶上的采桑图；成都土桥曾家包汉墓画像砖织机图；广汉、彭县汉墓出土的画像砖桑园图；峨眉山现存的千年古桑树；广元皇泽寺清代《蚕桑十二事》版刻；唐代窦师伦编的锦谱《陵阳公样》；元代费著的《丝绣笔记》等。

有关蜀地丝绸文化典籍更是丰富，计有：《礼记·礼运》《易·系辞下》《史记·五帝本纪》《史记·货殖列传》《二十五史补编》《华阳国志》《太平广记》《搜神记》《蜀经》《蚕经》《蚕论》《宋会要》《九灵山房集》《天工开物》及各州、府、县志等。诗词歌赋更是不计其数：如扬雄的《蜀都赋》、杜甫的《白丝行》、李白的《乌夜啼》、贾岛的《题嘉陵驿》、刘禹锡的《浪淘沙》、王建的《蜀锦曲》、郑谷的《锦诗》、温庭筠的《锦城曲》、张何的《蜀江春日文君濯锦赋》、陆游的《岳池农家》、张仲殊的《蚕市词》、田况的《成都邀乐诗》等。上述文物、典籍、专著、文学作品等无可争辩的证明，四川丝绸文化具有鲜明的开元性、长期性、继承性、普遍性特色。

二 重视嫘祖文化遗址初原性文物的考古和研究

嫘祖文化研究之所以引人注目，举足轻重，是因为它不仅关联四川的丝绸文化之源的人文学科，也涉及蚕丝的生物探源的自然学科。蚕丝是一种蛋白质纤维，一般条件下不能保持很久，用物证来正本清源地透彻溯源，是十分困难。对养蚕取丝织绸的渊源，大多是依靠文物考古，或借助于史籍考证，或因袭神话传说之类的记叙去追溯，由于自然界的变化，历史的局限和史料的不完整性等原因，故存疑颇多，歧见常生。经过半个多世纪不懈的探索，关于蚕丝起源及相关问题，仍然取得令人鼓舞的认识。

1. 1928 年，在山西夏县阴西村，距今 6000 多年前的仰韶文化时期的遗址中，发现曾用工具切割过的大半个蚕茧壳的化石，在河北正定杨庄的仰韶文化遗址中也出土两个陶蚕蛹，专家们认定是野蚕茧。1977 年，在浙江余姚，距今 6000 多年前河姆渡文化时期的遗址中，出土刻有四个蚕纹的盅形雕器，并在相同层位发现木制和陶制的纺轮、打纬刀、引纬用的管和骨针、骨刀等纺织工具。纺织史专家一致的看法是：旧石器时代，我们的祖先已发现野蚕结丝，已能制作绳索和结网，搓捻合线，能做简单编织。

2. 生物进化研究证明，野蚕和家蚕在生物进化上是属同一始祖。野蚕染色体数 $n = 27$，家蚕染色体 $n = 28$，在杂交种的细胞中，可以看到家蚕染色体有两个与野蚕同一个染色体配对，这证明了它们的同一性，家蚕和野蚕杂交能产生正常子代，又证实两者血缘凝聚也表现为同一性和同源性。正是由于长期的自然选择和人工培育，就从原始野蚕培养成现代的桑蚕，同时也保留适应今天生活条件的野蚕。

3. 1958 年，在浙江吴兴县钱山漾，新石器时代晚期遗址，出土了一批安放在竹篮中的丝织品，其中有绢片、丝带、丝线等，绢片尚未碳化，保持一定韧性，绢片的经纬密度，分别为 48 根/厘米，经鉴定为家蚕丝捻合织成，单纤维平整光洁，具先缫后织特征；丝带宽 5 厘米，是用共计 16 根粗丝线和细丝线交编而成；丝线的投影宽度约为 3 毫米，用 3 根丝束合股加捻而成，捻向成"S"形延展。经同层位出土的稻谷同位素碳（^{14}C）测定，得出的绝对年龄为 4715±100 年，相当于考古学上的龙山时代早期。

4. 黄帝嫘祖时代是中国蚕丝的起源时代，相当于仰韶文化晚期或龙山文化早期，即从发现野蚕转化驯养家蚕取丝纺织的变革时期。这与黄帝时代自然环境、阶层分化、战争掠夺、社会分工、铜石并用，以及产生众多发明创造的背影相吻合。中国蚕丝起源于黄帝时代，绝非偶然，古气候研究表明，当时中国黄河、长江流域广大区域，气候湿热，宜于农业生产和蚕桑繁衍，分析当时的自然社会环境，驯养家蚕取丝纺织的发明不会只起源一个地区或相同时间，必然是多中心和多阶段的。在 20 世纪中后期，在中国西南巴蜀，东南良渚，中原黄河南岸（荥阳）等都出土了距今 5000 年前后的丝绸文物多处，可以支持这种说法。

5. 据我省学者运用考古、人类、历史学方法和理论，对嫘祖与巴蜀蚕桑丝绸起源做了大量搜集，分析、综合、研究得出：

（1）在中国历史上，嫘祖确有其人；（2）嫘祖是黄帝元妃，是中国丝绸始祖，古称先蚕；（3）嫘祖故里西陵氏之国在现今四川盐亭；（4）蚕丛氏为蜀山氏之后，同先蚕嫘祖有亲缘关系。自黄帝嫘祖为其子昌意娶于蜀山氏之后，蜀山氏的名称就不再称于世，并为蚕丛这个名称取代。后来蚕丛氏南迁成都，教民养蚕，称雄立国，又以蜀命国号，这种历史与逻辑的统一，证实了嫘祖是中国的丝绸史上里程碑式的人物。

6. 近期国内关于中国文明起源考古。研究认为：仰韶时代中、晚期和龙山文化时代有如下文化特征（见表1）。遗址和文物的价值在于它的初原性。如果认定，四川的养蚕取丝织帛起源于黄帝嫘祖时代，那么就有必要参考上列资料内容，对盐亭嫘祖文化遗址、文物进一步加以开发和审视，具体而言，就是应在遗址中发掘和研究、具有仰韶时代晚期，或龙山时代早期文化特征的城址、器物、文字等文物，并对其做碳同位素、孢子花粉、硅化木年轮等方法的测定和鉴定，这对牢固确立古巴蜀在中国蚕丝史上的始原性地位、必不可少的工作。

表1　　　　仰韶时代中、晚期和龙山时代文化特征对比

	仰韶时代中、晚期	龙山时代
距今时间	6000—4800 年	4700—4000 年
地区	长江中下游澧县城头山；蒙县尉迟寺、黄河中下游半坡、姜寨，山东诸城前寨、莒县凌阳河	出现在黄河、长江流域的六大古文化区：华夏、东夷、巴蜀、荆楚、吴、越、如石家河、龙山、齐家、齐渚等地
已发现	10 余处	50 余处
城址特点	（1）以环壕为特点的夯土城圈；（2）大型夯土基址，出现居住区、制陶区和墓葬区；（3）面积3.4万—7.6万平方米	（1）城址设施较全，出现中心城址，城为方形；（2）中心城址有高大城墙，高台和祭台，住区在内城，墓区在城外；（3）面积20万—30万平方米，最大120万平方米
器物	（1）以陶制品为主；（2）出现铜片、铜刀、铜渣，为铜石并用时代时期	（1）铜器丰富，有刀、凿、锥、钻头、匕、斧、指环、铜镜；（2）个别地区有玉器、黑陶、生活用铜器具
文字	象形文字萌芽期，为单个陶文	单个字开始抽象化，笔画工整，出现组合合字
社会关系	已出现私有制和阶段分化，特权阶层开始形成	阶级阶层分化加剧，出现等级群落，可以发现人、畜牺牲祭祀奠基遗迹

三 以嫘祖文化研究为契机，全面启动四川丝绸文化研究

巴蜀是我国丝绸发祥地之一。丝绸是四川优势产业。蜀锦是巴蜀丝绸中的瑰宝，是我国传统工艺美术丝织品之一，具有丰富的文化内涵和高超艺术、科技含量。在古代四川，蜀锦曾是赋税、军费、对外贸易的主要财源，又是巴蜀文化对外交流的重要媒介，国外往往通过蜀锦等丝织品来了解四川或古代巴蜀。蜀锦始于秦、兴于汉、盛于唐宋，从汉代到北宋一千多年间长盛不衰。420—479年，成都蜀锦流传江南，南朝刘宋时期，丹阳（现南京）郡守山谦之引进蜀锦"百工"，建立"斗场锦署"，他在《丹阳记》中说："江东历代尚未有锦，而成都独称妙，故魏则市于蜀、吴亦知西蜀，至始乃有之。"《日本美术史》中评道："蜀锦"兴盛压倒魏锦和建康锦，那里锦院制成的蜀锦，支配了全国。朱启钤的《丝绣笔记》中称："魏晋以来，蜀锦勃兴，几欲夺襄邑之席。于是襄邑乃一变而营织成，遂使锦绫专蜀有。"唐宋蜀锦代表中国古代丝织品的最高水平，名满天下。据张彦远《历代名画记》中载：唐初，益州工官窦师伦，性巧绝，敕兼益州大行台，检校修造，曾任太宗秦王府咨议、相国录事参军封陵阳公。由他组织设计了章彩绮丽的对雉、斗羊、翔凤、麒麟、狮子、天马、盘龙、辟邪、孔雀、仙鹤等蜀锦样谱，并流行全国，称《陵阳公样》，又名《益州新样锦》。宋人元费著《蜀锦谱》，记叙了四川古代锦院的历史，织锦的生产分工、产量及用途等，详述了宋代成都转运司锦院和茶马司所产蜀锦，按各种花色品种和装饰花纹，将宋代蜀锦分为4等39种，并对其做了详尽记叙。这两部丝绸专著，在中国丝绸史上堪称浓墨重彩之笔。蜀锦历史悠久、色彩艳丽、图案精确、质地厚重，居中国三大名锦之首。宋太祖乾德四年（966），朝廷从四川调200名锦工到开封，设绫锦院，蜀锦距今已有2000多年历史，比宋锦和云锦（兴于明清，1368—1911年）早上千年。

　　而现如今，蜀锦已陷入生产凋敝，经营萎缩、样本散失、后继无人，岌岌可危的境地，关心丝绸的有识之士正在积极呼吁，拯救这只科技与文化结合的产儿——蜀锦。从蜀锦当前的危机，不得不使人联想到，关于四川丝绸文化成果的发掘、保护、研究等问题。目前，我省对丝绸文化成果的收集、整理、珍藏和研究及展示还很不够，远远落后于江浙地区，早在十多年前，在杭州西湖就建成了"中国丝绸博物馆"、在江苏建成了"苏州丝绸博物馆"。浙江人民出版社出版了《丝绸文化》系列丛书，共6卷，苏州丝绸博物馆复制成功，在新疆出土的汉代"延年益寿大宜子孙锦"等丝织品，这引起用多色丝线织成的经锦，是地道的蜀锦，却让别人抢了头彩，更令人遗憾的是，直至今日，四川还没有丝绸博物馆，这与泱泱的丝绸大省很不相称。

　　不信东风唤不回。四川丝绸产业大省，也是丝绸文化大省，巴蜀祖先给笔者留下了有根有基、有源有流的丝绸文化，我们应该满怀信心，锲而不舍地发掘、整理、研究，并发扬光大。其理由：一是嫘祖文化研究为四川丝绸文化找到了根基。近年来，嫘祖文化研究证实，在四川盆地西部及其边缘地区，出现过嫘祖到蜀山氏，从蜀山氏到蚕丛氏，再由蚕丛氏到广汉三星堆早期蜀国文化序列，并有相关的遗址和文物来印证这些长期的、连续的文化现象，这就为进一步研究四川丝绸文化源与流的关系，打下了良好的基础；二是嫘祖文化研究为四川丝绸文化研究带了一个好头。自20世纪90年代初以来，在盐亭县的倡导下，对嫘祖文化进行了系统研究，曾多次召开会议研讨，取得了许多新观点、新认识，得到了省内外越来越多的人响应和参与，研究队伍也越来越壮大，共鸣越来越强烈，这是个好兆头；三是嫘祖文化研究使四川丝绸文化研究迎来了契机。嫘祖文化研究得到了四川省绵阳市和盐亭县领导及有关部门的关注，并提供了人财物的支持，我们可以借此机会大力宣传，提出设想，争取帮助，把四川丝绸文化的研究从源扩大到流，形成相互呼应，相互配合的格局。我们相信，随着我省经济、社会进步、文化繁荣，四川一定会有自己的丝绸博物馆，把光辉灿烂巴蜀丝绸文化序列，展示在世人面前，并以此告慰先贤；同时，我们也会迎来嫘祖故里，到蚕陵县、蚕丛祠、三星堆、成都，乃至西南丝绸之路，西北丝绸之路的巴蜀丝绸文化之旅的兴盛。

（文章来源：《四川丝绸》2001 年第 1 期。ISSN：1004 - 1265. CN：51 - 1214）

丝绸起源的文化契机

赵 丰

【内容提要】本文经过对大量史料的收集、整理、分析，认为：中国蚕桑丝绸业起源的契机，在于中国独特的文化背景。起初，属于新石器时代早期或到中期的先民们对广泛生长于原始桑林之中的蚕产生了浓厚的兴趣，他们观察着蚕自卵至蛹并化蛾飞翔的生态变化，把它与人的生死、天地的沟通相联系。于是，蚕成了通天的引路神，桑树就成为通天的工具。人们对蚕桑崇敬备至，在桑林中进行重大的祭祀活动。至迟在新石器时代中期，人们开始对蚕桑有意识地加以保护并护养，以免人们的通天之路因自然环境或天敌而被阻。同时，人们把蚕茧视作羽化的基地，开始了对茧丝的利用，利用的最初目的是事鬼神。这样的情况可能一直延续到商或西周。直到春秋战国时期，随着思想的逐步解放和生产力的进一步提高，丝绸的用途才渐渐普及起来。

一　蚕生态引起的联想

汤因比在研究古代文明的发生时指出：人类所以可能创造文明并不是由于超越的生物天赋，也不是由于地理环境，而是由于人类对于一种特别困难的挑战进行了应战，因此人类才奋起表现出空前的努力。[①] 在研究丝绸起源时也是如此，那种认为优越的自然环境

---

① 参见［英］汤因比《历史研究（上）》，上海人民出版社 1986 年版。

为人类提供了发现的偶然事件以及驯化的方便途径的说法似乎并不可信，因为当时的粮食并未匮乏到要迫使人们去寻吃蚕蛹，衣服的面料也并未匮乏到要迫使人们去寻找新的纤维。

在新石器时代，黄河流域和长江流域均有发达的农业、畜牧业、渔业和纺织业，以供先民们衣食之用。据考古材料看，黄河流域的农作物以粟为主，其余还有黍及多种蔬菜，家畜中已见狗和猪的家养，狩猎中则见大量的斑鹿、麋、竹鼠、野兔、狸、貉、獾、羚羊、雕等遗骸，鱼亦常见；在南方则以栽培水稻为主，还有橡子、菱角、葫芦等采集类植物，家畜亦以猪、狗为主，但渔业似乎特别发达，鱼和龟鳖类骨骸在河姆渡遗址中随处可见，狩猎则以鹿、鸟为主。如此的食物种类虽谈不上充分丰富但亦毋需为寻找长仅1厘米左右的蚕蛹而用锋利的石片去切割极小的茧子。再看纺织纤维，由于保存的不易，南北发现均不多，但已可知当时采用的主要是麻、葛类植物纤维。葛又名葛藤，广泛分布于丘陵地区的坡地或疏林之中，江苏省吴县草鞋山遗址中就出土有葛织物。麻有苎麻、大麻等种，新石器时代均见使用，河南郑州大河村遗址出土有五千年前的大麻种籽实物，推测当时已经栽培，苎麻织品则在浙江湖州钱山漾遗址有所发现。较此更早的河姆渡遗址中亦有麻纤维利用的实物出土。推测新石器时代各种陶器上的织物印痕均以麻类织物为主，各地出土大量纺轮亦为纺麻而用，即使到唐代这样的丝绸生产消费高峰期，蚕丝产量仍远不如麻，故亦很难想象当时的麻类纤维已经匮乏到非要寻找新的纤维的地步。何况野生麻葛的采集和加工均要比驯化家蚕、吐丝结茧获取纤维要方便得多。我们再举一个例子来说明养蚕缫丝在商代亦未成为一种以经济利用为目的的产业。许多甲骨学专家都认为殷代有专门的蚕神祭祀，而且规格甚高，用三牛来祭，并与上甲微并祭。为何要祭蚕神，当真是因为其生产"与农业生产一样，亦为一年的重要收成"吗?[①] 回答是否定的，因为更为重要的作物粟并无粟神，更为重要的家畜猪亦无猪

---

① 胡厚宣:《殷代的蚕桑和丝织沙》,《文物》1972年第11期。

神，更为重要的纺织原料麻亦无麻神，所以，蚕仅以其经济效益是无法被供作神灵的。

提出"万物有灵论"的泰勒（Tylor E. B.）说过："看来，能够思维但还处于文化水平低级发展阶段的人们，对于两类生物学问题是深感兴趣的。第一，是什么引起了活的身体和死尸之间的差别？清醒、睡眠、梦、疾病、死亡的原因是什么？第二，那些在梦和幻觉中出现的人形又是什么？"① 中国的初民也不例外。当社会文化的发展处于低级阶段时，他们所考虑的问题往往是精神高于物质，对天与地、生与死、人与神等的探索是其主要兴趣。可能就在此时，大量野生的吐丝昆虫引起了他们的注意。

桑蚕是自然界中变化最为神奇的一种生物了，自古至今仍让人们感到惊叹不已。蚕的一生有四种状态的变化，卵、幼虫、蛹、蛾，这种静与动之间的转化（包括眠与起）使人们联想到当时最为重大的问题——天地生死。卵是生命的源头，孵化成幼虫就如生命的诞生，几眠几起犹如人生的几个阶段，蛹可看成是一种死，原生命的死，而蛹的化蛾飞翔就是人们所追想的死后灵魂的去向了。《博物志》云："蛹，一名魂"，正是此意。这种生命的思考自然又与天地相关，后出的道家也认为："夫精神者，所受于天也，而形体者，所禀示地也。"② 这种联想符合列维－布留尔（Levy Bruhl）为原始思绪提出的互渗律："由于原始意识不是关心事物中的客观特征和属性，而是关心它里面的神秘力量（事物本身就是神秘力量的媒介）；由于神秘力量不是某一事物的特殊属性，而是一系列有时甚至在客观属性上非常悬殊的事物的某种共性；所以与表象相结合相联系的原始意识对事物的实在属性是不加注意的，它只注意神秘的力量，这些神秘的力量好像是包含在事物中，它们在事物中起原因的作用，而且它们也是宇宙中唯一真正起作用的原因。"③ 互渗其实也就是联想，当遇到客观属性上较为一致的现象时（如人与

① 泰勒：《原始文化》（*Primitive Culture*），1903 年。
② 《淮南子·精神》。
③ ［法］列维－布留尔：《原始思维》，商务印书馆 1987 年版。

蚕），这种互渗就更为方便。早期的出土文物和后来的一些记载可以引作旁证。

（一）人们极有兴趣地观察蚕的一生

战国时期的荀况《蚕赋》表达了人们对蚕生理、生态的好奇："有物于此，谵谵兮其状，屡化如神，功被天下。……臣愚而不识，请占之五泰。五泰占之曰：此夫身女好而头马首者与？屡化而不寿者与？善壮而拙老者与？有父母而无牝牡者与？"战国时期的思想家尚且对蚕的认识如此模糊，更何况是更早几千年的原始人呢。其实，河姆渡骨盅上的蚕纹（假定确是蚕纹）两两相对，或许正反映了人们对蚕生理的某些方面不甚了解，同一遗址出土的蝶形器也可能反映了人们对蚕蛾的崇敬。其余如江苏吴县梅堰出土黑陶上的蚕纹刻划、辽宁沙锅屯遗址出土的石蚕，以及商周墓葬中出土的大量玉蚕都说明了同一问题。

（二）对蛹化蛾的观察是其关键

在各地出土的蚕纹蚕饰中，蛹的形象十分常见。最著名的是山西茵城西庄村仰韶文化晚期遗址出土的陶蛹、河北正定南杨庄仰韶文化遗址（公元前3680—前3520年）出土的陶质蚕蛹、江西清江县筑卫城遗址（公元前2500年）出土的蚕蛹纹印纹陶等。这些蚕蛹纹饰均与真蚕蛹十分相像。但实际上对蛹的刻画还不止此，尚有许多纹饰刻画了蛹化蛾的过程。如在辽宁后洼红山文化遗址出土的滑石雕虫形饰（VT1④：4）可明确地定为蛹形饰，它有一对刚生出的小翅膀。[①]（图一）更有大量的原定名为玉蝉的饰品或青铜器蝉纹的形象，应定为蚕蛾更为合适，或是未展翅的蚕蛾。如江苏张陵山遗址出土的玉蝉（M4：01）就可定为蚕蛾。更为重要的是西阴村出土的半个茧壳，牟永抗就认为当时切割此茧是为了占卜，起码是为观察蛹化蛾过程中的变化情况。对蛹变蛾的观察乃是对蚕生

---

① 许玉林等：《辽宁东沟后洼遗址发掘概要》，《文物》1989年第12期。

态观察中的关键。

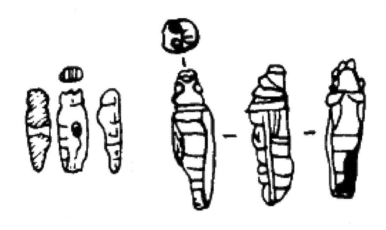

图1

（三）蚕与人的联系很早就已形成

蚕与人的联系很早就已形成，但到战国秦汉时期则已表现得十分完整。晋代干宝《搜神记》引《太古蚕马记》记载了女子化蚕的故事，即后出的马头娘。这一传说起源更早，《山海经·海外北经》中载有欧（呕）丝之野："在大踵东，一女子跪据树欧丝"，欧丝之女当为蚕马故事的雏形。又汉代的祀蚕神一曰菀窳妇人、二曰寓氏公主，均应为欧丝之女之类。人的羽化成仙亦可看作是蚕蛾与人联系的结果。《山海经》多处载有羽人之国、羽民国，楚地漆器之上也多见羽仙之类的形象。庄子曾说他自己做梦变成了蝴蝶，即是一种漂亮的飞蛾，均说明人欲通过羽化而成仙。到晋葛洪著《抱朴子》中总结了三种成仙之道，其中就有"羽化"一法，此当得之于蚕蛹化蛾的联想。

（四）葬俗和巫术中已引入了这种联想

既然把蛹与死联想起来，那么自然会在葬俗中体现这种联想。《礼记·檀弓下》："孔子谓为当灵者善，为俑者不仁。"俑即随葬之木俑、泥俑之类，其原意或恐与蛹有关。俑即偶人，偶与寓氏相通，可作为俑、蛹相关的傍证。在仰韶文化墓葬中，有一半左右采用瓮棺葬，埋于房基附近，并在瓮中留孔，推测是让其灵魂自由升天之意。这或许亦来自蛹死七日然后化蛾破茧而出的联想，由于瓮棺葬多用于儿童夭折，儿童力单故须预先凿孔。在良渚文化墓地中，经常可以发现有冠状饰出自头部，据分析此器当自河姆渡蝶形器演化而来，葬时饰于死者头部或恐仍与化蛾羽化之联想有关。当时十分盛行的巫术和祭祀活动中也引入了这种联想。良渚冠状饰者的身份据分析属巫师之类，生前亦会带此装饰以助行巫。此外，蚕纹和蝉纹（其中有部分可作蛾纹）常饰于青铜礼器上，也是为了在祭祀或巫术时使人与天的沟通变得更加方便。张光直在研究青铜器动物纹样的意义时认为："助巫觋通天地的若干特殊动物，至少有若干就是祭祀牺牲的动物。以动物供祭也就是使用动物协助巫觋来通民神、通天地、通上下的一种具体方式。商周青铜器上动物纹饰乃是助理巫觋通天地工作的各种动物在商周彝器上的形象。"[1] 可知这种联想已十分普遍。如上所说，先民们在观察蚕的生态变化时所考虑的与天地生死的联想远胜于茧和蛹的经济利用。那么，现在我们来看，先民们是如何审视作为蚕之生命基础的桑的。

二　神圣的桑林

从古籍记载以及现代考古学孢粉分析的结果来看，新石器时代的黄河流域和长江流域的桑树分布相当广泛。近年对于野生桑资源的调查发现，在新疆、内蒙古等边远地区有着高龄古桑或野生桑林，品种甚多，甚至在西藏、川北等罕无人烟的地区也有千年以上的野生桑林，可知中国的桑树资源确实既广又古。可以想见，每到春天，桑林之中定会有一片扑扑野蛾飞的景象。从古史传说来看，

---

[1]　张光直：《商周青铜器上的动物纹样》，《中国青铜时代》，生活·读书·新知三联书店 1983 年版。

桑林不啻是蚕的栖息地，而且与民俗活动亦有密切的关系。有关桑林的记载为数不少，其中的活动主要有两类：一是在桑林中进行男女幽会，祭高媒神，以求子；二是在桑林进行祭天求雨活动。但正如葛兰言和卡尔德·马克所言："求雨祭祀和求子祭祀并无不同。"①

（一）桑林之会

桑林是上古时期男女幽会的地方，这有许多史料可证，其中以《诗经》中的记载最为丰富。如《小雅·隰桑》："隰桑有阿，其叶有难，既见君子，其乐如何。"《魏风·卜亩之间》："十亩之间兮，桑者闲兮，行与子还兮。"而最明显的则是《鄘风·桑中》："期我乎桑中，要我乎上宫，送我乎淇之上矣。"这种风俗在当时的一些艺术作品中也有反映，大量战国青铜器上都有采桑图像，描绘的其实就是桑林之中男女相会并祭高媒之情景（图2）。直到汉代，桑林中仍有"罗敷采桑"、"秋胡戏妻"等风流韵事发生，应是早期桑林的遗风。

图 2

坦娜希尔说过："应该记住，根据人类进化来看，人们发现男人在生儿育儿中的作用确实已经相当晚了。在最近10年间，人类

---

① 葛兰言：《中国古代舞蹈和传说》，巴黎，1959年。

学家们总是吃惊地发现，原始部落依然对性交和怀孕之间的关系一无所知。看来，直到大约公元前 9000 年以前，这种无知在原始人当中一直是普遍现象。"① 而在中国，这种无知或许与神话传说混淆在一起。这从商周早期一些圣人先哲的出生故事中可以看出。

商代名相伊尹就出生于空桑之地。《吕氏春秋》云："先妊氏女子采桑，得婴儿于空桑之中。献之其君居，其君令烰人养之，察其所以然。曰：其母居伊水之上，孕，梦有神告之曰：臼出水而东走，毋顾。明日，视臼出水，告其邻，东走十里而顾，其邑尽为水，身因化空桑。"圣人孔子的出生地亦为空桑。《春秋孔演图》云："孔子母征在游大冢之坡。睡，梦黑帝使请与已交。语曰：女乳必于空桑之中。觉则若感，生丘于空桑之中。"还有许多始祖出生故事亦与此相似。《拾遗记》说商祖先简狄在桑野游逛时，吞下玄鸟卵而孕；《春秋元命包》亦载：周之始祖姜嫄"游閟宫，其地扶桑，履大人迹，生稷。"这些故事似乎说明了这样一种情况。自新石器时代一直到商或周代，人们尽管认识到性交对生育的重要性，但在某些时候，人们还需要得到神的帮助，也就是说性交并非生育的充分必要条件，而怀孕根本上还是一种神赐，桑林就是这样一种神来之地。在桑林中，神特别易与人类沟通。故而周代男女相会桑林时，通常还要祭祀高禖之神（即生育之神）。《周礼·地官》："媒氏……以仲春之月，会合男女。于是时也，奔者不禁。"《礼记·月令》："仲春之月……是月也，玄鸟至，以太牢祀于郊禖。天子亲往，后妃帅九嫔御，乃礼天子所御。带以弓韣，授以弓矢于高禖之前。"

（二）桑林之祀

《墨子·明鬼》云："燕之有祖泽，当齐之社稷，宋之桑林，楚之云梦也，此男女之所乐而观也。"说明桑林除男女幽会外，还有社的使用，即为祭祀之场所。故《路史余记》说："桑林者，社

---

① ［美］坦娜希尔：《历史中的性》，光明日报出版社 1989 年版。

也。"史料中所记载的成汤桑林祷雨的故事是最著名的一则。许多文献中对此都有记载,如《吕氏春秋·顺民》中说:"昔者汤克夏而正天下,天大旱五年不收。汤乃以身祷于桑林。"

郑振铎曾对此做过解释,以为农民们是为了蚕桑生产而求雨。[①]然而,我们要问,天大旱五年受到的损失岂止于桑,农业、畜牧业等对人类来说更为重要的生产将会受到更严酷的打击,怎么可能在桑林求雨就是为了桑树呢。实际的原因就因为桑林是祭祀的场所,尤其是祈天求雨的场所。《淮南子》高诱注:"桑林者,桑山之林,能兴云作雨也。"《左传》昭公十六年:"有事于桑林,斩其木,不雨。"斩其木就是焚树求雨。

用互渗律来考察,桑林之所以被人们选择作为祭祀之地是因为它们之间存在着某种表观的联系。汤祷桑林之辞曰:"余一人有罪无及万夫,万夫有罪在余一人,无以一人之不敏,使上帝鬼神伤民之命。"汤的目的是通过桑林与上帝鬼神沟通。"中国古代许多仪式、宗教思想和行为的很重要的任务,就是在这种世界的不同层次之间进行沟通。进行沟通的人物就是中国古代的巫、觋。"[②]而根据民族学的调查结果来看,"最早的巫师,可能是氏族酋长或部落首领,如鄂温克族、鄂伦春族、赫哲族都有氏族萨满,就是上述遗制的残余"。[③]成汤在桑林中扮演的正是一位部落首领兼巫师的角色。中国古代巫师沟通天地时使用的工具与全世界萨满式文化使用的工具大致相同。张光直列举了五种:山、树、动物、龟策、酒药,其中桑林就属于用树作为沟通工具一类,何况它又是栖息着会化蛾升天的神奇动物的树,这种表象与祭祀所希望达到的沟通目的的联系使桑林成为巫师行术之时的极佳场所,也就说,桑林中的神奇环境使巫师特别容易在天地间沟通,从桑树中也逐步引申出扶桑的概念。

---

① 郑振铎:《汤祷篇》,古典文学出版社 1957 年版。

② 张光直:《中国古代史在世界史上的重要性》,《考古学专题六讲》,文物出版社 1986 年版。

③ 宋兆麟:《巫与巫术》,四川民族出版社 1989 年版。

（三）神树扶桑

扶桑是一种想象中的神树，是太阳栖息的地方。《山海经·海外东经》："汤谷上有扶桑，十日所浴"；《淮南子·天文训》："日出于旸谷，浴于咸池，拂于扶桑。"《楚辞·东君》亦云："暾将出兮东方，照吾槛兮扶桑。"扶桑的概念当由桑林而来，这不仅可从前述桑林与祭祀的关系中看出，亦可由扶桑之解释中看出。扶桑又作搏桑、空桑，据何新均释为大桑之意。① 后黄新生释扶，可用右文说，从夫、芙、鈇、衭、肤中看出夫有"大"之意，而扶本身亦可从扶南、扶风、扶老、扶疏（扶苏）、扶木等词中看出亦为"大"之意。② 因此，扶桑意即大桑，大桑来自桑树，便是十分自然的。

最早的扶桑形象有人认为在河姆渡文化和辛店文化遗址出土的陶器上就有描绘，尚无定论。但近年四川广汉三星堆商代遗址中出土的铜树却无可争辩地被定为扶桑。铜树共两株，形状大致相同：下为喇叭状树座，树干笔直，上出九枝，枝上及树顶各栖一鸟，并有铜龙、铃、花、叶等挂饰。孙华认为，这两株神树，正是一株象征着东极的扶桑，一株象征着西极的若木。③ 可以认为，神树扶桑的概念至迟在商王朝盘庚至武丁时期就已形成。

此后，扶桑的形象常见于战国秦汉艺术品中。湖北擂鼓墩曾侯乙墓出土漆箱之中有扶桑图像，此扶桑为一巨木，对生四枝末梢各有一日，主干直上一日，另一日被后羿射中化作鸟，共十日，是确凿的扶桑（见图3）。此外，江陵马山一号楚墓中出土蟠龙飞凤绣中亦有扶桑形象。长沙马王堆一号汉墓帛画中亦有扶桑形象，且有九日栖于上。值得注意的是大量汉画石上亦有扶桑树的形象，如山东武梁祠画像石、江苏沛县古一洒水画像石、山东安邱画像石上均

---

① 何新：《诸神的起源》，生活·读书·新知三联书店1986年版。
② 黄新生：《释"扶桑"》，《东南文化》1990年第3期。
③ 孙华：《铜树——太阳栖息的扶桑和若木》，《中国文物报》1992年5月17日3版。

有马车、鸟（即太阳）、后羿及扶桑的形象，并且，扶桑树上甚至还挂有一个采桑篮，树下还有采桑妇的形象。可见，直到汉代，想象中的扶桑和现实中的桑树还是这样藕断丝连。

图3

由此来看，我们的祖先不但从蚕的变化中产生了对蚕的惊奇，而且还产生了对桑树的崇拜，认为桑林是一片神圣之地，桑林中特别容易与上天沟通，以致求子、求雨等重大活动均在桑林进行。从而又产生了扶桑树的概念，把沿扶桑树上下亦看作天地间沟通的途径之一。① 在这种情况下，育桑养蚕也就不是为了普遍的经济利益了，而应是怀着一种虔诚的心情进行的。

三　护蚕而养

然而，蚕是一种非常娇弱的生物，极易受到自然界恶劣环境的伤害，于今人们还将蚕儿称为"宝宝"。荀况《蚕赋》中道出了蚕的某些生理特点："夏生而恶暑，喜湿而恶雨"，而且常为"飞鸟所害"。可以想象，一旦有大旱的热天，或是阴雨不断的梅季，蚕都将难以成活，何况自然界中还有许多蚕的天敌，如飞鸟之类都将威胁到蚕的生存。因此，靠自然界难以保证蚕的顺利繁殖。后世文

① 赵丰：《桑林与扶桑》，《浙江丝绸工学院学报》1993 年第 3 期。

献中不时地出现桑林中野蚕成茧的记载，说明野桑蚕能在自然界中生存并延续，却不会顺利，偶然的顺利就会被人们看作是祥瑞吉兆。为了保证天地之路的通畅，为了使人们所敬重的蚕蛾能生生不息，循环轮回，先民们开始建立蚕室来对其进行精心的饲养。因此，我们认为，养蚕的最初并不是为了经济，也不是为了好玩，而是为了保护。为避免酷暑、阴雨和飞鸟之类伤害的最佳保护莫过于建立专门的蚕室。《礼记·祭义》："古者天子诸侯，必有公桑、蚕室。近川而为之，筑宫初有三尺，棘墙而外闭之"。公桑即为桑林，蚕室就是养蚕之处。然而，此处的蚕室似乎不同于一般的蚕室，它又称为宫，宫高初有 3 尺，约为 2.5 厘米高，外周有围墙闭之。《夏小正》："亲子始蚕，执养宫事，此宫即为蚕室，宫事亦为蚕事，但'宫'字之用使人联想到少数民族中尚在使用的大房子。结合民族学和考古学来考察，这类大房子出现甚早在河姆渡遗址中就有发现，延续亦很久，现今有许多少数民族中亦有孑遗。"① 综合起来看，这类与女性有关的宫或大房子约有三种用途。

第一种用途是祭祀的场所，主要是祭祀生育之神并求子的场所。史料中的高禖之祀或许就可以在此大房子（閟宫）中进行。在古代欧洲，女神阿芙罗迪蒂神庙中拥有上千名艺妓，她们献身于为这个女神（以及她的崇拜者）服务；在古巴比伦，那迪图神庙的女祭司们也扮演着同样的角色；在古代中亚地区，伊什塔尔女神庙亦有供殿女人，在神殿中进行着放荡的淫乐活动；印度宗教中也有大量的性交仪式在神庙中进行；在中国北方，红山文化遗址中亦发现有女神庙，或许也是祈求生育和丰穰的场所。

第二种用途是专门的女性用房。在人类历史上，几乎均有对成熟前的男女青年的隔离式训练，中国古代的学宫和辟雍，其实是青少年男性的训练地，而女性的单独训练同样存在。诗经《周南·葛覃》中叙述的正是这样一则故事："言告师氏，言告言归，薄汙我私，薄澣我衣，害澣害否，归宁父母。"其中的"师氏"就是进行

---

① 汪宁生：《中国考古发现中的大房子》，《考古学报》1983 年第 3 期。

女性训练的女师，而训练的项目则是刈葛、沤葛和织葛为绤为绤。这种训练亦有可能是养蚕，故而蚕室成为女性的专门用房。史载司马迁受宫刑而下蚕室，历代注为蚕室有火温故在此受刑，但有火温者到处可有，为何非到蚕室不可？最好的解释就是蚕室是女性专用地，下蚕室受刑是对司马迁的最大侮辱。

第三种用途是男女同居所用的公房。根据民俗学的材料来看，这种情况在现今少数民族地区仍非常普遍。如哈尼族叶车人往往选择在佳日吉庆之时谈情说爱，在山野草场上聚会，吹笛弹拉对唱，表达彼此的爱情。如双方情投意合，就互赠礼物，订下夜晚约会的地点。夜幕降临后，男女青年就去村间或田间对歌，随后去"公房"同居。姑娘出嫁时，梳妆打扮也在"公房"中进行。这种风俗在诗经中也有反映。《鄘风·桑中》："爰采唐矣，沫之乡矣。云谁之思，美孟姜矣。期我乎桑中，要我乎上宫，送我乎淇之上矣。"此处的桑中就是男女聚会之处，上宫就是去公房同居。公桑中的蚕室或宫，可以肯定就是某种与女性有关的"大房子"。究其用途，则三种均有可能，但似以第二、三种的可能性更大。《礼记·月令》：仲春之月，进行高禖的祭祀活动，"天子亲往，后妃帅九嫔御，乃礼天子所御。带以弓韣，授以弓矢，于高禖之前"。《周礼·地宫》："以仲春之月，会合男女，于是时也，奔者不禁。"也就是说，在养蚕之前的仲春之月，是一段"在一个短时期内重新恢复旧时的自由的性交关系"的日子，这种活动就在桑间宫中进行，此时的蚕室，应当具有上述第三种用途，可能亦兼有第一种用途。但到季春之月，情况就有所不同。《礼记·月季》：季春之月，"令野虞毋伐桑拓，鸣鸠拂其羽，戴胜降于桑。具曲植蓬筐，后妃斋戒，亲东乡躬桑，禁妇女毋观，省妇使以劝桑事"。季春之月开始养蚕，就要禁妇女毋观，此处之"观"意为观游，与《墨子·明鬼》谈到宋之桑林时说"此男女之所乐而观也"的"观"相同。也就是说，在养蚕的日子里，桑林中的观游就告一段落，妇女们集中精力养蚕，男女不相往来，这可能就与以上所述的第二种用途相一致。

由此来看，公桑中的蚕室并非一般的生产场所，而是与原始宗教、繁殖生育等重大事件紧密相连的地方，由此可以推测，最初建立蚕室的目的并非单纯为了经济，而是与神明相关联。甲骨文中载武丁时"省于蚕"，占卜竟达九次之多，亦是蚕室非凡事的一证。正因为养蚕的好坏直接关系到神明，故天子诸侯的蚕室中对养蚕人的要求甚高。《礼记·祭义》："及大昕之朝，君皮弁素积，卜三宫之夫人世妇之吉者，使入蚕于蚕室，奉种浴于川，桑于公桑，风戾以食之"。养蚕所得之丝亦用于神圣的场合。

四　事鬼神而用之

在认识扶桑为通天之树、蚕蛾为通天之物的同时，人们也认识到蚕茧是蛹羽化的基地，茧丝服用的最初目的是利于人与上天的沟通，因此，作茧自缚并不一定是坏事，而是灵魂升天的必由之路，这从早期人们对死后尸服及葬俗的制度可以窥见一二。

仰韶文化遗址中，有大量瓮棺葬的实例，约占总数的三分之一到一半左右，主要是未成年人的葬俗。值得注意的是瓮棺之上均有人为的凿孔，推测是为了使死者灵魂能通过此孔而飞出升天。我们认为这一想法的来源就是对蛹羽化后破口而出的形象模拟。较此更为直接的是人们直接用丝织物或丝绵把死者包裹起来，等于用丝质的材料做成一个人为的茧子，有助于灵魂的升天。目前所知最早的丝织品实物出自河南荥阳青台村仰韶文化遗址，距今约5630年，它就出自瓮棺葬之中，为包裹儿童尸体之用。此后有关的葬俗记载亦证明了这一点。《礼记·记运》载：昔者先王"未有麻丝，衣其羽皮"，后圣有作，"治其麻丝，以为布帛，以养生送死，以事鬼神上帝，皆从其朔"。治麻以得布，布以养生，治丝以得帛，帛以送死。这里已把布与帛的功用有所区分，布用于生前服饰，而帛主要用于尸服。《礼记·丧大记》载，敛尸之制，"小敛，布绞，缩者一，横者三，君锦衾，大夫缟衾，士缁衾"。这里的锦、缟、缁是三种不同档次的丝织物。衾覆之中，是为冒。冒是裹尸的两个袋囊，上称为质，下称为杀。冒的三边缝，一边不缝而用带系。一则可能是为了套尸的方便；二则亦可能带有留出空隙、任其灵魂飞出的含义。冒韬之中就是一般的袍或衣，"非列采不入，絺绤纻不入。"絺绤纻均是苎麻或葛类纤维制成的纺织品，不能用于丧葬，也就是说一定要丝绸来制尸衣。对照江陵马山一号楚墓出土葬俗的情况来看，基本一致。

随着丝绸生产的逐渐发展，养老亦逐渐多用丝衣。《礼记·王制》载："有虞氏皇而祭，深衣而养老；夏后氏收而祭，燕衣而养衣；殷人冔而祭，缟衣而养老；周人冕而祭，玄衣而养老。"《孟子》曰："五亩之宅，树之以桑，五十者可以衣帛矣。"亦是同样之意。这里不仅是对老人的尊敬的表示，而且也有类似蚕老作茧自缚的含义。

除用作尸服外，早期丝绸的第二个主要用途是用作祭服。《礼记·月令》"蚕事既登，分茧称丝效功，以共郊庙之服"。说明躬桑亲蚕所得之丝主要是供郊庙祭祀之服。《礼记·祭义》中更详细地记载了养蚕献茧的仪式以及作为衣服的目的："岁既单矣，世妇卒蚕。奉茧以示于君，遂献茧于夫人。夫人曰：此所以为君服矣。遂副袆而受之，因少牢以礼之。古之献茧者，率用此与。及良日，夫人缫，三盆手，遂布子于三宫夫人世妇之吉者使缫，遂朱绿之，玄黄之，以为黼黻文章。服既成，君服以祀先王先公，敬之至也。"用丝作服就是为了在祀先王先公时服用。《礼记·祭统》云："王后蚕于北郊，以共纯服，夫人蚕于北郊，以共冕服。王后夫人，莫非蚕也。身致以诚信，诚信之谓尽，尽之谓敬，敬尽然后可以事神明，此祭之道也。"这里，《礼记》说的共有两层道理，第一层是事神明必须用蚕丝之服，第二层是为了表示敬之尽或敬之至，必须用亲蚕、亲缫所得之丝制成祭服。

早期丝绸的第三个用途是作为祭祀时用的物品，这里包括两类：一类是帛书或帛画；一类是与青铜、玉等礼器同等地位的丝织礼器。其用意应是把丝绸当作一种载体，把其上所书画的内容或是其中所包裹的物品传达到另一世界。最有名的帛书是湖南长沙子弹库出土的帛书，中央书写着文字，四周画有神奇的图像，它之所以用帛，显然是为了显示其神圣。帛画的出土数量也不少，如两湖地区出土的龙凤妇女帛画、御龙人物帛画以及马王堆一号、三号汉墓中出土的两幅帛画等，均是用于导引死者灵魂升天的帛画，亦用于事鬼神。古时玉帛同称并重。史载禹会诸侯于涂山，执玉帛者万国。又云"化干戈为玉帛"，玉和帛均是国家的象征。今蒙古族和藏族等民族在进行重大宗教仪式时或在会见接待重要来宾时需要献丝织的哈达，可能就具有早期玉帛的同等含义。再看殷商时期的重要礼器青铜器，我们经常可以发现青铜礼器由丝织品包裹后入葬的痕迹，这恐怕不是因为青铜器需要丝织物的保护，而是因为丝绸可以作为青铜器的载体。

因此，早期丝绸的利用并非为了经济的日常服用，而主要是事鬼神而用之，有着特殊的含义。这种含义，在殷周时期仍有普遍的存在。但随着春秋战国时期丝绸生产力的提高、思想的解放以及等级观念的松懈，丝绸的使用才变得逐渐普及，进入了一个新的阶段。

（文章来源：《东南文化》1996 年第 1 期。ISSN：1001 - 179X. CN：32 - 1096）

丝绸文化的主要特征

钱小萍

【内容提要】丝绸文化作为中国整个文化领域的一部分，源远流长，它极大地推动了我国纺织业的不断进步，对世界纺织业具有重要的影响，本文从几个方面叙述了纺织文化主要特征。

概　述

　　丝绸文化是整个文化领域里的一部分。那么，什么是文化？从广义上讲，文化是指人类在社会生活和历史实践过程中所创造的物质财富和精神财富的总和；从狭义上讲，文化是指社会意识形态以及与之相适应的社会制度和组织机构。因此，文化是人类社会在实践过程和发展变化中的一种历史现象，古代称之为"文治与教化"。它源于人们的生活和生产劳动实践之中，而又与主观的各个方面息息相关。明确了文化的含义后，人们对丝绸文化的概念也就不难理解了。丝绸文化是人们在丝绸生产和生活实践中，在精神文明和物质文明两个方面反映出来的各类形式的文化，特别集中反映在与丝绸相关的历史记载、文物遗迹、诗歌文章、人物传记、工艺美术、织绣产品、雕刻绘画、宗教信仰、风俗礼仪、蚕桑丝绸生产等各个领域之中。丝绸文化是中华文明和世界文明的重要组成部分。人们提起丝绸，都会产生一种美的、梦幻般的遐想。自古以来，世界上有多少人为她迷恋神往，因为丝绸的历史是那样久远，丝绸的内涵是那样丰富，丝绸的品质是那样精美、高贵。所以丝绸

324

文化有着十分鲜明的特征，可以用悠久、丰富、精美和高贵四个方面来概括，现分别论述如下：

一　丝绸文化的悠久

远在六七千年以前，中华祖先就开始养蚕、制丝，最早记述丝绸起源的古籍上有三种说法：其一说"伏羲氏用蚕桑制成穗帛，并抽为弦以定音律，而天下归化"，蚕桑起源于伏羲，即渔猎时代；其二说"神农耕耘土地，教民种桑"，蚕桑起源于农业时代；其三说为较普遍的说法，即"黄帝的元妃西陵氏之女嫘祖教民养蚕，取蚕沿丝，用作衣服"。从一系列考古挖掘看，如 1927 年在山西夏县西阴村新石器时代遗址中发现有一个半切割的蚕茧，1960 年山西西王村仰韶文化遗址中发现有陶蚕蛹，1978 年在浙江余姚河姆渡新石器遗址中发现 6900 年前刻有四条蚕纹的象牙盅等。这些都证实了中华祖先在新石器时代晚期就已认识了蚕，并产生巫术崇拜，有了衣着服饰。到了商周，就演变为奴隶主阶级穿戴丝绸织绣衮服尊和奉蚕神的风俗。1958 年在浙江吴兴钱三漾新石器遗址发现了一批 4700 年前的放在竹筐中的丝织品，包括未炭化的黄褐色绢片、丝带和丝线等。以上考古发现的丝绸实物与古籍记载相对照，充分证明了丝绸文化历史的源远流长。

二　丝绸文化的丰富

从历来各地的丝绸出土文物和传世品说明，丝织品、服饰品是十分绚丽多彩的。湖北荆州马山战国一号墓出土的丝织品；湖南长沙马王堆西汉古墓出土的丝织品；青海都兰热水出土的丝织品；陕西扶风法门寺地宫发现的唐代丝织品；新疆吐鲁番阿斯塔那和尼雅遗址出土的丝织品等。其品种结构之复杂、花色名目之丰富，令人惊叹。

（一）丝绸品种结构方面

按不同组织和工艺特点，丝绸织物可分为十四大类，即绫、罗、绸、缎、绢、纱、绡、纺、绉、锦、绒、绨、葛、呢等，还有兰十六小类。而古代的织物分类除部分同于当今的十四大类的名称外，另有称谓如纨、绮、缣、縠、绦、绒、帛、缟、缬、缯、缦等，种类繁多。

早在商代的青铜器上，就有素帛和花绮等丝织物的印痕；周代开始出现了双色经锦和刺绣品；战国和汉代品种结构已较齐全，经锦有了多色经锦；唐代的丝织品更为门类丰富，不但有经锦，还出现了纬锦、缂丝及扎染，并有各种织金锦；到了明清，中国三大名锦即蜀锦、云锦和宋锦不但全部形成，而且在继承唐锦、汉锦的基础上有了新的发展，风格独特，自成体系。

到了近代和现代则应用了新纤维、新工艺、新技术，丝织物的种类更是层出不穷，名目繁多。如各种不同种类的交织绸、合纤绸、人丝绸、弹力绸、针织绸、烂花绸、高花绸、轧纹绸、拉绒绸、砂洗绸、织印结合绸等。

（二）丝绸纹样和色彩方面

1. 纹样

早在商代的丝织物，就有了回纹、菱纹、云霄纹等不同形式的几何纹，后来历代不断发展，有了规矩纹、动物纹、吉祥纹、花卉纹等，其飞禽、瑞兽、文字、云气、人物、花卉、几何形等互相穿插结合，风格各异。

2. 色彩

早在西周，就有"设色之工五"，古代《诗经》里反映的织物色彩有：绿、黄、玄。在其礼祭服上有青、赤、黄、白、黑为正色，用于衣；绿、红、碧、紫、流黄为间色，用于裳。到了秦汉和隋唐，其色彩更为丰富，采用了各种植物染料和矿物染料，其种类达到200余种，锦的用色有五色锦、六色锦、八色锦等，其刺绣、缂丝的用色更多，分色达到数百种，多至上千种。众色之间又十分注意冷暖色的配合，有的还借助退晕和彩条的方法形成丰富的色彩效果。

（三）丝绸工艺技术方面

1. 织造工器具

从古代的腰机、斜织机和鲁机发展到秦汉和唐宋时的多综多蹑机、束综花楼机，明清时期又细分为罗机、纱机、缎机、绒机、织锦机等专门类型，到清末民初又改进为手拉机、铁木机、电力机，中华人民共和国成立后发展到有全铁机、自动换梭机，直到当今出现了各种无梭织机以及电子提花机等。

2. 加工工艺手法

早在周代就有"画""缋""钟""筐""巾荒"五氏，其中"巾荒"氏管丝帛之练，"钟"氏管染色，"画"与"缋"分工绘五彩纹后来逐步形成有提花、印染、缂丝、挖花、织成、敷彩、烫金、手绘、扎染、印经和印纬等，真是精雕细刻，工艺高超。当代，随着世界科学技术的发展则工艺手法更是千变万化。

（四）丝绸的用途方面

丝绸的概念从广义上讲，包括真丝绸、人丝绸、合纤绸、交织绸等，故其用途十分广泛，如服饰用绸、装饰用绸、舞台用绸、工业用绸、医学用绸、军事用绸、建筑用绸、宗教用绸等。

（五）其他方面

如有关描绘丝绸的音乐、美术、雕塑、诗歌和神话故事、历史文献等，不胜枚举。以上各例足以说明丝绸文化是多么丰富多彩。

三　丝绸文化的精美

丝绸中最美丽华贵和精美复杂的产品莫过于"锦"和"绣"

两类，人们常说的锦绣河山、锦绣中华等，都表明了锦绣的美丽，它的风格宛如天上的彩霞，春天的百花，人们提起"锦绣"两字都会产生富有诗意的想象。

从多批考古挖掘看，早在战国中期就出现了高贵的"舞人动物纹锦"。笔者曾去现场对该锦进行实地分析、测试，它由三组不同色彩的经线分别显花，形成了经锦组织；图案由几何框架和双龙、双凤、双舞人、双麒麟构成。织物为整幅独花，气势磅礴，风格独具，质地缜密。一台机还需要三人操作，是一只高难度的、横向花纹无限循环的提花织物。

又如新疆尼雅出土的东汉"五星出东方利中国"锦，其结构采用五重经显花，这是前所未有的，即红、黄、蓝、绿、白五色经线。质地尤为丰满、厚实。在图案风格上，既有虎、仙鹤、凤凰等祥禽瑞兽，又有卷曲植物蔓藤，并有五星出东方利中国……讨南羌等文字。其色彩花纹之瑰丽、组织技艺之精湛，堪称丝绸文化之精髓，为国内出土文物中所罕见。

再如唐代的纬锦"花鸟纹锦"以及宋代的宋锦、元代的织金锦、明代的云锦、清代的漳缎及漳绒等织物都是华丽高贵的丝织品。例如清代苏州织造的"极乐世界图"织锦，现收藏在故宫博物院，为中国一级文物。这是一巨幅重锦织物，长451行，宽195行，上有大小佛像274尊，个个眉清目秀，织造工艺之精巧世所稀有。现代的丝绸新产品即便是机械生产，不可能有手工制作时那么复杂，但同样有珠光宝气、高贵华丽、轻盈飘逸、结构独特、端庄典雅、五彩缤纷、犹如浮雕等各种风格。以上各类，举不胜举，都证明丝绸是多么精美绝伦、巧夺天工。这些古代丝绸文物的精华，值得我们继承和发扬。

四　丝绸文化的高雅、华贵

桑蚕丝以其柔软舒适、光泽优美的自然特性在所有纺织纤维中被尊为"纤维皇后"。自古以来以丝绸为载体，历代的才子淑女为此倾注了多少思想情怀和艺术才华，也为历代帝王将相、达官贵人所享受，其绅士、富商、名门闺秀也竞相使用。早在公元前21世纪的奴隶社会，服饰文化就成为礼仪制的重要内容，服饰除蔽体之外，还作为"分贵贱，别等威"的工具。夏代王宫就设有蚕业劳动的女奴，到西周开始设有庞大的官工作坊，专门从事纺织和服饰生产，而且分工十分明细，并受奴隶主统治阶级的严格控制。夏商两代举行祭礼时都穿得星服，周代国王穿大裘星和衣裳上分别绘有日、月、星辰、山、龙、华虫以及绣藻、火、粉米、宗彝、黼黻、吴等十二章，如此隆重的礼服一直延续到清代诸皇帝所应用。在《礼记》中有"锦文珠玉成器不粥于市"，说明"锦"由于珍贵而量少，再加上等级观念，当时不能作为交换商品在市场上出现，特别是龙袍、官服之类，因它是皇权至高无上、官职品级高低之分的标志和权威的象征。纨绣等贵重织品只供宫廷帝王后妃及特权者享用，桓宽《盐铁论·散不足》说："夫纨文绣者，人君后妃之服也；茧绅缣练者，婚姻之嘉饰也"。皇帝常有赏赐给臣下，动辄帛絮若干。汉初奉送匈奴的物品中，也以絮缯锦绣为主。哀帝元寿二年（公元前2年），朝廷一次送给匈奴单于就是"锦绣缯帛三万匹"。《西京杂记》中记载赵飞燕之妹赠赵飞燕之礼物，就有"金华紫轮帽，金华紫罗面衣，织成上襦，织成下裳，五色文绶，鸳鸯襦，鸳鸯被，鸳鸯褥，金错绣裆，七宝綦履……"民间的富人，也是服用"锈衣戏弄""素绨锦冰"，甚至连他们的犬马也是"衣文绣"也。这说明当时贵族地主阶级之奢侈程度，也反映高级丝织品生产之多，质量之精美。

当今随着社会进步和发展，大多数国家和地区消除了封建礼制和等级观念，丝绸不再专门为上层权贵所使用，一般平民百姓也可自由选购。然而，由于她品质娇贵，制作工艺精良，古代有"织采为文，其价如金"的说法，有的一匹绸要织一个月。如汉代巨鹿陈宝光之妻以善作蒲桃锦、散花绫著称，须六十日方成一匹，每日不超过六寸余。《西京杂记》中记载"巨鹿陈宝光家所织散花绫，一

匹值万钱"。汉代布帛价值昂贵，这可以从当时的文献记载和汉简
中看出：

缣一匹，直千二百。（《居延汉简释文》卷一、十八页）

黄縠丝一斤，直三百五十。（同上书卷二、五十一页）

二千几百六十二，买帛六匹。（同上书卷二、五十九页）

白素一丈，直二百五十。（同上书卷二、六十九页）

缥一匹，直八百。（同上书卷三、一页）

素丈六，直二百六十八。（同上书卷三、一页）

白练一匹，直一千四百。（同上书卷三、一页）

任城国亢父缣一匹，幅广二尺二寸，长四丈，重廿五两，直钱
六百一十八。（《流沙坠简考释——器物类》，四十二页）

能绣细文出齐上价匹二万，中万，下五千。（《范子计然书》
卷下）

白素出三辅匹八百。（同上书卷）

丝一石八千三百二十六。（《九章算术》卷二）

丝一斤二百八十五。（同上书卷三）

素一匹六百二十五。（同上书卷）

缣一丈一百二十几。（同上书卷）

所以自古以来质优必价高，作为高档的真丝绸应该也只可能被
少数人和少数场合所应用。然而由于近几年来中国遍地蚕桑，粗制
滥造，品质下降，多头出口，削价竞销，结果不分对象、不分场
合、随意穿着使用丝绸。这实际上是对丝绸高雅文化的践踏，也是
对丝绸文化内涵和特征的认识不足。所以我们研究丝绸，必须要充
分认识和掌握丝绸文化的历史发展以及它的主要特征，这样才有利
于振兴丝绸，创造出丝绸文化的美好明天。

（文章来源：《丹东师专学报》2001 年第 1 期。ISSN：1006 – 5695. CN：
1006 – 5695）

丝绸文化视阈中的
唐代丝绸与唐诗

曾艳红

【内容提要】中国自古被称为"丝国",拥有丰富的丝绸文化。作为中国古典诗歌的杰出代表,唐诗以特有的深度和广度反映丝绸文化。唐诗中蕴含着丰富的丝绸文化。丝绸意象是唐诗的重要组成部分。而丝绸文化为唐诗提供了创作素材,它是田园诗风、缛艳诗风出现的物质基础,并使唐诗呈现新的审美特质。丝绸与唐诗的联姻也影响了唐诗的接受与传播。

一 问题的提出

诗之盛者,莫过于唐。唐代的诗歌仿佛一座宝库,从政治、宗教、文化、艺术、建筑、饮食等方面去研究,都能从其中找到许多有价值的材料,获得极新奇的发现。至目前为止,唐代诗歌研究取得了丰富的成果,近年来,随着文化人类学、人文地理学等新兴学术流派的兴起,借鉴其他学科知识拓宽唐代文学研究范围、更新学术视野,是唐代文学研究领域的重要趋向。中国自古被称为"丝国",丝绸生产在中国古代社会具有重要的地位。丝绸文化是人们在丝绸生产和生活实践中,集中反映出来的各种形式的文化,它集中反映在与丝绸相关的历史记载、文物遗迹、诗歌文章、工艺美术、风俗礼仪等各个领域之中。唐人与丝绸文化有着密切的关系。在中国丝绸史上,唐代被称为"中国近世的黎明",强盛的国力把唐代丝绸生产推到历史的一个高峰，兴盛的丝绸生产为唐人生活提供了丰富的物质基础，使之渗透于唐代社会生活的方方面面，成为当时举足轻重的物质产品。作为中国古典诗歌的杰出代表，唐诗以其特有的深度和广度反映丝绸文化。一方面，诗文直接取材于丝绸。如白居易的《缭绫》和《红线毯》、郑谷的《锦诗》、王建的《织锦曲》、张籍的《凉州词》、温庭筠的《捣衣曲》等，整首诗都咏唱着蚕桑丝绸的主题；另一方面，诗意的表达形求于"趣"。以丝绸为代表的奢侈和繁华用品是晚唐艳丽繁缛诗风出现的物质基础。诚如古风在《丝织锦绣与文学审美关系初探》一文中所指出的："丝织锦绣代表着我国一种古老的文明，一种审美精神，一种集体无意识的审美原型心理。它对于古代文学审美观念、文学创作、文学话语和文学批评，都起到了潜移默化的作用。"① 如果说，丝绸文化曾给唐诗的创作打开一个广阔视野的话，那么今天，丝绸文化的视角也将为唐代诗歌研究打开一个新的广阔视野。

丝绸文化影响了唐代文人的生活，而这种影响又直接决定了唐诗的思想内容和文化意蕴。丝绸文化是一种物化的文化。将唐诗放在丝绸文化基础上进行审视和考察，是对唐诗多层次解读的一种尝试，将使我们对唐诗的认识获得进一步的深入和拓展。同时这样的研究又会加深人们对物质文化的特质的理解，因而，它具有重要的理论意义。

二　唐诗中的蚕桑文化

蚕桑文化是丝绸文化的第一篇章。几千年来，植桑养蚕在中国古代社会的经济生活中占有重要地位，同时也形成了丰富的蚕桑文化。在中国古代，关于蚕桑的起源充满神话色彩。如桑树被称为"生命树"。② 远古时代，桑林不仅是蚕桑的生产场所，也是进行祈

---

① 古风：《丝织锦绣与文学审美关系初探》，《文学评论》2007 年第 2 期。
② 萧兵：《神桑：生命树与哭丧棒》，王子金：《趣味考据第一册》，云南人民出版社 2003 年版，第 1—5 页。

雨求子等重要巫术活动的圣地。人们还从桑树中引出扶桑神树的概念，认为通过它，能与上帝鬼神进行沟通，得到神赐，等等。① 人们从蚕的身上得到启示更多，当人们看到春蚕"食桑而吐丝"，"功成而身废"时，便通过赞美蚕来倡导"温暖人间""兼济天下"的人文精神，指导着世人思想观念与道德意识的升华。唐人诗中喜用这些蚕桑文化意象及典故，据统计，《全唐诗》以反映与蚕业有关的诗歌达四百九十多首，内容上涉及"桑"意象者则不胜枚举，如扶桑、神桑、桑干、桑柘、桑田等。

同时，丝绸生产是唐人现实中的重要生存方式，唐诗中的桑蚕题材也是对唐人生活的真实写照。唐代极其重视桑蚕生产。宪宗时《劝农桑诏》规定："诸道州有田户无桑处，每极一亩，令种桑两根，勒县令专勾当，每至年终，委所长吏检察，量其功具殿最奏闻，兼令两税使同访察，其桑仍切禁采伐，犯者委长吏重加责科。"② 民间则引导农民家家户户种桑养蚕，投梭织帛，出现了一派桑麻翳野、养蚕投梭的热闹景象。唐人在诗歌中描绘了这种桑蚕丝绸生产的繁盛局面，岑参《送颜平原》诗云："郊原北连燕，剽劫风未休。鱼盐隘里巷，桑柘盈田畴。"（《全唐诗》卷一九八）描写从华北平原中部的德州一直到北边的幽燕一带，尽是桑柘遍野的情景。李白《赠清章明府侄聿》（《全唐诗》卷一六八）云："河堤绕绿水，桑柘连青云。赵女不治容，提笼昼成群。缫丝鸣机杼，百里声相闻。"

"采桑"是中国诗歌的传统母题，唐诗人在沿袭这一传统题材时加入了更多的写实因素，使之呈献了有别于前代的艺术风貌。如唐彦谦的《采桑女》（《全唐诗》卷六七一）中的采桑女："春风吹蚕细如蚁，桑芽才努青鸦嘴。侵晨探采谁家女，手挽长条泪如雨。""愁听门外催里胥，官家二月收新丝。"它因注入了采桑女对现实生活的感受而使其有别于六朝采桑题材中妖姬般艳丽的女性形象。

① 赵丰：《桑林与扶桑》，《浙江丝绸工学院学报》1993年第3期。
② 古风：《丝织锦绣与文学审美关系初探》，《文学评论》2007年第2期。

据检索，《全唐诗》中直接以"采桑"二字为题材的诗歌有 28 首之多，占《全唐诗》中农事诗总数的三分之一以上。更为重要的是，在唐诗中，桑蚕题材被赋予了文学上的审美意蕴和特定的文化内涵，对形成自然、平和、简朴的田园诗风产生了重要的影响。

三 唐诗中的丝绸工艺文化

从蚕茧到丝绸，中间要经历缫丝、制丝、纺织、染整等许多工序。唐诗记述了一些重大的丝绸技术。比如浣纱与捣衣，它其实是丝绸精练的一道工序。因丝纤维的结构中含有一层丝胶，它对丝素起着保护和胶粘作用。然当其大量存留时，会使得丝织物手感精硬，缺乏光泽。所以，生丝和用生丝织成的绸（生绸）后都须经过处理，把蚕丝上的丝胶和其他杂质除去，成为熟丝和熟绸，才会呈献出色调柔和、品质优雅的风格。使生丝或生绸脱去丝胶的工艺，在工艺中称为丝绸的"精练"。而"浣纱"与"捣衣"就是丝绸工艺中的这个过程。在唐人诗中，"浣纱"多写明艳的少女，而"捣衣""捣练"则多与闺怨思妇相关。如沈佺期的名作《独不见》中描写了一个贵家少妇空闺独守的幽怨之情，"九月寒砧摧木叶"一句中化用了"捣衣"意象。

人们常以"耕织"文化来指中国社会的文化特性，民谚所谓"一夫不耕或受之饥，一女不织或受之寒"，妇女的纺织工作不仅可以维系全家的衣食生计，而且还是封建时代塑造妇容妇德的手段和载体。汉班昭的《女诫》中说："专心纺织，不好戏笑，洁齐酒食，以奉宾客，是谓妇功。"[1] 织妇是三从四德社会里要求的理想人格，因而从事丝绸生产的女性也被作为美的理想而被描摹、歌咏。杜甫有诗云："牵牛出河西，织女处其东。万古永相望，七夕谁见同……防身动如律，竭力机杼中。虽无姑舅事，敢昧织作功"，

---

[1] 萧兵：《神桑：生命树与哭丧棒》，王子金：《趣味考据第一册》，云南人民出版社 2003 年版。

以织妇身份喻君臣大义。仇兆鳌《杜诗详注》卷十五解曰："女子待嫁，未免忧心忡忡，但以礼律身，唯勤事织作而已……"① 这是封建时代道德价值标准在诗人思维中的自觉投射。女性群体是人类生存发展的不可缺少的部分，唐诗中塑造了丰富多彩的女性形象。值得注意的是，在唐诗中，伴随着这些女性形象同时出现的，还有大量与丝绸文化相关的意象，如织锦、裁剪、缝衣、刺绣等。这是因为在中国古代"男耕女织"的生产模式之下，丝绸与女性美之间有着天然紧密的联系：以女性为主体的丝绸劳动是女性许多美好的品德和聪明才智的源泉，丝绸还美化了具有爱美天性的女性的生活。在以男性为主的唐代诗人眼中，这些丝绸意象不自觉地被视为女性美本身，从而引发他们的灵感与诗思。

四 唐诗中的织物文化

唐诗记录的唐代丝织物种类及其用途十分繁多。中国古代丝织物的分类十分丰富，文献记载的织物名称有千百种之多。按《新唐书·地理志》所载，唐代的丝绸品种有绢、绫、锦、罗、纱、縠、缎、䌷、丝布、绵、绮等。如绫，是汉代以后逐渐流行的丝织物，因其表面呈山形斜纹，如冰凌之理，故名。白居易在诗歌中赞叹称绝的"缭绫"，即是带有精致花纹的丝织物。白居易在诗中写道："缭绫缭绫何所似，不似罗绡与纨绮。应似天台山上月明前，四十五尺瀑布泉。中有文章又奇绝，地铺白烟花簇雪……"（《全唐诗》卷四二七），十分精美。又如罗，是一种采用绞经组织的罗纹透孔丝织物，素以质地轻薄，孔眼匀称，牢固耐用为特色。唐诗中提到罗织物的句子极多，如"罗衣"者有133条，"罗襦"者32条，如李白的"锦帐郎官醉，罗衣舞女娇"，杜甫的"绣罗衣裳照暮春"等。此外还有罗裙、罗帷、罗幕、罗袖、罗绮等。唐代的丝织物以其巨大的产量、丰富的品种，充斥于社会生活的各个方面：除

---

① 赵丰：《桑林与扶桑》，《浙江丝绸工学院学报》1993年第3期。

充当人们的服用面料之外，它们或被用于锦绣华堂，装饰人们居住的室内环境，又可用丝织物制成帷、幔、帘等物，悬挂在梁柱间、门窗、车内等处，起到阻隔寒气和屏蔽视线的作用。飘逸的丝绸常与女性形象相映益彰，引发诗人的诗思与灵感。"我家青楼临道傍，纱窗绮幔暗闻香"（崔颢《邯郸宫人怨》，《全唐诗》卷一三〇），纱是指经、纬密很小的丝织物，用其蒙窗，既可透气，又能防虫；绮是平纹地起斜纹花的提花织物。在这里，绮被做成幔帘悬挂在室内，分隔空间，遮蔽视线。古人甚至还以丝帛锦绢制成绫花绸叶缀满枝头，或是用彩锦制作风帆使船，温庭筠《春江花月夜词》（《全唐诗》卷五七六）云："锦帆百幅风力满，连天展尽金芙蓉。"唐诗中，在刻画繁华的市井生活时，丝绸起着其他物质产品所无法取代的作用。

唐诗还描写了丰富的丝绸图案，如王勃《秋夜长》（《全唐诗》卷二六）云"纤罗对凤凰，丹绮双鸳鸯"，卢纶的"花攒麒麟枥，锦绚凤凰窠"（《全唐诗》卷二七九），刘复的"彩丝织绮纹双鸳"（《全唐诗》卷三〇五），即是对一种鸟兽成双、花团锦簇的对称图案丝绸的赞美。赵丰先生在《从唐诗看唐代丝绸图案》一文中将唐诗中所描写的图案大致分为兽、鸟虫、植物、几何等四类，并与典籍记载及出土实物进行了比较，发现三者取得了比较令人满意的一致。① 这说明了诗歌虽然是诗人诗性思维的产物，但文学归根到底是社会生活的产物，唐代发达的丝绸文化给诗人提供了源源不断的创作源泉。唐诗反映社会生活，描述丝绸生产劳作是全面的，从采桑到择茧，从缫丝到纺织裁衣，从浣纱捣练到织锦刺绣，应有尽有。丝绸像空气和水一样，充斥于唐人的社会生活，而丝绸文化更是以其具体、生动、婉媚、飘逸的文化品格，给诗人们带来人格和审美观念上的影响。

---

① 赵丰：《从唐诗看唐代丝绸图案》，《丝绸》1983 年第 8 期。

五　结论

丝绸文化入诗，不仅丰富了唐诗的表现内容，它还具有审美价值，唐人诗风在丝绸锦绣中发生着趣味上的变化。

第一，丝绸为唐人的生活提供了物质资料，丝绸文化入诗为唐诗打开了一面反映社会生活的窗口。

唐诗中采桑、养蚕、捣衣等现实内容使之具有鲜明的"现实主义"色彩，如白居易在写《红线毯》时是"忧蚕桑之费也"，《缭绫》是"念女工之劳也"，这些现实题材的出现使唐诗体现出清新刚健的充实之美，这为唐诗荡涤六朝以来纤弱颓靡、空洞无物的诗风起到了一定的作用。另外，唐人对与丝绸民俗的相关的神话传说、民间故事的征引为唐诗披上了浪漫主义的光环。如从桑树引申出来的"扶桑"充满神奇意味而广为唐代文人所引用、描写。施肩吾的《海边远望》（《全唐诗》卷四九四）中说："扶桑枝边红皎皎，天鸡一声四溟晓。偶看仙女上青天，鸾鹤无多采云少。"扶桑指的是传说中日出其间的东方大树。《说文解字》云："扶桑神木，日所出。"[①] 这首诗歌境界辽远，用想象的画面描摹现实，充满神秘瑰丽的色彩。

第二，丝绸事象既是日常生活的一部分，又是历史传承的结晶，它们经诗人们的艺术想象、摹写之后，渐变为一种具有丰富含义的文化意象，具有约定俗成的象征意义

如诗歌中的"捣衣"意象经历了一个明显的嬗变过程：南北朝时的捣衣诗经历了由"宫怨"到"闺怨"的发展过渡，并长期以"宫怨""闺怨"为基调；进入唐代以后，"捣衣"意象有所拓宽；盛唐之后，捣衣诗在"怀念"这一层面上完全普适化，即除传统的"宫怨""闺怨"外，还可以运用"捣衣"诸物象来表达思妻、怀乡等多种感情。宋元以后，丝绸精练技术改进，"捣练"在生活中

---

① 古风：《丝织锦绣与文学审美关系初探》，《文学评论》2007 年第 2 期。

风光不再，而"捣衣"意象却因为人们所赋予的文化内涵得以在诗歌当中继续转换、传承下来。丝绸意象入诗，一方面，从内部拓展了诗歌的张力，使诗歌所蕴含的情感内涵更为丰富；另一方面，以风物寓情思，使唐诗避免了直露之弊，呈现出含蓄蕴藉的审美特质，使情感的表达变得间接化和多元化。如杜牧的名篇《秋夕》（《全唐诗》卷五二四）："银烛秋光冷画屏，轻罗小扇扑流萤。天阶夜色凉如水，坐看牵牛织女星。"首先，从画面而言，屏风、小扇俱为轻盈美丽的丝绸所制作，这对于烘托诗中的女性形象的美丽起到了暗示作用。其次，丝绸制作的"小扇"在诗中具有象征意义。因西汉成帝的妃嫔班婕妤的《团扇歌》，借咏团扇表露受赵飞燕嫉妒排挤恐受君王冷落的复杂心理，此后诗中所出现的团扇、纨扇便常与失宠的女性形象联系在一起。杜牧诗中的"轻罗小扇"也暗喻了诗中女性被遗弃的命运。最后，秋夜深沉，但诗中的女性仍不肯去就寝，触动她的心灵的，是牵牛织女的故事，满怀心事，都在无言地仰望之中了。这首诗通篇没有一句抒情之语，但诗中女性美丽哀怨的形象却呼之欲出，所谓"不着一字，尽得风流"，此诗的成功不能不说是得力于诗中丝绸意象和丝绸民俗中所积淀的丰富文化意蕴。

第三，创造丝绸文化的主体是社会底层的村夫织妇，创造唐诗辉煌的是具有文学创作能力的文人学士，二者初看起来关系似乎有些疏远，然任何一种高度发达的精神文化在它的发轫阶段，都或多或少地与实用、物质追求有联系，因为"衣食天下"是任何一个文明的首要条件。

丝绸文化不仅影响唐诗的内容，它对唐代诗人人格、唐诗诗风及审美风尚都有着潜移默化的影响。首先，丝绸文化促进了田园诗风的形成、兴盛。"耕织文化"是中国社会的文化特性，孟子曾提出过的理想社会的重要条件之一是"五亩之宅，树之以桑，五十者可以衣帛矣"，采桑养蚕不仅解决了人类最基本的衣食欲求，清幽静谧的田园环境也给人类带来美的熏陶，它抚慰人们的身心，平复躁动的情绪，从而培养出安宁恬淡的人格。在耕织文化的浸润之下，中国古代的文人士大夫者，或居庙堂之高，或处江湖之远，对这种恬静优美的田园生活充满了向往和热爱，采桑养蚕由此也成为诗人在表达田园之乐时反复歌咏的对象。如王维名作《渭川田家》（《全唐诗》卷一二五）中"雉雊麦苗秀，蚕眠桑叶稀"，描绘了一幅宁静优美的田园景色；孟浩然的《过故人庄》（《全唐诗》卷一六〇）"开筵面场圃，把酒话桑麻"，用"桑麻"指代田园之乐。可以说，蚕桑文化孕育了唐代田园诗歌并使之繁荣。其次，以丝绸为代表的奢侈和繁华用品是缛艳诗风出现的物质基础。如被视为"裾裙脂粉之语"的"香奁体"以及"绮靡华艳"的晚唐诗歌中同样充满了密集的丝绸意象。如果将晚唐诗坛中流行的绮丽香艳诗风与中盛唐时颇盛行的边塞诗相比较的话，就会发现两者之间的差异。造成这种差异的首要原因，是诗作者生活环境的差别。我们可以说，以丝绸为代表的奢侈和繁华是晚唐诗风出现的社会基础；而边疆荒凉、壮阔的自然景色和戍边者艰辛的生活则又是边塞诗产生的土壤。诚如苏州大学任克先生曾指出的，吴越文化的一些特色："乃是江南地区山明水秀的地理环境，包括丝绸、精美的手工制品在内的物质环境的产物。"① 的确，物质环境对诗的风格的影响，以及丝绸在其中的重要作用不容忽视，诗人在诗歌当中描写丝绸、赞美丝绸，属于自然美向艺术美的转化，并最终使丝绸之美成为诗歌形式美的组成部分。

第四，丝绸与唐诗的联姻，还有力地促进了唐诗的接受与传播。

丝绸是中国最早的书写材料之一，与同期的其他文字载体如竹简、青铜相比，丝绸的优点是不言而喻的。在唐代，丝绸虽已不用于制作书籍，然作为文化艺术的载体，丝绸在当时的社会生活中仍发挥着重要作用。据史载，唐人在丝绸上书写绘画的风气十分盛行，例如，晚唐诗人韩偓在杏园宴上当了探花郎，与他相好的妓女便"以缭绫手帕寄贺"，韩接到礼物后有诗云："解寄缭绫小字封，

---

① 任克：《丝绸与中国文学艺术关系撷零》，《丝绸》2001 年第 7 期。

探花宴上映春丛。"（《全唐诗》卷六八二《余作探使以缭绫手帛子寄贺因而有诗》）立春日唐人还有佩戴彩绸剪成的燕子和在门上贴短语的习俗，称为"宜春字"。诗人则写诗贴门楣，韦庄有诗记此事云"殷勤为作宜春曲，题向花笺贴绣楣"（《全唐诗》卷六九六《立春》），可见，丝绸作为文化艺术的载体，从客观上促进了诗歌的传播与流传。唐代发达的丝绸贸易也促进了唐诗的流行与传播。丝绸之路虽是一条以丝绸输出为主的贸易之路，然随之交换流传的，还有其他文化形式及文学艺术。李明伟先生在《唐代文学的嬗变与丝绸之路的影响》[①]一文中曾指出，唐诗的繁荣正好伴随着汉代以来开拓的丝绸之路的繁荣，它对唐诗风采以及唐人气质、观点的变化，有着不可忽视的影响。岑仲勉先生也指出过，丝绸之路的繁荣实为"唐诗革新的开基"。[②]另外，社会事物的流动传播过程中存在着一种"附流现象"，即当社会上某种事物加速流动的时候，必然要带动其他事物前进。丝绸之路的情形正是如此，发达的交通，对外关系的活跃，带动了文学文化交流的大规模地进行，敦煌莫高窟里大量的唐诗写本就是丝绸之路促进唐诗的传播和流传的最好例证。

［文章来源：《广西民族大学学报》（哲学社会科学版）2010 年第 2 期。ISSN：1673 – 8179. CN：45 – 1349］

---

① 李明伟：《唐代文学的嬗变与丝绸之路的影响》，《敦煌研究》1994 年第 3 期。
② 岑仲勉：《隋唐史上册》，中华书局 1982 年版，第 241 页。

《说文解字》"系部"
丝绸文化探析

冯盈之

【内容提要】《说文解字》作为第一部词典，不仅是文字符号的集成，更是文化信息的承载体。《说文解字》系部字259个，为人们研究古代丝绸文化提供了宝贵资料。从"系"部探析，古代丝绸文化可简要归纳为品种繁多、工艺高超、色彩丰富这三个特点。

缫丝织绸是中国人民的伟大创造。考古资料证明，我国的丝织技术至少有五千年历史。在浙江吴兴钱山漾新石器时代遗址中，考古工作者发现的绢片是我国目前所发现的最早的丝织品。[①] 殷墟出土的青铜器上常常发现丝绢的印痕，其中有细密的平纹绢，还有织出菱形图案的织物，表明商代的丝织技术已经取得了长足的进展。周代以后，特别是春秋、战国时期，随着社会经济的发展，蚕桑丝绸业也发展兴盛。丝绸文化历史久远，集中反映在与丝绸相关的历史记载、文物遗存、诗歌文章、人物传记、工艺美术、织绣产品、雕刻绘画等各个领域之中。而作为第一部词典东汉许慎的《说文解字》（以下简称《说文》），在系统地分析字形和考求本义的同时，也透露了大量的古代文化的信息。[②]《说文》系部[③]字259个，为人

---

① 佚名：《中国古代科技馆——纺织》，［2007 – 06 – 19］．http：//club. china. alibaba. com/forum/thread/view/147_ 21253426_ 1. html。

② 王继洪：《汉字文化学概论》，学林出版社2006年版，第5页。

③ 汤可敬：《说文解字今释》，岳麓书社1997年版，第1839—1865页。

们认识和研究古代丝绸文化提供了宝贵资料。古代丝绸文化可简要归纳为品种繁多、工艺高超、色彩丰富这三个特点。

一 从《说文》糸部看中国古代的丝绸品种

丝绸织物可分为十四大类，即绫、罗、绸、缎、绢、纱、绡、纺、绉、锦、绒、绨、葛、呢等，而古代的织物分类除部分同于当今的十四大类的名称外，在《说文》中，另有称谓如纨、绮、缣、绨、縠、帛、缟、缬、缯、绫、缦等，显示古代丝绸品种结构复杂、花色名目丰富。

缯，《说文》："帛也。"是一大类丝织物的总称。

还有一些具有花纹和色彩的缯类的名字，如：缣，《说文》："并丝缯也。"即为双丝织成的细致丝织品。《释名·释采帛》："缣，兼也；其丝细致，数兼于绢。染兼五色，细致不漏水也。"《急就篇》颜注："缣之言兼也，并丝而织，甚致密也。"满城一号西汉墓所出缣片的特征与文献中对缣的描述相符。[1] 另有：绨，"厚缯也。"指厚的丝织品；缦，"缯无文也。"指丝织品没有花纹；"缯也。"指缯帛类丝织品；"大丝缯也。"是比常丝粗的丝织品；縠，"致缯也。"为细密的丝织品；绮，"文缯也。"就是有花纹的丝织品。早在商代的青铜器上，就有花绮等丝织物的印痕[2]，其纹样有回纹、菱纹、云霄纹等不同形式的几何纹。

縠，《说文》："细缚也。"古称质地轻薄纤细透亮、表面起绉的平纹丝织物为縠。《周礼》疏："轻者为纱，绉者为縠。"汉以后又称"纱縠"，是一种有绉纹的纱，以轻薄著称，向为贵重衣料。所以又有"雾縠"之称，这种轻纱，薄如云雾。《汉书·江充传》："被华文，厕雾縠。雾縠，言其轻细若云雾也。"近年湖南长沙一带出土的西汉初年的细绣纹纱罗，薄如烟雾，且有仿泥金银印花彩

---

① 岳洪彬：《殷墟青铜礼器的发现与研究评述》，《殷都学刊》2002年第1期。
② 同上。

绘薄质织物，每件纱衣重不到一市两，近乎汉人说的雾縠。《楚辞·神女赋》："动雾縠以徐步兮，拂墀声之珊珊。"《后汉书·章帝纪》："癸巳，诏齐相省冰纨、方空縠、吹纶絮。"李贤注："《释名》曰：'縠，纱也。'方空者，纱薄如空也。或曰空，孔也，即今之方目纱也。"

纨，《说文》："素也。"缟，《说文》："鲜色也。"都是指白色的细绢。

绫，《说文》："东齐谓布帛之细者曰绫。"就是说，东齐地方叫细薄的布帛作绫。春秋战国时期，丝绸的生产技术已推广到全国许多地方，各地出现了丰富多彩的品种，如蜀锦、吴绫、鲁缟、齐纨、楚绢等。当时，齐国的生产已有"衣被天下"的美称。春秋战国时期，土地肥沃，生产技术领先的齐、鲁一带，迅速发展成为当时我国丝绸生产的中心地区，这一带桑麻普野，妇女们手艺精巧，她们能织善绣，产品行销各地，故齐国有"冠带衣履天下"之称。而质薄精细的丝绸，则有"齐纨鲁缟"的美名，还有一种织品称"冰纨"，因其细洁雪白、色素鲜洁如冰，故称。《汉书·地理志》下《齐志》："其称弥侈，织作冰纨绮绣纯丽之物。"这些都是春秋以来著名的产品。它们的出现，既改变了服装用料的成分，也改变了衣服用料社会分配的格局。后形成成语"齐纨鲁缟"，泛指名贵的丝织品。

二 从《说文》糸部看中国古代的 丝绸加工工艺

在《说文》糸部，反映丝绸工艺的字有绣、绘、绚、缛等，反映了古人丝织加工工艺的高超及多样化。

（一）纹样、设色丰富

缕，《说文》："白（帛）文儿。《诗》曰：'兮斐兮，成是贝锦。'"引用《诗经·小雅·巷伯》的诗句，意思是花纹错杂，色彩相间，织成有贝壳花纹的丝织品。

绚，《说文》："《诗》云：'素以为绚兮。'"引用《诗经》的话，就是在洁白的底子上画着文彩。

缛，《说文》："繁采色也。"指繁密的五彩的文饰。

繢，《说文》："繒采色。"是说丝织品呈五彩色。

古代中国丝绸纹样达到了高度的艺术水平。纹样主要通过织花、印花、绣花、手绘等方式在织物上表现出来。殷墟出土的青铜戈表面黏附的丝织物残痕，[①] 呈现回纹形纹织；商代玉刀柄包裹着有雷（云）纹的提花丝织物；河南侯家庄殷墓中发现的白石上人像的衣服纹饰，从殷商到战国，丝绸纹样大多是由直线和折线组成的菱形、回纹形，以及它们的变体形。先秦丝绸纹样的风格是造型质朴、大方、富于变化，这些纹样与同代陶器、金属器、漆器等纹饰互相影响，并与当时织造技术水平相适应。

同样，在东周的彩绘漆器与丝织品上，可以见到丰富的间色与复色。这些丰富的色彩常以黑、白或金、银色为主调，求得色彩总体效果的统一。《考工记》中提出的"凡画绘之事后素功"，在《论语·八佾》中则称"绘事后素"。其具体涵义，据朱熹的解释"后素，后于素也"，即是说先以素为质地，然后施以五彩。

（二）手绘、刺绣精致

绘，《说文》："会五采绣也。"《虞书》曰："山龙华虫作绘。"《论语》曰："绘事后素。"

绣，《说文》："五采备也。"即设色五彩俱备。

絑，《说文》："绣文如聚细米也。"说的是绣画的纹彩象聚集的细米。

也就是说丝绸手绘与刺绣，与"十二章纹"的起源有关。《尚书·益稷篇》："帝曰：予欲观古人之象，日月星辰山龙华虫

---

① 王文涛：《汉代河北纺织业略论》，《河北师范大学学报》（哲学社会科学版）2002 年第 25 期。

作绘，宗彝藻火粉米黼黻绣，以五采彰施于五色作服汝明。""十二章纹"就是只有圣王才有资格在服装上装饰的 12 种纹样，即日、月、星辰、山、龙、华虫、宗彝、藻、火、粉米、黼、黻，后来演变为皇帝龙袍上的专用纹样。对这段记载，虽然历代学者的句读不一，意思也有差异，但一般认为十二章中，前六章是用手绘（"作绘"），后六章是用刺绣（绣）的方法，将纹样以五采彰施于服装之上的。成书于春秋末战国初的《考工记》，是记载我国古代手工艺设计与生产技术的重要典籍。该书记载了 4 种"设色之工"，即"画、缋、钟、筐"等；其中"缋"即"绘"，与"画"的意思接近，都是指在织物上用手绘的方法装饰五彩纹样。而刺绣在周代已具有相当水平，当时称"黹"。周王冕服有"希衣"，是刺绣的服饰。刺绣是画缋的姊妹艺术，最初的刺绣又和美丽的丝织锦缎并列，统称为"锦绣"。1976 年陕西宝鸡茹家庄西周 Al 伯妾倪墓中，发现有较明显的刺绣印痕。① 据观察，刺绣的颜色大概是在刺绣以后画（平涂）上去的，绣法为辫子股针法。花纹主要应用单线条（一条辫子股）勾勒轮廓，个别部分为加强纹饰效果，运用了双线条。线条舒卷自如，针脚均匀齐整，说明西周刺绣技巧已很熟练。

春秋时代墨子说："女工作文采，田工作刻镂。""文采"就是指绘画和刺绣。《诗经》的《唐风》《秦风》《豳风》中所载："素衣朱绣""衣绣裳""衮衣绣裳"等，既述说了当时贵族们穿着华丽的绣花衣裳，也道出了当时刺绣工艺普遍发展的概貌。另外，在《史记》上还载有："楚庄王有爱马，衣以文绣，置之华屋之下。"是当时染织刺绣品在上层社会中已经较为流行的另一旁证。

---

① 佚名：《花边历史与文化——A 伯妾倪墓出土西周绣迹》，（2006 - 07 - 10）〔2007 - 06 - 19〕。http：//www. cn - lace. com. cn/knowledge/detail. jsp? id = 706.

三 从《说文》糸部看丝绸染色业与 古代颜色观的发展

古代丝绸染色技术历史悠久，到商周时代已经有了很大的提高。那时已掌握了使用矿物、植物、动物染料涂绘和染色的方法。据《周礼》记载，周代设置了负责染色的专门机构掌管染色的官职，染色工艺体系也开始形成。用于丝织品染色的染料品种不断增多，其中植物当中，蓝草用来染蓝色，茜草用来染红色，紫草染紫色等。在工艺上，当时人们已掌握了用媒染剂进行浸染和套染的技术，将不同的染料混合染出赤、黄、青、黑、白等五色及其他的色彩。《考工记》记述了用茜草以明矾为媒染剂多次浸染的"染色之变"：三入为纁（浅红色），五入为緅（黑中带红的颜色），七入为缁。以再染黑为緅、緅是雀头色。又再染乃成缁矣，知缁本出緅。爵头紫赤色也。表达了从第一次开始到最后多次染色所出现的由浅至深红、到最后的黑色，这样一个染色效果。说明当时的染色工艺已经积累了相当丰富的经验。《荀子》的《劝学》《王制》《正论》等篇中，总结了织物染色经验，提出"青，取之于蓝而青于蓝"的科学论断，还比较了紫草（紫色）、空青（青色）、赭色（红色）、涅（黑色）等染料的优劣。《尚书·益稷》记载："以五彩彰施于五色，作服。"《周礼·天官》："染人染丝帛。"表明周代宫廷手工作坊中设有专职官吏"染人""掌染草"管理染色生产。《说文》糸部，反映丝绸色彩的字有缟、绿、缥、綬、绛、绾、缙、綪、缇、纁、紫、红、纑、绣、绀、綼、缁、纁、细、纔、缤、緅等20多个。

（一）红色系列

红，《说文》："帛赤白色也。"段注："按，此今人所谓粉红、桃红也。"《说文》糸部中红色系列的字还有綬、绯、绛、纁、绾、缙、细、綪等。

练，《说文》："纯赤也。《虞书》'丹朱'如此。"即朱红色。
绯，《说文》："帛赤色也。"绛，《说文》："大赤也。"即大红色。

纁，《说文》："浅绛也。"即浅红色。

绾，《说文》："恶也，绛也。"段玉裁改为"恶绛也"。注曰："谓绛色之恶者也。"一种粗浅的绛色。

缙，《说文》："帛赤（白）色也。"即粉红色。

绪，《说文》："赤缯也。以茜染，故谓之绪。"即用茜草染成的青赤色。

绌，《说文》："绌，绛也。"一种深红色。缇，《说文》："帛丹黄色。"一种橘红色。《广雅》："缇，赤也。"

（二）绿色系列

绿，《说文》："帛青黄色也。"青黄相间，当然不是正色。

缥，《说文》："帛青白色也。"丝织物呈淡青色。吴均《与朱元思书》："水皆缥碧，千丈见底。"

缃，《说文》："帛浅黄色也。"古时有"缃缥"的提法，就是浅黄色和淡青色的丝织物。《后汉书·舆服志下》："贾人缃缥而已。"是说商人只能穿这两种颜色的衣服。

縓，《说文》："帛赤黄色。一染谓之縓，再染谓之赪，三染谓之纁。"䋹《说文新附》："帛青赤色。"綥，《说文》："帛青色。"丝织品呈浅青色。綟，《说文》："帛苍艾色。"丝织品呈苍绿的像艾蒿一样的色彩。

（三）黑色系列

缁，《说文》："帛黑色也。"

缲，《说文》："帛如绀色。或曰：深缯。"丝织品呈现绀一样的带红的黑色，另一义是比绀更深的青黑色。

绀，《说文》："帛深青扬赤色。"红青，微带红的黑色。《论语》中提道："君子不以绀緅饰。"

纔，《说文》："帛雀头色也。"段注："……《巾车》'雀饰'

注曰:'雀,黑多赤少之色。'玉裁按:今目验雀头色赤而微黑。"

綟,《说文》:"帛戾草染色也。"草染成的黳黑而黄的颜色。《急就篇注》:"綟,苍艾色。东海有草,其名曰蒎,以染此色,因名綟云。"《东观汉纪》:"建武元年,复设诸侯王,金玺綟绶。"

凡此种种,充分地反映出中国人对色相敏感与细致的一面,以及古代丝绸染色技艺的完整。对颜色的敏感与重视除与丝绸染色业的迅速发展有关外,还与古代颜色观有着密切的联系。古代颜色观其主要内容为"五色说",五色指古人认为的与"五行""五方"相关的五种"正色",即"黄、赤、青、白、黑"。还有所谓的"间色",以正色为尊,间色为卑。并规定:"衣正色,裳间色。"《诗经》说:"绿兮衣兮,绿衣黄裳。"由于正色可能是在古代染色工艺早期得出的朴素颜色,所以《说文》糸部字中就没有表示最早的正色的字,糸部字中表颜色的多间色,而且色彩鲜艳,分类细腻,体现了古人颜色观的进一步发展。

四 结语

《说文解字》"糸部"给后人研究古代中国丝绸文化提高了宝贵的信息,而高度发达的古代丝绸文化,在考古实物上也得到了很好的印证。马王堆西汉大墓出土的丝绸珍品就证实了这一繁荣。这座墓主人脸上覆盖着绛色织锦和素绢,两手紧握绣花绢面、盛满香料的香囊,手上还有一副绣有"千金"字样的"信期绣"手套,足穿绢袜和青丝履,内穿"信期绣"罗绮丝绵袍,外套细麻布单衣,然后从头到脚包裹着各式丝麻织物共18层,横扎9道丝带,最后覆盖工艺精湛的敷彩黄丝绵袍和"长寿绣"绛红绢绵袍各一件,一共是20层包裹。这些文物反映了古代丝织品在缫丝、织造、印染、刺绣、图案设计方面达到的高度。

(文章来源:《丝绸》2007 年第 8 期。ISSN:1001–7003. CN:33–1122)

丝绸文化与文化丝绸

余　涛

【内容提要】本文从联系和发展的角度出发，论述中国丝绸文化的发生、发展以及中国丝绸的文化价值和世界性意义。认为中国丝绸文化是浩瀚的民族文化的重要内容之一，而且持续的、恒久的和丰富多彩的，在民族文化的系统中，蚕缫丝织技艺又起着推动文化发展的促进作用，并直接体现了文化的社会意义和社会价值。中国的丝绸文化，具有自身的发展规律；但同时也是特定文化内容所呈现的标志。

中国拥有人类延续历史文明的最古老、浩瀚和系统的文化遗产。中国丝绸文化是中国浩瀚的民族文化的重要内容之一，而且，与中华民族的大文化同步，中国的丝绸文化也是持续的、恒久的和丰富多彩的。在整个民族文化的这一小系统中，蚕缫织染技艺又起着推动文化发展的促进作用，并直接体现了文化的社会意义和社会价值。蚕缫技术是丝绸文化构架中的一个层面，表现为一种物质性和技术性的东西，属于显形文化的范畴，是文化的一种物质形态。作为文化表征的丝绸产品，其情形也恰是如此。

虽然技术的掌握从文化角度考察只是表面的层次。但它却以适应性和开拓性直接体现了文化的意义和价值，并因之成为推进人类文明历史进程的一个重要因素，而且，它与社会发展的总趋势始终是一致的，是历史和时代所酝酿的文化更新的象征。基于这样的认识，因此，可以说：古代的蚕缫技术是人类在古代文化的构建中所达到的最高成就之一，即以现代人的眼光来衡量，也仍然是人类文明的伟大奇迹，与指南针、火药、造纸、印刷术四大发明同样令人肃然起敬。

一　最初的文字记载

中国首创蚕缫技术，并在世界范围内产生深远影响，大大推进了古代人类文明的历史进程。中国向以丝绸出口为大宗，并以"丝国"的美名著称于世，在古代社会，尤其在汉唐时期，随着中国丝绸的大量外输，丝绸几乎成了中华民族的象征、标志和代名词。

蚕桑文化是丝绸文化的第一篇章。中国的蚕桑文化，也有其悠久的历史和丰厚的遗存，这早已为国内外学人所认同。探讨蚕丝之源，神话传说和文物史迹足以说明时间的遥远性。而最初的文字记载，则从另一角度体现出蚕桑文化在古代人类文明发展过程中所占地位的重要性和深刻性。虽然文字是非物质的，但它却是一种符号，具有思辨的色彩，是精神文化的一种表现形式。

自有文字伊始，便有关于蚕桑的记载，最早见诸甲骨文者，已有近四千年历史，而且从已经研究整理的殷商甲文资料看，就已有相当数量与蚕桑有关的文字记述，表明在甲骨文时代，蚕桑即已受列人们的关注，成为当时社会物质和精神生活中的一个重要组成部分。从中国科学院考古研究所编纂刊行的《甲骨文编》所录定并可以明白辨认的九百多个甲骨刻辞文字中，有的可以直接认定是桑、蚕、丝、绸及与之相关的字，有的则可以推测是与之相关的字，其中，与桑、蚕、丝、绸四字形态相似的字计约四十二个。都是以物象形，惟妙惟肖。

二　宗教与神话

处于原始阶段的人类，无法认识自然界和人类自己，他们对无限与未知的恐惧和向往，投射到原始人群的心理层面上，于是产生信仰，出现了原始的宗教。原始宗教的形式多种多样，而且不同程度地存在于各民族的各方面文化之中。历代典籍记载，华夏第一位首领黄帝的元妃嫘祖，因传养蚕之法，世人尊祀为神，谓之"先蚕"。顾名思义，所谓"神"者，乃上天之神灵也。既是尊祀为神，则就必然带有浓厚的宗教色彩。诚然，这也是一种偶像崇拜，但最初的偶像崇拜，其实也就是原始的宗教。

西陵氏之外，另一个典型的偶像则是蜀王蚕丛。《农政全书》谓"蚕丛都蜀，衣青衣，教民蚕桑"。《明一统志》则说"蚕丛初为蜀侯，后为蜀王，教民养蚕，后人感之，尊祀为神"。史家考证，蜀王蚕丛听处的时代，大约在原始氏族社会形成的初期。当时尚无文字，无礼乐，无都邑，其年代较轩辕氏尤早。这足以说明，中国蚕业起源特早，中国的丝绸文化也必然博大精深，源远流长。

蚕丛氏之奉为蚕神，与西陵氏同出一辙。究其缘由，皆因教民养蚕，泽被后世的结果，后人感恩戴德，是以尊祀为神。而且，古代先民无法解开自然之谜，因而也无法解除他们在生活和蚕事活动中遇到的困难，于是搬出了西陵氏和蚕丛氏之类的偶像，时时顶礼膜拜，企图凭借一种超自然的力量去改变他们所面临的困境。如此这般，后世约定俗成，习以为常，但凡蚕事将兴待举之际，必先虔诚祭祀一番，祈祷蚕事兴盛，茧丝丰收。

古代社会创造文字之前，人们就用传说来传播文化。宗教与神话传说有着千丝万缕的联系，传说一旦输入了宗教的基因，传说也即成了神话。神话是一种人类文化现象，是民族精神之所寄，要了解一个国家和民族，首先应该了解它的神话。原始初民创造神话并无明确的审美目的，神话本身，从它产生伊始，也不是纯粹的审美艺术，而是一种综合的意识形态。与养蚕有关的神话传说颇多，其中最典型和最生动的当首推马头娘的故事。《蜀图经》曰："马头娘者，古之蚕神也，相传离辛氏时，蜀有蚕女，父为人掠，唯所秉马……旬日，女化为蚕，为有蚕之始。蜀宫观塑女像，披马皮，谓之马头娘，以祈蚕焉。"蜀女化蚕的故事，在《搜神记》《风俗通》和《太平广记》中均有记载。流传之广，影响之大，可想而知。此类神话，表达了古代先民企盼蚕事兴旺的普遍心理，因而广为流传，家喻户晓。四川广元皇泽寺至今仍可见到清代遗存的一幅马头娘石刻造像，图中一少女倚马沉思，似欲化而为蚕，正是古代神话的真实写照。

但凡神话传说，可断定决无其事，然而却在一定程度上反映了人民大众的美好愿望和执着追求。而且，在神话与事实之间，虽然存在着难以弥合的距离和差异，笼罩着超越自然力的神秘色彩，但比往也有一定事实的依据，它是一定社会事件的缩影，是一定社会形态的一定角度的折射与反射，因而也往往具有一定的真实性。正因为中国古代先民发明了养蚕术，这才诞生了马头娘之类的神话传说，以历史唯物主义的眼光来衡量则尤其如此。

三　诗人与蚕事

在殷商甲文乃至周代的钟鼎铭之中，省察蚕事的卜辞及与蚕丝有关的易物交换的记载特别多，可见蚕丝与人们的生活息息相关，在古代社会已成为一种重要而又十分普遍的生产活动。况中国蚕丝之利，名冠古今，历代骚人墨客，也多以蚕事为题，从不同侧面，反映出中国蚕业兴旺发达的景象。

如前所述，中国是最早发明蚕桑和缫织技术的国家，早在仰韶文化遗址中，就多次发现席纹、布纹痕迹和骨针、纺轮等纺织工具。近半个世纪以来，国内各地发现的古代丝织物与日俱增，30年代在河北藁城商代遗址发现的纱罗类丝织物和精美的谷类织物，说明至迟在殷商时期，中国丝织技艺即已达到了很高的水平。这些情况，在古代的第一部诗歌总集《诗经》中得到了充分的印证。

《诗经》不仅记载了采桑。养蚕，而且还出现了许多关于织物、服饰名称以及表示织物色彩、花纹的词汇。初步统计，《诗经》中共有单义词1460个，单义名词600余个，其中表示织物名称的有6个，表示服饰名称的有32个，表示织物色彩、花纹的有10个，与编织、纺织有关的有19个，共计67个，约占《诗经》单义名词总数的 11.11%。以上数据表明，包括采桑、养蚕和服饰的色彩花纹在内的蚕缫织染技术，与商周时代人们的社会生活有着非常密切的联系，它在当时的社会生产中也占据了极为重要的地位，对于人类社会的发展起了不容低估的作用。

历代诗词，吟咏蚕事的颇多，称赞丝织技艺巧夺天工的也为数不少，限于篇幅，兹择其要者，录示一二，略呈管见：

谢枋得《蚕妇吟》："子规啼彻四更时，起视蚕稠怕叶稀。不信楼头杨柳月，玉人歌舞未曾归。"田况《三月九日大慈寺前蚕市》："高阁长廊门四开，新晴市井绝尘埃。老农肯信忧民意，又见笙歌入市来。"张仲殊《蚕市词》："成都好，蚕市趁遨游。夜放笙歌喧紫陌，春遨灯火上红楼。车马溢嬴州，人背后，茧馆喜缪绸。柳叶正饶烟黛细，桑条何似玉纤柔，立马看风流。"郑谷《锦诗》："文君手里曙霞生，美号仍闻借蜀城，夺得始知袍更贵，著锦方觉昼偏荣。宫花颜色开时丽，池凤毛衣浴后明，礼部郎官人所重，省中别占好窠名。"王建《织锦曲》："大女身为织锦户，各在家中供进簿。长头起样呈作官，闻道官家中苦难。回花侧叶与人别，唯恐秋天丝线干。红缕葳蕤紫茸软，蝶飞参差花宛转，一梭声尽重一梭，玉腕不停罗袖卷。窗中夜久睡髻偏，横钗欲堕垂着肩。合衣卧时参没后，停灯起在鸡鸣前。一匹千金亦不卖，限日未成宫里怪。锦江水涸贡转多，宫中尽着单丝罗。莫言山积无尽日，百尺高楼一曲歌。"

以上所举，或咏蚕市繁华，锦里风流，或道彩锦美艳，织户辛劳。虽角度不一，品味迥异，但却都是中国丝绸文化在文学领域中编织出来的一个个五彩光环。诗词虽称小品，向来从文学角度探讨的居多，但是，它们却从一个特定的侧面反映出中国古代蚕业的规模及其所达到的技术水平，这对于研究中国丝绸文化的发展过程，同样是宝贵的资料。

四　锦缎纹样中的吉祥纹样

锦缎纹样是一种特殊的装饰纹样，既是一种艺术，也是一种文化形态和文化现象，是人类文化肥沃的沉积层之一。中国锦缎纹样展现了中国丝绸文化特有的精神风貌。自汉唐以迄明清，历朝历代，每一时期所出现的各样锦样，都充分积淀了特定时期所具有的文化特色，每一时期纹样风格的变化，也正是这一时期文化精神的客观反映。

历代锦缎纹样，名目繁多，题材也极为广泛。诸如山水人物，花草虫鱼，走兽飞禽，以及历史典故和神话传说等，可谓形形色色，杂彩纷呈。中国的锦缎纹样，在汉代多为祥禽瑞兽的动物图案。而唐代则以缠枝花和团案、连案纹样为大的流派。宋人继唐代遗风，且宋人重生色花，反映在锦样上，织物花纹由图案式的布列发展成为散装遍地的"散答花"（四方连续纹样），风格又为之一变。自唐宋以来的上下千百年间，花鸟纹样在锦缎纹样中占了绝对的优势，直到今天也仍然处于举足轻重的地位。花鸟纹样之所以长期流行，是因为它联系着人们的生活，并能带来愉悦的气氛，美好的感受以及追求幸福生活的种种奇思遐想。

无论什么题材，什么式样，我们都必须深刻地挖掘其思想意蕴，提高其文化品位。如前所述，汉锦纹样多以祥禽瑞兽为题材，云气纹间以祥禽瑞兽，这是汉锦的一大特征。所谓祥禽瑞兽，就是把某些现实动物（虎豹鹿羊等）和臆想禽兽（龙凤夔鸾等），按照各自的性格特征，假以"吉祥"的寓意，如虎的勇猛，豹的廉洁，鹿的善良，羊的孝心，龟鹤长寿，鱼雁多情以及龙凤象征帝王后妃等等。而且，这些纹样往往包含着吉祥的意味，有的还间以吉祥的铭文，如"富且昌""宜子孙""万年益寿"和"长生无极"等等，在一定程度上反映了当时的社会观念和文化心态。

唐锦中莲花和宝相花的大量出现，也是一个引人注目的文化现象。莲花原是佛教的标志，取其出淤泥而不染，象征着高尚的纯洁。从此也可见当时宗教意识在锦缎纹样中的渗透。唐宋以后，流传已久的"八仙""八宝"之类的吉祥图案重又得到广泛的应用，成为明清锦缎装饰的重要内容。"八仙"取材于神话故事，"八宝"则是民间寓合纹样的一种，即以八种不同的杂物为素材，或借其形，或取其义，以此作为"吉祥"的象征，是古往今来人们所喜闻乐见的锦缎纹样之一。

所谓寓合纹样，就是根据所选用的各种形象素材，借其形，取其义，谐其音，组合成一组含有一定寓意或象征性的图案纹样，寓合纹样是中国锦缎纹样尤其是蜀锦纹样的一个重要组成部分。于后世出现的织物纹饰影响也较为深远，成为中国古代丝织图案的特有风格之一。此类纹样，往往寓意着喜庆、吉祥和福乐安康的美好含义，它赞美生命，崇拜自然，歌颂欣欣向荣的美好生活。

寓合纹样在历代锦样中常有常见。比如：金鱼与金、玉谐音，配以满地的海棠，可以组合成"金玉满堂"的图案。蝙蝠的"蝠"与"福"字同音，因此，在各种形态的寿字纹四周，围绕翩翩飞舞的五只蝙蝠，又可组成"五福捧寿"的图案。石榴多子，与蝙蝠组合在一起象征"多子多福"。而桃子和佛手则寓意"福寿双全"。又如：用两个柿子和如意可组合成"事事如意"的图案。如果用连环如意纹与变体的万字纹组合在一起，则又成了"万事如意"的图案。

纵观历代锦样中的寓合纹样，每幅作品所表现的主题、技巧、格调及意境，都充满了中国色彩、丝织技艺的精湛与纹样的美感，透过古代织锦工匠和织锦艺人的心灵与双手，在捏拿之间，挥洒之间，以艺术形式显示人类的心灵。编织出演绎不完的动人故事。

五　丝绸之路与国际文化交流

中国丝绸文化的世界性意义，是通过丝绸的大量外输而产生而获得。中国古代的蚕桑丝绸，历经四千多年的历史，技艺精湛，异彩纷呈，且累世兴盛不衰，与中国古代发达的封建制社会相始终。

中国古代丝绸与中国古代的对外交通，对外关系和对外经济文化交流密切相关。中国精美的丝织品。如一条柔韧绵长的彩带，联系着古代世界文明中心的亚洲、欧洲和非洲。它标志着中国古代文明之发达，丝织技艺之精湛以及丝绸文化之灿烂辉煌。

中国丝绸之外输，并非自汉唐伊始，它的起源，见诸经史所传者，一直可以上溯到战国和秦汉。因为，从文献史料看，《山海经》所记的朝鲜、身毒、大夏、月文以及《穆天子传》所记的"旷野之原"大多不在中国，说明自古即有中西交通，决非从汉唐伊始，而蜀锦之外输，其年代也颇为久远。公元前138年（汉武帝建元三年），博望侯张骞第一次出使西域时，曾在大夏见到蜀布，说明蜀地往达西域的商道在张骞之前即已开通。汉唐时期，蜀锦之输出西域，可能仍然是以我国传统的丝绸之路为其主要商道，这已经为近半个世纪以来新疆出土的数量可观的蜀锦锦样所证实。

中国的丝绸之路，于河西道之外，还有一条南方陆上丝绸之路和一条北方游牧丝绸之路，此外还有一条海上的丝绸之路。公元前119年，张骞第二次出使西域时，据说当时他还曾到过四川的成都和宜宾（古称僰道），意欲另辟蹊径，从南方寻觅一条往达西域的通路。张骞此举虽然未获成功，但是，经川南至滇缅而往达身毒（今印度），确实存在着一条贩运丝绸的崎岖商道，此即滇南道，亦即蜀身毒道。蜀身毒道的开拓，最初以局部的区域性贸易为前奏，后来逐步发展成为国际的通商大道。商人们便是这大道开拓者的先驱。所以，在汉武帝以前，此道就是中缅印之间最早的同时也是唯一的交通要道，它的开凿修通，比西北的丝绸之路还要早两个多世纪，中国的丝绸最早就是经由此道辗转运销到南亚。

以成都为中心，蜀陇道和蜀身毒道纵贯全川，北接秦陇，南通缅印，不但成为四川境内丝路的主干道，而且更是我国陆上丝路中的一条极为重要的国际干道。这一干道，就是中国著名的南方陆上丝绸之路。三国时期，诸葛亮经由灵关道南征平叛，七擒孟获，把川蜀先进的耕织技术带到云南，为促进当时南中地区经济的发展做出了巨大的贡献。明代著名学者，四川状元杨升庵贬谪永昌时，偕同夫人黄娥经五尺道至昆明，又由博南古道自大理而往达保山，并有《滇程记》一书留传于世。意大利人马可·波罗也曾经由此道做考察旅行，在他的游记中，也有不少记录川滇商旅生活的生动文字。总而言之，与中国所有的丝绸之路一样，蜀身毒道既是丝绸贸易之路，也是文化交流之路，更是友好往来之路。

中国的丝绸之路与中国高度发达的丝织生产密切相关。中国丝绸扬名天下，衣被天下，中国的丝绸之路亦因之成为中国丝绸文化的特殊标志。遥望茫茫荒野，古道犹存，这是历史的见证，也是历史的丰碑。丝绸之路曾经是中外文化的交汇之所，是中国文明史上的一个重要舞台。而且，古代的丝绸贸易，实即中国与西亚、南亚、欧洲乃至世界各国的通商往来，它的世界性意义，绝不是一个国家或一个区域的狭小界线所能局限的。

六　文化的反思

世界属于中国，中国也是属于世界的。世界的存在是多元化的统一，每一个民族都有自己的历史、风俗和文化特征，这是历经时日递增长期形成之所谓"传统"。虽然当代的社会观念和文化形态与往昔已不尽相同，但人们往往会阶段性地回味传统。回味不是对过去的沉溺，也不是对现在的拒斥，而是正视过去的存在。传统的重要作用在于启发。因此，我们谈论文化，重温历史，目的是弘扬民族文化，使民族文化注入新的内容，更能开出鲜艳的花，结出丰硕的果。

人类的文化活动构成历史的延续和发展，因之才有了人类社会的历史和未来。某种文化现象的产生，都要受到特定环境、气候、地方特色和习惯心态的制约，而这也是成为具有某种文化特征的根本。中国是东方文明的中心，是古代世界文明的最早发源地之一，中华民族的文化是世界上颇具特色的文化，丝绸文化也有自己的特色，中国丝绸文化是中国古代文明昌盛的农业让会和封建制度的衍生物。中国向以农业为立国之本，古代农业社会虽然远不如现代社会发达与先进，但处在当时世界的同一水平线上，中国仍然是一个欣欣向荣的强大帝国。而且，"封建"的幽灵无处不在，在中国丝绸文化的各个发展阶段上，全都沾染了封建意识的神秘色彩。

中国传统文化中封建制文化的意识流，反映在丝绸文化的各个方面，尤其集中表现在宗教、神话和历代锦缎纹样中的吉祥纹样上。原始的宗教和神话实际上是一种巫史文化，由巫术转化为审美艺术，需要一个漫长的转变过程，这决定于社会的发展，而社会的发展又决定于生产力的发展及生产方式的改变。人们一旦能达到从审美意识去理解原始的宗教、神话以及后来出现在锦缎纹样中的各种吉祥纹样，这证明人的自我意识的不断增强。唯其如此，我们才能完全摆脱巫史文化时期的盲目性和不自觉状态。

任何发明创造都是人类智慧的结晶，都是出于人们生活的需要和社会实践的结果。使丝绸成为文化的典型代表的原因在于丝绸与文化整体的同构对应关系以及与人类生活的密切联系。本文提出"文化丝绸"的概念，目的在于强调文化意识。丝绸是物质产品，同时也是精神产品，虽然它侧重于物质文化，但它在重新唤起文化意识的觉醒方面毕竟具有重大意义。也许，我们可以从二者的平衡中受到启迪，有助于建立我们心中的文化纪念碑。

中国的丝绸文化有其自身的特点，同时也是特定文化内容所呈现的标志。今天，丝绸文化的价值，已越来越受到人们的关注。对于我们来说，文化意识的成立，首先体现为一种精神的贯注，是求得民族发展与社会进步的迫切责任感和历史使命。文化的繁荣，寓示人类进化的宏伟；而文化意识的陶冶，在于唤起一种民族精神的升华、文化内容的渗透和对它的理解。对文化意识的肯定，是人类历史发展中进取的象征，同时也是沐现人类追求崇高感和创造性丰富的显示。

一个伟大的过去孕育着一个光辉的未来，历史已经成为过去，未来却需要我们去创造。对今人来说，汉唐气象，魏晋风光，固然令人神注，但对古人来说，他们所企望于后人的，难道不是更新、更美、更壮观的气象？目前，民族界线虽仍未消除，但对于异族文化的容忍和尊重却大于往昔，这是一个良好的开端。中国丝绸文化虽然魅力无穷，我们却不能故步自封，凡是文化，都应当吸取外来的养料，如此才能使中国的民族文化具有世界气质，中国的丝绸文化也会因此而更加丰富多彩。

（文章来源：《浙江丝绸工学院学报》1993 年第 3 期。ISSN：1673 - 3851. CN：33 - 1338）

魏唐织锦中的异域神祇

赵　丰

【内容提要】汉魏至隋唐之际，丝绸之路将中国与西方紧密相连。中国的锦绫刺绣源源不断地流传异域，刺激了丝路沿途蚕桑、丝绸业的发生和发展。同时，异域的文化也反向地传入中国，影响了中原丝绸艺术的风格。这种影响不仅体现在纤维加工方法、织物组织结构等技术方面，而且体现在丝绸图案采用了天马、羚羊、狮象、骆驼、野猪、鹰鹫、葡萄、石榴、忍冬等异域题材和套环、簇四、对波、团窠、缠枝等带有异域风格的构图骨架。其中最能反映当时中外文化交流的广度和深度的，莫过于出现在东方织锦上的异域神祇了。本文就其中最为突出的宗教神祇的影响作一剖析。

汉魏至隋唐之际，丝绸之路将中国与西方紧密相连。中国的锦绫刺绣源源不断地流传异域，刺激了丝路沿途蚕桑、丝绸业的发生和发展。同时，异域的文化也反向地传入中国，影响了中原丝绸艺术的风格。这种影响不仅体现在纤维加工方法、织物组织结构等技术方面，而且体现在丝绸图案采用了天马、羚羊、狮象、骆驼、野猪、鹰鹫、葡萄、石榴、忍冬等异域题材和套环、簇四、对波、团窠、缠枝等带有异域风格的构图骨架。其中最能反映当时中外文化交流的广度和深度的，莫过于出现在东方织锦上的异域神祇了。

一 琐罗亚士德教的神祇

公元224—652年，萨珊王朝控制波斯，相当于中国的魏晋南北朝及初唐时期。在这期间，萨珊艺术极大地影响了中国的丝绸图案。新疆吐鲁番文书《高昌章和十三年（543年）孝姿随葬衣物疏》① 和《高昌延寿十年（63年）元儿随葬衣物疏》② 中均出现了波斯锦的记载，说明公元6世纪前后波斯锦已经传入中国。但高昌乃我国通往波斯之路的要塞，接触波斯锦自然会早于内地，而内地知道波斯锦可能要迟到公元7世纪初。《隋书·何稠传》载：隋大业年间，"波斯尝献金绵锦袍，组织殊丽，上命稠为之，稠锦既成，逾所献者"。波斯所献的金绵锦袍，可能就是用绵经绵纬再加以金线织成的，这在西域十分常见，何稠以其少府监织染署的雄厚技术力量才织得貌似神离的"逾所献者"，说明波斯锦曾给中国丝绸生产者和消费者们予以非常强烈的刺激。

波斯锦的名称在中国史料中反复出现，但波斯只是一个地名，无法直接判断其图案风格究竟如何。目前较为一致的看法是：那些具有团窠或簇四、簇二骨架的联珠动物纹是较为正宗的波斯风格。

中国西北地区曾出土大量的联珠纹织锦，常见主题为狮、凤、孔雀、野猪头、马、羊、鹿、含绶鸟等。如出自吐鲁番阿斯塔那墓群中的联珠对狮对凤锦、联珠对羊锦、联珠对马锦、联珠对绶鸟锦、贵字联珠对孔雀锦、花树对鹿锦等，特别引人注目的还有联珠猪头纹锦。猪头纹锦在阿斯塔那至少已经出土过三件。第一次由斯坦因（A. Setin）发掘得到，轰动一时③。后来新疆博物馆又分别在TAM325和TAM138两墓中发掘到两件④（图版肆，1、2）。此外，

① 唐长孺：《吐鲁番出土文书（二）》，文物出版社1981年版。
② 《吐鲁番出土文书（三）》，文物出版社。
③ 唐长孺：《吐鲁番出土文书（二）》，文物出版社1981年版。
④ 夏鼎：《考古学和科技史》，科学出版社1979年版。

苏联乌兹别克共和国的巴拉雷克壁画和阿夫拉西阿卜壁画中亦有猪头纹样的服饰图案①，在萨珊波斯的核心地区塔克博斯坦（Taq-IBstan）的石刻中，亦有代表服饰图案的联珠猪头纹②，说明了这类织物的分布面或传播性。据研究，这些动物主题中至少有狮、马、野猪等直接与琐罗亚士德教有关。

琐罗亚士德教（Zoroastrian）即祆教，由于其崇拜的主要特点是在露天的祭坛上燃起圣火，故又称拜火教。祆教中的善神之首是阿胡拉·玛兹达（Ahura-Mazda），主神之下有无数圣灵，即所谓的耶泽陀（Yazata），其中主要的是火神阿塔尔（Altar），被称为阿胡拉·玛兹达之子；其他还有密特拉（Mithra），信约之神，他是阿胡拉·玛兹达的主要侍从；更有伟力特拉格纳（Verethraghna，后为巴拉姆 Bahram）和梯希特雷亚（Tishtrya），前者乃是胜利之神，成为勇敢和力量的象征。据苏联著名亚洲文化史专家鲁科金（G. Lukonin）的研究，除阿塔尔用火代表之外，琐教诸神往往用一些动物形象来作化身，如狮子就代表密特拉神，马代表梯希特雷亚神，而野猪则是伟力特拉格纳神的化身③。这说明，魏唐时期丝绸图案已经受到波斯琐教的影响，事实上，史料记载高昌地区俗事天神，即流行琐教，因此，在这一带流行带有琐教主题的织锦图案也是十分自然的。

二 印度文化之神

新疆吐鲁署出土的《高昌条列出臧钱文数残奏（574年）》④中多次提到"提婆锦"的名称，应是产于内地并具有"提婆"图案的织锦。

提婆（Deva）是雅里安人原始宗教的主神之一，即天神。到祆

---

① P. O. Harper, *The Royal Hunter*, Asia House Gallery Piblication, 1978.

② 夏鼎:《考古学和科技史》，科学出版社 1979 年版。

③ V. G. Likonin, Persiall, Nagel Publishers, p. 177.

④ 唐长孺:《吐鲁番出土文书（二）》，文物出版社 1981 年版。

陀时代，提婆在印度和伊朗两个民族中仍是神明，但其地位却有很大的不同。在伊朗，提婆被称为达伊瓦（Daeve），视作恶魔之化身，在琐教中达伊瓦也是恶神之首昂格拉·玛恩纽（Agnra - Mianyu）手下的恶魔之一。而在印度，提婆则被认为是战胜恶魔的善神①。当原始宗教被婆罗门教取代后，尽管提婆不再是一个具体的神名，但仍是善神的通称——湿婆和毗湿奴就分别有过摩诃提婆和婆苏提婆的别称。从一般教义均是善神战胜恶魔来看，提婆锦中的提婆不会是伊朗的 Daeve，而应是一位来自印度的神祇。

在青海都兰唐墓中可以找到不少属于公元 6 世纪产物的织锦，其中就有一种一主二宾的人物造型，如黄地对波狮象人物锦（图一，1）和红地对波楼堞狮面锦中的局部纹样，正是一主跌坐于中台、二宾持械旁立的造型②；此外，新疆吐鲁番哈喇和卓唐墓中曾出土有"小联珠双人侍坛锦"也应是同类题材③；日本正仓院亦藏有一件"素地龟甲佛殿文锦"，其中虽为一主四宾造型（图一，3），但仍属同类。初看起来，这些图案很像是西北地区石窟中常见的一佛二弟子造型，其实不然，其间最大的区别在于织锦图案中一主头戴花冠，而侧宾则手执三戟叉，甚至还有蛇状物。

持三戟叉的神像在印度文化中经常可以见到，位于印度河上游的摩亨朱达罗（Mohenjo Daro）遗址中的湿婆神像，后来经常出现的毗湿奴的第八化身大黑天神均作此状；而头戴花冠也是印度神像（除释迦牟尼外）的常用方法，如梵天的形象和大日如来的形象。在中国西南地区的佛教石窟造像中，这类形象也屡有发现，云南剑川石钟山、金华山、昆明地藏寺大理国经幢、张胜温画卷、巴中南

① 雷奈·格鲁塞：《近东与中东的文明》，上海人民美术出版社 1981 年版。
② 许新国、赵丰：《都兰出土丝织品初探》，《中国历史博物馆馆刊》1991 年总 15—16 期。
③ 新疆博物馆考古队：《吐鲁番哈喇和卓古墓群发掘简报》，《文物》1978 年第 6 期。

龛十六如意轮观音像等中均能看到手持三叉戟的大黑天神造像①。此外，四川广元千佛崖等初唐石窟中亦有多座头带"七宝天冠"的毗卢遮那佛（即大日如来）②。通过比较可知，魏唐织锦中的一主二宾人物与西南石窟中的大黑天神及大日如来等造像非常相似，当有共同源头。湿婆、毗湿奴、梵天是婆罗门教中的三大主神，大日如来则是密教中的主神，毗湿奴的第八化身大黑天神后来则成为密教的护法神。而密教虽属佛教，但在文化艺术上则更多地保留了印度的传统。故这些织物上的神祇造型应是印度文化的结晶，具体地说，或许就是大日如来和大黑天神的形象，但在称呼上却可笼统地称为提婆。

三 新月——伊斯兰的象征

新月是阿拉伯世界的常见题材。但实际上在阿拉伯以外的中亚及西亚地区的艺术品中，新月的形象出现更早。阿契美尼德王朝的印信、银币、冠饰上均有新月为饰，萨珊王朝的石刻中也出现了作为服饰图案的新月纹样。到唐代，新月纹样进入中国的西北地区。在巴楚脱库孜沙来遗址的唐代文化层中，就曾出土过兔月纹锦，在满地的新月纹上，用八瓣团窠显示玉兔纹样③（图版肆，5）。月中有兔是伊朗、印度地区古老的传说，而且兔子造型亦与萨珊波斯所见青铜卧兔相似，组织结构则采用西亚古城亚兹德（Yazd）的传统方式双层平纹组织，因此，可以推测这是来自西亚或起码是带有西亚风格的一件织物。

---

① 这类形象在云南大理州博物馆中有较多的图片陈列，可以参考。
② 邢军：《广元千佛崖初唐密教造像析》，《文物》1990 年第 6 期。
③ 贾应逸：《新疆丝织技艺的起源及其特点》，《考古》1985 年第 2 期，该文称为"滴珠鹿纹锦"。

图一　魏唐织锦中的异域神祇

1. 黄地对波狮象人物锦（都兰热水出土）；2. 黄地簇四卷云对兽日神锦（吐鲁番和都兰均出土）；3. 紫地龟甲佛殿纹锦（日本正仓院藏）；4. 蓝地阿文新月锦（吐鲁番阿斯塔那出土）；5. 绿地小窠联珠日神锦（都兰热水出土）；6. 红地簇四云珠日神锦（都兰热水出土）

更有意思的是一件蓝地阿文新月锦。该物由大谷探险队于1912年在吐鲁番阿斯塔那发掘得到，现藏于日本龙谷大学图书馆①。锦纹图案相当简单，为两两错排的新月图案，弯月弦内有一异民族文字，两排不同（图版肆，4；图一，4）。关于这种文字历来无识，有人认为是婆罗谜文字，笔者请教了古阿拉伯文字专家陈达生先生，陈先生认为这是阿拉伯文，一正一反（从反面看则是一反一正），一为 ɣ ɣ，读作 faird，意为独一的；另一为 ڡ，即 fath，意为胜利、征

_____
① 《染织の美》，30集，京都书院，1984年。

服，其字体属伊斯兰教历一世风格（622—721 年）的库菲体。从词义来看，这是专用于称颂安拉的用语，"独一的"是指伊斯兰教的唯一神安拉，"除了安拉，再没有神，穆罕默德是安拉的使者"；而胜利和征服则表示阿拉伯扩张时期那种横扫一切的气概，两个词连起来的意思就是：胜利属于真主，安拉征服世界。8 世纪初，阿拉伯势力一直达到中亚粟特地区，并强迫当地居民信仰伊斯兰教，而粟特地区也是一个丝织生产重地，估计这件锦是在当时阿拉伯人的实际控制区中生产而后流传到吐鲁番地区的，它说明了伊斯兰文化的东渐曾以丝绸为先导而从西北一线进入中国。

这种阿拉伯文字尽管已经进入中国，但真正知其意义的恐怕并不多。唐代宗时曾诏禁织异样文字锦①，应该就是这一类连自己也不认识的异民族文字，说明异族文化在中原的传播到中唐时更有了新的发展。

四　赫利奥斯的变化

赫利奥斯（Helios）是希腊神话中的太阳神，他不同于后来赤身裸体的阿波罗，传说他是提坦巨神许珀里翁及其妹兼妻子特伊亚的儿子，每日驾驶四马金车在空中奔驰，从东到西，晨出昏没，用阳光普照人间。这一形象在欧洲的青铜时代已有发现，但其崇拜盛于公元前 5 世纪的古典希腊时代②。大约在马其顿国王亚历山大东征时，赫利奥斯也随之来到东方。建于公元 10 年前后的菩提伽耶围栏上雕刻着印度的太阳神苏利耶（Surya）的形象，亦是坐于一队马匹所拉的两轮战车之上，是纯粹的希腊艺术的输入③。据《秘藏记末》载，中亚佛教中的日天（即日神）形象也是"赤肉色，左右手持莲花，并乘四马车轮"，考之于拜城克孜尔和敦煌莫高窟

---

① 《唐大诏令集》卷 109《禁约下》。

② 谢·亚·托卡列夫：《世界各民族历史上的宗教》，中国社会科学出版社 1985 年版。

③ 常任侠：《印度与东南亚美术发展史》，上海人民美术出版社 1980 年版。

壁画中的日天形象可证此言不虚，只是图有简略而已。这大概是渗
入了印度佛教因素后的赫利奥斯。而阿富汗巴米扬 K155 东大佛天
顶上的日神形象亦是四驾马车，亦有卫士和嘉陵匹迦，日神身后有
背光代表太阳，只是日神衣着带有中亚风格。据分析，这是受到了
来自萨珊波斯、犍陀罗、印度等文化的影响① （图二）。

图二　巴米扬石窟中的太阳神形象

当赫利奥斯出现在北朝到隋之际的织锦上的时候，其所含的文
化因素来源就更复杂了。这在新疆和青梅出土的织锦中能够看到一
斑（图一，2、5）。红地簇四云珠日神锦是西北地区所出各种日神
锦中最典型的一件（图版肆，3；图一，6）②，簇四骨架，外层卷
云和内层联珠组合成圈，圈间用铺兽和小花相连，圈外是卷云纹和
中文"吉"字，圈内是太阳神赫利奥斯。它头戴宝冠，冠顶华盖，
身穿高领衫，腰间束紧，双手持定印放在身前，双脚相交，头后托
以联珠头光，坐于莲花宝座；宝座设于六马所驾之车上，车有六

①　F. R. Allchin, The Archaeology of Afghanistan, From Earlist Times to the Timurid Period, Academic Press, London, 1978.

②　赵丰、许新国：《簇四云珠日神锦》，《中华文物鉴赏》，江苏教育出版社 1990 年版。

轮,中为平台,六马均是带翼神马,三三相背而驰,车上有两个扛戟卫士,似为驾车者,还有两人仅露面部,似为执龙首幡者,整个图案对称、平稳,显得庄严、安详。

通过仔细分析,可知这一赫利奥斯身上含有来自希腊、印度、波斯、中国等文化圈的因素。希腊的神,希腊的题材,但其造型却明显具有印度佛教的意味,华盖、头光、莲花宝座等均是佛教中特有的因素。至于联珠圈等装饰性纹样及整个簇四骨架构图则是萨珊波斯的风格。此锦产地判定为中国内地,其上带有的中国文化因素就更多了,中国文字"吉"的存在是最明显的标志,铺兽和龙首幡也是特征,此外,该锦采用的平纹经二重组织结构也是中国文化因素的一个方面①。由此看来,赫利奥斯从西方走到东方,从上古走到中世,其遭遇也相当奇特,本身发生了很大的变化,以致我们在判断其原型时也遇到了很大的困难。

五 结语

魏唐时期是我国古代史上最为开放的时期,各种异域文化纷纷进入中原,对中国文化包括丝绸艺术产生了极大的影响。这种影响的方面实在太广,无法一一叙述,只能就其中最为突出的宗教神祇的影响做一剖析。从以上剖析中可知,当时的中国一则不拒绝外来神祇进入家门,无论是与孔老夫子抵触者或是与炎黄祖宗不合者,尤其是欢迎具有较美表现效果的装饰性图案,将其洋为中用。二则还有意地仿制一些外来图案向丝绸之路沿途推销,用今天的话说,就是了解国外的风情,分析流行的花色,做到产销对路,扩大对外出口。这些经验,至今仍可借用。当然,在仿制或是接受的同时,自然会对中国的丝绸图案产生极大的影响,甚至导致巨大的转折,这正是文化交流的力量所在。笔者在考证猪头纹样时得到了法国学者(K. Riboud)夫人的指点,在考证新月纹样上阿拉伯文字时得到

---

① 赵丰:《唐代丝绸与丝绸之路》,三秦出版社 1992 年版。

了福建省社科院陈达生先生的指点，在考证太阳神纹样时得到了北京大学宿白教授、晁华山先生的指点，特此致谢。

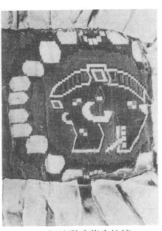

1.黄地联珠猪头纹锦　　　　　　　　2.红地联珠猪头纹锦

图版肆

（文章来源：《考古》1995 年第 2 期。ISSN：0453－2899. CN：11－1208）

中国古代丝绸文化的历史地位

黄赞雄

【内容提要】中国古代丝绸文化，是中国传统文化的精华之一，它曾在中国文明史和世界文明史上占有相当重要的地位。本文论述了中国古代丝绸文化对中国物质文明和精神文明的影响，对世界文明的影响。

丝绸，它本身不是文化。但是，它是一种精神的物化产品。从形式看，丝绸仅仅是物质，但透过丝绸物质这个形式，能反映出人们观念上的差异和变化，从这个角度看，它具有文化的意义。例如，发明丝绸、发明织造丝绸的机具、发明丝绸新技术、发明丝绸新品种，等等，都反映发明者认识能力的变化，也都具有文化的意义。另外，丝绸还对人们的意识形态和生活方式产生影响，在这里，丝绸也体现了文化的意义。本文所说的丝绸文化，就是指上述三个方面的内容。本文所要探讨的中国古代丝绸文化的历史地位这个问题，也拟从上述三个方面的内容去展开论述。

一 中国古代丝绸文化对中国物质文明和精神文明的影响

丝绸，是中国古代众多的伟大发明之一。丝绸文化，不仅是中国优秀传统文化的重要组成部分，而且，对中国的物质文明和精神文明的创立及发展，产生过巨大的积极的影响。这种影响，是多方面的，本文仅论及其主要方面。

（一）中国古代丝绸文化对中国科技的影响

在古代，中国的科技成就是惊人的，并且很多科技领域处于先进地位，这已是被中外史学家公认的事实。中国古代科技取得如此杰出的成就，原因是多方面的。而中国古代丝绸文化所起的积极影响，则是众多原因中极其重要的原因之一。

早在原始社会初期，中国的先民已发明了麻纺织、毛纺织、丝纺织和棉纺织技术，现在还无法知道到底是先发明麻纺织技术还是先发明丝纺织技术，因为尚未找到充足的文献资料和出土文物作雄辩的论证。但这并未妨碍我们对要探讨的问题的论述，因为即使是麻纺织技术的发明比丝纺织技术的发明早，也不能说明麻纺织技术在对中国古代纺织技术的影响超过丝纺织技术的影响。理由很简单：从原始社会起，到封建社会末期，在漫长的几千年古代社会中，中国的丝纺织技术水平一直比麻纺织技术水平高。在原始社会，根据有关文献记述和出土文物证明，这一时期的丝织技术水平确比麻纺织水平高。据《禹贡》的记述，在原始社会末期，中国的一些地方已能织造锦和类似锦绮的高级丝织品。当然，这种说法尚需出土文物作证才能有雄辩的说服力。但是，根据文献记载和出土文物证明，在商代，已有斜纹组织的丝织品出现，而锦的出现，最保守的说法就是在西周。

依据上述情况进行综合分析，似乎可以这样说，在原始社会的末期或奴隶社会初期，中国已发明织造锦这类高级丝织品的技术。而在同一历史时期，麻纺织、棉纺织等纺织技术，仍处于织平纹组织的技术水平，显得比丝纺织技术低了一大截。在奴隶社会后期和整个封建社会，中国的丝纺织技术水平，在中国的纺织技术中，一直处于领先地位。在奴隶社会后期，丝织机具中，已有提花机的出现，织造提花丝织品的高级丝织技术也随之发明，到了封建社会，丝织提花机及丝织提花技术又不断得到改进，并陆续发明了一些新的比较高级的丝织机及相应的丝织品织造技术，许多精美的高级丝织品种也随之发明出来。而在同一历史时期里，麻纺织技术和棉纺织技术进步缓慢，跟丝纺织技术相比，真是望尘莫及。高级麻纺织品和高级棉纺织品都是在高级丝织品及高级丝织技术影响下而织造出来的。从这里，不仅可看出丝纺织技术的领先地位，还可看出，丝纺织技术的发展，促进了整个纺织技术的发展。在练染印花技术和纹样图案技艺方面，也正是由于丝绸练染印花技术和图案技艺的发展，才促进了整个纺织业中练染印花技术和纹样图案技艺的发展。

为什么丝纺织技术能一直处于领先地位和一直起促进中国古代纺织技术的发展呢？早在原始社会末期，社会的上层人士和中下层人士在穿衣方面，就已经有明显的区别。当时，只有原始社会的首领及其亲属或亲信能穿用丝绸，而中下层人士即平民百姓，不能穿用丝绸，只能穿用麻布。到了奴隶社会时期丝绸也成了奴隶主的专用品，一般平民或奴隶只能穿用麻布。在封建社会初期，一些皇帝也曾明文严禁平民百姓穿用丝绸，而皇帝及其家属臣属却可以独享专用丝绸的权利。由于统治者垄断享用丝绸的特权，统治者对丝绸生产特别重视，千方百计强迫劳动者生产丝绸。随着统治者对丝绸数量和质量要求不断升级，被强迫生产和交纳丝绸的劳动者不得不绞尽脑汁来完成任务，在这个过程中，从客观上来讲，生产丝绸的劳动者的聪明才智也得到发挥，先进的丝绸生产技术也就随之一项项地发明出来。到了封建社会中期和后期，许多平民百姓也有享用丝绸的权利了，这时，生产丝绸的劳动者的积极性就有了提高，钻研和发明丝绸新技术的兴趣也比较浓一些，这也促使一些丝绸新技术的发明。而麻纺织和棉纺织技术的处境则相反，由于麻布棉布大都不被统治阶级重视，尤其是在原始社会后期至封建社会初期这个历史时期，情况更是如此，所以，统治阶级并不重视棉纺织业和麻纺织业的盛衰，而是千方百计采取一些有利条件来促使丝纺织技术的发展，例如经营官府丝织手工作坊，而官营麻织和棉织手工作坊却从来建立过。由于统治阶级不重视，麻纺织和棉纺织技术均远远比丝纺织技术落后。在练染印花技术和纹样图案技艺中，也是丝绸练染印花技术和纹样图案技艺起主导作用。

中国古代丝绸文化不仅促进中国古代纺织技术的发展，而且促进中国古代造船技术、航海技术、农作物栽培技术等许多技术的发展。中国最先发明的丝绸，由于具有鲜亮、精美、轻柔、细密等许多优点，使其他纺织品无法相比，因此，丝绸不仅得到中国统治阶级乃至平民百姓的青睐，而且许多外国统治者和上层人士也十分喜爱丝绸，他们都以能穿用丝绸为最大的荣耀。正因为这样，中国的丝绸从古代起一直是外贸的畅销品，为了适应外贸的需要（当然还有政治上的一些原因），在汉代就开拓了中外闻名的"丝绸之路"，最先是陆路为主，到唐代，又发展为陆路和海路（海上"丝绸之路"）。通过"丝绸之路"进出口的不仅是丝绸，还有其他货物。"丝绸之路"也不仅是一条贸易交通线，而且是一条中外经济、科技、文化交流的通道。正因为如此，中国古代丝绸文化才能促进中国古代农作物栽培技术、造船技术、航海技术等许多技术的发展。

在农作物栽培技术方面，外国的一些作物栽培技术通过"丝绸之路"传入中国，使中国的农作物栽培技术得到了丰富和发展，例如，原产于欧洲的大蒜、原产于地中海沿岸的芹菜和胡萝卜等蔬菜及其栽培技术，就是通过"丝绸之路"传入中国的。

海上"丝绸之路"的开拓，刺激了中国古代的造船业和航海业，促进了中国古代造船技术的发展。由于海上丝绸及其他货物贸易的发展，必然相应地要求造船技术和航海技术的发展。事实也是如此，中国虽然从原始社会就已发明造船技术，但在秦代之前，造船技术一直进步缓慢。到了秦代，造船技术比前进步较大，至汉代，才出现中国技术水平迅速提高的景象，随之出现中国古代造船业迅速发展的第一次高潮，考古学者曾在陕西、四川、安徽、浙江、江西、广东等地发现秦汉时期的造船工场遗址，这些造船工场遗址都相当巨大。这些巨大的造船工场遗址以及数量相当多的高大船只，足以表明秦汉时代尤其是汉代造船技术已达到较高的水平。而在秦汉以前，从未发现过如此大的造船工场和如此多如此大的船只，可见在秦汉时代，中国的造船技术确实出现第一次飞跃发展的局面。到了唐宋时期，中国的造船技术出现了第二次大发展的局面。这个时期，已发明了先进的造船工艺，唐代时，已用铁钉制造舟船，并已能采用先进的钉接合的连接工艺，这种工艺能使船的强度大大提高，同时，唐代还具备水密隔舱的建造技术，采用这种技术，能加强船只的抗沉性。宋代时，造船和修船，都已使用船坞。当时，造船工匠还能根据船的性能和用途的不同要求，先制造出船模，然后再造船，到后来，宋代的造船工匠的技术更加进步，他们能依据画出来的船图进行施工，这些情况表明，唐宋时期的造船技术水平，确实比以前有很大的提高，由于技术水平比较高，这时不仅造船的数量比以前增多，而且船只船体很大，结构合理。例如，宋代出使朝鲜的"神舟"，船体巨大，它的载重量达 1500 吨以上。宋代的一些大海船，舵长达 3—5 丈，载重量达数万石。到了明代，中国的造船技术又达到一个新的高峰，这个时期，造船工场分布极广，规模很大，而且配套齐全。这种状况，简直史无前例，在明代，有许多著名的造船厂，而其中最有名的是南京龙江船厂、淮南清江船厂、山东北清河船厂、南京宝船厂等船厂。明代的造船技术水平大大超过以前各个朝代，这时期造的船更加高级，船体更加巨大，例如，郑和七下西洋船队中的宝船，大的宝船长达 44 丈，宽 18 丈；小的宝船长达 37 丈，宽 15 丈。

从秦汉起，至明代止，中国古代造船技术进步出现了三个高峰。造船技术的飞跃发展，原因是多方面的，丝绸文化所起的促进作用，就是其中的重要原因之一。具体说，就是丝绸海外贸易的发展和海上丝绸之路的开拓及发展，对造船业的发展起了促进作用。而造船业的发展，当然包括造船技术的发展。海外丝绸贸易，必然要靠船来运输，无论是中国商人，还是外国商人，都不例外。中国商人自然要用中国的海船。外国商人也喜欢用中国海船，唐宋时期这种情况更加明显。因为当时中国造的大海船，不仅船体大，而且质量好，既可多运货，又安全可靠。中国的造船技术比当时世界上各国造船技术先进。因此，外商喜欢用中国海船。海外贸易，除了经营丝绸外，还经营其他货物，但无论是经营丝绸，还是经营其他货物，运货时都要通过"海上丝绸之路"。海外丝绸贸易和其他货物贸易的发展，要求中国提供更多更好的海船，这就刺激了中国造船技术和造船业的发展。从汉代开始，中国就开始发展海外丝绸贸易，"海上丝绸之路"也已初步开拓，到了唐代后期，由于陆上丝绸之路的衰落，"海上丝绸之路"得到迅速发展，丝绸外贸就开始以海外贸易为主，其他货物的外贸，也主要通过"海上丝绸之路"这条通道来进行。宋代和明代，情况也是如此。从汉代到明代，造船技术和造船业得到持续发展，而这个历史时期，也正好是中国海外丝绸贸易持续发展和"海上丝绸之路"开拓及发展时期，这种巧合，正好说明海外丝绸贸易和"海上丝绸之路"开拓及发展促进了造船技术和造船业的发展。

海外丝绸贸易的发展和"海上丝绸之路"的开拓及发展，也促进了中国古代航海技术的发展。中国的航海业，起步也很早。在原始时代，中国人已开始从事海上交通事业。但中国古代航海业和航海技术有明显提高，则是秦汉时代的事，而到了唐宋以后，中国的航海业和航海技术才出现空前未有的大发展。秦汉以前，中国的航海业，主要限于浅海海域。到了秦汉时期，中国的航海业从浅海海域扩大到深海海域，而且以后者为主。据传说，秦始皇曾经派方士徐福率几千名童男童女乘船入海求仙，这些人最后乘船到达日本。秦始皇还多次乘船巡行海上。汉代时中国与日本、印度和斯里兰卡等东南亚的一些国家都有了海上交通，有时一次海上航行往返需要两年多时间，如果没有比较高的航海技术，肯定是不行的。唐代以后，中国航海业的规模更大，航次更多，航程更远，同时，航行设备齐全先进。可见这时中国的航海技术高超。这个时期，中国已跟亚非两大洲的几十个国家有了海上通航，中国的海船已航行在西太平洋、印度洋和波斯湾上。唐代末期，中国已发明测量深水的设备。到了宋代，测量深水的技术进一步提高，测深可达 70 余丈。北宋时，中国已将指南针用于航海实践。这一切都表明，唐宋以后，中国古代的航海技术，确实有了飞跃的发展，而透视这种飞跃发展，则可以看到丝绸文化的影响所起的促进作用。

（二）中国古代丝绸文化对中国人的生活方式的影响

生活方式是指人们对其衣食住行、婚丧嫁娶、生老病死、家庭生活和社会生活等的态度以及在这些方面所采取的形式。中国人有独特的传统生活方式，这种生活方式的形成，原因有很多，丝绸文化对中国人的生活方式的影响，是其中重要的原因之一。丝绸文化对中国人的生活方式的影响是多方面的，本文仅就主要方面谈谈中国古代丝绸文化对中国服饰文化、饮食文化和娱乐文化的影响。

在世界服饰文化史上，丝绸服饰文化是中国人的独特文化，这种服饰文化是中国人发明的，在古代社会漫长的历史时期里，中国人都以其独特精美华贵的丝绸服饰而著称于世，丝绸服饰，不仅是中国服饰中最重要的组成部分，而且使中国服饰有别于世界其他国家服饰，而在世界服饰文化史上占有极其重要的地位。而丝绸服饰文化的诞生和发展，都受到丝绸文化的影响。

中国古代的音乐和舞蹈，很有特色，这种特色可以用一句话来概括，即"轻歌曼舞"。这种特色的形成，原因是多种多样的，而丝绸文化的影响是其中的原因之一。因为丝绸衣服比较飘逸，丝绸衣服的这种特点，与轻歌曼舞十分协调，这是丝绸文化对娱乐文化产生影响的具体表现之一。另外，丝绸文化还派生出以丝绸为内容的民歌和诗词，这就使以唱民歌或以吟诗作词为乐的文化活动，增加了独特的内容和形式，这就是丝绸文化对娱乐文化产生影响的具体表现。丝绸服饰，使中国人的婚丧嫁娶这类红白喜事也增添了独特的内容和形式，具体表现在以丝绸服饰作为嫁妆或作为丧服等方面，许多少数民族还以抛丝绸绣球作为谈情说爱的方式，丝绸或丝绸服饰有时还被当作青年男女在择偶时的定情物。在文体活动方面，丝绸服饰也往往被用作道具以及用作演员或运动员的服饰。这些情况，也表明丝绸文化对娱乐文化产生广泛的影响，丝绸文化对娱乐文化的影响，还表现在通过丝绸之路传入的外国娱乐文化使中国娱乐文化增添了新的内容和形式。例如，从外国传入的杂技艺术、音乐艺术、绘画雕刻艺术等，都曾对中国的杂技、音乐、绘画雕刻产生一定的影响，从而丰富了中国娱乐文化的内容和形式。

从"丝绸之路"传进中国的一些外国农作物，不仅使中国的农作物品种有了增加和农作物栽培技术有了发展，而且也对中国的饮食文化产生了影响，这就是使中国的食谱增添了新的食品和新的烧饭做菜的方法。这些情况表明，中国古代丝绸文化对中国的饮食文化曾产生一定的影响。

（三）中国古代丝绸文化对中国古代意识形态的影响

在奴隶社会和封建社会，统治者都曾下令禁止奴隶或一般平民百姓穿用丝绸，这种禁令，带有强烈的等级观念，是一种意识形态的表现。统治者还制定严格的衣冠服饰制度，用这种制度来区分尊卑贵贱，并以此来区分权力地位，这也是带有明显的意识形态特征。从这里，可以看到丝绸文化对意识形态的影响。

随着"丝绸之路"的开拓和发展，佛教、基督教和伊斯兰教也相继传入中国。这些外国宗教的传入，不仅使中国的宗教界增添了新的宗教，而且对中国的宗教思想和意识形态也产生一定的影响，例如，佛学曾对中国古代哲学产生过较大的影响。经过中国人的改造，佛教文化已汇入中国传统文化的大海里，其中当然包括佛学中的意识形态成分。

二　中国古代丝绸文化对世界文明的影响

"丝绸之路"开通后，首先是中国丝绸文化通过丝绸之路传到世界上的一些国家，为一些国家创建了丝绸文化。后来，通过"丝绸之路"外传的，不仅仅是中国的丝绸文化，还有中国的科技和其他文化艺术，从而对世界上的一些国家的科技、文化、文学艺术以及生活方式等方面都产生了影响。随着丝绸的外传，中国古代丝绸技术也直接或间接地传到亚、非、欧、美、澳五洲的几十个国家。

中国的古代丝绸技术传到朝鲜比传到其他国家早得多。据《汉书·地理志》记载：商代衰败后，商代的一个叫箕子的人，"去朝鲜建国，教其民田蚕织作"。这表明，在商代末期，中国的丝绸技术，已经传到朝鲜。中国古代丝绸技术传到日本，也比较早。秦始皇时，中国的吴地（今之江苏浙江一带）曾有兄弟俩从江南渡海去日本传授丝绸技术。在公元6世纪左右，中国的丝绸技术先后传入欧洲、中亚、西亚和非洲的一些国家。中国丝绸技术传到美洲和澳洲，时间比较晚，同时不是直接传去，而是通过欧洲殖民主义者进入美洲和澳洲后间接传入的。中国丝绸及丝绸技术的外传，不仅使世界上一些国家创建了丝绸文化，而且促进了这些国家整个纺织技术的发展，并使这些国家的纺织文化增添了丰富的内容。通过"丝绸之路"外传的，除了中国古代丝绸文化外，还有中国的其他科技以及中国的文学艺术，意识形态以及生活方式，这些外传的东西，对一些国家也产生了巨大的影响。例如，中国古代四大发明，即造纸、火药、指南针、印刷术传到了西方，促进了西方科技以及经济政治的发展。又如中国陶、瓷器及其技术的外传，也促进了西方陶瓷器的发展。再如，日本、朝鲜等东亚国家，受中国古代传统文化影响比较大，这种影响涉及这些国家的丝绸文化、服饰文化、饮食文化、文学艺术、意识形态乃至政治经济等许多领域，直到现代，在日本和朝鲜等国家，还可以看到中国传统文化影响的一些迹象。而中国对世界一些国家的这些影响，都是通过"丝绸之路"传去的。因此，我们完全有理由说：这些影响，归根到底是中国古代丝绸文化的影响。

三　结语

上文简略地阐明了中国古代丝绸文化对中国和世界文明的一些影响，无论是论述的范围和深度，都是极其有限。事实上，中国古代丝绸文化对中国和世界文明史的影响是极其广泛的，这种影响几乎涉及整个文明史的各个领域。因为中国古代丝绸文化对中国文明和世界文明的影响，主要是通过"丝绸之路"这条连接东西方两大文明的通道实现的。也就是说，中国和西方两大文明通过"丝绸之路"来互相交流,从而互相促进。这种影响是极其广泛和深远的,难怪现代一些学者把"丝绸之路"喻为"世界历史"展开的"主轴"、世界主要文化的"母胎"和东西文明的"桥梁"。

综上所述,不难看出,中国古代丝绸文化曾对中国文明和世界文明的发展起过巨大的促进作用。从这里,可以看出,中国古代丝绸文化确实在中外文化史和文明史上占有相当重要的地位。

(文章来源:《浙江丝绸工学院学报》1993 年第 3 期。ISSN:1673 – 3851. CN:33 – 1338)

丝绸文化及在社会
发展中的作用

王玄瑜 赵 凯 高绘菊 牟志美

【内容提要】阐述了丝绸文化的含义、起源与发展过程，以及丝绸文化、丝绸所具有的历史悠久、精美丰富、雍容华贵、环保自然的特征，叙述了丝绸之路及对丝绸文化传播的影响，丝绸文化对纺织业、文字文学、工艺美术的发展、民俗文化的衍生以及世界文化的融合所产生的积极作用。提出我们要继承并在创新中发展传统丝绸文化，加速确立与形成新时期丝绸文化，使其更具生命力并对社会发展发挥其更加积极的作用。

丝绸文化是人们在丝绸生产和生活实践过程中所创造的物质财富和精神财富的总和，至今已有五六千年的历史。丝绸文化作为一门独立的文化，与中国古代文化的发生发展有着密不可分的关系。丝绸文化一直是中华民族文明的先导，为中华民族文化织绣了光辉的篇章。① 世界丝绸文化起源于中国，汉武帝时期开辟的"丝绸之路"把中国丝绸商品源源不断地运往世界各地的同时，也把中华民族的伟大创造——丝绸文化带到了世界各地，推动了中国和世界各国在政治、经济、文化、科技、社会和日常生活等方面的交流与发展。丝绸是中华民族与世界各国人民进行交流的友好使者，对促进

---

① 冯雁：《浅谈丝绸文化的内涵及产业意义》，《国外丝绸》2005 年第 6 期。

人类文明做出了不可磨灭的贡献。① 研究丝绸文化,既有利于我们把握丝绸文化的发展脉络,又有利于我们发掘丝绸文化对我国新时期发展所能发挥的现实意义。

一 丝绸文化的含义

文化是一个含义极广的概念,广义的文化是指人类在社会生活和生产实践过程中所创造的物质财富和精神财富的总和。狭义的文化特指精神财富,是指社会意识形态以及与之相适应的社会制度和组织结构。

丝绸文化是人们在丝绸生产和生活实践过程中所创造的物质财富和精神财富的总和。它集中反映在与丝绸相关的历史记载、文物遗迹、诗歌文章、人物传记、工艺美术、织绣产品、雕刻绘画、宗教信仰、风俗礼仪、桑蚕丝绸生产等各个领域之中。② 丝绸文化是亚文化的一种,是中华文化和世界文化的重要组成部分。

二 丝绸文化的起源

中国丝绸文化始于新石器时代。中华祖先栽桑养蚕、制丝织绸已有五六千年的历史,中国丝织技术产生于父系氏族公社的发达时期,已有 5700 年的历史,而人工养蚕也大致可追溯到这一时期,其年代为公元前 3500 年,距今也有 5500 年的历史。③ 中国丝织技术的出现与人工养蚕技术的出现在时间上几乎是相继发生的,其间隔时间很短,丝绸文化伴随着蚕丝业的发展而发展。

我国考古成果揭示了中国蚕丝业以及丝绸文化发源的时间与地点。1927 年山西夏县西阴村仰韶文化遗址中出土的半个人工切割

---

① 张少华:《试论丝绸之路的文化意义》,《理论与观察》2005 年第 6 期。
② 钱小萍:《丝绸文化的主要特征》,《丹东师专学报》2001 年第 23(1)期。
③ 李兵:《家蚕和野桑蚕的起源研究进展》,《中国蚕业》2008 年第 29(2)期。

下来的蚕茧，被确认为中国丝绸发展史中的重要实物证据①；1960年江苏省吴县梅堰遗址出土的绘有"蚕纹"的黑陶②；1980年河北省正定县南杨庄仰韶文化遗址中出土的两件陶蚕蛹③；1984年河南荥阳青台村仰韶文化遗址出土的丝织物残片，距今5630年，是至今黄河流域发现最早的丝织品④；1958年浙江湖州吴兴钱山漾新石器时代遗址出土了一批距今4750年的丝线、丝带和平纹绢片，专家们据此推断当时可能已有原始的织机。⑤

三　丝绸文化的发展

（一）萌生期

氏族社会时期是丝绸文化的萌生期。此时期属于丝绸文化的初级阶段，野蚕被驯化成家蚕，人们开始利用蚕丝，与蚕丝生产相关的技术和工具也大量出现，与此同时产生了图腾崇拜等精神活动。在此时期，萌生出人类可观察的丝绸文化的三种基本形态，即以丝织生产为主题的物质文化、以蚕作为崇拜的精神文化以及由对蚕的信仰导致的制度文化。⑥

（二）成熟期

夏、商、周时期是丝绸文化的成熟期。在这个时期，丝绸文化在生态适应性和社会适应性两个方面均取得了巨大的发展，直到周代已经发展到了制式化，趋于成熟，几乎所有的地方都能生产丝绸，丝绸的花色品种也丰富起来，形成了绢、绮、锦三大主要丝织

---

① 蒋猷龙：《西阴村半个茧壳的剖析》，《蚕业科学》1982年第8（1）期。

② 钱小萍：《丝绸文化的主要特征》，《丹东师专学报》2001年第23（1）期。

③ 李兵：《家蚕和野桑蚕的起源研究进展》，《中国蚕业》2008年第29（2）期。

④ 张松林：《荥阳青台遗址出土丝麻织品观察与研究》，《中原文物》1999年第（3）期。

⑤ 陈友善：《论湖州丝绸文化》，《湖州师专学报》1999年第（4）期。

⑥ 李荣华、陈萍：《中国蚕丝文化概论》，《蚕学通报》1997年第17（3）期。

品类型。其中，锦的出现是中国丝绸史上的一个重要的里程碑，大大提高了丝绸产品的文化内涵和历史价值，影响非常深远。①

（三）兴盛期

秦、汉、隋、唐时期是丝绸文化的兴盛时期。此时期继承了前期文化的成果，并在此基础上取得了更大的发展。唐朝是丝绸生产的最鼎盛时期，产量、质量和品种都达到了前所未有的水平，生产规模较前代大大扩充。丝绸品种、图案纹饰、织造工艺、印染技术都达到辉煌灿烂的鼎盛境界。丝绸的对外贸易也得到了巨大的发展，"丝绸之路"增加到了三条，贸易的频繁程度空前高涨，促进和扩大了东西方不同民族的文化交流和融合，丝绸文化也在兼容中取得发展。此时期的文学、艺术、宗教、民俗等都受到丝绸文化的巨大的影响，丝绸文化渗透到日常生活的方方面面。

（四）迁化期

宋、元、明、清时期属于丝绸文化的迁化期，丝绸文化开始慢慢迁化。此期制度型文化逐渐简约、潜隐，丝绸文化向民间性迁化。全国丝绸的重心南移，丝绸民俗文化更加浓郁，表现出明显的地区文化特色。② 明清时期随着资本主义萌芽的产生，丝绸生产的商品化趋势日渐明显，丝绸的海外贸易发展迅速。但由于封建制度和洋绸倾销的影响，中国丝绸进入艰难的境地。

（五）复兴期

复兴期是指清末至今。中国要从丝绸大国变成丝绸强国，必须更加注重文化方面的建设和发展，要根据新时代的特点来创新发展，尤其是中华人民共和国成立后，丝绸业进入了一个新的历史时期。经过多年的努力，我国争得了在世界丝绸市场上的主导地位，

---

① 吴涛：《中国丝绸的历史及丝绸与中国民族文化》，《山东蚕业》2006 年第 1 期。
② 余连祥：《中国丝绸文化概述》，《湖州师专学报》1994 年第 4 期。

丝绸业成为国家出口创汇的支柱产业。[①]

四　丝绸文化及丝绸的特征

（一）历史悠久

　　丝绸文化起源于中国，史实证明中华祖先在新石器时代晚期就已认识了蚕，并产生巫术崇拜，有了衣着服饰。随着时间的迁移，丝绸慢慢渗透到历代社会的各个方面，对人民生活产生了重大影响，从而逐渐形成具有独特风格的中国丝绸文化。同时丝绸文化不断地向国外传播，在不同的文化背景下形成了具有地域特点却又一脉相承的世界范围内的丝绸文化。它以独特的风格成为世界民族文化宝库中的精华，伴随着文化的传承而不断发展。

（二）精美华贵、丰富

　　精美华贵是丝绸的重要特征。丝绸中最华贵精美的产品要属锦和绣。战国中期的"舞人动物纹锦"、东汉的"五星出东方利中国"锦、唐代的纬锦、花鸟纹锦、宋代的宋锦、元代的织金锦、明代的云锦以及清代的漳缎及漳绒等织物都是华丽高贵的丝织品。这些虽来自不同的文化背景而各具特色，但同样具有珠光宝气、高贵华丽的特质，显示了丝绸精美华丽的特点。

　　丝绸历经五千多年的传承与发展，品种结构之复杂，花色名目之丰富，令人惊叹。按不同组织和工艺特点，丝绸织物可分为14大类，即绫、罗、绸、缎、绢、纺、绉、纱、绒、绡、锦、呢、葛、绨，还有36小类。[②]现代的纺织业应用了新纤维、新工艺、新技术，使丝织物的种类更是层出不穷，名目繁多。丝绸的纹样和色彩也是种类繁多，千变万化。单单漂染丝绸所用的染料就有200多种，分色更是达到成百上千种。另外，在精神方面，丝绸的发展不

---

　　① 吴涛：《中国丝绸的历史及丝绸与中国民族文化》，《山东蚕业》2006年第1期。
　　② 钱小萍：《丝绸文化的主要特征》，《丹东师专学报》2001年第23（1）期。

仅丰富了人们的服饰，而且还丰富了其他诸多艺术表现形式和内涵，在很多领域内总能找到与丝绸文化千丝万缕的联系。①

（三）高雅华贵与自然环保

丝绸素有"软黄金"之称，先天具有高贵典雅的气质，以其柔软舒适、光泽优美的自然特性在所有纺织纤维中被尊为"纤维皇后"。丝绸雍容华贵，飘逸轻柔；以其透气保湿、防霉护肤被誉为"人体第二肌肤"，是其他纤维无法媲美和不可替代的。自古以来，为历代帝王将相，达官贵人所享受，并加上了森严的等级制度，不能作为交换商品在市场上出现，特别是龙袍、官服之类，因它是皇权、官职品级高低之分的标志和权威的象征。② 丝绸进入西方各国，被上层贵族所喜爱，是高贵身份的象征。同时，在桑蚕丝生产和消费的过程中，始终保持着原始的生产方式与制作工艺，注重综合循环利用，秉承自然环保的理念，不会对环境保护与生态平衡带来压力。

五　丝绸之路及丝绸文化的传播

国外丝绸文化起源于中国，伴随着中国丝绸的输出，丝绸文化在国外发生并发展。丝绸及丝绸文化大规模的传播是依靠汉唐时期形成规模的丝绸之路。③ 古丝绸之路有多条，通常认为主要有北方丝绸之路、南方丝绸之路、海上丝绸之路三条。

（一）北方丝绸之路

北方丝绸之路形成时间早、覆盖范围广、沟通国家多、影响力较大。其前身是游牧民族所沟通的中国丝绸西传的空洞，以后随着汉武帝的西进政策而成为通途大道。汉武帝于建元三年（公元前

---

① 朱华、范强：《中国丝绸艺术点面谈》，《四川丝绸》2004年第98（1）期。
② 徐家玲：《中国丝织技术西传考》，《东北师大学报》1995年第6期。
③ 张国刚：《丝绸之路与中西文化交流》，《西域研究》2010年第1期。

138 年)派张骞率领百余人的使团从长安出发,取道陇西,通往西域。随后张骞的多次出使,使以丝绸为代表的丝绸文化以及中华文明迅速向西传播,直达罗马帝国,北方丝绸之路逐渐形成①,成为沟通欧亚大陆东西两端的欧洲和中国的一座桥梁。

中国丝绸进入外国后引起巨大的反响,各国产生了具有本土特色的丝绸文化,并反馈回中国。中亚腹地丝绸文化的回馈以新异丰富为特征。西域国家的纺织业起源于毛纺,丝绸和蚕丝传入之后,人们把丝绸纺织和原来的毛、麻纺织结合起来,创造出许多质地和性能皆称奇特的产品,如人们泛称为"胡锦""西锦"等。西域的织物花纹也与中原织物具有较大差别。斜纹组织和纬线起花等纺织手段,具有西域传统文化特色的花纹图案以及原料混纺的特色,都对中原的丝织技术产生了深远的影响。②

(二)南方丝绸之路

南方丝绸之路则是由四川成都出发,经云南西部的大理,通往缅甸和印度,然后改乘船舶,一直延伸到欧洲的罗马帝国。这条丝绸之路始于何时尚待考证,史料记载汉武帝元狩元年(公元前122年),张骞出使大夏后建议开通这条四川到印度的西南丝路。汉武帝于元封六年(公元前105年),从内地征集了大批士卒和壮丁,在滇西大规模开凿博南道。③ 中国大量的蜀锦就是从这条丝绸之路输出,换回缅甸、印度等地的宝石、象牙、犀角等珍贵特产。16世纪后明清实行禁海政策,但东南亚各国商人依然用贡使的名义进行朝贡交易。这些地区丝绸文化的回流较迟,对中国近代丝绸发展影响较大,如:西洋闪金缎、西洋金花缎、西洋锦缎带、大西洋阔

---

① 杨宗万:《丝绸之路杂谈》,《蚕桑通报》1979 年第 10(4)期。

② 刘永连:《从丝绸文化传播看丝绸之路上的文化回流》,《西域研究》2008 年第 2 期。

③ 王翔:《论中国丝绸的外传》,《苏州大学学报》(哲学社会科学版)1991 年第 2 期。

宋锦、绞绡及撒哈拉、大西洋诸布等。①

（三）海上丝绸之路

海上丝绸之路主要航行朝鲜、日本、东南亚地区、南亚地区和阿拉伯地区，其发展到清初达到极盛，成为中外文化交流的重要渠道。② 东方的朝鲜、日本等国，在地理位置上距离中国最近，丝绸文化的发展与回流都要早于其他国家，其特点与中国的丝绸文化极其相近。朝鲜半岛诸国丝绸文化的回流开始在东汉以前。这些国家的丝绸文化中，比较有地方特色的有新罗生产的朝霞绸，女王国的鱼油锦和龙油绫。③ 日本的丝绸文化对中国的影响最大。日本生产的锦有软锦、东京锦等，绢有阿波绢、珍珠绢等，其他如缎、绫、罗等也各有不同品种；同时，日本的丝绸文化也影响着荷兰等地，荷兰在顺治十二年（1655）和康熙二十五年（1686）等年份的进贡都有倭缎。④

近代以来，资本主义列强对我国丝绸产业及丝绸文化的影响巨大。16—17 世纪，以缎类为主的西洋丝绸大量涌入中国。更为重要的是机器纺织的技术进入中国。新技术的进入使得传统的丝织技术得到全新的改革，丝绸的种类增多、品质有了较大的提高；另外，随着生产力的提高，新的丝绸生产组织形式也随之出现。丝绸生产及丝绸文化都进入一个新的时期。⑤

---

① 刘永连：《从丝绸文化传播看丝绸之路上的文化回流》，《西域研究》2008 年第 2 期。
② 王翔：《论中国丝绸的外传》，《苏州大学学报》（哲学社会科学版）1991 年第 2 期；宋蕾：《中国古代的丝绸文化传播》，《华夏文化》2008 年第 1 期。
③ 刘永连：《外来丝绸与中国文化》，《丝绸》2006 年第 4 期。
④ 刘永连：《从丝绸文化传播看丝绸之路上的文化回流》，《西域研究》2008 年第 2 期。
⑤ 王翔：《中国传统丝织业走向近代化的历史过程》，《中国经济史研究》1989 年第 3 期。

六　丝绸文化的作用

（一）促进了纺织业的发展

丝绸文化对纺织业的促进作用是非常明显的。本土的丝绸文化反作用于本土的纺织业，使其在原来的基础上进行了一系列的创新与改革，从而提高了劳动生产效率，创造出新的织物类型，进一步丰富了丝绸文化。

外来丝绸文化对本土纺织业的发展与革新所产生的作用更为巨大。中国的丝绸进入欧洲各国后，各国君主们纷纷建立与发展本国的丝织业。在此过程中丝绸文化的传播不是简单的复制，而是不断完善、不断丰满的。例如西欧抽丝织绸工人把他们丰富的想象力和对色彩的感受，融于中华民族祖先的创造力之中，使纺织技术日益精湛、科学，成为近代工业的先导。正是由于这种极富创造性的糅合，极大地丰富与促进了纺织技术的发展。国外丝绸文化形成后又反馈给中国，对中国的纺织业的发展进步起到了重要的推动作用，尤其是近代的机器纺织技术，对中国纺织业的发展产生了巨大的影响。

（二）促进了汉语言文学的发展

丝绸文化在汉字的产生、发展中起到了很大作用，反映到汉字中表现为与桑、蚕、帛和大量"纟"部字及与其有关的汉字的产生和应用。《说文解字》中，收录篆文 9353 字，其中含"纟"部的，共有 248 字，约占其篆文总数的 3%。[1] 汉语中还有大量与这些字相关的词语，如：桑蚕、桑麻、桑梓、蚕种、缫丝、纺丝、丝绸之路、帛画、玉帛、财帛等。[2] 这些词语大都与蚕丝业生产有着紧密的联系。此外，还有许多与丝绸文化有关的成语和典故，如作茧自

---

① 冯盈之：《〈说文解字〉"系部"丝绸文化探析》，《丝绸》2007 年第 8 期。
② 冯雁：《浅谈丝绸文化的内涵及产业意义》，《国外丝绸》2005 年第 6 期。

缚、锦囊妙计、衣锦夜行、衣锦还乡等。①

另外，大量文学作品也以描写蚕桑丝绸来抒发情感或反映社会现实。如，李白的《陌上桑》，杜甫的《白丝行》，陆游的"龙骨车鸣水入塘，雨来犹可望丰穰。老农爱犊行泥缓，幼妇忧蚕采叶忙"，李绛的《省试恩赐著老布帛》等。与丝绸文化有关的诗词歌赋出现在历代的文学作品的角角落落。②

（三）促进了民俗文化的衍生

丝绸文化中民俗色彩浓郁，中国人的蚕神崇拜具有数千年的历史，数千年来有关蚕神的神话传说绵绵不绝，而且蚕神众多，各地正宗的蚕神不下 10 种。③ 众多有关丝绸文化的歌谣、谚语、方言俗语，是历史的活化，积淀着浓郁的民俗色彩。中国人的许多习俗都被打上了丝绸文化的烙印。许多岁时习俗、社会习俗和人生礼仪习俗都与丝绸文化有关。如蚕乡人的习俗中所提到的催生礼、讨蚕花④；中原地区在一年收完蚕花以后，还要到庙里谢蚕神，祈求来年蚕业丰收；在江苏蚕区，乡间妇女有祈蚕丰收的祭祀；浙江湖州3 月要表演"蚕花鼓"，蚕期要拜蚕花五圣；安徽潞安在上元节要蒸面茧祭祀蚕姑，等等。中国人的文化观念或多或少都要受到中国丝绸文化的整合。⑤

（四）促进了工艺美术的发展

丝绸文化深入文化生活的方方面面，对人们的审美情趣产生了很大影响，进而影响着其他的艺术，甚至促进一些新的艺术门类的产生。先秦丝绸纹样的风格是造型质朴、大方、富于变化，这些纹

---

① 张磊、顾国达：《从成语典故看中国的丝绸文化》，《中国蚕业》2001 年第 22（3）期。
② 古风：《丝织锦绣与文学审美关系初探》，《文学评论》2007 年第 2 期。
③ 冯雁：《浅谈丝绸文化的内涵及产业意义》，《国外丝绸》2005 年第 6 期。
④ 余连祥：《中国丝绸文化概述》，《湖州师专学报》1994 年第 4 期。
⑤ 周文军：《浅论蚕文化及其表现形式》，《江苏蚕业》2004 年第 26（3）期。

样与同代陶器、金属器、漆器等纹饰互相影响，并与当时织造技术水平相适应。东周的彩绘漆器，可以见到丰富的间色与复色，与当时的丝织品色彩特点遥相呼应。"十二章纹"的起源与丝绸手绘与刺绣有着紧密的联系。"十二章纹"后来演变为皇帝龙袍上的专用纹样，成为古代服饰文化中重要的组成部分。

中国书画宣纸的发明与古代丝绸"缣帛""绢布"有着直接的关系，实际上纸的发明还是受到丝绸的影响，纸的初意是丝在漂洗过程中积淀的丝屑，积淀成薄薄的一层，称为纸。由此受到启发，人们再用纤维代替丝纤维造纸，成为中国的一大发明。[①] 另一个重大的发明印刷术也是发源于蚕丝业。经考证，中国古代丝绸的凸版印花是雕版印刷的前身，传统的印刷工艺中，有很多部分直接来自印花技术。[②] 纸和印刷术的发明大大地促进了书法绘画等多门艺术的发展。

（五）促进了世界文化的交流融合

丝绸作为中国古代伟大的发明之一，通过古老的丝绸之路对世界文明贡献很多，同时，国外文化也通过丝绸之路进入中国，使本土的文化更加丰富多彩。例如中国与日本在丝绸文化上的交流。日本曾多次接纳中国移民进入本国生活或是派遣使者进入中国学习丝织技术。中国移民、大批的日本留学生和学问僧随同使团到日本后，对日本的政治、经济、文化的改革和发展发挥了重要的作用。特别是在隋唐时期，隋唐文化对日本的社会和文化形成一次强烈的冲击。在日本形成了规模空前的"仿唐文化"，并持续了200多年。[③] 作为回馈的日本文化进入中国以后，开阔了人们的精神视野，不少文化也成为诗词歌赋的主题，一些丝绸以异域神祇祥瑞或传说

---

① 陈工凡：《中国古老的丝绸文化对中国印刷发展的影响》，《丝绸印刷》2000年第3期。

② 仲星明：《中国古代印刷图形探源》，南京艺术学院，2006年。

③ 陈工凡：《中国古老的丝绸文化对中国印刷发展的影响》，《丝绸印刷》2000年第3期。

故事为图案，更是被中国工匠所吸收，丰富了中国百姓的文化情趣。另外，丝绸也作为各国的"和平使者"，曾在各国外交中起到关键作用。[①] 各国以丝绸贸易或互赠丝织品为突破口，加强各国之间的联系，维持和平稳定的国际关系，为世界文明进步发展提供了良好的条件和环境。

我国丝绸文化已有五六千年的历史，对中国文明乃至世界文明做出了巨大的贡献，对世界社会发展产生了深远的影响。在日益扩大和频繁的思想文化接触和交流过程中，如何开拓心智、充实自我，进一步丰富文化内涵并融入全球文化竞争的大潮，更具生命力和影响力并对社会发展发挥更积极的作用，是丝绸工作者和文化工作者努力的方向。[②]

（文章来源：《中国蚕业》2011 年第 2 期。ISSN：1007 – 0982. CN：32 – 1421）

[①] 余连祥：《中国丝绸文化概述》，《湖州师专学报》1994 年第 4 期。
[②] 杨云鹏：《中国文化现代化的困境与路径选择》，《贵阳学院学报》（社会科学版）2010 年第 3 期。